AF305670

MANUEL

DE DROIT RURAL

ET

D'ÉCONOMIE AGRICOLE.

CORBEIL. — Imp. de CRÉTÉ.

MANUEL

DE

DROIT RURAL

ET

D'ÉCONOMIE AGRICOLE.

APERÇU HISTORIQUE ; LÉGISLATION ; JURISPRUDENCE ; VUES ÉCONOMIQUES ; STATISTIQUE ; FORMULAIRE.

2ᵉ ÉDITION AUGMENTÉE D'UN APPENDICE

CONTENANT

LE TEXTE DES LOIS RURALES,

PAR

JACQUES DE VALSERRES,

Avocat à la Cour royale de Paris, professeur de législation industrielle
à l'École spéciale du Commerce.

PARIS,

GUSTAVE THOREL, LIBRAIRE-ÉDITEUR,

Place du Panthéon, 4.

LIBRAIRIE AGRICOLE DE DUSACQ,
Rue Jacob, 26.

Mᵐᵉ VEUVE BOUCHARD-HUZARD,
Rue de l'Éperon Saint-André, 7.

1847

TABLE CHRONOLOGIQUE

DES LOIS, ORDONNANCES, RÈGLEMENTS,

ARRÊTS DU CONSEIL ET CIRCULAIRES

CITÉS OU ANALYSÉS

DANS LE MANUEL DE DROIT RURAL

ET D'ÉCONOMIE AGRICOLE.

Nota. Le premier chiffre de la troisième colonne indique la page de l'ouvrage; le deuxième, la page de l'appendice.

DATES.	TITRES.	PAGES.	
1669. 13 juillet.	Arrêt du Parlement sur la garantie des bœufs vendus aux bouchers de Paris..........................	215.	
— août.	Ordonn. sur les eaux et forêts (extrait)...............	396.	865.
1754. 29 mars.	Ordonn. du bureau des finances de Paris, concernant la police générale des routes et chemins...........	581.	890.
1772. 5 avril.	Arrêt du Conseil portant règlement pour l'ouverture des carrières et chemins aux abords...............	343.	852.
1775. 7 septemb.	Arrêt du Conseil sur l'extraction des matériaux pour la construction des routes........................	343.	851.
1777. 24 juin.	Arrêt du Conseil portant règlement pour la navigation de la rivière de la Marne et autres rivières et canaux navigables.	396.	863.
1784. 16 juillet.	Arrêt du Conseil qui défend de détenir ou de vendre des chevaux atteints de morve ou de maladie contagieuse.........................	215.	
1788. 30 mai.	Régl. concernant la société royale d'agriculture......	528.	884.
1789. 4 août.	Déc. qui abolit le droit de chasse, de fuies et de colombier............................	252 et 259.	
1790. 12 août.	Instruc. en forme de loi, de l'assemblée nationale sur les fonctions des assemblées administratives (extrait)............................	1 à 16 et 749.	
— 23 novemb.	Déc. sur la contribution foncière, extrait relatif aux terres incultes...............................	442,	866.
1791. 28 septemb.	L. concernant les biens et usages ruraux, la police rurale....................................	653.	899.
1792. 14 août.	Déc. relatif au partage des biens et usages communaux.	459.	867.
— 11 septemb.	Déc. relatif à la destruction des étangs...............	379.	859.
1793. 10 juin.	L. sur le mode de partage des biens communaux.....	459.	868.
— 16 septemb.	Déc. qui prescrit les moyens de pourvoir à la culture des terres négligées par les propriétaires ou fer-		

FIN DE LA TABLE CHRONOLOGIQUE.

APPENDICE

CONTENANT

LE TEXTE DES LOIS, ORDONNANCES, RÈGLEMENTS, ARRÊTS DU CONSEIL,

ANALYSÉS OU CITÉS DANS LE

MANUEL DE DROIT RURAL

ET D'ÉCONOMIE AGRICOLE.

AVERTISSEMENT.

L'accueil bienveillant que le public a fait à notre livre, nous détermine à publier le recueil des textes qu'on va lire. Nous y avons surtout été déterminé par les observations judicieuses de quelques personnes.

Cet appendice est conçu d'après la classification suivie dans l'ouvrage. Sous la rubrique de chaque chapitre, on trouvera les lois, ordonnances, règlements, arrêts du conseil, qui régissent la matière. Nous avons cru devoir compléter cet ensemble en donnant le texte de quelques documents législatifs, qui rentrent dans notre sujet, mais que notre plan ne nous a pas permis de comprendre dans notre livre. Telles sont la loi *sur l'expropriation pour cause d'utilité publique*, celle du 3 brumaire an VII sur la contribution foncière, etc.

Pour faciliter les recherches, nous avons mis une table par ordre chronologique en tête du volume avec renvoi aux pages de l'ouvrage où les lois se trouvent commentées.

Nous espérons ainsi avoir comblé une lacune et donné satisfaction à la critique bienveillante des personnes qui, avant tout, aiment les ouvrages pratiques.

CONSIDÉRATIONS GÉNÉRALES.

INSTRUCTION, EN FORME DE LOI, DE L'ASSEMBLÉE NATIONALE, EN DATE DU 12 AOUT 1790, SUR LES FONCTIONS DES ASSEMBLÉES ADMINISTRATIVES (EXTRAIT).

CHAPITRE VI.

AGRICULTURE ET COMMERCE.

Les nombreux détails qui réclament les premiers travaux des assemblées administratives, ne leur permettront guère de donner sur-le-champ à tous les objets qui tiennent à l'agriculture et au commerce, une application proportionnée à leur grande importance. Il est néanmoins de leur devoir de ne rien négliger de ce qui peut être instant, et de se procurer de bonne heure les instructions et les renseignements d'après lesquels d'utiles améliorations puissent être proposées et exécutées. Il n'est aucun département qui n'offre en ce genre une vaste carrière à la sollicitude de ses administrateurs ; il en est même plusieurs qui attendent une nouvelle création d'un régime vigilant et paternel.

L'Assemblée nationale a considéré les desséchements comme une des opérations les plus urgentes et les plus essentielles à entreprendre. Par eux, seront restitués à la culture de vastes terrains qui sollicitent de toutes parts l'industrie des propriétaires et l'intérêt du gouvernement. Par eux sera détruite une des causes qui nuisent le plus à la santé des hommes et à la prospérité des végétaux. Par eux, des milliers de bras qui manquent d'ouvrage, et que la misère et l'intrigue peuvent tourner contre la société, seront occupés utilement. Déjà il se médite sur ce point, dans le sein de l'Assemblée nationale, une loi importante, dont quelques articles sont même décrétés. C'est aux administrations à seconder ses vues, et à prendre d'avance des mesures assez sages, pour que l'exécution de cette loi n'éprouve aucun retard, et ne rencontre aucun obstacle dans leur arrondissement.

Elles doivent aussi rechercher et indiquer les moyens de procurer le libre cours des eaux, d'empêcher que les prairies ne soient submergées par la trop grande élévation des écluses, des moulins, et par les autres ouvrages d'art établis sur les rivières ; de diriger enfin, autant qu'il sera possible, toutes les eaux de leur territoire vers un but d'utilité générale, d'après les principes de l'irrigation.

Sans débouchés pour le transport des productions, point de commerce. Un des premiers besoins du commerce, un des principaux objets de la surveillance des administrations, est donc l'entretien et la construction des chemins et des canaux navigables.

L'extrême imperfection du régime actuel des communaux est reconnue et dénoncée depuis longtemps. Les administrations proposeront des lois sur cette espèce de propriété publique, sur son meilleur emploi, et sur la manière la plus équitable de les partager, de les vendre ou de les affermer.

Les avantages et les inconvénients de la vaine pâture et du droit de parcours, doivent fixer aussi leur attention ; il faut considérer ces deux usages sous tous les rapports par lesquels ils peuvent influer sur la subsistance et la conservation des troupeaux : il faut balancer avec sagacité l'intérêt qu'y attache le petit propriétaire de la campagne, l'abus que le riche fermier en fait trop souvent, et l'obstacle qu'ils apportent à l'indépendance des propriétés.

Il est un genre d'établissement qui mérite une protection spéciale ; ce sont ceux dont le but est d'améliorer les laines, en multipliant les moutons de belle race. En général, les troupeaux sont trop peu nombreux pour l'étendue de notre sol, et trop faibles pour fournir aux besoins de nos manufactures. Une heureuse émulation en cette partie contribuerait sensiblement à l'amélioration de la culture ; et elle affranchirait notre commerce de l'énorme tribut qu'il paye à l'étranger, pour l'achat des matières premières.

Un travail important sur les poids et mesures a été confié par l'Assemblée nationale à l'Académie des Sciences de Paris : il s'agit de les réformer peu à peu, de les recréer sur des bases invariables, et d'établir dans les calculs de commerce cette uniformité, que la raison appelle en vain depuis des siècles, et qui doit former un lien de plus entre les hommes. Les administrations sont chargées par le décret du 6 mai 1790, de se faire remettre par chaque municipalité, et d'envoyer au secrétaire de l'Académie des Sciences de Paris, un modèle parfaitement exact des différents poids et des mesures élémentaires qui sont en usage dans les divers lieux de leur territoire.

Elles proposeront l'établissement ou la suppression des foires et des marchés dans les endroits où elles le jugeront convenable, d'après les nouvelles relations que peut faire naitre la division actuelle du royaume.

Elles feront connaître le genre d'industrie qui convient au pays, le degré de perfection où sont parvenues ses fabriques et ses filatures, et celui dont elles sont susceptibles. Elles protégeront de tout leur pouvoir, elles surveilleront sans perquisition les manufactures et les ateliers. L'industrie naît de la liberté; elle veut être encouragée, mais si on l'inquiète, elle disparaît.

Les administrations recueilleront encore des notions exactes sur les mines, les usines et les bouches à feu : elles s'appliqueront à connaître si la position, le travail et les débouchés de ces divers établissements les rendent plus utiles au commerce en général, que nuisibles, soit au canton par leur grande consommation de bois, soit à l'agriculture, par la dégradation du terrain destiné à leur service.

Elles porteront un regard attentif sur la police des campagnes, sur le glanage, patrimoine du pauvre, sur les caractères d'équité ou d'injustice que peuvent offrir les différentes conventions usitées entre le fermier et le propriétaire, sur les mesures compatibles avec la liberté qui peuvent tendre à multiplier les petites fermes et à faciliter la division des grandes propriétés, sur le maintien des rapports de subordination et de bienfaisance qui doivent lier sans cesse le maître et le compagnon.

Elles transmettront enfin au Corps législatif tous les renseignements qui peuvent servir à lui faire connaître la culture et le commerce de leur territoire, les obstacles qui peuvent en gêner les progrès, et les moyens d'en procurer l'amélioration.

PREMIÈRE PARTIE.

DE LA PRODUCTION.

TITRE PREMIER.

DE LA PRODUCTION VÉGÉTALE.

CHAPITRE Iᵉʳ. — DES CÉRÉALES.

Page 20.

DÉCRET *du 6 messidor an 3, qui prohibe les ventes de grains en vert et pendants par les racines.*

Art. 1er. Toutes les ventes de grains en vert et pendants par les racines sont prohibées sous peine de confiscation des grains et fruits vendus; casse et annule toutes celles qui auraient été faites jusqu'à présent ; en défend l'exécution sous la même peine de confiscation dans le cas où elles seraient exécutées postérieurement à la promulgation de la présente loi.

2. La confiscation encourue sera supportée moitié par le vendeur, moitié par l'acheteur.

Elle sera appliquée, un tiers au dénonciateur ; un tiers à la commune du lieu où les fonds qui ont produit les grains se trouvent situés : ce tiers sera distribué à la classe indigente ; le troisième tiers au trésor public.

3. Les officiers municipaux, les administrateurs de district et de département sont spécialement chargés de veiller à l'exécution de la présente loi.

Un autre décret du 23 messidor de la même année déclare « que dans la prohibition portée par la loi du 6 messidor sur les ventes de grains en vert et pendants par racines, ne sont pas comprises celles qui ont lieu par suite de tutelle, curatelle, changement de fermier, saisie de fruits, baux judiciaires et autres de cette nature. Sont également exceptées les ventes qui comprendraient tous les autres fruits ou productions que les grains. »

Loi *du 15 avril 1832 relative à l'importation et à l'exportation des Céréales.*

Art. 1er. La prohibition éventuelle à l'entrée des grains et farines, prononcée par les lois des 16 juillet 1819 et 4 juillet 1821, est abolie.

2. Jusqu'au 1er juillet 1833, les droits d'entrée seront, sans distinction de provenances,

1o Pour les grains et farines importés, dans les cas où l'entrée en était autorisée par la loi du 4 juillet 1821, les droits fixés par ladite loi ;

2o Pour les grains importés, dans les cas où l'entrée n'était pas autorisée par ladite loi, une surtaxe d'un franc cinquante centimes par hectolitre, pour chaque franc de baisse dans le prix des grains indigènes, constaté par les mercuriales des marchés régulateurs ;

3o Pour les farines importées, dans les cas où l'entrée n'en était pas autorisée par ladite loi, une surtaxe, par quintal métrique, triple de celle qui sera perçue par hectolitre de grains.

3. Les droits d'entrée des grains d'espèce inférieure et de leurs farines seront fixés d'après les droits à prélever sur le blé-froment et sa farine, dans la proportion suivante :

ESPÈCES de céréales.	SUR LES GRAINS, par hectolitre.	SUR LES FARINES, par quintal métrique.
Froment.	Pour 1 f. 00 c.	Pour 1 f. 00 c.
Seigle	0 60	0 65
Maïs.	0 55	0 60
Orge.	0 50	0 60
Sarrasin	0 40	0 50
Avoine.	0 55	0 55

4. La surtaxe sur les importations par navires étrangers est réduite, pour tous les cas, à un franc vingt-cinq centimes par hectolitre.

La surtaxe sur les grains et farines arrivant par navires étrangers cessera d'être perçue, quand le prix moyen du froment s'élèvera à plus de vingt-huit francs dans la première classe, vingt-six francs dans la seconde, vingt-quatre francs dans la troisième, vingt-deux francs dans la quatrième.

5. La surtaxe imposée sur les importations par terre, par la loi des douanes, est abolie pour l'importation des grains et farines.

6. L'art. 2 et l'art. 4 de la loi du 20 octobre 1830 sont remis en vigueur.

Les tarifs établis ou maintenus par la présente loi seront revisés dans la session qui suivra la récolte de 1832.

7. La prohibition éventuelle à la sortie des grains et farines, établie par les lois des 16 juillet 1819 et 4 juillet 1821, est abolie.

Les droits de sortie seront fixés conformément au tableau A ci-annexé pour le blé-froment, l'épeautre, le méteil, et pour les farines de ces grains.

Les droits de sortie des grains inférieurs et de leurs farines seront fixés, d'après les droits à prélever sur le blé-froment et sa farine, dans les proportions suivantes :

CÉRÉALES.	SUR LES GRAINS, par hectolitre.	SUR LES FARINES, par quintal métrique.
Froment.	Pour 1 f. 00 c.	Pour 1 f. 00 c.
Seigle..	0 60	0 65
Maïs..	0 55	0 60
Orge.	0 50	0 60
Sarrasin..	0 40	0 50
Avoine.	0 55	0 55

8. Le riz payera à l'entrée,

Par navires français, des ports de premier embarquement, des pays hors d'Europe. 2 f. 50 c. / d'Europe . . . . 4 00 / des entrepôts, ou du Piémont en droiture par terre, ... 6 00 — par 100 kilog.

Par navires étrangers et par terre. 9 00

La sortie aura toujours lieu au droit fixe de vingt-cinq centimes par cent kilogrammes.

TABLEAU A. *Droits de sortie du Blé-froment, Épeautre ou Méteil.*

		Le prix de l'hectolitre étant dans les classes				UNITÉS sur lesquelles portent les droits.	SORTIES. Droits.
		1re	2e	3e	4e		
Grains.	par chaque franc de hausse en sus du droit						2 f. 00 c.
	au-dessus de.	25	24	22	20	l'hectolitre.	4 00
	au-dessus de.	25	23	21	19	idem.	2 00
	à partir et au-dessous de..	23	23	21	19	idem:	0 25
Farines.	par chaque franc de hausse, en sus du droit..						4 00
	au-dessus de.	26	24	22	20	100 kil.	8 00
	au-dessus de.	25	23	21	19	idem.	4 00
	à partir et au-dessous de. .	25	23	21	19	idem.	0 50

Loi du 26 avril 1833, relative à la Perception des Droits d'entrée et de sortie sur les Grains et Farines.

ARTICLE UNIQUE. Les droits d'entrée et de sortie sur les grains et farines, établis par la loi du 15 avril 1832, et dont la perception n'est autorisée que jusqu'au 1er juillet 1833, continueront à être perçus jusqu'à la révision des tarifs.

Loi du 28 Janvier 1847, relative à l'importation des Céréales.

Art. 1er. Les grains et farines importés, soit par terre, soit par navires français ou par navires étrangers, et sans distinction de provenance, ne seront soumis, jusqu'au 31 juillet 1847, qu'au minimum des droits déterminés par la loi du 15 avril 1832.

Les riz, les légumes secs, les gruaux et fécules, importés de la même manière et de quelque provenance que ce soit, ne seront soumis, jusqu'à ladite époque du 31 juillet prochain, qu'à un droit de vingt-cinq centimes par cent kilogrammes.

2. Jusqu'à la même époque, les navires de tous pavillons, qui arriveront dans les ports du royaume avec des chargements de grains ou farines, riz, légumes secs, gruaux et fécules, seront exemptés des droits de tonnage.

3. Les dispositions des articles précédents seront applicables à tout bâtiment français ou étranger dont les papiers d'expédition constateront que le chargement en grains, farines ou autres denrées comprises dans la présente loi, aura été complété et le départ effectué d'un port étranger quelconque avant le 1er juillet, même dans le cas où il n'entrerait dans un port français qu'à une époque postérieure au 31 juillet.

4. L'autorisation accordée au Gouvernement par l'art. 8 de la loi du 22 juin 1846, de modifier les droits d'importation et d'exportation des grains et des farines de maïs, est maintenue jusqu'au 31 juillet 1847.

La même faculté de modifier les droits d'importation et d'exportation des grains et des farines de sarrasin est accordée au Gouvernement jusqu'à ladite époque.

5. Les compagnies concessionnaires ou adjudicataires de chemins de fer qui abaisseront leurs tarifs sur le transport des grains et farines et des pommes de terre, d'ici au 31 juillet 1847

auront, après cette époque, la faculté de les relever, dans les limites du maximum autorisé par les lois de concession, sans attendre les délais portés dans leurs cahiers des charges.

6. Jusqu'au 31 juillet 1847, tout bateau chargé en entier de grains et farines, de riz, de pommes de terre ou de légumes secs, circulant sur les rivières ou sur les canaux non concédés, sera affranchi de tout droit de navigation intérieure perçu au profit de l'État.

Il en sera de même du droit établi sur les canaux soumissionnés et perçu par les agents de l'État. Dans le décompte du produit net desdits canaux à fournir annuellement aux compagnies soumissionnaires, conformément aux stipulations des traités, il sera fait état des sommes qui auraient été perçues si la présente exemption n'avait pas été accordée.

ORDONNANCE *du 28 janvier* 1847, *relative à l'exportation des Grains et Farines de Maïs et de Sarrasin.*

LOUIS-PHILIPPE, etc., Sur le rapport de notre ministre secrétaire d'état au département de l'agriculture et du commerce ;

Vu la loi du 28 janvier courant ;

Vu les ordonnances royales des 27 novembre 1816 et 18 janvier 1817.

NOUS AVONS ORDONNÉ et ORDONNONS ce qui suit :

Art. 1er. Les grains et farines de maïs et de sarrasin, exportés par toutes les frontières de terre et de mer, seront soumis, jusqu'au 31 juillet 1847, au maximum des droits que payent actuellement ces produits, en exécution de la loi du 15 avril 1832.

2. Nos ministres secrétaires d'état au département de l'agriculture et du commerce, et au département des finances, sont chargés, chacun en ce qui le concerne, de l'exécution de la présente ordonnance, qui sera immédiatement imprimée et affichée dans tous les départements frontières, pour y être appliquée à compter du jour de ladite publication.

DÉCRET *du 4 mai* 1812 *relatif à la Circulation des Grains et Farines, et à l'approvisionnement et à la police des marchés.*

NAPOLÉON, etc. Nous étant fait rendre compte de l'état des subsistances dans toute l'étendue de notre empire, nous avons reconnu que les grains existants formaient une masse non-seulement égale mais supérieure à tous les besoins.

Toutefois cette proportion générale entre les ressources et la consommation ne s'établit dans chaque département de l'Empire qu'au moyen de la circulation.

Et cette circulation devient moins rapide, lorsque la précaution fait faire aux consommateurs des achats anticipés et surabondants, lorsque le cultivateur porte plus lentement aux marchés, lorsque le commerçant diffère de vendre, et que le capitaliste emploie ses fonds en achats qu'il emmagasine pour garder, et provoquer ainsi le renchérissement.

Ces calculs de l'intérêt personnel, légitimes lorsqu'ils ne compromettent point la subsistance du peuple, et ne donnent point aux grains une valeur supérieure à la valeur réelle, résultat de la situation de la récolte dans tout l'Empire, doivent être défendus lorsqu'ils donnent aux grains une valeur factice et hors de proportion avec le prix auquel la denrée peut s'élever d'après sa valeur effective, réunie au prix du transport et au légitime bénéfice du commerce.

A quoi voulant pourvoir par des mesures propres à assurer à la circulation toute son activité, et aux départements qui éprouvent des besoins, la sécurité.

Sur le rapport de notre ministre des manufactures et du commerce ;

Notre conseil d'État entendu,

Nous avons décrété et décrétons ce qui suit :

SECTION PREMIÈRE.

De la Circulation des grains et farines.

ART. 1er. La libre circulation des grains et farines sera protégée dans tous les départements de notre Empire. Mandons à toutes les autorités civiles et militaires d'y tenir la main, et à tous les officiers de police et de justice de réprimer toutes oppositions, de les constater, et d'en poursuivre ou faire poursuivre les auteurs devant nos cours et tribunaux.

2. Tout individu, commerçant, commissionnaire ou autre, qui fera des achats de grains et farines au marché pour en approvisionner les départements qui auraient des besoins, sera tenu de le faire publiquement, et après en avoir fait la déclaration au préfet ou au sous-préfet.

SECTION II.

De l'Approvisionnement des marchés.

3. Il est défendu à tous nos sujets, de quelque qualité et condition qu'ils soient, de faire aucun achat ou approvisionnement de grains ou farines pour les garder, les emmagasiner et en faire un objet de spéculation.

4. En conséquence, tous individus ayant en magasin des grains et farines, seront tenus, 1o de déclarer aux préfets ou sous-préfets les quantités par eux possédées, et les lieux où elles sont déposées ; 2o de conduire dans les halles et marchés qui leur seront indiqués par

lesdits préfets ou sous-préfets, les quantités nécessaires pour les tenir suffisamment approvisionnés.

5. Tout fermier, cultivateur ou propriétaire ayant des grains, sera tenu de faire les mêmes déclarations, et de se soumettre également à assurer l'approvisionnement des marchés, lorsqu'il en sera requis.

6. Les fermiers qui ont stipulé leur prix de ferme payable en nature, pourront en faire les déclarations et justifications par la représentation de leurs baux. En ce cas, sur la quantité qu'ils seront tenus de porter aux marchés pour les approvisionnements, une quote-part proportionnelle sera pour le compte des bailleurs; et le fermier leur en tiendra compte en argent, sur le pied du marché où il aura vendu, et d'après la mercuriale.

7. Les propriétaires qui reçoivent des prestations ou prix de fermes en grains, pourront obliger leurs fermiers habitant la même commune, de conduire ces grains au marché, moyennant une juste indemnité, s'ils n'y sont tenus par leurs baux.

SECTION III.

De la Police des marchés.

8. Tous les grains et farines seront portés aux marchés qui sont ou seront établis à cet effet. Il est défendu d'en vendre ou acheter ailleurs que dans lesdits marchés.

9. Les habitants et boulangers pourront seuls acheter des grains pendant la première heure, pour leur consommation.

Les commissionnaires et commerçants qui se présenteraient au marché, après s'être conformés aux dispositions de l'article 2 du présent décret, ne pourront acheter qu'après la première heure.

10. Nos ministres sont chargés de l'exécution du présent décret, laquelle n'aura lieu que jusqu'au 1er septembre prochain.

Il sera inséré au Bulletin des lois.

CHAPITRE II. — DE LA VIGNE.

(Page 29.)

La culture de la vigne limitée par d'anciens règlements est libre aujourd'hui. Mais elle est beaucoup moins florissante que jadis. La décadence de cette industrie qui intéresse 75 départements et fait vivre la moitié de la France, tient à deux causes : la première résulte du développement du système protecteur. A mesure que nos frontières se sont fermées aux fers, aux draps, aux tissus de coton, aux fils, etc., étrangers, par réciprocité, nos vins ont été repoussés par ceux qui les recevaient auparavant. — La seconde cause est la conséquence de la législation sur les boissons qui, par son exagération, a excité la convoitise des fraudeurs. Aujourd'hui, on boit fort peu de vins faits avec du véritable jus de raisins. L'étude de la législation sur les boissons offre donc un moyen certain pour restaurer notre industrie viticole. Sans en présenter ici l'ensemble complet, nous allons reproduire les dispositions qui intéressent plus directement les propriétaires de vignes. C'est une matière assez compliquée, à raison de ce qu'elle ne se compose que de pièces et de morceaux.

Nous traiterons séparément — des droits sur les vins et vendanges, — des alcools dénaturés, — des octrois.

§ Ier. — *Des droits sur les boissons et les vendanges.*

Loi *du 28 avril 1816 sur les finances. Extrait.*

DROITS DE CIRCULATION.

ART. 1er. A chaque enlèvement ou déplacement de vins, cidres, poirés, eaux-de-vie, esprits et liqueurs composés d'eau-de-vie ou d'esprits, sauf les exceptions qui seront énoncées par les articles 3, 4 et 5, il sera perçu un droit de circulation, conformément au tarif annexé à la présente loi sous le numéro 1.

2. Il ne sera dû qu'un seul droit pour le transport à la destination déclarée, quelles que soient la longueur et la durée du trajet, et nonobstant toute interception ou changement de voie et de moyens de transport.

L'art. 3, spécial aux boissons qui ne sont pas assujetties aux droits, a été abrogé par l'art. 15 de la loi du 25 juin 1841. Voir cet article ci-après à sa date.

5. Le transport des boissons qui seront enlevées pour l'étranger ou pour les colonies françaises, sera également affranchi du droit de circulation.

6. Aucun enlèvement ni transport de boissons ne pourra être fait sans déclaration préalable de l'expéditeur ou de l'acheteur, et sans que le conducteur soit muni d'un congé, d'un acquit-à-caution ou d'un passavant pris au bureau de la régie. Il suffira d'une seule de ces expéditions pour plusieurs voitures ayant la même destination et marchant ensemble.

7. Les propriétaires, fermiers ou négociants qui feront transporter des vins, des cidres ou des poirés, dans un des cas prévus par les articles 3 et 4, ne seront tenus de se munir que d'un passavant dont le coût sera de vingt-cinq centimes, le droit de timbre compris.

9. Dans tous les cas autres que ceux déterminés par les deux articles précédents, l'expéditeur sera tenu de payer les droits portés en l'article 1er, et de se munir d'un congé, s'il s'agit de vins, de cidres ou de poirés, ou d'un acquit-à-caution, s'il s'agit d'eaux-de-vie, d'esprits ou de liqueurs, sauf l'exception qui sera prononcée par l'art. 88 ci-après.

10. Il ne sera délivré de passavant, congé ou acquit-à-caution, que sur des déclarations énonçant les quantités, espèces et qualités de boissons, les lieux d'enlèvement et de destination ; les noms, prénoms, demeures et professions des expéditeurs, voituriers et acheteurs ou destinataires. Dans les cas d'exception posés par l'art. 3, les déclarations contiendront, en outre, la mention que l'expéditeur est réellement propriétaire, fermier ou colon partiaire récoltant, et non marchand en gros ni débitant, et que les boissons expédiées proviennent de sa récolte (voir Loi du 4 août 844, art. 12 ci-après).

11. L'obligation de déclarer l'enlèvement et de prendre des expéditions n'est point applicable aux transports de vendanges ou de fruits.

12. Dans tous les cas où un simple passavant sera nécessaire, et lorsque la régie n'aura pas de bureau dans le lieu de l'enlèvement, cette expédition pourra n'être délivrée qu'au passage des boissons devant le premier bureau, moyennant que le conducteur ait été muni, au départ, d'un laissez-passer signé par l'expéditeur, et contenant toutes les indications voulues par la déclaration ; ce laissez-passer sera échangé contre le passavant.

Les laissez-passer seront marqués du timbre de la régie ; il en sera déposé en blanc dans les bureaux principaux, pour être délivrés aux personnes solvables qui seront autorisées à en faire usage. Les propriétaires qui les auront obtenus, seront obligés d'en faire connaître l'emploi ; ils n'auront de valeur que durant le cours de l'année pendant laquelle ils auront été délivrés.

Toutes boissons circulant avec un laissez-passer au delà du bureau où il aurait dû être échangé, seront considérées comme n'étant accompagnées d'aucune expédition, et passibles de la saisie.

13. Les boissons devront être conduites à la destination déclarée, dans le délai porté sur l'expédition. Ce délai sera fixé en raison des distances à parcourir et des moyens de transport. Il sera prolongé, en cas de séjour en route, de tout le temps pendant lequel le transport aura été interrompu. Il n'y aura lieu à la perception d'un nouveau droit de circulation, que dans le cas où l'interruption serait suivie d'un changement de destination.

14. Le conducteur d'un chargement dont le transport sera suspendu, sera tenu d'en faire la déclaration au bureau de la régie dans les vingt-quatre heures, et avant le déchargement des boissons. Les congés, acquits-à-caution ou passavants, seront conservés par les employés jusqu'à la reprise du transport. Ils seront visés et remis au départ, après vérification des boissons, lesquelles devront être représentées aux employés, à toute réquisition.

15. Toute opération nécessaire à la conservation des boissons, telle que transvasion, ouillage ou rabattage, sera permise en cours de transport, mais seulement en présence des employés, qui en feront mention au dos des expéditions. Dans le cas où un accident de force majeure nécessiterait le prompt déchargement d'une voiture ou d'un bateau, ou la transvasion immédiate des boissons, ces opérations pourront avoir lieu sans déclaration préalable, à charge par le conducteur de faire constater l'accident par les employés, ou, à leur défaut, par le maire ou l'adjoint de la commune la plus voisine.

16 Les déductions réclamées pour coulage de route, seront réglées d'après les distances parcourues, l'espèce de boissons, les moyens employés pour le transport, sa durée, la saison dans laquelle il aura été effectué, et les accidents légalement constatés. La régie se conformera, à cet égard, aux usages du commerce. (Voy. ci-après la loi du 20 juillet 1837, art. 6, et l'ordonnance du 21 août 1838 qui ont fixé le chiffre de cette déduction.)

17. Les voituriers, bateliers et tous autres qui transporteront ou conduiront des boissons, seront tenus d'exhiber, à toute réquisition des employés des contributions indirectes, des douanes et des octrois, les congés, passavants, ou acquits-à-caution, ou laissez-passer dont ils devront être porteurs : faute de représentation desdites expéditions, ou en cas de fraude ou de contravention, les employés saisiront le chargement; ils saisiront aussi les voitures, chevaux et autres objets servant au transport, mais seulement comme garantie de l'amende, à défaut de caution solvable. Les marchandises faisant partie du chargement, qui ne seront pas en fraude, seront rendues au propriétaire.

18. Les voyageurs ne seront pas tenus de se munir d'expéditions, pour les vins destinés à leur usage pendant le voyage, pourvu qu'ils n'en transportent pas au-delà de trois bouteilles par personne.

19. Les contraventions au présent chapitre seront punies de la confiscation des boissons saisies, et d'une amende de cent francs à six cents francs, suivant la gravité des cas.

CHAPITRE II.

DROITS D'ENTRÉE SUR LES BOISSONS.

§ I. — De la Perception.

20. Il sera perçu au profit du trésor, dans les villes et communes ayant une population agglomérée de deux mille âmes et au-dessus, conformément au tarif annexé à la présente loi sous le no 2, un droit d'entrée sur les boissons introduites ou fabriquées dans l'intérieur, et destinées à la consommation du lieu.

Le classement des départements, établi par le tableau no 3, pourra, s'il s'élève des réclamations, être rectifié par le ministre secrétaire d'état des finances, sur l'avis du directeur général des contributions indirectes, lorsqu'il sera reconnu qu'il y a eu erreur dans les calculs ou les bases qui ont déterminé la classification.

21. Ce droit sera perçu dans les faubourgs des lieux sujets, et sur toutes les boissons reçues par les débitants établis sur le territoire de la commune; mais les habitations éparses et les dépendances rurales entièrement détachées du lieu principal, en seront affranchies.

22. Les communes assujetties aux droits d'entrée, seront rangées dans les différentes classes du tarif, en raison de leur population agglomérée. S'il s'élève des difficultés relativement à l'assujettissement d'une commune ou à la classe dans laquelle elle devra être rangée par sa population, la réclamation de la commune sera soumise au préfet qui, après avoir pris l'opinion du sous-préfet et celle du directeur, la transmettra, avec son avis, au direc-

teur général des contributions indirectes, sur le rapport duquel il sera statué par le ministre des finances, sauf le recours de droit; et la décision du préfet sera provisoirement exécutée.

23. Les vendanges et les fruits à cidre ou à poiré seront soumis au même droit, à raison de trois hectolitres de vendanges pour deux hectolitres de vin, et de cinq hectolitres de pommes ou poires pour deux hectolit. de cidre ou de poiré.

Les fruits secs destinés à la fabrication du cidre et du poiré, seront imposés à raison de vingt-cinq kilogrammes de fruit pour un hectolitre de cidre ou de poiré. *Les eaux-de-vie ou esprits altérés par un mélange quelconque seront soumis au même droit que les eaux-de-vie ou esprits purs.* (Abrogé par la loi du 24 juillet 1843 ci-après.)

24. Tout conducteur de boissons sera tenu, avant de les introduire dans un lieu sujet aux droits d'entrée, d'en faire la déclaration au bureau, de produire les congés, acquits à caution ou passavants dont il sera porteur, et d'acquitter les droits, si les boissons sont destinées à la consommation du lieu.

25. Dans les lieux où il n'existera qu'un bureau central de perception, les conducteurs ne pourront décharger les voitures ni introduire les boissons au domicile du destinataire, avant d'avoir rempli les obligations qui leur sont imposées par l'article précédent.

26. Les boissons ne pourront être introduites dans un lieu sujet aux droits d'entrée, que dans les intervalles de temps ci-après déterminés; savoir:

Pendant les mois de janvier, février, novembre et décembre, depuis sept heures du matin jusqu'à six heures du soir;

Pendant les mois de mars, avril, septembre et octobre, depuis six heures du matin jusqu'à sept heures du soir.

Pendant les mois de mai, juin, juillet et août, depuis cinq heures du matin jusqu'à huit heures du soir.

27. Toute boisson introduite sans déclaration dans un lieu sujet aux droits d'entrée, sera saisie par les employés; il en sera de même des voitures, chevaux et autres objets servant au transport, à défaut par le contrevenant de consigner le *maximum* de l'amende, ou de donner caution solvable.

§ II. — Du Passe-debout.

28. Les boissons introduites dans un lieu sujet aux droits d'entrée, pour le traverser seulement, ou y séjourner moins de vingt-quatre heures, ne seront pas soumises à ces droits; mais le conducteur sera tenu d'en consigner ou d'en faire cautionner le montant à l'entrée, et de se munir d'un permis de passe-debout.

La somme consignée ne sera restituée, ou la

caution libérée, qu'au départ des boissons, et après que la sortie du lieu en aura été justifiée.

Lorsqu'il sera possible de faire escorter les chargements, le conducteur sera dispensé de consigner ou de faire cautionner les droits.

29. Les boissons conduites à un marché dans un lieu sujet aux droits d'entrée, seront soumises aux formalités prescrites par l'article précédent.

§ III. — Du Transit.

30. En cas de séjour des boissons au-delà de vingt-quatre heures, le transit sera déclaré conformément aux dispositions de l'article 14, et la consignation ou le cautionnement du droit d'entrée subsisteront pendant toute la durée du séjour.

§ IV. — De l'Entrepôt.

31. Tout négociant ou propriétaire qui fera conduire dans un lieu sujet aux droits d'entrée au moins neuf hectolitres de vin, dix-huit hectolitres de cidre ou poiré, ou quatre hectolitres d'eau-de-vie ou d'esprit, pourra réclamer l'admission de ces boissons en entrepôt, et ne sera tenu d'acquitter les droits que sur les quantités non représentées et qu'il ne justifiera pas avoir fait sortir de la commune.

La durée de l'entrepôt sera illimitée.

Ne seront pas tenus de faire entrer la quantité des boissons ci-dessus fixées, les négociants ou propriétaires jouissant déjà de l'entrepôt lors de l'introduction desdites boissons, en sorte qu'ils pourront n'en faire entrer qu'un hectolitre, s'ils le jugent à propos, sans qu'ils puissent être tenus d'en acquitter de suite les droits.(Modifié par l'art. 39, loi du 21 avril 1832.)

32. Tout bouilleur ou distillateur qui introduira dans un lieu sujet, des vins, cidres ou poirés pour être convertis en eau-de-vie ou esprit, pourra aussi réclamer l'entrepôt. Le produit de la distillation, constaté par l'exercice des employés, ne sera soumis aux droits d'entrée que dans le cas déterminé par l'article précédent.

33. La faculté d'entrepôt sera aussi accordée aux personnes qui introduiront dans les lieux sujets aux droits d'entrée, des vendanges et fruits, et qui destineront les boissons en provenant à être transportées hors de la commune.

34. Cette même faculté pourra également être accordée à des particuliers qui recevraient des boissons pour être conduites, peu de temps après leur arrivée, soit à la campagne, soit dans une autre résidence. La déclaration devra en être faite au moment de l'arrivée des boissons.

35. Les déclarations d'entrepôt seront faites avant l'introduction des chargements et signées par les entrepositaires ou leurs fondés de pouvoirs. Elles indiqueront les magasins, caves ou celliers où les boissons devront être déposées, et serviront de titre pour la prise en charge.

36. Tout bouilleur ou distillateur de grains, marcs, lies, fruits et autres substances, établi dans un lieu sujet aux droits d'entrée, sera tenu, s'il ne réclame la faculté de l'entrepôt, d'acquitter ce droit sur l'eau-de-vie provenant de sa distillation, et dont la quantité sera constatée par l'exercice des commis.

37. Les entrepositaires, négociants ou distillateurs, seront soumis à toutes les obligations imposées aux marchands en gros de boissons. Ils seront tenus, en outre, de produire aux commis, lors de leurs exercices, des certificats de sortie pour les boissons qu'ils auront expédiées pour l'extérieur, et des quittances du droit d'entrée pour celles qu'ils auront livrées à l'intérieur. A la fin de chaque trimestre, ils seront soumis au payement de ce même droit sur les quantités manquantes à leurs charges, sauf les déductions pour coulage et ouillage autorisées par l'art. 105 de la présente loi.

38. Lorsque les boissons auront été emmagasinées dans un entrepôt public, sous la clef de la régie, il ne sera exigé aucun droit de l'entrepositaire pour les manquants à ses charges.

39. Les personnes qui auront droit à l'entrepôt, pourront l'obtenir à domicile, lors même qu'il existerait dans le lieu un entrepôt public (Paris excepté).

40. Dans celles des villes ouvertes où la perception des droits d'entrée sur les vendanges, pommes ou poires, ne peut être opérée au moment de l'introduction, la régie sera autorisée à faire faire, après la récolte, chez tous les propriétaires récoltants, l'inventaire des vins ou cidres fabriqués. Il en sera de même à l'égard des vendanges et fruits récoltés dans l'intérieur d'un lieu sujet aux droits d'entrée. Tout propriétaire qui ne réclamera pas l'entrepôt, ou qui n'aura pas récolté une quantité de boissons suffisante pour l'obtenir, sera tenu de payer immédiatement les droits d'entrée sur les vins ou cidres inventoriés.

41. Les propriétaires qui jouiront de l'entrepôt pour les produits de leur récolte seulement, en vertu de l'article précédent, ne seront soumis, outre l'inventaire, qu'à un recensement avant la récolte suivante: toutefois ils seront obligés de payer le droit d'entrée au fur et à mesure de leurs ventes à l'intérieur. Lors du recensement, ils acquitteront le même droit sur les manquants non justifiés, déduction faite de la quantité allouée pour coulage et ouillage.

42. Les boissons dites *piquettes*, faites par les propriétaires récoltants avec de l'eau jetée sur de simples marcs, sans pression, ne seront pas inventoriées chez eux, et seront conséquemment exemptes du droit, à moins qu'elles

ne soient déplacées pour être vendues en gros ou en détail.

43. Dans celles des villes sujettes aux droits d'entrée, où la perception du droit de détail sera remplacée par un abonnement avec la commune, conformément à l'art. 75, le compte d'entrée et de sortie des boissons reçues par les entrepositaires sera tenu au bureau de la régie. Les employés feront seulement, chaque trimestre, et en présence de l'entrepositaire, les vérifications nécessaires pour constater les quantités de boissons qui resteront en magasin, et établir le décompte des droits dus sur celles qui auront été livrées à la consommation du lieu.

§ V. — Dispositions particulières.

44. Les personnes voyageant à pied, à cheval, ou en voitures particulières et suspendues, ne seront pas assujetties aux visites des commis à l'entrée des villes sujettes aux droits d'entrée.

46. Les contraventions aux dispositions du présent chapitre seront punies de la confiscation des boissons saisies, et d'une amende de cent à deux cents francs, suivant la gravité des cas, et sauf celui de fraude en voitures suspendues, lequel entraînera toujours la condamnation à une amende de mille francs.

Dans le cas de fraude par escalade, par souterrain ou à main armée, il sera infligé aux contrevenants une peine correctionnelle de six mois de prison, outre l'amende et la confiscation.

CHAPITRE III.

DROIT A LA VENTE EN DÉTAIL DES BOISSONS.

§ I. — De la Perception.

47. Il sera perçu, lors de la vente en détail des vins, cidres, poirés, eaux-de-vie, esprits ou liqueurs composées d'eau-de-vie ou d'esprit, un droit de quinze pour cent du prix de ladite vente.

48. Les vendants en détail seront tenus de déclarer aux commis le prix de vente de leurs boissons, chaque fois qu'ils en seront requis; lesdits prix seront inscrits tant sur les portatifs et registres, que sur une affiche apposée par le débitant dans le lieu le plus apparent de son domicile.

49. En cas de contestation entre les employés et les débitants, relativement à l'exactitude de la déclaration des prix de vente, il en sera référé au maire de la commune, lequel prononcera sur le différend, sauf le recours, de part et d'autre, au préfet en conseil de préfecture, qui statuera définitivement dans la huitaine, après avoir pris l'avis du sous-préfet, et du directeur des contributions indirectes.

Le droit sera provisoirement perçu d'après la décision du maire, sauf rappel ou restitution. La décision ne pourra s'appliquer aux boissons débitées antérieurement à la contestation.

§ IV. — Des Propriétaires vendant en détail les Boissons de leur cru.

85. *Les propriétaires qui voudront vendre les boissons de leur cru en détail, jouiront d'une remise de vingt-cinq pour cent sur les droits qu'ils auront à payer* (1). Ils devront, dans la déclaration préalable à laquelle ils seront tenus comme tous les autres débitants, indiquer la quantité de boissons de leur cru qu'ils auront en leur possession, et celle dont ils entendront faire la vente en détail, et se soumettre, en outre, à ne vendre aucune boisson autre que celles de leur cru. Ils devront faire cette vente par eux-mêmes, ou par des domestiques à leurs gages, dans des maisons à eux appartenant, ou qu'ils auront louées par bail authentique.

86. Ils ne pourront fournir aux buveurs que les boissons déclarées, avec des bancs et tables, et seront libres d'établir leur vente en détail sur des vaisseaux d'une contenance supérieure à cinq hectolitres. Ils seront, d'ailleurs, assujettis à toutes les obligations imposées aux débitants de profession : néanmoins, les visites et exercices des commis n'auront pas lieu dans l'intérieur de leur domicile, pourvu que le local où leurs boissons seront vendues en détail, en soit séparé.

§ V. — Du Droit général de consommation sur l'eau-de-vie.

87. Un droit général de consommation, égal à celui fixé pour la vente en détail par l'art. 47, sera perçu sur toute quantité d'eau-de-vie, d'esprit, ou de liqueur composée d'eau-de-vie ou d'esprit, qui sera adressée à une personne autre que celles assujetties aux exercices des employés de la régie.

Ce droit ne sera pas dû sur les eaux-de-vie, esprits et liqueurs qui seront exportés à l'étranger.

88. Le droit général de consommation sera perçu d'après le prix courant de la vente en détail au lieu de destination. Il sera payé à l'arrivée des boissons, et avant la décharge de l'acquit-à-caution; il pourra néanmoins être acquitté au lieu de l'enlèvement par les expéditeurs, lesquels, dans ce cas, seront tenus

---

(1) Cette disposition est abrogée par l'art. 94 de la loi du 25 juin 1841. Voir le texte ci-après à sa date.

seulement, pour opérer le transport, de se munir d'un congé au lieu d'un acquit-à-caution.

89. Tout marchand en gros d'eau-de-vie, esprit et liqueur, acquittera le droit de consommation sur les quantités de ces boissons qui manqueront à ses charges, après la déduction fixée par l'art. 103. La même obligation est imposée à tout débitant qui cessera son commerce pour les quantités d'eaux-de-vie, esprits et liqueurs qu'il conservera.

90. Le droit de consommation ne sera point exigé des personnes non soumises aux exercices, en cas de transport d'eaux-de-vie, d'esprits ou de liqueurs de l'une de leurs maisons dans une autre, ou dans un nouveau domicile, en justifiant toutefois aux employés appelés à décharger les acquits-à-caution, de leur droit à cette exemption.

Les bouilleurs de cru qui feront transporter les produits de leur distillation dans des caves ou magasins séparés de la brûlerie, n'auront droit à la même exemption qu'en soumettant ces caves ou magasins aux exercices des préposés de la régie.

91. Les eaux-de-vie versées sur les vins seront également affranchis du droit de consommation, pourvu que la quantité employée n'excède pas un vingtième de la quantité de vin soumise à cette opération, qui ne pourra se faire qu'en présence des employés de la régie.

§ VII. — Dispositions générales applicables au présent chapitre.

94. Les boissons trouvées en la possession de personnes vendant en détail sans déclaration, ainsi que celles à l'égard desquelles des contraventions seront constatées chez les débitants, seront saisies par les employés de la régie.

95. Les personnes convaincues de faire le commerce des boissons en détail, sans déclaration préalable ou après déclaration de cesser, seront punies d'une amende de trois cents francs à mille francs, et de la confiscation des boissons saisies. Les contrevenants pourront néanmoins obtenir la restitution desdites boissons, en payant une somme de mille francs, indépendamment de l'amende prononcée par le tribunal.

96. Les autres contraventions aux dispositions du présent chapitre seront punies de la confiscation des objets saisis, et d'une amende qui, pour la première fois, ne pourra être moindre de cinquante francs, ni supérieure à trois cents francs, et qui sera toujours de cinq cents francs en cas de récidive (1).

Loi du 25 mars 1817 sur les finances. — Extrait relatif à l'impôt sur les boissons.

ART. 82. Seront également affranchis à l'avenir du droit de circulation, quels que soient le lieu d'enlèvement et l'expéditeur, et pourvu que dans le lieu de destination le commerce des boissons ne soit pas affranchi des exercices des employés de la régie : — 1° Les boissons qui seront enlevées à destination des négociants, marchands en gros, courtiers, facteurs, commissionnaires, distillateurs et tous autres munis d'une licence de marchand en gros ou de distillateur ; — 2° les vins, cidres et poires qui seront enlevés à destination de toute personne qui vend en détail lesdites boissons, pourvu qu'elle soit munie d'une licence de débitant.

83. Pour jouir de l'exemption prononcée par l'article précédent, l'expéditeur sera tenu de se munir d'un acquit-à-caution dont le coût demeure fixé à vingt-cinq centimes, timbre compris. — Les conducteurs de boissons qui se trouveront en cours de transport, lors de la mise à exécution de la présente loi, auront quinze jours pour échanger les congés ou passavants dont ils seront porteurs, contre des acquits-à-caution.

84. Les droits d'entrée seront perçus à l'avenir dans les villes et communes ayant une population agglomérée de 1,500 âmes et au-dessus ; à cet effet, la première classe du tarif annexé à la loi du 28 avril 1816, comprendra les communes de 1,500 à 4,000 âmes de population agglomérée.

85. L'hydromel sera compris au nombre des boissons soumises aux droits de circulation, d'entrée, de détail et de licence. Il sera imposé dans tous les cas comme le cidre.

Loi du 15 mai 1818. — Extrait.

ART. 84. Les boissons expédiées par un détenteur non entrepositaire, d'une de ses caves situées dans des lieux sujets aux droits d'entrée dans un autre domicile, seront accompagnées d'un acquit-à-caution en franchise de droit.

85. Ne seront point assujettis aux droits de circulation établis par l'art. 82 de la loi du 25 mars 1817, les vins et cidres expédiés pour la ville de Paris.

Loi du 24 juin 1824, relative au droit de circulation.

ART. UNIQUE. A partir du 1ᵉʳ janvier 1825, les droits de circulation établis sur les vins en cercles par la loi du 25 mars 1817, seront perçus uniformément, à raison de un franc cinquante centimes par hectolitre.

---

(1) Voir au verso le tableau des droits à percevoir sur les boissons, en vertu de la loi du 28 avril 1816.

[N° 2.] *Tarif des Droits d'entrée à percevoir sur les Boissons dans les villes et communes de 2,000 âmes de population agglomérée et au-dessus, en exécution de l'article 20 de la Loi du 28 avril 1616.*

POPULATION des COMMUNES.	PAR HECTOLITRE de VIN EN CERCLES,				PAR hectolitre de vin en bouteilles ou de vin de liqueur, tant en cercles qu'en bouteilles.	PAR hectolitre de cidre et poiré.	PAR hectolitre d'eau-de-vie en cercles au-dessous de 22 degrés.	PAR hectolitre d'eau-de-vie en cercles au-dessous de 22 degrés, jusqu'à 28 degrés inclusivement.	PAR HECTOLITRE d'eau-de-vie rectifiée à 28 degrés et au-dessus, d'eau-de-vie de toute espèce en bouteilles, de liqueurs composées d'eau-de-vie et d'esprit, tant en cercles qu'en bouteilles, et de fruits à l'eau-de-vie
	dans les départements de première classe.	dans les départements de deuxième classe.	dans les départements de troisième classe.	dans les départements de quatrième classe.					
	fr. c.	fr. c.	fr. c.	fr. c.	fr. c.	fr. c.	fr. c.	fr. c.	fr. c.
De 2,000 à 4,000 âmes......	0 55	0 70	0 85	1 00	1 15	0 35	1 40	2 10	2 80
De 4,000 à 6,000........	0 85	1 00	1 15	1 50	1 70	0 45	2 10	3 15	4 20
De 6,000 à 10,000......	1 15	1 35	1 55	1 75	2 25	0 65	2 50	3 80	5 10
De 10,000 à 15,000......	1 40	1 70	2 00	2 25	2 80	0 85	3 40	5 10	6 80
De 15,000 à 20,000........	2 00	2 25	2 45	2 80	4 00	1 15	4 90	7 55	9 80
De 20,000 à 30,000........	2 80	3 10	3 40	3 80	5 60	1 55	7 00	10 50	14 00
De 30,000 à 50,000........	3 70	4 10	4 60	5 10	7 50	2 10	9 30	13 90	18 60
De 50,000 et au-dessus......	4 60	5 10	5 50	6 30	9 50	2 80	11 80	17 60	25 60

[N° 5.] **Tableau** *des Départements du Royaume divisés en quatre classes, pour la perception des droits de circulation et d'entrée sur les Boissons.*

Ire CLASSE.	IIe CLASSE.	IIIe CLASSE.	IVe CLASSE.
Var.	Drôme.	Jura.	Nord.
Alpes (Basses).	Ardèche.	Doubs.	Pas-de-Calais.
Vaucluse.	Alpes (Hautes).	Saône (Haute).	Somme.
Bouches-du-Rhône.	Isère.	Saône-et-Loire.	Ardennes.
Gard.	Puy-de-Dôme.	Rhône.	Seine-Inférieure.
Hérault.	Allier.	Loire.	Calvados.
Aude.	Nièvre.	Sarthe.	Orne.
Pyrénées-orientales.	Cher.	Morbihan.	Manche.
Tarn.	Indre.	Seine.	Mayenne.
Garonne (Haute).	Vienne.	Seine-et-Oise.	Ille-et-Vilaine.
Ariége.	Sèvres (Deux).	Seine-et-Marne.	Côtes-du-Nord.
Lot.	Vendée.	Eure-et-Loir.	Finistère.
Tarn-et-Garonne.	Loire-inférieure.	Creuse.	
Gers.	Maine-et-Loire.	Vienne (Haute).	
Pyrénées (Hautes).	Indre-et-Loire.	Corrèze.	
Dordogne.	Loir-et-Cher.	Cantal.	
Lot-et-Garonne.	Loiret.	Loire (Haute).	
Charente-inférieure.	Yonne.	Lozère.	
Charente.	Côte-d'Or.	Rhin (Bas).	
Gironde.	Ain.	Rhin (Haut).	
Landes.	Aube.	Vosges.	
Pyrénées (Basses).	Marne (Haute).	Eure.	
Aveyron.	Marne.	Oise.	
	Meuse.	Aisne.	
	Moselle.		
	Meurthe.		

Loi du 11 mars 1827, relative aux droits de circulation sur les cidres, poirés et hydromel.

Article unique. A partir de la publication de la présente loi, le droit de circulation sur le cidre, le poiré et l'hydromel, sera perçu à raison de soixante centimes par hectolitre.

Loi du 21 avril 1832 sur les finances. — Extrait relatif à l'impôt sur les boissons.

Art. 35 Dans les villes ayant une population agglomérée de quatre mille âmes et au dessus, et sur le vœu émis par le conseil municipal, les exercices seront supprimés, moyennant que le droit de circulation, d'entrée et de détails sur les vins, cidres, poirés et hydromel, ainsi que celui de licence des débitants, soient convertis en une taxe unique aux entrées. La circulation des boissons sera libre dans l'intérieur des villes où le mode de remplacement aura été adopté, et le droit de circulation ne sera plus perçu sur les boissons adressées aux consommateurs qui y seront domiciliés. Le conseil municipal pourra ne voter que le remplacement des droits de licence, d'entrée et de détail : dans ce cas la perception du droit de circulation continuera à être effectuée avec les formalités ordinaires. (Modifié en partie par l'art. 18 de la loi du 25 juin 1841, dont le texte est ci-après à sa date.)

36. Cette taxe unique sera fixée pour chaque ville et par hectolitre, en divisant la somme des produits annuels de tous les droits à remplacer, par la somme des quantités annuellement introduites ; ce calcul sera établi sur la moyenne des consommations des trois dernières années.

37. Les conseils municipaux seront convoqués au moins un mois avant la mise à exécution de la présente loi, à l'effet de déclarer s'ils veulent jouir du bénéfice de l'art 35. Pour délibérer sur cette question, le conseil municipal devra s'adjoindre un nombre de marchands en gros et de débitants de boissons les plus imposés à la patente, égale à la moitié des membres du conseil ; les femmes se feront représenter par des fondés de pouvoirs. (Modifié

par les art. 19 et 20 de la loi du 25 juin 1841, ci-après à sa date.)

39. Les récoltants de vins, de cidre ou de poiré domiciliés dans les villes, pourront obtenir l'entrepôt pour les produits de leur récolte, quelle qu'en soit la quantité. La limite posée par l'art. 31 de la loi du 28 avril 1816 est abrogée en ce qui les concerne. Les propriétaires récoltants qui ne voudront pas jouir de l'entrepôt pour les vins, cidres ou poirés fabriqués dans l'intérieur du lieu sujet, seront admis à se libérer par douzième, de mois en mois, du montant des droits sur les vendanges qu'ils auront introduites, ou sur les quantités de vin qui auront été inventoriées chez eux après la récolte.

40. Dans les communes vignobles où les conseils municipaux voudront remplacer, soit l'inventaire des vins nouveaux, soit le payement immédiat ou par douzième du droit sur les vendanges, il devra, sur leur demande, être consenti un abonnement général pour l'équivalent des sommes qui seraient dues pour l'année entière sur la consommation des vins fabriqués dans l'intérieur, moyennant que la commune s'engage à verser dans la caisse de la régie par vingt-quatrième, de quinzaine en quinzaine, la somme convenue pour l'abonnement. sauf à elle à s'imposer pour le recouvrement de cette somme comme elle est autorisée à le faire pour les dépenses communales, les abonnements seront discutés dans le mois qui précédera la récolte, entre le conseil municipal et le directeur des contributions indirectes, ou son délégué ; ils auront pour base la quantité sur laquelle les récoltants auront payé le droit d'entrée dans une année de récolte complète, avec réduction s'il y a lieu, dans la proportion des produits apparents de la récolte de l'année ; seront observées, relativement au recouvrement des sommes dues. et à la fixation des abonnements, en cas de discussion avec la commune, les dispositions des art. 75 et 78 de la loi du 28 avril 1816.

41. Dans les villes qui seront soumises à une taxe unique sur les vins, cidres, poirés et hydromel, le droit général de consommation imposé sur les eaux-de-vie, esprits, liqueurs et fruits à l'eau-de-vie, sera perçu à l'entrée lorsque le destinataire ne jouira pas de l'entrepôt.

43. A défaut de bureau de la régie dans le lieu même de leur résidence, les propriétaires, les récoltants et les marchands en gros de boissons, qui auront à en expédier, à quelque destination que ce soit, seront autorisés à se délivrer des *laissez-passer* jusqu'au premier bureau de passage. A cet effet, la régie leur remettra des formules imprimées dont ils seront tenus de justifier l'emploi. Lorsque les expéditeurs de boissons voudront se dispenser de déclarer le nom des destinataires, ils seront admis à ne faire désigner sur les expéditions

que le lieu de destination, à charge d'y faire compléter la déclaration au bureau de la régie, avant que les conducteurs puissent décharger les voitures, ou introduire les boissons chez les destinataires.

44. Les licences, autres que celles des voitures publiques, ne seront plus payées que par trimestre ; le droit sera toujours dû pour le trimestre entier, à quelque époque que commence ou cesse le commerce.

Loi du 20 juillet 1837, sur les finances.—Extrait relatif à l'impôt sur les boissons.

ART. 6. La déduction accordée par les lois du 21 juin 1824 pour bouillage, coulage, soutirage, et affaiblissement de degrés sur les vins et alcools, sera fixée, suivant les lieux et la nature des boissons, par une ordonnance royale rendue sous forme de règlement d'administration publique, sans toutefois que cette déduction puisse être inférieure à quatre pour cent.

7. Tout manquant extraordinaire qui sera reconnu chez les marchands en gros ou entrepositaires de boissons, en sus du débit légal accordé pour l'année entière, sur les quantités emmagasinées, sera immédiatement soumis au droit.

8. Seront seuls considérés comme bouilleurs de cru, et continueront à être exempts, à ce titre, du payement de la licence, ainsi que des obligations imposées par le chapitre 6 de la loi du 28 avril 1816, les propriétaires ou fermiers qui distilleront exclusivement les vins, cidres ou poirés, marcs et lies provenant de leurs récoltes.

ORDONNANCE du 21 août 1838, qui règle les déductions à allouer pour déchet sur les boissons.

ART. 1er. Les déductions à allouer annuellement pour ouillage, coulage, soutirage, affaiblissement de degrés, et pour tous autres déchets sur les vins, cidres, poirés, hydromel, alcools et liqueurs, tant en cercles qu'en bouteilles, seront réglées par classe de département, par nature de boissons et par classes d'entrepositaires, conformément au tableau n. 1 ci-annexé ; à cet effet, les départements du royaume sont divisés en trois classes pour les vins, et en deux classes pour les alcools et liqueurs suivant le tableau n. 2, également ci-annexé ; le déchet continuera à être calculé à raison du séjour des boissons en magasin, sauf compensation au mois de septembre de chaque année ; les fixations portées au présent article, seront appliquées sans préjudice de la faculté précédemment accordée à la régie, d'allouer une plus forte déduction pour les vins qui en seraient susceptibles, et notamment pour les vins mousseux.

2. Indépendamment de la déduction annuelle,

il sera alloué aux marchands en gros et entrepositaires, et porté en décharge à leurs comptes, immédiatement après la vérification et la prise en charge à titre du déchet pour soutirage, un supplément de déduction sur les vins nouveaux expédiés directement de chez le récoltant depuis le moment de la récolte jusqu'au 1er avril suivant exclusivement, pourvu que l'année de la récolte ait été fidèlement déclarée par l'expéditeur, et mentionnée en l'acquit à caution. Ce déchet sera pour les vins enlevés en octobre et novembre de 2 1/2 p. %; en décembre et janvier de 2 p. %; en février et mars de 1 1/2 p. %. Le marchand en gros ou entrepositaire qui vendra avant le soutirage et dans le mois qui suivra la prise en charge, les vins pour lesquels il aura obtenu un supplément de déduction, pourra les réexpédier pour la quantité prise en charge, sous la condition que la déduction par lui abandonnée profitera au destinataire s'il est aussi marchand en gros ou entrepositaire.

3. Il sera également alloué après la prise en charge un déchet de 1 p. % aux marchands en gros, liquoristes, marchands en gros et entrepositaires qui recevront directement de chez les brouilleurs et distillateurs des eaux-de-vie et esprits.

4. Le nouveau système de déduction, créé par la présente ordonnance, recevra son application à partir du 1er octobre prochain; les comptes de marchands en gros, liquoristes, marchands en gros et entrepositaires, seront préalablement réglés et les manquants compensés comme ils l'auraient été à la fin de l'année; à l'avenir le décompte final des déductions et les réglements des comptes annuels chez les marchands en gros et entrepositaires, seront faits à l'expiration du troisième trimestre de chaque année.

[N° 1.] Tableau *des Déductions à allouer annuellement sur les Vins, Cidres, Hydromels et Alcools en cercle, pour ouillage, coulage, soutirage, affaiblissement de degrés et autres déchets.*

CLASSE DES départements conformément au tableau n. 2 ci-joint.	QUOTITÉ, POUR CENT, DES DÉDUCTIONS ANNUELLES.							
	VINS.			Alcools et Liqueurs.		Cidres et poirés.		Hydromels
	Propriétaires récoltants qui n'entreposent que les produits de leurs récoltes.		Marchands en gros et autres entrepositaires.	Bouilleurs et distillateurs.	Marchands en gros liquoristes, marchands en gros et tous autres entrepositaires.	Propriétaires qui n'entreposent que les produits de leurs récoltes.	Marchands en gros et tous autres entrepositaires.	Marchands en gros et tous autres entrepositaires.
	Vins de la dernière récolte.	Vins des récoltes antérieures.						
Pour les vins. 1re classe.	9	6	6	»	»	»	»	»
Pour les vins. 2e —	8	5	5	»	»	»	»	»
Pour les vins. 3e —	7	4	4	»	»	»	»	»
Pour les alcools et liqueurs. 1re —	»	»	»	7	5	»	»	»
Pour les alcools et liqueurs. 2e —	»	»	»	6	4	»	»	»
Pour les cidres, poirés, hydromels. classe unique.	»	»	»	»	»	10	7	7

[N° 2.] TABLEAU *des départements divisés par classes pour le calcul des déductions à allouer annuellement sur les vins, alcools et liqueurs.*

DÉPARTEMENTS.	Vins.	Alcools et Liqueurs.	DÉPARTEMENTS.	Vins.	Alcools et Liqueurs.
Ain	2	1	Lot	1	1
Aisne	3	2	Lot-et-Garonne	1	1
Allier	2	1	Lozère	3	1
Alpes (Basses)	2	1	Maine-et-Loir	2	1
Alpes (Hautes)	2	1	Manche	3	1
Ardèche	1	1	Marne	2	2
Ardennes	3	2	Marne Haute	2	2
Ariège	1	1	Mayenne	3	2
Aube	2	2	Meurthe	2	2
Aude	1	1	Meuse	2	2
Aveyron	3	1	Morbihan	3	2
Bouches-du-Rhône	1	1	Moselle	2	2
Calvados	3	2	Nièvre	2	1
Cantal	3	1	Nord	3	2
Charente	2	1	Oise	3	2
Charente-Inférieure	2	1	Orme	3	2
Cher	2	1	Pas-de-Calais	3	2
Corrèze	3	1	Puy-de-Dôme	2	1
Côte d'Or	2	2	Pyrénées (Basses)	1	1
Côtes-du-Nord	3	2	Pyrénées (Hautes)	1	1
Creuse	3	1	Pyrénées (Orientales)	1	1
Dordogne	1	1	Rhin (Bas)	2	2
Doubs	2	2	Rhin (Haut)	2	2
Drôme	1	1	Rhône	1	1
Eure	3	2	Saône (Haute)	2	2
Eure-et-Loir	2	2	Saône-et-Loire	2	1
Finistère	3	2	Sarthe	2	2
Gard	1	1	Seine	1	2
Garonne (haute)	1	1	Seine-Inférieure	3	2
Gard	1	1	Seine-et-Marne	2	2
Gironde	1	1	Seine-et-Oise	2	2
Hérault	1	1	Sèvres (Deux)	2	1
Ille-et-Vilaine	3	2	Somme	3	2
Indre	2	1	Tarn	1	1
Indre-et-Loire	2	1	Tarn-et-Garonne	1	1
Isère	1	1	Var	1	1
Jura	2	2	Vaucluse	1	1
Landes	1	1	Vendée	2	1
Loir-et-Cher	2	1	Vienne	2	1
Loire	2	1	Vienne (Haute)	2	1
Loire (Haute)	3	1	Vosges	2	2
Loire-Inférieure	2	1	Yonne	2	2
Loiret	2	1			

Loi du 28 juin 1841, sur les finances.—Extrait relatif à l'impôt sur les boissons.

Art. 15. L'exemption du droit de circulation sur les boissons, ne sera accordée que dans les cas ci-après : —1° Pour les vins, cidres et poirés qu'un récoltant fera transporter de son pressoir ou d'un pressoir public à ses caves et celliers, ou de l'une à l'autre de ses caves, dans l'étendue d'un même arrondissement, ou des cantons limitrophes de l'arrondissement où la récolte aura été faite, qu'ils soient ou non dans le même département :—2° pour les boissons de même espèce qu'un colon partiaire, ou fermier ou preneur à bail emphytéotique à rente, remettra au propriétaire ou recevra de lui dans les mêmes limites, en vertu de baux authentiques ou d'usages notoires.—Dans les cas prévus par le présent article, les propriétaires, colons ou fermiers ne seront tenus de se munir que d'un passavant.—Les art. 5 de la loi du 28 avril 1816 et 5 de la loi du 17 juillet 1819, sont abrogés (V. loi du 4 août 1844, art. 10 ci-après).

16. Seront affranchies du droit de circulation les boissons de leur récolte, que les propriétaires feront transporter de chez eux hors des limites posées par l'article précédent, pourvu qu'ils se munissent d'un acquit à caution, et qu'ils se soumettent au lieu de destination, à toutes les obligations imposées aux marchands en gros, le payement de la licence excepté.

17. Toute personne qui récolte, fabrique ou prépare, dans l'intérieur d'une ville sujette aux droits d'entrée, des vins, cidres, poirés, hydromel, alcools ou liqueurs, sera tenue, sous les peines portées par l'art. 46 de la loi du 28 avril 1816, d'en faire la déclaration au bureau de la régie, et d'acquitter immédiatement le droit, si elle ne réclame la faculté de l'entrepôt.—Cette déclaration devra précéder de douze heures au moins la première fabrication de l'année.—Les employés sont autorisés à faire toutes les vérifications nécessaires pour reconnaître à domicile les qualités préparées ou fabriquées et pour les soumettre au droit sans préjudice des obligations spéciales, imposées aux fabricants de liqueurs, par la loi du 21 juin 1824.—Les dispositions du présent article ne sont point applicables aux personnes qui auront acquitté le droit à l'entrée, sur leurs vendanges, fruits à cidre ou à poiré, servant à la fabrication.

18. A partir de 1842, la taxe unique à l'entrée des villes dont les conseils municipaux sont autorisés à voter l'établissement par l'art. 55 de la loi du 21 avril 1832, ne remplacera plus que les droits d'entrée et de détail sur les vins, cidres, poirés et hydromels.—La perception du droit de licence des débitants, et celle du droit de circulation, ainsi que les formalités à la circulation des boissons de toute espèce, seront maintenues dans lesdites villes comme dans les autres parties du royaume.—Le droit général de consommation sur les eaux-de-vie, esprits, liqueurs et fruits à l'eau-de-vie introduits dans lesdites villes ou fabriqués dans l'intérieur, continuera d'être perçu en même temps que le droit d'entrée, sans préjudice de la faculté d'entrepôt.

19. Les délibérations du conseil municipal qui auront pour objet d'établir une taxe unique ne pourront être mises à exécution qu'au 1er janvier, et pourvu qu'elles aient été notifiées à la régie un mois au moins avant cette époque.

20. Le nombre des marchands en gros et des débitants de boissons que les conseils municipaux sont tenus de s'adjoindre en vertu de l'art. 57 de la loi du 21 avril 1832, pour délibérer sur l'établissement ou le maintien d'une taxe unique, devra être égal à la moitié des membres présents du conseil, sans toutefois, qu'au moyen de cette adjonction, plus du tiers des votants puisse être formé de marchands ou débitants.

21. La disposition de l'art. 85 de la loi du 28 avril 1816, qui accorde aux propriétaires, vendant en détail les boissons de leur cru, une remise exceptionnelle de 25 pour cent sur les droits de détail qu'ils ont à payer, est abrogée.

Loi du 4 août 1844, sur les finances.— Extrait relatif à l'impôt des boissons.

ART. 11. Pour jouir de l'exemption des droits de circulation, dans les cas prévus par l'art. 18 de la loi du 25 juin 1841, l'expéditeur des boissons sera tenu lors du premier envoi qu'il fera après la récolte, de justifier de ses droits à l'exemption, et de déclarer la quantité totale par lui récoltée. Il ne pourra lui être délivré de passavant lorsque les expéditions, par lui faites depuis la récolte, auront épuisé cette quantité.

12. Les déclarations exigées avant l'enlèvement des boissons par l'art. 10 de la loi du 28 avril 1816 contiendront, outre les énonciations prescrites par ledit article, l'indication des principaux lieux de passage que devra traverser le chargement, et celle des divers modes de transport qui seront successivement employés, soit pour toute la route à parcourir, soit pour une partie seulement, à charge, dans ce dernier cas, de compléter la déclaration en cours de transport.—Le délai à accorder pour conduire les boissons à la destination déclarée sera réglé en raison de la distance qui pourra être parcourue chaque jour et selon le mode de transport.—Les règles à suivre pour la fixation du délai, les mesures et les formalités nécessaires pour assurer l'exécution des dispositions qui précèdent, seront déterminées par un règlement d'administration publique. —Les contraventions aux dispositions du présent article et à celles dudit règlement, seront punies des peines portées dans les art. 19 de la loi du 28 avril 1826.—Ce règlement devra être converti en loi dans la prochaine session.

§ 2. — *Des alcools dénaturés.*

D'après l'art. 25 de la loi du 28 avril 1816, les eaux-de-vie ou esprits altérés par un mélange quelconque étaient soumis aux mêmes droits que les eaux-de-vie ou esprits purs. Cette disposition, interprétée rigoureusement par la jurisprudence, ne permettait pas d'employer sur une vaste échelle les alcools dans l'industrie, à cause du prix de revient. Pourtant la découverte de l'alcool carburé et son application à l'éclairage appelaient sur ce point la réforme de la loi du 28 avril 1816. C'est ce que le législateur a fait en 1843, en dégrevant de tout droit les esprits dénaturés.

Loi du 24 juillet 1843, qui affranchit de tous droits les esprits et eaux-de-vie rendus impropres à la consommation.

Art. 1er. Sont affranchis de tous droits d'entrée, de consommation ou détail, les eaux-de-vie et esprits, dénaturés de manière à ne pouvoir être consommés comme boissons.

2. Des règlements d'administration publique détermineront les conditions nécessaires pour opérer la dénaturation et les formalités qui devront la constater.

3. Les mêmes règlements pourront établir, au profit du trésor public, un droit qui sera perçu comme droit de dénaturation. Ils fixeront une quotité du même droit, que les villes auront la faculté de percevoir à titre d'octroi, sans que cette quotité puisse excéder le tiers du droit du trésor.

4. Les dispositions desdits règlements relatives aux droits énoncés dans l'article précédent, seront présentées aux Chambres pour être converties en loi dans le cours de la session prochaine.

5. Les alcools dénatures suivant les procédés déterminés par les règlements, ainsi que ceux qui auront été soumis au droit de dénaturation, ne pourront, comme l'alcool pur, circuler qu'avec des expéditions de la régie — Toute contravention aux dispositions des règlements dont il est question dans les art. 2 et 3 de la présente loi, sera punie de la peine prononcée par l'art. 96 de la loi du 28 avril 1816. — Les dispositions de l'art. 25 de la loi du 28 avril 1826, continueront à recevoir leur exécution en ce qui concerne les eaux-de-vie et esprits altérés par un mélange quelconque ou dont la dénaturation n'aura pas eu lieu conformément aux prescriptions des règlements d'administration publique.

Ordonnance du 14 juin 1844, concernant les eaux-de-vie et esprits rendus impropres à la consommation comme boissons.

Art. 1er. Sont considérés comme dénaturés et, à ce titre, affranchis de tous droits d'entrée de consommation et de détail, les alcools tenant en dissolution dans la proportion d'au moins deux dixièmes du volume du mélange, d'essence, de goudron, de bois, de goudron de houille ou de térébenthine, des huiles de schistes, de naphtes ou une huile essentielle quelconque. L'affranchissement sera accordé quand même le liquide contiendrait en outre d'autres substances et de quelque façon que la préparation ou dénaturation ait été effectuée, soit par simple mélange des huiles essentielles avec l'alcool rectifié ou absolu, ou avec des esprits de commerce, soit par distillation avant ou après le mélange, soit enfin par la combinaison des huiles et des matières premières destinées à produire l'alcool.

2. Les alcools seront frappés d'un droit général de dénaturation ; à cet effet, ils seront divisés en quatre classes, suivant la quantité d'essence qu'ils contiendront. Le droit par hectolitre et par classe sera perçu à l'arrivée pour les villes assujetties au droit d'entrée, et au départ, pour toutes les autres communes, conformément au tableau ci-annexé sous le n° 1er, indépendamment du décime pour franc.

3. La quantité d'essence tenue en dissolution dans les alcools dénaturés, sera déterminée au moyen d'un tube gradué et divisé en trente parties égales. Dix de ces divisions seront remplies du liquide à essayer ; il y sera ajouté le double d'eau, ce mélange sera agité, et le nombre des divisions du tube qui, après cette opération, seront occupées par l'essence qui surnagera, indiquera en dixièmes la quantité d'essence contenue dans le liquide.

4. Les villes et communes ne pourront percevoir, à titre d'octroi sur les alcools dénaturés, une taxe supérieure à celle du tarif maximum ci-annexé sous le n° 2. A partir de la publication de la présente ordonnance, ce tarif sera immédiatement appliqué dans les villes et communes qui perçoivent actuellement un droit d'octroi sur l'alcool, à moins que les tarifs ac-

tuels ou d'autres tarifs, régulièrement autorisés, n'établissent des droits moins élevés.

5. Nul ne pourra fabriquer ou préparer des alcools dénaturés sans en avoir fait la déclaration au bureau de la régie, et sans être pourvu d'une licence de distillateur s'il opère par distillation, ou d'une licence de marchand en gros s'il ne fait que de simples mélanges.

6. **Les fabricants ou préparateurs d'alcools dénaturés seront**, suivant la nature de leurs opérations, assujettis à toutes les obligations imposées aux bouilleurs et distillateurs de profession ou aux marchands en gros; ils seront en outre soumis aux exercices des employés de la régie, quelles que soient l'espèce et l'origine des matières premières qu'ils emploieront.

7. L'entrepôt sera accordé aux fabricants et préparateurs d'alcools dénaturés, tant pour les eaux-de-vie et esprits purs qu'ils auront en magasin que pour les alcools dénaturés provenants de leurs manipulations. Toute fabrication, tout mélange ou préparation devra être précédé d'une déclaration faite au bureau de la régie quatre heures au moins à l'avance dans les villes, et huit heures dans les campagnes. Il sera donné décharge au compte de l'alcool pur des quantités qui auront été dénaturées, et le volume du produit de ces préparations sera repris en charge au compte des alcools dénaturés.

8. Les alcools dénaturés ne pourront circuler qu'avec un acquit à caution, un congé ou un passavant délivré au bureau de la régie des contributions indirectes, dans les mêmes cas et de la même manière que pour les eaux-de-vie et esprits.

9. Seront appliquées aux alcools dénaturés les dispositions des lois et règlements relatives à la fabrication des eaux-de-vie et esprits par les bouilleurs et distillateurs de profession, à l'exerce des magasins des marchands en gros et entrepositaires de boissons, à la circulation des eaux-de-vie, esprits et liqueurs et au payement des droits, soit à l'arrivée, soit au départ, soit sur les manquants.

10. Conformément à l'art. 5 de la loi du 24 juillet 1843, toute contravention aux dispositions du présent règlement sera punie des peines portées par l'art. 96 de la loi du 28 avril 1816.

ORDONNANCE *du 19 août 1845, qui réduit le droit de dénaturation sur les alcools dénaturés.*

ART. 1er. À partir du 1er septembre 1845, le droit qui est perçu sur les alcools dénaturés sera réduit conformément au tarif ci-annexé sous le no 1er.

2. Les villes et les communes ne pourront percevoir sur les alcools dénaturés une taxe d'octroi supérieure à celle du tarif maximum ci-annexé sous le no 2. — À partir de l'époque indiquée dans l'article précédent, ce tarif sera immédiatement appliqué dans les villes et communes qui perçoivent un droit d'octroi sur les alcools dénaturés, à moins que les tarifs actuels ou d'autres tarifs régulièrement autorisés n'établissent des droits moins élevés.

(N° 1er.) *Tarif des droits de dénaturation à percevoir pour le trésor par hectolitre, sur toute préparation alcoolique, dite alcool dénaturé.*

QUANTITÉ D'ESSENCE ou huile essentielle contenue dans la préparation dite alcool dénaturé.	DROIT DE DÉNATURATION EN PRINCIPAL par hectolitre de volume DANS LES COMMUNES					Dans la ville de Paris.
	Non assujetties au droit d'entrée.	Assujetties au droit d'entrée et ayant				
		de 4,000 à 10,000 âmes.	de 10,000 à 20,000 âmes.	de 20,000 à 50,000 âmes.	de 50,000 et au-dess.	
	F. C.					
De 2 à 3 dixièmes. . . .	14,40	16,32	18,24	20,16	22,08	22,08
De 3 à 4 dixièmes. . . .	12,60	14,28	15,96	19,64	19,32	19,32
De 4 à 5 dixièmes. . . .	10,80	12,24	13,68	15,12	16,56	16,56
Au-dessus de 5 dixièmes.	9,00	10,20	11,40	12,60	13,80	13,80

(N° 2.) *Tarif maximum des droits à percevoir pour l'octroi, par hecto-litre, sur toute préparation alcoolique dite alcool dénaturé.*

QUANTITÉ D'ESSENCE ou huile essentielle contenue dans . les préparations dites alcool dénaturé.	MAXIMUM DU DROIT D'OCTROI PAR HECTOLITRE DU VOLUME						
	Non assujetties aux droits d'entrée.	DANS LES COMMUNES				Dans la ville de Paris.	Dans la banlieue de Paris.
		de 4,000 à 10,000 âmes.	de 10,000 à 20,000 âmes.	de 20,000 à 50,000 âmes.	de 50,000 âmes et au-dess.		
De 1 à 3 dixièmes.	0,64	0,64	1,28	1,92	2,56	7,36	4,80
De 3 à 4 —	0,56	0,56	1,12	1,68	2,24	6,44	4,20
De 4 à 5 —	0,48	0 48	0,96	1,44	1,92	5,52	.3,60
Au-dessus de 5 —	0,40	0,40	0,80	1,20	1,60	4,60	3,00

§ 3. — Des Octrois.

Les octrois sont de véritables douanes à l'intérieur créées pour subvenir aux charges municipales. Ils exercent une fâcheuse influence sur les produits agricoles et notamment sur les bestiaux et sur les vins. C'est la loi du 28 avril 1816, tout récemment modifiée en un point essentiel, qui est la base de la législation sur les octrois. On sait, en effet, que l'article 140 de la loi de 1816 déclarait que les droits levés au profit des villes ne devaient pas excéder les droits d'entrée perçus pour le compte de l'État. Mais cet article permettait au Roi d'autoriser par ordonnance une perception plus forte. En vertu de cette exception la majeure partie des communes s'étaient fait autoriser à établir des surtaxes, chose très-nuisible à l'écoulement de nos vins. En 1840, sur 25,202,000 fr. perçus par les communes pour droits d'octroi sur les boissons, 10,281,000 fr. provenaient de la surtaxe. Élever ainsi sans cesse les droits d'octroi, c'était fermer tout débouché à nos produits viticoles. Les Chambres ont vu le danger et ont cherché à y remédier en assignant un terme aux surtaxes établies, et en les soumettant, pour l'avenir, à la sanction législative.

Loi *du 28 avril 1816.—Extrait relatif aux octrois.*

Art. 147. Lorsque les revenus d'une commune seront insuffisants pour ses dépenses, il pourra y être établi, sur la demande du conseil municipal, un droit d'octroi sur les consommations. La désignation des objets imposés, le tarif, le mode et les limites de la perception, seront délibérés par le conseil municipal et ré-glés de la même manière que les dépenses et les revenus communaux. Le conseil municipal décidera si le mode de perception sera la régie simple, la régie intéressée, le bail à ferme ou l'abonnement avec la régie des contributions indirectes : dans tous les cas, la perception du droit se fera sous la surveillance du maire, du sous-préfet et du préfet.

148. Les droits d'octroi continueront à n'être

imposés que sur les objets destinés à la con-sommation locale. Il ne pourra être fait d'exceptions à cette règle que dans les cas extraordinaires et en vertu d'une loi spéciale.

149. Les droits d'octroi qui seront établis à l'avenir sur les boissons, ne pourront excéder ceux qui seront perçus aux entrées des villes au profit du trésor. Si une exception à cette règle devenait nécessaire, elle ne pourrait avoir lieu qu'en vertu d'une ordonnance spéciale du Roi.

Loi du 10 juin 1842 sur les finances.—Extrait relatif aux octrois et à la surtaxe.

ART. 8. A l'avenir, l'établissement des taxes d'octroi votées par les conseils municipaux, la modification de celles qui existent actuellement, ainsi que les règlements relatifs à leur perception, seront autorisés par ordonnances royales rendues dans la forme des règlements d'administration publique.

9. Les droits d'octroi qui seront établis sur les boissons, en vertu de ces ordonnances royales, ne pourront excéder ceux qui seront perçus aux entrées des villes au profit du trésor, le décime non compris.—Dans les communes qui, à raison de leur population, ne sont pas soumises à un droit d'entrée sur les boissons, le droit d'octroi ne pourra dépasser le droit d'entrée déterminé par la loi, pour les villes d'une population de quatre mille âmes.—Il ne pourra être établi aucune taxe d'octroi supérieure au droit d'entrée qu'en vertu d'une loi.—L'art. 149 de la loi du 28 avril 1816 est abrogé.

10. Les taxes d'octroi actuellement existantes qui sont supérieures aux limites fixées par l'article précédent, continueront à être perçues pendant toute la durée déterminée par l'ordonnance royale d'autorisation. — Ces surtaxes, ainsi que celles dont la durée est illimitée, cesseront néanmoins de plein droit au 31 décembre 1852, sans préjudice du droit qu'ont les communes d'y renoncer avant ce délai.

CHAPITRE III. — DE LA BETTERAVE.

(Page 39.)

La culture de la betterave n'est pas restreinte comme celle du tabac; elle n'est également plus obligatoire comme le voulait le décret du 25 mars 1811. Toutefois, comme l'impôt qui frappe le sucre de betterave exerce une certaine influence sur la culture, nous donnons ici le texte de la dernière loi sur la matière.

Loi du 2 juillet 1843 sur les Sucres de betterave et autres.

ART. 1er. Le droit de fabrication sur le sucre indigène, établi par la loi du 18 juillet 1837, sera porté progressivement au même taux que le droit payé à l'importation des sucres des colonies françaises d'Amérique. — A cet effet, à partir du 1er août 1841, ce droit sera augmenté, pendant quatre années successives, de cinq francs par an sur le sucre indigène au premier type et de nuances inférieures.

2. Au 1er août prochain, les trois types déterminés par notification de la loi du 5 juillet 1840, pour la classification des sucres indigènes, seront réduits à deux.—Le droit établi par la dite loi et l'article précédent, pour le premier type et les nuances inférieures, sera accru : 1o d'un dixième pour les sucres au-dessus du premier type, jusqu'au deuxième inclusivement : 2o de deux dixièmes pour les sucres d'une nuance supérieure au deuxième type et pour les sucres en pains inférieurs au métis ou quatre-cossons ; 3o de trois dixièmes pour les sucres en pains métis ou quatre cossons et les sucres candis.

3. A la même époque, les droits à percevoir sur les sucres coloniaux seront établis d'après des types semblables à ceux qui seront formés pour les sucres indigènes. — La surtaxe des sucres supérieurs aux sucres bruts autres que blancs (premier type), sera égale à celle que supporteront les sucres indigènes de qualités correspondantes. — L'importation des sucres raffinés demeure prohibée.

4. Le droit sur les glucoses à l'état de sirop et à l'état concret est fixé à deux francs par 100 kilogrammes.

5. Les droits établis sur les sucres indigènes seront appliqués aux glucoses granulées présentant l'apparence des sucres cristallisables.

6. Le gouvernement continuera à déterminer, par des règlements d'administration publique, les mesures nécessaires pour assurer la perception du droit imposé par la présente loi sur les sucres indigènes, les glucoses ou mesures saccharines non cristallisables.—Ces règlements

devront être présentés dans la prochaine session des Chambres pour être convertis en lois.

N. B. D'après les dispositions qu'on vient de lire, les droits sur les sucres de betterave seront, à partir du 1er août 1847, de 49 fr. 50 les 100 k. pour le premier type; de 54 fr. 45 pour le second type, et de 59 fr. 90 pour tous les autres sucres.

CHAPITRE IV. — DU TABAC.

[Page 44.]

Loi du 28 avril 1816 sur les finances. — Extrait relatif à la culture du Tabac en général.

ART. 180. La culture du tabac est maintenue dans les départements où elle est autorisée aujourd'hui, si d'ailleurs elle s'élève à cent mille kilogrammes en tabacs secs.

Nul ne pourra se livrer à la culture du tabac, sans en avoir fait préalablement la déclaration, et sans en avoir obtenu la permission. Il ne sera pas admis de déclaration pour moins de vingt ares en une seule pièce.

181. Les tabacs qui seront plantés en contravention au précédent article, seront détruits aux frais des cultivateurs, sur l'ordre que le sous-préfet en donnera, à la réquisition du contrôleur principal des contributions indirectes. Les contrevenants seront, en outre, condamnés à une amende de cinquante francs par cent pieds de tabacs, si la plantation est faite sur un terrain ouvert, et de cent cinquante francs, si le terrain est clos de murs ; sans que cette amende puisse, en aucun cas, excéder trois mille francs (*V.* ci-après loi du 23 avril 1836, interprétative).

182. Les cultivateurs seront tenus de représenter, en totalité, le produit de leur récolte calculé sur les bases qui seront déterminées ci-après, à peine de payer, pour les quantités manquantes, le prix du tabac fabriqué de cantine.

183. A l'avenir, les cultivateurs auront la faculté de destiner leur récolte, soit à l'approvisionnement des manufactures royales, soit à l'exportation, en se conformant aux dispositions prescrites dans l'un et l'autre cas.

CHAPITRE III.

DE LA CULTURE POUR L'APPROVISIONNEMENT DES MANUFACTURES ROYALES.

184. Le directeur général des contributions indirectes fera connaître, dans le mois d'octobre de chaque année, dans chacun des départements où la culture est autorisée, le nombre de quintaux métriques de tabac qui sont nécessaires à la régie, et qui devront lui être fournis sur la récolte de l'année suivante.

185. Le directeur général répartira ces quantités de tabacs de manière à assurer au moins les cinq sixièmes des approvisionnements des manufactures royales en tabacs indigènes.

186. Le préfet, en conseil de préfecture, après avoir entendu deux des principaux planteurs de tabacs de chaque arrondissement, et d'après l'avis du directeur des contributions indirectes du département, réglera par approximation le nombre d'hectares de terre qu'il sera permis de planter en tabac pour produire les quantités ci-dessus mentionnées.

187. Le préfet, en la forme prescrite par l'article précédent, décidera si cette fourniture se fera par voie d'adjudication, ou soumission, ou traité avec les planteurs de tabac, ou si l'on se conformera aux usages adoptés les années précédentes.

188. Le préfet déterminera alors, et toujours après avoir entendu deux des principaux planteurs, et après l'avis du directeur des contributions indirectes du département, le mode de déclaration, permission, surveillance, contrôle, décharge, classification, expertise, et livraison de la récolte.

189. Dans les arrondissements où les adjudications, soumissions ou traités seraient adoptés, il sera dressé un cahier de charges, qui sera approuvé par le directeur des contributions indirectes du département.

Ce cahier de charges contiendra toutes les obligations que les adjudicataires ou soumissionnaires auront à remplir, et déterminera notamment le mode de surveillance et de contrôle de la culture, ainsi que le mode de livraison des tabacs: les conditions en seront obligatoires pour l'administration des contractants, comme toute convention faite par acte authentique entre particuliers, et aucun réglement ou circulaire d'administration publique ne pourra changer ou modifier ces conventions ou traités ainsi consentis.

190. Ne seront admis à concourir aux adjudications, soumissions ou traités, que les planteurs de tabac reconnus solvables par le préfet et le directeur des contributions indirectes, ou qui pourront fournir caution pour sûreté de leurs engagements.

191. Lorsque le préfet aura réglé que la fourniture se fera par traité particulier, ou conformément à ce qui était précédemment en

usage, il déterminera alors le mode de surveillance, contrôle et livraison.

192. Le préfet fixera, en la forme prescrite par l'article 186, le prix des diverses qualités de tabacs qui, dans aucun cas, ne pourront être au-dessous de ceux accordés en 1815 pour la récolte de 1814.

Ces prix pourront servir de base aux traités particuliers, et, d'accord avec les principaux planteurs de tabac, être fixés pour toute la durée de la présente loi.

Il pourra être accordé en outre des prix fixés, à titre d'encouragement de culture, dix centimes par kilogramme de tabac, pour les qualités dites *surchoix*.

193. Lorsque la vérification de culture fera connaître qu'il y a excédant de plus d'un cinquième, soit sur la quantité de terre déclarée, soit sur le nombre des pieds de tabac, suivant le mode déterminé par le préfet, il en sera dressé procès-verbal, et le contrevenant sera condamné à une amende de vingt-cinq francs par cent pieds de tabac plantés sur les terres excédant la déclaration, sans que cette amende puisse s'élever au-dessus de quinze cents francs, et sans préjudice de l'augmentation de charge qui en résultera au compte du cultivateur.

194. En cas de contestation sur le mesurage des terres plantées en tabac, ou sur le nombre des pieds de tabac excédants, la vérification en sera ordonnée d'office par le préfet, et les frais en resteront à la charge de celle des parties dont l'estimation aura présenté la différence la plus forte, comparativement avec la contenance réelle.

195. Dans le cas prévu par les articles 181 et et 194, les cultivateurs seront privés du droit de planter à l'avenir du tabac. Il en sera de même à l'égard de ceux qui auront soustrait, en tout ou en partie, leur récolte à l'exportation.

196. Les cultivateurs seront tenus d'arracher et de détruire, immédiatement après la récolte, les tiges et souches de leurs plantations ; sur leur refus, l'opération sera exécutée de la manière prescrite en l'article 181.

197. Les planteurs de tabac seront admis à faire constater, par les employés de la régie, en présence du maire et de concert avec lui, les accidents que leur récolte encore sur pied aurait éprouvés par suite de l'intempérie des saisons. La réduction à laquelle ils pourront prétendre sur la quantité ou le nombre qu'ils seraient tenus de représenter en exécution de l'article 182, sera estimée de gré à gré au même instant ; et, en cas de discussion, il sera prononcé par des experts nommés par le préfet.

Ils seront de même admis à présenter au magasin de réception les tabacs avariés depuis la récolte, à en requérir la destruction en leur présence, et à la faire constater par les employés.

198. Le compte du cultivateur de tabac sera déchargé des quantités ou nombre dont la détérioration ou la destruction sur pied aura été constatée, et de ceux du tabac avarié depuis la récolte qu'il aura présenté au bureau, et qui aura été détruit, conformément à l'article précédent.

199. Lors de la livraison, le compte du cultivateur de tabac sera balancé. En cas de déficit, il sera tenu de payer la valeur des quantités manquantes, d'après le mode arrêté par le préfet, au taux du tabac de cantine.

200. Les sommes dues par les cultivateurs, en vertu de l'article précédent, seront recouvrées dans la forme des impositions directes, sur un état dressé par le directeur des contributions indirectes, et rendu exécutoire par le préfet.

201. Les cultivateurs seront recevables, pendant un mois, à porter devant le conseil de préfecture leurs réclamations contre le résultat de leur décompte. Le conseil de préfecture devra prononcer dans les deux mois.

CHAPITRE IV.

DE LA CULTURE DU TABAC POUR L'EXPORTATION.

202. La culture du tabac pour l'exportation est autorisée dans les départements où la culture est maintenue.

Tous propriétaires et fermiers pourront être admis à cultiver du tabac pour l'exportation, s'ils sont reconnus solvables par le préfet et le directeur des contributions indirectes du département, où s'ils fournissent caution pour sûreté de l'exportation de leur tabac.

Les articles 180, 181, 182 de la présente loi sont applicables à ceux qui voudraient cultiver pour l'exportation.

203. Le préfet, dans la forme prescrite à l'art. 156, déterminera le mode de déclaration, vérification, contrôle et charges des cultivateurs pour l'exportation.

204. Dans le cas où le planteur de tabac pour l'exportation cultiverait aussi pour l'approvisionnement des manufactures royales, le préfet, en conseil de préfecture, après avoir entendu deux des principaux cultivateurs de tabac, et après l'avis du directeur des contributions indirectes du département, déterminera le mode de livraison à faire à la régie, et celui de surveillance à exercer pour les tabacs restant à exporter.

205. Les charges des planteurs de tabac, établies conformément au mode déterminé par le préfet, seront portées sur des registres qui seront ensuite déposés dans le bureau où les tabacs devront être présentés avant l'exportation.

200. L'exportation sera effectuée avant le 1er août de l'année qui suivra la récolte, à moins que le cultivateur n'ait obtenu du préfet, sur l'avis du directeur du département, une prolongation de délai, qui, en aucun cas, ne pourrait passer le 1er septembre, et qui ne pourra lui être accordée qu'autant qu'il justifiera que sa récolte est intacte.

Néanmoins, si le cultivateur, au lieu d'exporter ses tabacs conformément au présent article, préfère les déposer dans les magasins de la régie, ils y seront admis en entrepôt, et y resteront jusqu'à l'exportation. Les frais de magasinage et autres seront payés par lui, d'après un tarif dressé par le préfet.

207. Après les délais qui auront été accordés pour l'exportation, les tabacs qui n'auront été ni exportés, ni mis en entrepôt, seront saisis et confisqués, sans préjudice des répétitions de la régie contre le cultivateur et sa caution, pour raison des quantités manquantes.

208. Les tabacs ne pourront être enlevés de chez le cultivateur qu'en vertu d'un laissez-passer des employés des contributions indirectes, qui ne sera délivré que pour le bureau établi près le magasin le plus voisin.

209. A ce bureau, les tabacs seront reconnus, pesés, cordés et plombés ; et il sera délivré au cultivateur, sans autre caution que celle qu'il aura fournie en exécution de l'article 202, et sans qu'il soit besoin qu'elle intervienne de nouveau, un acquit pour les accompagner jusqu'à l'étranger.

Si les tabacs n'étaient pas encore parvenus à un état de dessiccation complet, ou s'il était reconnu qu'ils eussent été mouillés, il serait fait de gré à gré, sur le poids, une réduction qui serait mentionnée sur l'acquit-à-caution.

Dans le cas où l'on ne s'accorderait pas sur cette réduction, les tabacs resteraient déposés jusqu'à parfaite dessiccation.

210. Les tabacs admis en entrepôt seront enregistrés après connaissance du poids et de la qualité, et il sera délivré acte du dépôt au cultivateur.

211. Le compte du cultivateur de tabac pour l'exportation sera déchargé des quantités détériorées et avariées, conformément aux articles 181 et 203.

212. A l'expiration du délai fixé pour l'exportation, le compte sera balancé, et les articles 214, 215 et 216 de la présente loi seront applicables au planteur pour l'exportation.

213. Les sommes dues par les cultivateurs, en vertu de l'article précédent, seront recouvrées dans la forme des impositions directes, sur un état dressé par le directeur des contributions indirectes, et rendu exécutoire par le préfet.

214. Les cultivateurs seront recevables, pen-dant un mois, à porter devant le conseil de préfecture leurs réclamations contre le résultat de leur décompte. Le conseil de préfecture devra prononcer dans les deux mois.

CHAPITRE V.

DISPOSITIONS GÉNÉRALES APPLICABLES AU PRÉSENT TITRE.

215. Les tabacs en feuille ne pourront circuler sans acquit-à-caution, si ce n'est dans le cas prévu par l'article 208, ou lorsqu'ils auront été cultivés pour l'approvisionnement de la régie, et qu'ils seront transportés du domicile du cultivateur au magasin de réception : ils devront, dans ce dernier cas, comme dans le premier, être accompagnés d'un laissez-passer.

216. Les tabacs circulant en contravention à l'article précédent, seront saisis et confisqués, ainsi que les chevaux, voitures, bateaux et autres objets servant au transport : le contrevenant sera puni, en outre, d'une amende de cent francs à mille francs.

Toute personne convaincue d'avoir fourni le tabac saisi en fraude sera passible de cette dernière amende.

217. Nul ne peut avoir en sa possession des tabacs en feuille, s'il n'est cultivateur dûment autorisé.

218. Les contraventions à l'article précédent seront punies de la confiscation, et, en outre, d'une amende de dix francs par kilogramme de tabac saisi. Cette amende ne pourra excéder la somme de trois mille francs, ni être au-dessous de cent francs.

221. Seront considérés et punis comme fabricants frauduleux, les particuliers chez lesquels il sera trouvé des ustensiles, machines ou mécaniques propres à la fabrication ou à la pulvérisation, et en même temps des tabacs en feuille ou en préparation, quelle qu'en soit la quantité, ou plus de dix kilogrammes de tabac fabriqué, non revêtu des marques de la régie.

Les tabacs et ustensiles, machines ou mécaniques seront saisis et confisqués, et les contrevenants condamnés, en outre, à une amende de mille à trois mille francs.

En cas de récidive, l'amende sera double.

Loi du 12 février 1835, sur les Tabacs.

ART. 1er. Le titre V de la loi du 28 avril 1816, qui attribue exclusivement à l'État l'achat, la fabrication et la vente du tabac dans toute l'étendue du royaume, et dont l'effet avait été continué par la loi du 19 avril 1829 jusqu'au 1er janvier 1837, est de nouveau prorogé jusqu'au 1er janvier 1842, sauf les modifications suivantes.

2. Les permissions de culture seront données, dans chaque arrondissement, par une commission de cinq membres, composée du préfet ou d'un de ses délégués, président, du directeur des contributions indirectes, d'un agent supérieur du service de culture, d'un membre du conseil général et d'un membre du conseil d'arrondissement, résidant dans l'arrondissement et non planteurs.

Les membres du conseil général et des conseils d'arrondissement seront désignés par leurs conseils respectifs, et, à défaut, par le préfet du département.

3. Le ministre des finances répartira annuellement le nombre d'hectares à cultiver, ainsi que les quantités de tabac demandées aux départements où la culture est autorisée, de manière à assurer au plus les quatre cinquièmes des approvisionnements des manufactures royales aux tabacs indigènes.

4. Les prix seront fixés, chaque année, par le ministre des finances, pour les diverses qualités des tabacs de la récolte suivante, par chaque arrondissement où la culture sera autorisée.

L'avis en sera donné par voie d'affiches et de publication.

5. Les dispositions des art. 172, 215, 216, 217, 218, 219, 220, 221, 222, 223, 224, 225 et 226 de la loi du 28 avril 1816, sont applicables à la fabrication, à la circulation et à la vente du tabac factice ou de toute autre matière préparée pour être vendue comme tabac, sans qu'il soit dérogé aux dispositions contenues dans la loi du 17 avril 1832, concernant la durée de la contrainte par corps.

Loi du 23 avril 1836, qui interprète l'art. 181 de la loi du 28 avril 1816, en ce qui concerne la culture du tabac.

ARTICLE UNIQUE. L'amende de cinquante francs par 100 pieds de tabac plantés sans autorisation sur un terrain ouvert, et de cent cinquante francs si le terrain est clos de murs, prononcée par l'art. 181 de la loi du 28 avril 816, doit être réglée en proportion du nombre de pieds au-dessous de cent comme au-dessus.

Loi du 23 avril 1840, sur les Tabacs. (Extrait.

ART. 1er. La loi du 12 février 1835, portant prorogation du titre V de la loi du 28 avril 1816, qui attribue exclusivement à l'État l'achat, la fabrication et la vente du tabac dans toute l'étendue du royaume, continuera d'avoir son effet jusqu'au 1er janvier 1852.

CHAPITRE V. — DU MURIER.

[Page 50.]

Une seule disposition législative régit cette matière importante, c'est l'art. 4, sect. III de la loi du 28 septembre 1791. Nous en donnerons le texte sous le chapitre X de la 3e partie ci-après.

CHAPITRE VI. — DE LA POMME DE TERRE.

[Page 55.]

Il y a sur cette plante intéressante le décret du 25 nivôse an II. Nous en avons donné le texte page 57 de l'ouvrage.

CHAPITRE VII. — DE L'OLIVIER ET DES PLANTES OLÉAGINEUSES.

[Page 60.]

La loi du 9 juin 1845 a modifié les tarifs d'entrée sur les graines oléagineuses. Elle les frappe d'un droit qui varie suivant les provenances. Pour le sésame ce droit est de 4 fr. à 14 fr. les 100 kilog. — Pour l'œillette et le colza, il est de 2 fr. à 7 fr. 50. — Pour le lin et autres, il est de 1 fr. à

6 fr. 50 c.. Les droits les moins élevés portent sur les provenances de nos colonies, les plus considérables sur les provenances de l'Égypte.

Chapitre VIII. — Des Plantes textiles.

| Page 69. |

Il n'y a pas de lois spéciales sur cette culture, mais des tarifs de douanes la protégent contre les produits similaires étrangers: Ces droits sont de 5 fr. par 100 kilog. pour le lin teillé ou en étoupe, et de 15 fr. pour le lin peigné, — de 8 fr. par 100 kilog. pour les chanvres teillés ou en étoupes, et de 15 fr., pour les chanvres peignés. Ces tarifs ne sont pas à comparer avec ceux qu protégent les filateurs et les fabricants de toile. La loi du 9 juin 1845 impose les fils étrangers d'un droit qui varie de 38 à 287 fr. les 100 kilog., suivant la finesse. Elle se montre encore plus sévère envers les tissus de fil qu'elle frappe d'un impôt qui, de 60 fr., s'élève progressivement à 817 fr. par 100 kilog. de tissus, suivant leur finesse.

Chapitre IX. — Des Plantes fourragères et des Paturages.

[Page 75.]

Si nous faisions une œuvre de doctrine, nous donnerions ici le texte des lois italiennes et allemandes sur les prairies. Mais nous devons nous borner aux documents législatifs qui nous régissent.

Une seule disposition extraite de la loi du 2 juillet 1836, sur les douanes, a trait à ce chapitre. C'est l'art. 22 dont nous rapportons ici le texte.

Loi *du 2 juillet* 1836 *sur les douanes — Extrait relatif au pacage du bétail en deçà et au delà de la frontière.*

Art. 22. Le pacage du bétail de toute espèce, d'un côté à l'autre de la frontière, ne pourra avoir lieu qu'à la condition de remporter ou de réexporter les mêmes troupeaux en nombre et en espèce, sans addition des jeunes bêtes mises bas pendant le pacage, lesquelles seront assujetties aux tarifs et règlements en vigueur pour l'importation ou l'exportation', si on la réclame.

Les pertes, pendant le pacage, sont aux risques des soumissionnaires.

Toutefois, il pourra être fait exception aux dispositions ci-dessus, en ce qui concerne le droit de sortie et d'admission du croît des troupeaux durant le pacage à l'étranger.

Pour les pâturages dans les forêts, on peut voir Code forestier, art. 61 et s. rapporté sous le chapitre suivant; et pour le pâturage dans les prairies et dans les champs, la loi du 28 septembre 1791, tit. Ier, sect. iv, et tit. 11, art. 18 et 22. En voir le texte ci-après, IIIe partie, chap. X, *De la Police rurale.*

Chapitre X. — Des Forêts.

[Page 84.]

N. B. Nous ne reproduisons ici que les dispositions du *Code forestier* qui concernent les bois des communes et des particuliers.

Loi *du 21 mai 1827. — Extrait.*

ART. 1er. Sont soumis au régime forestier, et seront administrés conformément aux dispositions de la présente loi,

1o. Les bois et forêts qui font partie du domaine de l'État ;

2o Ceux qui font partie du domaine de la couronne ;

3o Ceux qui sont possédés à titre d'apanage et de majorats, réversibles à l'État ;

4o Les bois et forêts des communes et des sections de communes ;

5o Ceux des établissements publics ;

6o Les bois et forêts dans lesquels l'État, la couronne, les communes ou les établissements publics ont des droits de propriété indivis avec des particuliers.

2. Les particuliers exercent sur leurs bois tous les droits résultant de la propriété, sauf les restrictions qui seront spécifiées dans la présente loi.

TITRE III.

DES BOIS ET FORÊTS QUI FONT PARTIE DU DOMAINE DE L'ÉTAT.

—

SECTION Ire.

De la Délimitation et du Bornage.

8. La séparation entre les bois et forêts de l'État et les propriétés riveraines pourra être requise soit par l'administration forestière, soit par les propriétaires riverains.

9. L'action en séparation sera intentée soit par l'État, soit par les propriétaires riverains, dans les formes ordinaires.

Toutefois, il sera sursis à statuer sur les actions partielles si l'administration forestière offre d'y faire droit dans le délai de six mois, en procédant à la délimitation générale de la forêt.

10. Lorsqu'il y aura lieu d'opérer la délimitation générale et le bornage d'une forêt de l'État, cette opération sera annoncée deux mois d'avance par un arrêté du préfet qui sera publié et affiché dans les communes limitrophes, et signifié au domicile des propriétaires rive-rains ou à celui de leurs fermiers, gardes ou agents.

Après ce délai, les agents de l'administration forestière procéderont à la délimitation en présence ou en l'absence des propriétaires riverains.

11. Le procès-verbal de la délimitation sera immédiatement déposé au secrétariat de la préfecture, et par extrait au secrétariat de la sous-préfecture en ce qui concerne chaque arrondissement. Il en sera donné avis par un arrêté du préfet, publié et affiché dans les communes limitrophes. Les intéressés pourront en prendre connaissance, et former leur opposition dans le délai d'une année, à dater du jour où l'arrêté aura été publié.

Dans le même délai, le Gouvernement déclarera s'il approuve ou s'il refuse d'homologuer ce procès-verbal en tout ou en partie.

Sa déclaration sera rendue publique de la même manière que le procès-verbal de délimitation.

12. Si à l'expiration de ce délai il n'a été élevé aucune réclamation par les propriétaires riverains contre le procès-verbal de délimitation, et si le Gouvernement n'a pas déclaré son refus d'homologuer, l'opération sera définitive.

Les agents de l'administration forestière procéderont, dans le mois suivant, au bornage en présence des parties intéressées, ou celles dûment appelées par un arrêté du préfet, ainsi qu'il est prescrit par l'art. 10.

13. En cas de contestations élevées soit pendant les opérations, soit par suite d'oppositions formées par les riverains en vertu de l'art. 11, elles seront portées par les parties intéressées devant les tribunaux compétents, et il sera sursis à l'abornement jusque après leur décision.

Il y aura également lieu au recours devant les tribunaux de la part des propriétaires riverains si, dans le cas prévu par l'art. 12, les agents forestiers se refusaient à procéder au bornage.

14. Lorsque la séparation ou délimitation sera effectuée par un simple bornage, elle sera faite à frais communs.

Lorsqu'elle sera effectuée par des fossés de clôture, ils seront exécutés aux frais de la partie requérante, et pris en entier sur son terrain.

SECTION II.

De l'Aménagement.

15. Tous les bois et forêts du domaine de l'État sont assujettis à un aménagement réglé par des ordonnances royales.

16. Il ne pourra être fait dans les bois de l'État aucune coupe extraordinaire quelconque, ni aucune coupe de quarts en réserve, ou de massifs réservés par l'aménagement pour croître en futaie, sans une ordonnance spéciale du Roi, à peine de nullité des ventes, sauf le recours des adjudicataires, s'il y a lieu, contre les fonctionnaires ou agents qui auraient ordonné ou autorisé ces coupes.

Cette ordonnance spéciale sera insérée au Bulletin des Lois.

SECTION III.

Des Adjudications des Coupes.

17. Aucune vente ordinaire ou extraordinaire ne pourra avoir lieu dans les bois de l'État que par voie d'adjudication publique, laquelle devra être annoncée au moins quinze jours d'avance par des affiches apposées dans le chef-lieu du département, dans le lieu de la vente, dans la commune de la situation des bois, et dans les communes environnantes.

18. Toute vente faite autrement que par adjudication publique sera considérée comme vente clandestine, et déclarée nulle. Les fonctionnaires et agents qui auraient ordonné ou effectué la vente seront condamnés solidairement à une amende de 3,000 francs au moins et de 6,000 au plus, et l'acquéreur sera puni d'une amende égale à la valeur des bois vendus.

19. Sera de même annulée, quoique faite par adjudication publique, toute vente qui n'aura point été précédée des publications et affiches prescrites par l'art 17, ou qui aura été effectuée dans d'autres lieux ou à un autre jour que ceux qui auront été indiqués par les affiches ou les procès-verbaux de remise de vente.

Les fonctionnaires ou agents qui auraient contrevenu à ces dispositions seront condamnés solidairement à une amende de 1,000 à 3,000 francs, et une amende pareille sera prononcée contre les adjudicataires en cas de complicité.

20. (*Ainsi modifié. Loi 4 mai 1837.*) Toutes les contestations qui pourront s'élever pendant les opérations d'adjudication, soit sur la validité desdites opérations, soit sur la solvabilité de ceux qui auront fait des offres avec leurs cautions, seront décidées immédiatement par le fonctionnaire qui présidera la séance d'adjudication.

21. Ne pourront prendre part aux ventes, ni par eux-mêmes ni par personnes interposées, directement ou indirectement soit comme parties principales, soit comme associés ou cautions :

1o Les agents et gardes forestiers et les agents forestiers de la marine dans toute l'étendue du royaume, les fonctionnaires chargés de présider ou de concourir aux ventes, et les receveurs du produit des coupes dans toute l'étendue du territoire où ils exercent leurs fonctions;

En cas de contraventions, ils seront punis d'une amende qui ne pourra excéder le quart ni être moindre du douzième du montant de l'adjudication, et ils seront en outre passibles de l'emprisonnement et de l'interdiction qui sont prononcés par l'art. 175 du Code pénal;

2o Les parents et alliés en ligne directe, les frères et beaux-frères, oncles et neveux, des agents et gardes forestiers et des agents forestiers de la marine, dans toute l'étendue du territoire pour lequel ces agents ou gardes sont commissionnés.

En cas de contravention, ils seront punis d'une amende égale à celle qui est prononcée par le paragraphe précédent;

3o Les conseillers de préfecture, les juges, officiers du ministère public et greffiers des tribunaux de première instance, dans tout l'arrondissement de leur ressort.

En cas de contravention, ils seront passibles de tous dommages-intérêts s'il y a lieu.

Toute adjudication qui serait faite en contravention aux dispositions du présent article sera déclarée nulle.

22. Toute association secrète ou manœuvre entre les marchands de bois ou autres, tendant à nuire aux enchères, à les troubler ou à obtenir les bois à plus bas prix, donnera lieu à l'application des peines portées par l'art. 412 du Code pénal, indépendamment de tous dommages-intérêts; et si l'adjudication a été faite au profit de l'association secrète ou des auteurs desdites manœuvres, elle sera déclarée nulle.

23. Aucune déclaration de command ne sera admise si elle n'est faite immédiatement après l'adjudication, et séance tenante.

24. Faute par l'adjudicataire de fournir les cautions exigées par le cahier des charges dans le délai prescrit, il sera déclaré déchu de l'adjudication par un arrêté du préfet, et il sera procédé, dans les formes ci-dessus prescrites, à une nouvelle adjudication de la coupe à sa folle enchère.

L'adjudicataire déchu sera tenu, par corps, de la différence entre son prix et celui de la revente, sans pouvoir réclamer l'excédant s'il y en a.

25. (*Ainsi modifié. Loi 4 mai 1837.*) **Toute**

adjudication sera définitive du moment où elle sera prononcée, sans que dans aucun cas il puisse y avoir lieu à surenchère.

26. (*Supprimé et remplacé ainsi. Loi 4 mai 1857.*) Les divers modes d'adjudication seront déterminés par une ordonnance royale : ces adjudications auront toujours lieu avec publicité et libre concurrence.

27. (*Ainsi modifié. Loi 4 mai 1857.*) Les adjudicataires sont tenus, au moment de l'adjudication, d'élire domicile dans le lieu où l'adjudication aura été faite ; à défaut de quoi, tous actes postérieurs leur seront valablement signifiés au secrétariat de la sous-préfecture.

28. Tout procès-verbal d'adjudication emporte exécution parée et contrainte par corps par les adjudicataires, leurs associés et cautions, tant pour le payement du prix principal de l'adjudication que pour accessoires et frais.

Les cautions sont en outre contraignables, solidairement et par les mêmes voies, au payement des dommages, restitutions et amendes qu'aurait encourus l'adjudicataire.

SECTION IV.
Des Exploitations.

29. Après l'adjudication il ne pourra être fait aucun changement à l'assiette des coupes, et il n'y sera ajouté aucun arbre ou portion de bois, sous quelque prétexte que ce soit, à peine, contre l'adjudicataire, d'une amende égale au triple de la valeur des bois non compris dans l'adjudication, et sans préjudice de la restitution de ces mêmes bois ou de leur valeur.

Si les bois sont de meilleure nature ou qualité, ou plus âgés que ceux de la vente, il payera l'amende comme pour bois coupé en délit, et une somme double à titre de dommages-intérêts.

Les agents forestiers qui auraient permis ou toléré ces additions ou changements seront punis de pareille amende, sauf l'application, s'il y a lieu, de l'art. 207 de la présente loi.

30. Les adjudicataires ne pourront commencer l'exploitation de leurs coupes avant d'avoir obtenu par écrit, de l'agent forestier local, le permis d'exploiter, à peine d'être poursuivis comme délinquants pour les bois qu'ils auraient coupés.

31. Chaque adjudicataire sera tenu d'avoir un facteur ou garde-vente qui sera agréé par l'agent forestier local, et assermenté devant le juge de paix.

Ce garde-vente sera autorisé à dresser des procès-verbaux tant dans la vente qu'à l'ouïe de la cognée. Ses procès-verbaux seront soumis aux mêmes formalités que ceux des gardes forestiers, et feront foi jusqu'à preuve contraire.

L'espace appelé l'*ouïe de la cognée* est fixé à la distance de deux cent cinquante mètres, à partir des limites de la coupe.

52. Tout adjudicataire sera tenu, sous peine de 100 francs d'amende, de déposer chez l'agent forestier local et au greffe du tribunal de l'arrondissement l'empreinte du marteau destiné à marquer les arbres et bois de sa vente.

L'adjudicataire et ses associés ne pourront avoir plus d'un marteau pour la même vente, ni en marquer d'autres bois que ceux qui proviendront de cette vente, sous peine de 500 fr. d'amende.

53. L'adjudicataire sera tenu de respecter tous les arbres marqués ou désignés pour demeurer en réserve, quelle que soit leur qualification. lors même que le nombre en excéderait celui qui est porté au procès-verbal de martelage, et sans que l'on puisse admettre en compensation d'arbres coupés en contravention d'autres arbres non réservés que l'adjudicataire aurait laissés sur pied.

54. Les amendes encourues par les adjudicataires en vertu de l'article précédent, pour abattage ou déficit d'arbres réservés, seront du tiers en sus de celles qui sont déterminées par l'art. 192, toutes les fois que l'essence et la circonférence des arbres pourront être constatées.

Si à raison de l'enlèvement des arbres et de leurs souches, ou de toute autre circonstance, il y a impossibilité de constater l'essence et la dimension des arbres, l'amende ne pourra être moindre de 50 francs ni excéder 200 francs.

Dans tous les cas, il y aura lieu à la restitution des arbres, ou s'ils ne peuvent être représentés, de leur valeur, qui sera estimée à une somme égale à l'amende encourue.

Sans préjudice des dommages-intérêts.

55. Les adjudicataires ne pourront effectuer aucune coupe ni enlèvement de bois avant le lever ni après le coucher du soleil, à peine de 100 francs d'amende.

56. Il leur est interdit, à moins que le procès-verbal d'administration n'en contienne l'autorisation expresse, de peler ou d'écorcer sur pied aucun des bois de leurs ventes, sous peine de 50 à 500 francs d'amende ; et il y aura lieu à la saisie des écorces et bois écorcés, comme garantie des dommages-intérêts, dont le montant ne pourra être inférieur à la valeur des arbres indûment pelés ou écorcés.

57. Toute contravention aux clauses et conditions du cahier des charges, relativement au mode d'abattage des arbres et au nettoiement des coupes, sera punie d'une amende qui ne pourra être moindre de 50 francs ni excéder 500 francs, sans préjudice des dommages-intérêts.

58. Les agents forestiers indiqueront, par écrit, aux adjudicataires, les lieux où il pourra

être établi des fosses ou fourneaux pour charbon, des loges ou des ateliers ; il n'en pourra être placé ailleurs, sous peine, contre l'adjudicataire, d'une amende de 50 francs pour chaque fosse ou fourneau, loge ou atelier, établi en contravention à cette disposition.

39. La traite des bois se fera par les chemins désignés au cahier des charges, sous peine, contre ceux qui en pratiqueraient de nouveaux, d'une amende dont le *minimum* sera de 50 francs et le *maximum* de 200 francs, outre les dommages-intérêts.

40. La coupe des bois et la vidange des ventes seront faites dans les délais fixés par le cahier des charges, à moins que les adjudicataires n'aient obtenu de l'administration forestière une prorogation de délai, à peine d'une amende de 50 à 500 francs, et en outre des dommages et intérêts dont le montant ne pourra être inférieur à la valeur estimative des bois restés sur pied ou gisant sur les coupes.

Il y aura lieu à la saisie de ces bois, à titre de garantie, pour les dommages-intérêts.

41. A défaut par les adjudicataires d'exécuter, dans les délais fixés par le cahier des charges, les travaux que ce cahier leur impose, tant pour relever et faire façonner les ramiers, et pour nettoyer les coupes des épines, ronces et arbustes nuisibles, selon le mode prescrit à cet effet, que pour les réparations des chemins de vidange, fossés, repiquement de places à charbon, et autres ouvrages à leur charge, ces travaux seront exécutés à leurs frais, à la diligence des agents forestiers, et sur l'autorisation du préfet qui arrêtera ensuite le mémoire des frais, et le rendra exécutoire contre les adjudicataires pour le payement.

42. Il est défendu à tous adjudicataires, leurs facteurs et ouvriers, d'allumer du feu ailleurs que dans leurs loges ou ateliers. à peine d'une amende de 10 à 100 francs, sans préjudice de la réparation du dommage qui pourrait résulter de cette contravention.

43. Les adjudicataires ne pourront déposer dans leurs ventes d'autres bois que ceux qui en proviendront, sous peine d'une amende de 100 à 1,000 francs.

44. Si, dans le cours de l'exploitation ou de la vidange, il était dressé des procès-verbaux de délits ou vices d'exploitation, il pourra y être donné suite sans attendre l'époque du récolement.

Néanmoins, en cas d'insuffisance d'un premier procès-verbal sur lequel il ne sera pas intervenu de jugement, les agents forestiers pourront, lors du récolement, constater par un nouveau procès-verbal les délits et contraventions.

45. Les adjudicataires, à dater du permis d'exploiter, et jusqu'à ce qu'ils aient obtenu leur décharge, sont responsables de tout délit forestier commis dans leurs ventes et à l'ouïe de la cognée, si leurs facteurs ou gardes-ventes n'en font leurs rapports, lesquels doivent être remis à l'agent forestier dans le délai de cinq jours.

46. Les adjudicataires et leurs cautions seront responsables et contraignables par corps au payement des amendes et restitutions encourues pour délits et contraventions commis soit dans la vente, soit à l'ouïe de la cognée, par les facteurs, gardes-ventes, ouvriers, bûcherons, voituriers, et tous autres employés par les adjudicataires.

SECTION V.

Des Réarpentages et Récolements.

47. Il sera procédé au réarpentage et au récolement de chaque vente dans les trois mois qui suivront le jour de l'expiration des délais accordés pour la vidange des coupes.

Ces trois mois écoulés, les adjudicataires pourront mettre en demeure l'administration par acte extrajudiciaire signifié à l'agent forestier local : et si, dans le mois après la signification de cet acte, l'administration n'a pas procédé au réarpentage et au récolement, l'adjudicataire demeurera libéré.

48. L'adjudicataire ou son cessionnaire sera tenu d'assister au récolement, et il lui sera à cet effet signifié, au moins dix jours d'avance, un acte contenant l'indication des jours où se feront le réarpentage et le récolement : faute par lui de se trouver sur les lieux, ou de s'y faire représenter, les procès-verbaux de réarpentage et de récolement seront réputés contradictoires.

49. Les adjudicataires auront le droit d'appeler un arpenteur de leur choix pour assister aux opérations du réarpentage : à défaut par eux d'user de ce droit, les procès-verbaux de réarpentage n'en seront pas moins réputés contradictoires.

50. Dans le délai d'un mois après la clôture des opérations. l'administration et l'adjudicataire pourront requérir l'annulation du procès-verbal pour défaut de forme ou pour fausse énonciation.

Ils se pourvoiront, à cet effet, devant le conseil de préfecture, qui statuera.

En cas d'annulation du procès-verbal, l'administration pourra, dans le mois qui suivra, y faire suppléer par un nouveau procès-verbal.

51. A l'expiration des délais fixés par l'article 50, et si l'administration n'a élevé aucune contestation, le préfet délivrera à l'adjudicataire la décharge d'exploitation.

52. Les arpenteurs seront passibles de tous

dommages-intérêts, par suite des erreurs qu'ils auront commises, lorsqu'il en résultera une différence d'un vingtième de l'étendue de la coupe.

Sans préjudice de l'application, s'il y a lieu, des dispositions de l'art. 207.

SECTION VI.

Des Adjudications de Glandée, Panage et Paisson.

53. Les formalités prescrites par la section III du présent titre, pour les adjudications des coupes de bois, seront observées pour les adjudications de glandée, panage et paisson.

Toutefois, dans les cas prévus par les art. 18 et 19, l'amende infligée aux fonctionnaires et agents sera de 100 fr. au moins et de 1,000 fr. au plus, et celle qui aura été encourue par l'acquéreur sera égale au montant du prix de la vente.

54. Les adjudicataires ne pourront introduire dans les forêts un plus grand nombre de porcs que celui qui sera déterminé par l'acte d'adjudication, sous peine d'une amende double de celle qui est prononcée par l'art. 199.

55. Les adjudicataires seront tenus de faire marquer les porcs d'un fer chaud, sous peine d'une amende de 3 francs par chaque porc qui ne serait point marqué.

Ils devront déposer l'empreinte de cette marque au greffe du tribunal, et le fer servant à la marque au bureau de l'agent forestier local, sous peine de 50 francs d'amende.

56. Si les porcs sont trouvés hors des cantons désignés par l'acte d'adjudication, ou des chemins indiqués pour s'y rendre, il y aura lieu, contre l'adjudicataire, aux peines prononcées par l'art. 199. En cas de récidive, outre l'amende encourue par l'adjudicataire, le pâtre sera condamné à un emprisonnement de cinq à quinze jours.

57. Il est défendu aux adjudicataires d'abattre, de ramasser ou d'emporter des glands, faînes ou autres fruits, semences ou productions des forêts, sous peine d'une amende double de celle qui est prononcée par l'art. 144.

SECTION VIII.

Des Droits d'usage dans les Bois de l'État.

61. Ne seront admis à exercer un droit d'usage quelconque dans les bois de l'État que ceux dont les droits auront été, au jour de la promulgation de la présente loi, reconnus fondés soit par des actes du gouvernement, soit par des jugements ou arrêts définitifs, ou seront reconnus tels par suite d'instances administratives ou judiciaires actuellement engagées, ou qui seraient intentées devant les tribunaux dans le délai de deux ans, à dater du jour de la promulgation de la présente loi, par des usagers actuellement en jouissance.

62. Il ne sera plus fait à l'avenir, dans les forêts de l'État, aucune concession de droits d'usage, de quelque nature et sous quelque prétexte que ce puisse être.

63. Le gouvernement pourra affranchir les forêts de l'État de tout droit d'usage en bois, moyennant un cantonnement qui sera réglé de gré à gré, et, en cas de contestation, par les tribunaux.

L'action en affranchissement d'usage par voie de cantonnement n'appartiendra qu'au gouvernement, et non aux usagers.

64. Quant aux autres droits d'usage quelconques, et aux pâturage, panage et glandée dans les mêmes forêts ils ne pourront être convertis en cantonnement ; mais ils pourront être rachetés moyennant des indemnités qui seront réglées de gré à gré, ou, en cas de contestation, par les tribunaux.

Néanmoins le rachat ne pourra être requis par l'administration dans les lieux où l'exercice du droit de pâturage est devenu d'une absolue nécessité pour les habitants d'une ou de plusieurs communes. Si cette nécessité est contestée par l'administration forestière, les parties se pourvoiront devant le conseil de préfecture, qui. après une enquête de *commodo et incommodo*, statuera, sauf le recours au conseil d'État.

65. Dans toutes les forêts de l'État qui ne seront point affranchies au moyen du cantonnement ou de l'indemnité, conformément aux art. 63 et 64 ci-dessus, l'exercice des droits d'usage pourra toujours être réduit par l'administration, suivant l'état et la possibilité des forêts, et n'aura lieu que conformément aux dispositions contenues aux articles suivants.

En cas de contestation sur la possibilité et l'état des forêts, il y aura lieu à recours au conseil de préfecture.

66. La durée de la glandée et du panage ne pourra excéder trois mois.

L'époque de l'ouverture en sera fixée chaque année par l'administration forestière.

67. Quel que soit l'âge ou l'essence des bois, les usagers ne pourront exercer leurs droits de pâturage et de panage que dans les cantons qui auront été déclarés défensables par l'administration forestière, sauf le recours au conseil de préfecture, et ce nonobstant toutes possessions contraires.

68. L'administration forestière fixera, d'après les droits des usagers, le nombre des porcs qui pourront être mis en panage, et des bestiaux qui pourront être admis au pâturage.

69. Chaque année, avant le 1er mars, pour le pâturage, et un mois avant l'époque fixée par l'administration forestière pour l'ouverture de la glandée et du panage, les agents forestiers feront connaître aux communes et aux particuliers jouissant des droits d'usage les cantons déclarés défensables, et le nombre des bestiaux qui seront admis au pâturage et au panage.

Les maires seront tenus d'en faire la publication dans les communes usagères.

70. Les usagers ne pourront jouir de leurs droits de pâturage et de panage que pour les bestiaux à leur propre usage, et non pour ceux dont ils font commerce, à peine d'une amende double de celle qui est prononcée par l'art. 199.

71. Les chemins par lesquels les bestiaux devront passer pour aller au pâturage ou au panage, et en revenir, seront désignés par les agents forestiers.

Si ces chemins traversent des taillis ou des recrus de futaies non défensables, il pourra être fait, à frais communs entre les usagers et l'administration, et d'après l'indication des agents forestiers, des fossés suffisamment larges et profonds, ou toute autre clôture, pour empêcher les bestiaux de s'introduire dans les bois.

72. Le troupeau de chaque commune ou section de commune devra être conduit par un ou plusieurs pâtres communs, choisis par l'autorité municipale; en conséquence, les habitants des communes usagères ne pourront ni conduire eux-mêmes, ni faire conduire leurs bestiaux à garde séparée, sous peine de 2 fr. d'amende par tête de bétail.

Les porcs ou bestiaux de chaque commune ou section de commune usagère formeront un troupeau particulier et sans mélange de bestiaux d'une autre commune ou section, sous peine d'une amende de 5 à 10 francs contre le pâtre, et d'un emprisonnement de cinq à dix jours, en cas de récidive.

Les communes et sections de commune seront responsables des condamnations pécuniaires qui pourront être prononcées contre lesdits pâtres ou gardiens, tant pour les délits et contraventions prévus par le présent titre, que pour tous autres délits forestiers commis par eux pendant le temps de leur service et dans les limites du parcours.

73. Les porcs et bestiaux seront marqués d'une marque spéciale.

Cette marque devra être différente pour chaque commune ou section de commune usagère.

Il y aura lieu, par chaque tête de porc ou de bétail non marqué, à une amende de 3 francs.

74. L'usager sera tenu de déposer l'empreinte de la marque au greffe du tribunal de première instance, et le fer servant à la marque, au bureau de l'agent forestier local; le tout sous peine de 50 francs d'amende.

75. Les usagers mettront des clochettes au cou de tous les animaux admis au pâturage, sous peine de 2 francs d'amende pour chaque bête qui serait trouvée sans clochette dans les forêts.

76. Lorsque les porcs et bestiaux des usagers seront trouvés hors des cantons déclarés défensables ou désignés pour le panage, ou hors des chemins indiqués pour s'y rendre, il y aura lieu contre le pâtre à une amende de 5 à 50 francs. En cas de récidive, le pâtre pourra être condamné en outre à un emprisonnement de cinq à quinze jours.

77. Si les usagers introduisent au pâturage un plus grand nombre de bestiaux, ou au panage un plus grand nombre de porcs que celui qui aura été fixé par l'administration, conformément à l'art. 68, il y aura lieu, pour l'excédant, à l'application des peines prononcées par l'art. 199.

78. Il est défendu à tous usagers, nonobstant tous titres et possessions contraires, de conduire ou faire conduire des chèvres, brebis ou moutons dans les forêts ou sur les terrains qui en dépendent, à peine, contre les propriétaires, d'une amende qui sera double de celle qui est prononcée par l'art. 199, et contre les pâtres ou bergers, de 15 francs d'amende. En cas de récidive, le pâtre sera condamné, outre l'amende, à un emprisonnement de cinq à quinze jours.

Ceux qui prétendraient avoir joui du pacage ci-dessus en vertu de titres valables, ou d'une possession équivalente à titre, pourront, s'il y a lieu, réclamer une indemnité qui sera réglée de gré à gré, ou, en cas de contestation, par les tribunaux.

Le pacage des moutons pourra néanmoins être autorisé, dans certaines localités, par des ordonnances du roi.

79. Les usagers qui ont droit à la livraison de bois, de quelque nature que ce soit, ne pourront prendre ces bois qu'après que la délivrance leur en aura été faite par les agents forestiers, sous les peines portées par le titre XII pour les bois coupés en délit.

80. Ceux qui n'ont d'autre droit que celui de prendre le bois mort, sec et gisant, ne pourront, pour l'exercice de ce droit, se servir de crochets ou ferrements d'aucune espèce, sous peine de 3 francs d'amende.

81. Si les bois de chauffage se délivrent par coupe, l'exploitation en sera faite, aux frais des usagers, par un entrepreneur spécial nommé par eux et agréé par l'administration forestière.

Aucun bois ne sera partagé sur pied ni abattu par les usagers individuellement, et les lots ne pourront être faits qu'après l'entière exploitation de la coupe, à peine de confiscation de la portion de bois abattu afférente à chacun des contrevenants.

Les fonctionnaires ou agents qui auraient permis ou toléré la contravention seront passibles d'une amende de 50 francs, et demeureront en outre personnellement responsables, et sans aucun recours, de la mauvaise exploitation et de tous les délits qui pourraient avoir été commis.

82. Les entrepreneurs de l'exploitation des coupes délivrées aux usagers se conformeront à tout ce qui est prescrit aux adjudicataires pour l'usance et la vidange des ventes : ils seront soumis à la même responsabilité, et passibles des mêmes peines en cas de délits ou contraventions.

Les usagers ou communes usagères seront garants solidaires des condamnations prononcées contre lesdits entrepreneurs.

83. Il est interdit aux usagers de vendre ou d'échanger les bois qui leur sont délivrés, ou de les employer à aucune autre destination que celle pour laquelle le droit d'usage a été accordé.

S'il s'agit de bois de chauffage, la contravention donnera lieu à une amende de 10 à 100 fr.

S'il s'agit de bois à bâtir, ou de tout autre bois non destiné au chauffage, il y aura lieu à une amende double de la valeur des bois, sans que cette amende puisse être au-dessous de 50 francs.

84. L'emploi des bois de construction devra être fait dans un délai de deux ans, lequel néanmoins pourra être prorogé par l'administration forestière. Ce délai expiré, elle pourra disposer des arbres non employés.

85. Les défenses prononcées par l'art. 57 sont applicables à tous usagers quelconques, et sous les mêmes peines.

TITRE VI.

DES BOIS DES COMMUNES ET DES ÉTABLISSEMENTS PUBLICS.

90. Sont soumis au régime forestier, d'après l'art. 1er de la présente loi, les bois taillis ou futaies appartenant aux communes et aux établissements publics, qui auront été reconnus susceptibles d'aménagement ou d'une exploitation régulière par l'autorité administrative, sur la proposition de l'administration forestière, et d'après l'avis des conseils municipaux ou des administrateurs des établissements publics.

Il sera procédé dans les mêmes formes à tout changement qui pourrait être demandé, soit de l'aménagement, soit du mode d'exploitation.

En conséquence, toutes les dispositions des six premières sections du titre III leur sont applicables, sauf les modifications et exceptions portées au présent titre.

Lorsqu'il s'agira de la conversion en bois et de l'aménagement de terrains en pâturages, la proposition de l'administration forestière sera communiquée au maire ou aux administrateurs des établissements publics. Le conseil municipal ou ces administrateurs seront appelés à en délibérer ; en cas de contestation, il sera statué par le conseil de préfecture, sauf le pourvoi au conseil d'État.

91. Les communes et établissements publics ne peuvent faire aucun défrichement de leurs bois sans une autorisation expresse et spéciale du Gouvernement ; ceux qui l'auraient ordonné ou effectué sans cette autorisation seront passibles des peines portées au titre XV, contre les particuliers, pour les contraventions de même nature.

92. La propriété des bois communaux ne peut jamais donner lieu à partage entre les habitants.

Mais lorsque deux ou plusieurs communes possèdent un bois par indivis, chacune conserve le droit d'en provoquer le partage.

93. Un quart des bois appartenant aux communes et aux établissements publics sera toujours mis en réserve lorsque ces communes ou établissements posséderont au moins dix hectares de bois réunis ou divisés.

Cette disposition n'est pas applicable aux bois peuplés totalement en arbres résineux.

94. Les communes et établissements publics entretiendront, pour la conservation de leurs bois, le nombre de gardes particuliers qui sera déterminé par le maire et les administrateurs des établissements, sauf l'approbation du préfet, sur l'avis de l'administration forestière.

95. Le choix de ces gardes sera fait pour les communes par le maire, sauf l'approbation du conseil municipal, et pour les établissements publics par les administrateurs de ces établissements.

Ces choix doivent être agréés par l'administration forestière, qui délivre aux gardes leurs commissions.

En cas de dissentiment le préfet prononcera.

96. A défaut, par les communes ou établissements publics, de faire choix d'un garde dans le mois de la vacance de l'emploi, le préfet y pourvoira, sur la demande de l'administration forestière.

97. Si l'administration forestière et les communes ou établissements publics jugent convenable de confier à un même individu la garde d'un canton de bois appartenant à des communes ou établissements publics, et d'un canton de bois de l'État, la nomination du garde appartient à cette administration seule. Son salaire sera payé proportionnellement par chacune des parties intéressées.

98. L'administration forestière peut suspendre de leurs fonctions les gardes des bois des communes et des établissements publics ; s'il y a lieu à destitution, le préfet la prononcera, après avoir pris l'avis du conseil municipal ou des administrateurs des établissements propriétaires, ainsi que de l'administration forestière.

Le salaire de ces gardes est réglé par le préfet, sur la proposition du conseil municipal ou des établissements propriétaires.

99. Les gardes des bois des communes et des établissements publics sont en tout assimilés aux gardes des bois de l'État, et soumis à l'autorité des mêmes agents ; ils prêtent serment dans les mêmes formes, et leurs procès-verbaux font également foi en justice pour constater les délits et contraventions commis même dans des bois soumis au régime forestier autres que ceux dont la garde leur est confiée.

100. Les ventes des coupes, tant ordinaires qu'extraordinaires, seront faites à la diligence des agents forestiers, dans les mêmes formes que pour les bois de l'État, et en présence du maire ou d'un adjoint pour les bois des communes, et d'un des administrateurs pour ceux des établissements publics ; sans toutefois que l'absence des maires ou administrateurs, dûment appelés, entraine la nullité des operations.

Toute vente ou coupe effectuée par l'ordre des maires des communes ou des administrateurs des établissements publics, en contravention au présent article, donnera lieu contre eux à une amende qui ne pourra être au-dessous de 300 francs, ni excéder 6,000 francs, sans préjudice des dommages-intérêts qui pourraient être dus aux communes ou établissements propriétaires.

Les ventes ainsi effectuées seront déclarées nulles.

101. Les incapacités et défenses prononcées par l'art. 21 sont applicables aux maires, adjoints et receveurs des communes, ainsi qu'aux administrateurs et receveurs des établissements publics, pour les ventes des bois des communes et établissements dont l'administration leur est confiée.

En cas de contravention, ils seront passibles des peines prononcées par le paragraphe 1er de l'article précité, sans préjudice des dommages-intérêts, s'il y a lieu ; et les ventes seront déclarées nulles.

102. Lors des adjudications des coupes ordinaires et extraordinaires des bois des établisse-

ments publics, il sera fait réserve en faveur de ces établissements, et suivant les formes qui seront prescrites par l'autorité administrative, de la quantité de bois, tant de chauffage que de construction, nécessaire pour leur propre usage.

Les bois ainsi délivrés ne pourront être employés qu'à la destination pour laquelle ils auront été réservés, et ne pourront être vendus ni échangés sans l'autorisation du préfet. Les administrateurs qui auraient consenti de pareilles ventes ou échanges, seront passibles d'une amende égale à la valeur de ces bois, et de la restitution, au profit de l'établissement public, de ces mêmes bois ou de leur valeur. Les ventes ou échanges seront en outre déclarés nuls.

103. Les coupes des bois communaux destinées à être partagées en nature pour l'affouage des habitants ne pourront avoir lieu qu'après que la délivrance en aura été préalablement faite par les agents forestiers, et en suivant les formes prescrites par l'art. 81 pour l'exploitation des coupes affouagères délivrées aux communes dans les bois de l'État ; le tout sous les peines portées par ledit article.

104. Les actes relatifs aux coupes et arbres délivrés en nature, en exécution des deux articles précédents, seront visés pour timbre et enregistrés en débet, et il n'y aura lieu à la perception des droits que dans le cas de poursuites devant les tribunaux.

105. S'il n'y a titre ou usage contraire, le partage des bois d'affouage se fera par feu, c'est-à-dire par chef de famille ou de maison ayant domicile réel et fixe dans la commune ; s'il n'y a également titre ou usage contraire, la valeur des arbres délivrés pour constructions ou réparations sera estimée à dire d'experts, et payée à la commune.

106. Pour indemniser le Gouvernement des frais d'administration des bois des communes ou établissements publics, il sera ajouté annuellement à la contribution foncière établie sur ces bois une somme équivalente à ces frais. Le montant de cette somme sera réglé chaque année par la loi de finances ; elle sera répartie au marc le franc de ladite contribution, et perçue de la même manière (1).

107. Moyennant les perceptions ordonnées par l'article précédent, toutes les opérations de conservation et de régie dans les bois des communes et des établissements publics seront

----

(1) Pour indemniser l'État des frais d'administration des bois des communes et des établissements publics, il sera payé, au profit du trésor, sur les produits, tant principaux qu'accessoires, de ces bois, cinq centimes par franc en sus du prix principal de leur adjudication ou cession. — Quant aux produits délivrés en nature, il sera perçu par le trésor le vingtième de leur valeur, laquelle sera fixée définitivement par le préfet, sur les propositions des agents forestiers et les observations des conseils municipaux et des administrateurs (L. 25 juin 1841, art. 5).

faites par les agents et préposés de l'administration forestière, sans aucuns frais.

Les poursuites, dans l'intérêt des communes et des établissements publics, pour délits ou contraventions commis dans leurs bois, et la perception des restitutions et dommages-intérêts prononcés en leur faveur, seront effectuées sans frais par les agents du Gouvernement, en même temps que celles qui ont pour objet le recouvrement des amendes dans l'intérêt de l'État.

En conséquence, il n'y aura lieu à exiger à l'avenir des communes et établissements publics, ni aucun droit de vacation, d'arpentage, de rearpentage, de décime, de prélèvement quelconque, pour les agents et préposés de l'administration forestière, ni le remboursement soit des frais des instances dans lesquelles l'administration succomberait, soit de ceux qui tomberaient en non-valeurs par l'insolvabilité des condamnés.

108. Le salaire des gardes particuliers restera à la charge des communes et des établissements publics.

109. Les coupes ordinaires et extraordinaires sont principalement affectées au payement des frais de garde, de la contribution foncière et des sommes qui reviennent au trésor en exécution de l'art. 106.

Si les coupes sont délivrées en nature pour l'affouage, et que les communes n'aient pas d'autres ressources, il sera distrait une portion suffisante des coupes, pour être vendue aux enchères avant toute distribution, et le prix en être employé au payement desdites charges (1).

110. Dans aucun cas, et sous aucun prétexte, les habitants des communes et les administrateurs ou employés des établissements publics ne peuvent introduire ni faire introduire dans les bois appartenant à ces communes ou établissements publics, des chèvres, brebis ou moutons, sous les peines prononcées par l'article 199 contre ceux qui auraient introduit ou permis d'introduire ces animaux, et par l'art. 78 contre les pâtres ou gardiens. Cette prohibition n'aura son exécution que dans deux ans, à compter du jour de la publication de la présente loi; dans les bois où, nonobstant les dispositions de l'ordonnance de 1669, le pâturage des moutons a été toléré jusqu'à présent.

Toutefois, le pacage des brebis ou moutons pourra être autorisé dans certaines localités par des ordonnances spéciales de Sa Majesté.

111. La faculté accordée au Gouvernement par l'art. 63, d'affranchir les forêts de l'État de tous droits d'usage en bois, est applicable, sous les mêmes conditions, aux communes et aux établissements publics pour les bois qui leur appartiennent.

112. Toutes les dispositions de la huitième section du titre III sur l'exercice des droits d'usage dans les bois de l'État sont applicables à la jouissance des communes et des établissements publics dans leurs propres bois, ainsi qu'aux droits d'usage dont ces mêmes bois pourraient être grevés, sauf les modifications résultant du présent titre, et à l'exception des art. 61, 73, 74, 83 et 84.

TITRE VIII.

DES BOIS DES PARTICULIERS.

117. Les propriétaires qui voudront avoir, pour la conservation de leurs bois, des gardes particuliers, devront les faire agréer par le sous-préfet de l'arrondissement; sauf le recours au préfet, en cas de refus.

Ces gardes ne pourront exercer leurs fonctions qu'après avoir prêté serment devant le tribunal de première instance.

118. Les particuliers jouiront de la même manière que le gouvernement, et sous les conditions déterminées par l'art. 63, de la faculté d'affranchir leurs forêts de tous droits d'usage en bois.

119. Les droits de pâturage, parcours, panage et glandée dans les bois des particuliers, ne pourront être exercés que dans les parties de bois déclarées défensables par l'administration forestière, et suivant l'état et la possibilité des forêts, reconnus et constatés par la même administration.

Les chemins par lesquels les bestiaux devront passer pour aller au pâturage et pour en revenir seront désignés par le propriétaire.

120. Toutes les dispositions contenues dans les art. 64, 66, § 1er; 70, 72, 73, 75, 76, 78, § 1er et II; 79, 80, 83 et 85 de la présente loi, sont applicables à l'exercice des droits d'usage dans les bois des particuliers, lesquels y exercent à cet effet, les mêmes droits et la même surveillance que les agents du gouvernement dans les forêts soumises au régime forestier.

121. En cas de contestation entre le propriétaire et l'usager, il sera statué par les tribunaux.

TITRE X.

POLICE ET CONSERVATION DES BOIS ET FORÊTS.

SECTION PREMIÈRE.

Dispositions applicables à tous les Bois et Forêts en général.

144. Toute extraction ou enlèvement non autorisé de pierre, sable, minerai, terre ou gazon,

---

(1) Voy. Ord. 10 juin 1810.

tourbe, bruyères, genêts, herbages, feuilles vertes ou mortes, engrais existants sur le sol des forêts, glands, faînes, et autres fruits ou semences des bois et forêts, donnera lieu à des amendes qui seront fixées ainsi qu'il suit :

Par charretée ou tombereau, de 10 à 30 francs pour chaque bête attelée ;

Par chaque charge de bête de somme, de 5 à 15 francs ;

Par chaque charge d'homme, de 2 à 6 francs.

145. Il n'est point dérogé aux droits conférés à l'administration des ponts et chaussées d'indiquer les lieux où doivent être faites les extractions de matériaux pour les travaux publics ; néanmoins les entrepreneurs seront tenus envers l'État, les communes et établissements publics, comme envers les particuliers, de payer toutes les indemnités de droit, et d'observer toutes les formes prescrites par les lois et règlements en cette matière.

146. Quiconque sera trouvé dans les bois et forêts, hors des routes et chemins ordinaires, avec serpes, cognées, haches, scies et autres instruments de même nature, sera condamné à une amende de 10 francs, et à la confiscation desdits instruments.

147. Ceux dont les voitures, bestiaux, animaux de charge ou de monture, seront trouvés dans les forêts, hors des routes et chemins ordinaires, seront condamnés, savoir :

Par chaque voiture, à une amende de 10 francs pour les bois de dix ans et au-dessus, et de 20 francs pour les bois au-dessous de cet âge ;

Par chaque tête ou espèce de bestiaux non attelés, aux amendes fixées pour délit de pâturage par l'art. 199.

Le tout sans préjudice des dommages-intérêts.

148. Il est défendu de porter ou allumer du feu dans l'intérieur et à la distance de deux cents mètres des bois et forêts, sous peine d'une amende de 20 à 100 fr., sans préjudice, en cas d'incendie, des peines portées par le Code pénal, et de tous dommages-intérêts s'il y a lieu.

149. Tous usagers qui, en cas d'incendie, refuseront de porter des secours dans les bois soumis à leur droit d'usage, seront traduits en police correctionnelle, privés de ce droit pendant un an au moins et cinq ans au plus, et condamnés en outre aux peines portées en l'article 475 du Code pénal.

150. Les propriétaires riverains des bois et forêts ne peuvent se prévaloir de l'art. 672 du Code civil pour l'élagage des lisières desdits bois et forêts, si ces arbres de lisières ont plus de trente ans.

Tout élagage qui serait exécuté sans l'autorisation des propriétaires des bois et forêts donnera lieu à l'application des peines portées par l'art. 196.

SECTION II.

Dispositions spéciales applicables seulement aux Bois et Forêts soumis au régime forestier.

151. Aucun four à chaux ou à plâtre, soit temporaire, soit permanent, aucune briqueterie et tuilerie, ne pourront être établis dans l'intérieur et à moins d'un kilomètre des forêts, sans l'autorisation du Gouvernement, à peine d'une amende de 100 à 500 francs, et de démolition des établissements.

152. Il ne pourra être établi sans l'autorisation du Gouvernement, sous quelque prétexte que ce soit, aucune maison sur perches, loge, baraque ou hangar, dans l'enceinte et à moins d'un kilomètre des bois et forêts, sous peine de 50 francs d'amende, et de la démolition dans le mois à dater du jour du jugement qui l'aura ordonnée.

153. Aucune construction de maisons ou fermes ne pourra être effectuée, sans l'autorisation du Gouvernement, à la distance de cinq cents mètres des bois et forêts soumis au régime forestier, sous peine de démolition.

Il sera statué dans le délai de six mois sur les demandes en autorisation ; passé ce délai, la construction pourra être effectuée.

Il n'y aura point lieu à ordonner la démolition des maisons ou fermes actuellement existantes. Ces maisons ou fermes pourront être réparées, reconstruites et augmentées sans autorisation.

Sont exceptés des dispositions du paragraphe 1er du présent article les bois et forêts appartenant aux communes, et qui sont d'une contenance au-dessous de deux cent cinquante hectares.

154. Nul individu habitant les maisons ou fermes actuellement existantes dans le rayon ci-dessus fixé, ou dont la construction y aura été autorisée en vertu de l'article précédent, ne pourra établir dans lesdites maisons ou fermes aucun atelier à façonner le bois, aucun chantier ou magasin pour faire le commerce de bois, sans la permission spéciale du Gouvernement, sous peine de 50 francs d'amende et de la confiscation des bois.

Lorsque les individus qui auront obtenu cette permission auront subi une condamnation pour délits forestiers, le Gouvernement pourra leur retirer ladite permission.

155. Aucune usine à scier le bois ne pourra être établie dans l'enceinte, et à moins de deux kilomètres de distance des bois et forêts, qu'avec l'autorisation du Gouvernement, sous peine d'une amende de 100 à 500 francs, et de la dé-

molition dans le mois à dater du jugement qui l'aura ordonnée.

156. Sont exceptées des dispositions des trois articles précédents les maisons et usines qui font partie de villes, villages ou hameaux formant une population agglomérée, bien qu'elles se trouvent dans les distances c-dessus fixées des bois et forêts.

157. Les usines, hangars et autres établissements autorisés en vertu des art. 151, 152, 154 et 155 seront soumis aux visites des agents et gardes forestiers, qui pourront y faire toutes perquisitions sans l'assistance d'un officier public, pourvu qu'ils se présentent au nombre de deux au moins, ou que l'agent ou garde forestier soit accompagné de deux témoins domiciliés dans la commune.

158. Aucun arbre, bille ou tronc ne pourra être reçu dans les scieries dont il est fait mention en l'art. 155, sans avoir été préalablement reconnu par le garde forestier du canton, et marqué de son marteau : ce qui devra avoir lieu dans les cinq jours de la déclaration qui en aura été faite, sous peine, contre les exploitants desdites scieries, d'une amende de 50 à 300 francs. En cas de récidive, l'amende sera double, et la suppression de l'usine pourra être ordonnée par le tribunal.

TITRE XI.

DES POURSUITES EN RÉPARATION DE DÉLITS ET CONTRAVENTIONS.

SECTION PREMIÈRE.

Poursuites exercées au nom de l'Administration forestière.

159. L'administration forestière est chargée, tant dans l'intérêt de l'État que dans celui des autres propriétaires de bois et forêts soumis au régime forestier, des poursuites en réparation de tous délits et contraventions commis dans ces bois et forêts, sauf l'exception mentionnée en l'art. 87.

Elle est également chargée de la poursuite en réparation des délits et contraventions spécifiés aux art. 134, 143 et 219.

Les actions et poursuites seront exercées par les agents forestiers, au nom de l'administration forestière, sans préjudice du droit qui appartient au ministère public.

160. Les agents, arpenteurs et gardes forestiers recherchent et constatent par procès-verbaux les délits et contraventions, savoir : les agents et arpenteurs dans toute l'étendue du territoire pour lequel ils sont commissionnés, et les gardes dans l'arrondissement du tribunal près duquel ils sont assermentés.

161. Les gardes sont autorisés à saisir les bestiaux trouvés en délit, et les instruments, voitures et attelages des délinquants, et à les mettre en séquestre. Ils suivront les objets enlevés par les délinquants jusque dans les lieux où ils auront été transportés, et les mettront également en séquestre.

Ils ne pourront néanmoins s'introduire dans les maisons, bâtiments, cours adjacentes et enclos, si ce n'est en présence soit du juge de paix ou de son suppléant, soit du maire du lieu ou de son adjoint, soit du commissaire de police.

162. Les fonctionnaires dénommés en l'article précédent ne pourront se refuser à accompagner sur-le-champ les gardes, lorsqu'ils en seront requis par eux pour assister à des perquisitions.

Ils seront tenus, en outre, de signer le procès-verbal du séquestre ou de la perquisition faite en leur présence ; sauf au garde, en cas de refus de leur part, à en faire mention au procès-verbal.

163. Les gardes arrêteront et conduiront devant le juge de paix ou devant le maire tout inconnu qu'ils auront surpris en flagrant délit.

164. Les agents et les gardes de l'administration des forêts ont le droit de requérir directement la force publique pour la répression des délits et contraventions en matière forestière, ainsi que pour la recherche et la saisie des bois coupés en délit, vendus ou achetés en fraude.

165. Les gardes écriront eux-mêmes leurs procès-verbaux ; ils les signeront et les affirmeront au plus tard le lendemain de la clôture desdits procès-verbaux ; par-devant le juge de paix du canton ou l'un de ses suppléants, ou par-devant le maire ou l'adjoint soit de la commune de leur résidence, soit de celle où le délit a été commis ou constaté : le tout sous peine de nullité.

Toutefois si, par suite d'un empêchement quelconque, le procès-verbal est seulement signé par le garde, mais non écrit en entier de sa main, l'officier public qui en recevra l'affirmation devra lui en donner préalablement lecture, et faire ensuite mention de cette formalité ; le tout sous peine de nullité du procès-verbal.

166. Les procès-verbaux que les agents forestiers, les gardes généraux et les gardes à cheval dresseront soit isolément, soit avec le concours d'un garde, ne seront point soumis à l'affirmation.

167. Dans les cas où le procès-verbal portera saisie, il en sera fait, aussitôt après l'affirmation, une expédition qui sera déposée dans les vingt-quatre heures au greffe de la justice de paix, pour qu'il en puisse être donné communication à ceux qui réclameraient les objets saisis.

168. Les juges de paix pourront donner mainlevée provisoire des objets saisis , à la charge du payement des frais de séquestre, et moyennant une bonne et valable caution.

En cas de contestation sur la solvabilité de la caution, il sera statué par le juge de paix.

169. Si les bestiaux saisis ne sont pas réclamés dans les cinq jours qui suivront le séquestre, ou s'il n'est pas fourni bonne et valable caution. le juge de paix en ordonnera la vente à l'enchère au marché le plus voisin. Il y sera procédé à la diligence du receveur des domaines, qui la fera publier vingt-quatre heures d'avance.

Les frais de séquestre et de vente seront taxés par le juge de paix, et prélevés sur le produit de la vente; le surplus restera déposé entre les mains du receveur des domaines jusqu'à ce qu'il ait été statué en dernier ressort sur le procès-verbal.

Si la réclamation n'a lieu qu'après la vente des bestiaux saisis, le propriétaire n'aura droit qu'à la restitution du produit net de la vente, tous frais déduits, dans le cas où cette restitution serait ordonnée par le jugement.

170. Les procès-verbaux seront , sous peine de nullité, enregistrés dans les quatre jours qui suivront celui de l'affirmation , ou celui de la clôture du procès-verbal , s'il n'est pas sujet à l'affirmation.

L'enregistrement s'en fera en débet lorsque les délits en contravention intéresseront l'État et le domaine de la Couronne, ou les communes et les établissements publics.

171. Toutes les actions et poursuites exercées au nom de l'administration générale des forêts, et à la requête de ses agents, en réparation de délits ou contraventions en matière forestière, sont portées devant les tribunaux correctionnels, lesquels sont seuls compétents pour en connaître.

172. L'acte de citation doit, à peine de nullité, contenir la copie du procès-verbal et de l'acte d'affirmation.

173. Les gardes de l'administration forestière pourront, dans les actions et poursuites exercées en son nom, faire toutes citations et significations d'exploits sans pouvoir procéder aux saisies-exécutions.

Leurs rétributions pour les actes de ce genre seront taxées comme pour les actes faits par les huissiers des juges de paix.

174. Les agents forestiers ont le droit d'exposer l'affaire devant le tribunal , et sont entendus à l'appui de leurs conclusions.

175. Les délits ou contraventions en matière forestière seront prouvés soit par procès-verbaux, soit par témoins à défaut de procès-verbaux, ou en cas d'insuffisance de ces actes.

176. Les procès-verbaux revêtus de toutes les formalités prescrites par les art. 165 et 170, et qui sont dressés et signés par deux agents ou gardes forestiers, font preuve, jusqu'à inscription de faux , des faits matériels relatifs aux délits et contraventions qu'ils constatent, quelles que soient les condamnations auxquelles ces délits et contraventions peuvent donner lieu.

Il ne sera en conséquence admis aucune preuve outre ou contre le contenu de ces procès-verbaux, à moins qu'il n'existe une cause légale de récusation contre l'un des signataires.

177. Les procès-verbaux revêtus de toutes les formalités prescrites, mais qui ne seront dressés et signés que par un seul agent ou garde, feront de même preuve suffisante jusqu'à inscription de faux, mais seulement lorsque le délit ou la contravention n'entraînera pas une condamnation de plus de 100 francs tant pour amende que pour dommages-intérêts.

Lorsqu'un de ces procès-verbaux constatera à la fois contre divers individus des délits ou contraventions distincts et séparés, il n'en fera pas moins foi, aux termes du présent article, pour chaque délit ou contravention qui n'entraînerait pas une condamnation de plus de 100 francs tant pour amende que pour dommages-intérêts, quelle que soit la quotité à laquelle pourraient s'élever toutes les condamnations réunies.

178. Les procès-verbaux qui, d'après les dispositions qui précèdent, ne font point foi et preuve suffisante jusqu'à inscription de faux, peuvent être corroborés et combattus par toutes les preuves légales, conformément à l'art. 154 du Code d'instruction criminelle.

179. Le prévenu qui voudra s'inscrire en faux contre le procès-verbal sera tenu d'en faire par écrit et en personne, ou par un fondé de pouvoirs spécial par acte notarié, la déclaration au greffe du tribunal avant l'audience indiquée par la citation.

Cette déclaration sera reçue par le greffier du tribunal; elle sera signée par le prévenu ou son fondé de pouvoirs, et, dans le cas où il ne saurait ou ne pourrait signer, il en sera fait mention expresse.

Au jour indiqué pour l'audience, le tribunal donnera acte de la déclaration, et fixera un délai de trois jours au moins et de huit jours au plus, pendant lequel le prévenu sera tenu de faire au greffe le dépôt des moyens de faux, et des noms, qualités et demeures des témoins qu'il voudra faire entendre.

A l'expiration de ce délai et sans qu'il soit besoin d'une citation nouvelle, le tribunal admettra les moyens de faux, s'ils sont de nature à détruire l'effet du procès-verbal, et il sera procédé sur le faux conformément aux lois.

Dans le cas contraire, ou faute par le prévenu d'avoir rempli toutes les formalités ci-dessus prescrites, le tribunal déclarera qu'il n'y a lieu à admettre les moyens de faux, et ordonnera qu'il soit passé outre au jugement.

180. Le prévenu contre lequel aura été rendu un jugement par défaut sera enco e admissible à faire sa déclaration d'inscription de faux, pendant le délai qui lui est accordé par la loi pour se présenter à l'audience, sur l'opposition par lui formée.

181. Lorsqu'un procès-verbal sera rédigé contre plusieurs prévenus, et qu'un ou quelques-uns d'entre eux seulement s'inscriront en faux, le procès-verbal continuera de faire foi à l'égard des autres, à moins que le fait sur lequel portera l'inscription de faux ne soit indivisible et commun aux autres prévenus.

182. Si, dans une instance en réparation de délit ou contravention, le prévenu excipe d'un droit de propriété ou autre droit réel, le tribunal saisi de la plainte statuera sur l'incident en se conformant aux règles suivantes :

L'exception préjudicielle ne sera admise qu'autant qu'elle sera fondée soit sur un titre apparent, soit sur des faits de possession équivalents, personnels au prévenu et par lui articulés avec précision, et si le titre produit ou les faits articulés sont de nature, dans le cas où ils seraient reconnus par l'autorité compétente, à ôter au fait qui sert de base aux poursuites tout caractère de délit ou de contravention.

Dans le cas de renvoi à fins civiles, le jugement fixera un bref délai dans lequel la partie qui aura élevé la question préjudicielle devra saisir les juges compétents de la connaissance du litige, et justifier de ses diligences, sinon il sera passé outre. Toutefois, en cas de condamnation, il sera sursis à l'exécution du jugement sous le rapport de l'emprisonnement s'il était prononcé, et le montant des amendes, restitutions et dommages-intérêts sera versé à la caisse des dépôts et consignations pour être remis à qui il sera ordonné par le tribunal qui statuera sur le fond du droit.

183. Les agents de l'administration des forêts peuvent, en son nom, interjeter appel des jugements, et se pourvoir contre les arrêts et jugements en dernier ressort; mais ils ne peuvent se désister de leurs appels sans son autorisation spéciale.

184. Le droit attribué à l'administration des forêts et à ses agents de se pourvoir contre les jugements et arrêts par appel ou par recours en cassation, est indépendant de la même faculté qui est accordée par la loi au ministère public, lequel peut toujours en user, même lorsque l'administration ou ses agents auraient acquiescé aux jugements et arrêts.

185. Les actions en réparations de délits et contraventions en matière forestière se prescrivent par trois mois, à compter du jour où les délits et contraventions ont été constatés, lorsque les prévenus sont désignés dans les procès-verbaux. Dans le cas contraire, le délai de prescription est de six mois à compter du même jour, sans préjudice, à l'égard des adjudicataires et entrepreneurs des coupes, des dispositions contenues aux art. 45, 47, 50, 51 et 82 de la présente loi.

186. Les dispositions de l'article précédent ne sont point applicables aux contraventions, délits et malversations commis par des agents, préposés ou gardes de l'administration forestière dans l'exercice de leurs fonctions ; les délais de prescription à l'égard de ces préposés et de leurs complices seront les mêmes qui sont déterminés par le Code d'instruction criminelle.

187. Les dispositions du Code d'instruction criminelle sur la poursuite des délits et contraventions, sur les citations et délais, sur les défauts, oppositions, jugements, appels et recours en cassation, sont et demeurent applicables à la poursuite des délits et contraventions spécifiés par la présente loi, sauf les modifications qui résultent du présent titre.

SECTION II.

Des Poursuites exercées au nom et dans l'intérêt des particuliers.

188. Les procès-verbaux dressés par les gardes des bois et forêts des particuliers feront foi jusqu'à preuve contraire.

189. Les dispositions contenues aux art. 161, 162, 165, 167, 168, 169, 170, § 1er, 172, 175, 182, 185 et 187 ci-dessus sont applicables aux poursuites exercées au nom et dans l'intérêt des particuliers pour délits et contraventions commis dans les bois et forêts qui leur appartiennent.

Toutefois, dans les cas prévus par l'art. 169, lorsqu'il y aura lieu à effectuer la vente des bestiaux saisis, le produit net de la vente sera versé à la caisse des dépôts et consignations.

190. Il n'est rien changé aux dispositions du Code d'instruction criminelle relativement à la compétence des tribunaux pour statuer sur les délits et contraventions commis dans les bois qui appartiennent aux particuliers

191. Les procès-verbaux dressés par les gardes des bois des particuliers seront dans le délai d'un mois, à dater de l'affirmation, remis au procureur du roi ou au juge de paix, suivant leur compétence respective.

TITRE XII.

DES PEINES ET CONDAMNATIONS POUR TOUS LES BOIS ET FORÊTS EN GÉNÉRAL.

192. La coupe ou l'enlèvement d'arbres

ayant deux décimètres de tour et au-dessus donnera lieu à des amendes qui seront déterminées dans les proportions suivantes, d'après l'essence et la circonférence de ces arbres.

Les arbres sont divisés en deux classes.

La première comprend les chênes, hêtres, charmes, ormes, frênes, érables, platanes, pins, sapins, mélèzes, châtaigniers, noyers, aliziers, sorbiers, cormiers, merisiers, et autres arbres fruitiers.

La seconde se compose des aunes, tilleuls, bouleaux, trembles, peupliers, saules, et de toutes les espéces non comprises dans la première classe.

Si les arbres de la première classe ont deux décimètres de tour, l'amende sera d'un franc par chacun de ces deux décimètres, et s'accroitra ensuite progressivement de 10 centimes par chacun des autres décimètres.

Si les arbres de la seconde classe ont deux décimètres de tour, l'amende sera de 50 centimes par chacun de ces deux décimètres, et s'accroitra ensuite progressivement de 5 centimes par chacun des autres décimètres.

Le tout conformément au tableau annexé à la présente loi (1).

La circonférence sera mesurée à un mètre du sol.

193. Si les arbres auxquels s'applique le tarif établi par l'article précédent ont été enlevés et façonnés, le tour en sera mesuré sur la souche ; et si la souche a été également enlevée, le tour sera calculé dans la proportion d'un cinquième en sus de la dimension totale des quatre faces de l'arbre écarri.

Lorsque l'arbre et la souche auront disparu, l'amende sera calculée suivant la grosseur de l'arbre arbitrée par le tribunal d'après les documents du procès.

194. L'amende, pour coupe ou enlévement de bois qui n'auront pas deux décimètres de tour, sera, pour chaque charretée, de 10 francs par bête attelée, de 5 francs par chaque charge de bête de somme, de 2 francs par fagot, fouée ou charge d'homme.

S'il s'agit d'arbres semés ou plantés dans les forêts depuis moins de cinq ans, la peine sera d'une amende de 3 francs par chaque arbre, quelle qu'en soit la grosseur, et, en outre, d'un emprisonnement de six à quinze jours.

195. Quiconque arrachera des plants dans les bois et forêts sera puni d'une amende qui ne

---

(1) *TARIF des Amendes à prononcer par arbre, d'après sa grosseur et son essence.*

ARBRES DE PREMIÈRE CLASSE.

CIRCONFÉRENCE.	AMENDE par décimètre.	AMENDE par arbre.	CIRCONFÉRENCE.	AMENDE par décimètre.	AMENDE par arbre.
décim.	fr. c.	fr. c.	décim.	fr. c.	fr. c.
1	0 00	0 00	17	2 50	42 50
2	1 00	2 00	18	2 60	46 80
3	1 10	3 30	19	2 70	51 30
4	1 20	4 80	20	2 80	56 00
5	1 30	6 50	21	2 90	60 90
6	1 40	8 40	22	3 00	66 00
7	1 50	10 50	23	3 10	71 30
8	1 60	12 80	24	3 20	76 80
9	1 70	15 30	25	3 30	82 50
10	1 80	18 00	26	3 40	88 40
11	1 90	20 90	27	3 50	94 50
12	2 00	24 00	28	3 60	100 80
13	2 10	27 30	29	3 70	107 30
14	2 20	30 80	30	3 80	114 00
15	2 30	34 50	31	3 90	120 90
16	2 40	38 40	32	4 00	128 00

ARBRES DE DEUXIÈME CLASSE.

CIRCONFÉRENCE.	AMENDE par décimètre.	AMENDE par arbre.	CIRCONFÉRENCE.	AMENDE par décimètre.	AMENDE par arbre.
décim.	fr. c.	fr. c.	décim.	fr. c.	fr. c.
1	0 00	0 00	17	1 25	21 25
2	0 50	1 00	18	1 30	23 40
3	0 55	1 65	19	1 35	25 65
4	0 60	2 40	20	1 40	28 00
5	0 65	3 25	21	1 45	30 45
6	0 70	4 20	22	1 50	33 50
7	0 75	5 25	23	1 55	35 65
8	0 80	6 40	24	1 60	38 40
9	0 85	7 65	25	1 65	41 25
10	0 90	9 00	26	1 70	44 20
11	0 95	10 45	27	1 75	47 25
12	1 00	12 00	28	1 80	50 40
13	1 05	13 65	29	1 85	53 65
14	1 10	15 40	30	1 90	57 50
15	1 15	17 25	31	1 95	60 15
16	1 20	19 20	32	2 00	64 00

pourra être moindre de 10 francs, ni excéder 300 francs ; et si le délit a été commis dans un semis ou plantation exécutés de main d'homme, il sera prononcé, en outre, un emprisonnement de quinze jours à un mois.

196. Ceux qui dans les bois et forêts, auront éhoupé, écorcé ou mutilé des arbres, ou qui en auront coupé les principales branches, seront punis comme s'ils les avaient abattus par le pied.

197. Quiconque enlèvera des chablis et bois de délit sera condamné aux mêmes amendes et restitutions que s'il les avait abattus sur pied.

198. Dans les cas d'enlèvement frauduleux de bois et d'autres productions du sol des forêts, il y aura toujours lieu, outre les amendes, à la restitution des objets enlevés ou de leur valeur, et de plus, selon les circonstances, à des dommages-intérêts.

Les scies, haches, serpes, cognées, et autres instruments de même nature dont les délinquants et leurs complices seront trouvés munis, seront confisqués.

199. Les propriétaires d'animaux trouvés de jour en délit dans les bois de dix ans et au-dessus seront condamnés à une amende de :

1 franc pour un cochon ;

2 francs pour une bête à laine ;

3 francs pour un cheval ou autre bête de somme (1) ;

4 francs pour une chèvre ;

5 francs pour un bœuf, une vache ou un veau.

L'amende sera double si les bois ont moins de dix ans ; sans préjudice, s'il y a lieu, des dommages-intérêts.

200. Dans les cas de récidive, la peine sera toujours doublée.

Il y a récidive, lorsque, dans les douze mois précédents, il a été rendu contre le délinquant ou contrevenant un premier jugement pour délit ou contravention en matière forestière.

201. Les peines seront également doublées, lorsque les délits ou contraventions auront été commis dans la nuit, ou que les délinquants auront fait usage de la scie pour couper les arbres sur pied.

202. Dans tous les cas où il y aura lieu à adjuger des dommages-intérêts, ils ne pourront être inférieurs à l'amende simple prononcée par le jugement.

203. Les tribunaux ne pourront appliquer aux matières réglées par le présent Code les dispositions de l'art. 463 du Code pénal.

204. Les restitutions et dommages-intérêts appartiennent au propriétaire ; les amendes et confiscations appartiennent toujours à l'État.

205. Dans tous les cas où les ventes et adjudications seront déclarées nulles pour cause de fraude ou collusion, l'acquéreur ou adjudicataire, indépendamment des amendes et dommages-intérêts prononcés contre lui, sera condamné à restituer les bois déjà exploités, ou à en payer la valeur sur le pied du prix d'adjudication ou de vente.

206. Les maris, pères, mères et tuteurs, et en général tous maîtres et commettants, seront civilement responsables des délits et contraventions commis par leurs femmes, enfants, mineurs et pupilles, demeurant avec eux et non mariés, ouvriers, voituriers et autres subordonnés, sauf tout recours de droit.

Cette responsabilité sera réglée conformément au paragraphe dernier de l'article 1384 du Code civil, et s'étendra aux restitutions, dommages-intérêts et frais ; sans pouvoir toutefois donner lieu à la contrainte par corps, si ce n'est dans le cas prévu par l'article 46.

207. Les peines que la présente loi prononce dans certains cas spéciaux, contre les fonctionnaires ou contre des agents et préposés de l'administration forestière, sont indépendantes des poursuites et peines dont ces fonctionnaires, agents ou préposés seraient passibles d'ailleurs pour malversation, concussion ou abus de pouvoir.

Il en est de même quant aux poursuites qui pourraient être dirigées, aux termes des art. 179 et 189 du Code pénal, contre tous délinquants ou contrevenants, pour fait de tentative de corruption envers des fonctionnaires publics, et des agents et préposés de l'administration forestière.

208. Il y aura lieu à l'application des dispositions du même Code dans tous les cas non spécifiés par la présente loi.

TITRE XIII.
DE L'EXÉCUTION DES JUGEMENTS.

SECTION PREMIÈRE.

De l'Exécution des Jugements rendus à la requête de l'administration forestière ou du ministère public.

209. Les jugements rendus à la requête de l'administration forestière, ou sur la poursuite du ministère public, seront signifiés par simple extrait qui contiendra le nom des parties et le dispositif du jugement.

Cette signification fera courir les délais de l'opposition et de l'appel des jugements par défaut.

210. Le recouvrement de toutes les amendes

---

(1) Pâturage des chevaux employés à la vidange des coupes dans les forêts de l'État (*Voy.* Ord. 12 mai 1834.)

forestières est confié aux receveurs de l'enregistrement et des domaines.

Ces receveurs sont également chargés du recouvrement des restitutions, frais et dommages-intérêts résultant des jugements rendus pour délits et contraventions dans les bois soumis au régime forestier.

211. Les jugements portant condamnation à des amendes, restitutions, dommages-intérêts et frais, sont exécutoires par la voie de la contrainte par corps, et l'exécution pourra en être poursuivie cinq jours après un simple commandement fait aux condamnés (1).

En conséquence, et sur la demande du receveur de l'enregistrement et des domaines, le procureur du roi adressera les réquisitions nécessaires aux agents de la force publique chargés de l'exécution des mandements de justice.

212. Les individus contre lesquels la contrainte par corps aura été prononcée pour raison des amendes et autres condamnations et réparations pécuniaires subiront l'effet de cette contrainte jusqu'à ce qu'ils aient payé le montant desdites condamnations, ou fourni une caution admise par le receveur des domaines, ou, en cas de contestation de sa part, déclarée bonne et valable par le tribunal de l'arrondissement.

213. Néanmoins, les condamnés qui justifieraient de leur insolvabilité, suivant le mode prescrit par l'article 420 du Code d'instruction criminelle, seront mis en liberté, après avoir subi quinze jours de détention, lorsque l'amende et les autres condamnations pécuniaires n'excéderont pas 15 francs.

La détention ne cessera qu'au bout d'un mois lorsque ces condamnations s'élèveront ensemble de 15 à 50 francs.

Elle ne durera que deux mois, quelle que soit la quotité desdites condamnations.

En cas de récidive, la durée de la détention sera double de ce qu'elle eût été sans cette circonstance.

214. Dans tous les cas, la détention employée comme moyen de contrainte est indépendante de la peine d'emprisonnement prononcée contre les condamnés pour tous les cas où la loi l'inflige.

SECTION II.

De l'Exécution des Jugements rendus dans l'intérêt des particuliers.

215. Les jugements contenant des condamnations en faveur des particuliers, pour répa-

ration des délits ou contraventions commis dans leurs bois, seront, à leur diligence, signifiés et exécutés suivant les mêmes formes et voies de contrainte que les jugements rendus à la requête de l'administration forestière.

Le recouvrement des amendes prononcées par les mêmes jugements sera opéré par les receveurs de l'enregistrement et des domaines.

216. Toutefois, les propriétaires seront tenus de pourvoir à la consignation d'aliments prescrite par le Code de procédure civile, lorsque la détention aura lieu à leur requête et dans leur intérêt.

217. La mise en liberté des condamnés ainsi détenus, à la requête et dans l'intérêt des particuliers, ne pourra être accordée, en vertu des art. 212 et 213, qu'autant que la validité des cautions ou l'insolvabilité des condamnés aura été, en cas de contestation de la part desdits propriétaires, jugée contradictoirement entre eux.

TITRE XIV.

DISPOSITION GÉNÉRALE.

218. Sont et demeurent abrogés, pour l'avenir, toutes lois, ordonnances, édits et déclarations, arrêts du conseil, arrêtés et décrets, et tous règlements intervenus, à quelque époque que ce soit, sur les matières réglées par le présent Code, en tout ce qui concerne les forêts.

Mais les droits acquis antérieurement au présent Code seront jugés en cas de contestation, d'après les lois, ordonnances, édits et déclarations, arrêts du conseil, arrêtés, décrets et règlements ci-dessus mentionnés.

TITRE XV.

DISPOSITIONS TRANSITOIRES.

219. Pendant vingt ans, à dater de la promulgation de la présente loi, aucun particulier ne pourra arracher ni défricher ses bois qu'après en avoir fait préalablement la déclaration à la sous-préfecture, au moins six mois d'avance, durant lesquels l'administration pourra faire signifier au propriétaire son opposition au défrichement. Dans les six mois à dater de cette signification, il sera statué sur l'opposition par le préfet, sauf le recours au ministre des finances.

Si, dans les six mois après la signification de l'opposition, la décision du ministre n'a pas été

---

(1) La capture des délinquants insolvables condamnés à des amendes, restitutions, dommages-intérêts et frais, ne donne droit aux gendarmes qui l'ont opérée qu'à la taxe fixée par le n. 1 de l'art. 6 du décret du 7 avril 1813. » (Ord. 25 février 1832.)

rendue et signifiée au propriétaire des bois, le défrichement pourra être effectué.

220. En cas de contravention à l'article précédent, le propriétaire sera condamné à une amende calculée à raison de 500 francs au moins et de 1,500 francs au plus par hectare de bois défriché, et, en outre, à rétablir les lieux en nature de bois dans le délai qui sera fixé par le jugement, et qui ne pourra excéder trois années.

221. Faute par le propriétaire d'effectuer la plantation ou le semis dans le délai prescrit par le jugement, il y sera pourvu à ses frais par l'administration forestière, sur l'autorisation préalable du préfet, qui arrêtera le mémoire des travaux faits et le rendra exécutoire contre le propriétaire.

222. Les dispositions des trois articles qui précèdent sont applicables aux semis et plantations exécutés, par suite de jugements, en remplacement de bois défrichés.

223. Seront exceptés des dispositions de l'article 219 :

1° Les jeunes bois, pendant les vingt premières années après leur semis ou plantation, sauf le cas prévu en l'article précédent ;

2° Les parcs ou jardins clos ou attenant aux habitations ;

3° Les bois non clos, d'une étendue au-dessous de quatre hectares, lorsqu'ils ne feront point partie d'un autre bois qui compléterait une contenance de quatre hectares, ou qu'ils ne seront pas situés sur le sommet ou la pente d'une montagne.

224. Les actions ayant pour objet des défrichements commis en contravention à l'art. 219 se prescriront par deux ans, à dater de l'époque où le défrichement aura été consommé.

225. Les semis et plantations de bois sur le sommet et le penchant des montagnes et sur les dunes seront exempts de tout impôt pendant vingt ans.

Le Code forestier a été mis à exécution par l'ordonnance réglementaire du 1ᵉʳ août 1827. Les proportions de ce volume ne nous permettent pas de la reproduire ; on la trouvera dans tous les recueils de lois.

TITRE II.

DE LA PRODUCTION ANIMALE.

Cette partie de la production agricole est la plus importante. Elle comprend non-seulement les espèces domestiques, mais encore tous les animaux qui offrent de l'utilité à l'homme, tels que les lapins, les abeilles, les pigeons, les poissons. Avant d'entrer dans les détails, citons d'abord les articles du Code civil et du Code de procédure qui les protégent contre la saisie.

CODE CIVIL.

822. Les animaux que le propriétaire du fonds livre au fermier ou au métayer pour la culture, estimés ou non, sont censés immeubles tant qu'ils demeurent attachés au fonds par l'effet de la convention.

Ceux qu'il donne à cheptel à d'autres qu'au fermier ou métayer, sont meubles.

824. Les objets que le propriétaire d'un fonds y a placés pour le service et l'exploitation de ce fonds, sont immeubles par destination.

Ainsi, sont immeubles par destination, quand ils ont été placés par le propriétaire pour le service et l'exploitation du fonds : les animaux attachés à la culture ; les ustensiles aratoires ; es semences données aux fermiers ou colons partiaires ; les pigeons des colombiers ; les lapins des garennes ; les ruches à miel ; les poissons des étangs ; les pailles et engrais.

Sont aussi immeubles par destination, tous effets mobiliers que le propriétaire a attachés au fonds à perpétuelle demeure.

CODE DE PROCÉDURE CIVILE.

592. Ne pourront être saisis, 1° les objets que la loi déclare immeubles par destination ; 2° le coucher nécessaire des saisis, ceux de leurs enfants vivant avec eux ; les habits dont les saisis sont vêtus et couverts ; 3° les livres relatifs à la profession du saisi, jusqu'à la somme de trois cents francs, à son choix ; 4° les machines et instruments servant à l'enseignement,

pratique ou exercice des sciences et arts, jusqu'à concurrence de l même somme, et au
choix du saisi, 5° les équipements des militaires, suivant l'ordonnance et le grade; 6° les
outils des artisans, nécessaires à leurs occupations personnelles; 7° les farines et menues
denrées nécessaires à la consommation du saisi
et de sa famille pendant un mois; 8° enfin, une
vache, ou trois brebis, ou deux chèvres, au
choix du saisi, avec les pailles, fourrages et
grains nécessaires pour la litière et la nourriture desdits animaux pendant un mois.

CHAPITRE Ier. — DE LA RACE CHEVALINE ET DES HARAS.

ORDONNANCE *du* 24 *octobre* 1840 *concernant les Haras.*

Sur le rapport de notre ministre secrétaire d'État au département de l'agriculture et du commerce :

Vu le décret du 4 juillet 1806, et les ordonnances des 16 janvier 1825, 19 juin 1832, et 10 décembre 1833.

NOUS AVONS ORDONNÉ ET ORDONNONS ce qui suit :

ART. 1er. Le nombre et le classement des haras et dépôts d'étalons sont désormais ainsi fixés :

Deux haras de première classe,
Un haras de seconde classe,
Sept dépôts de première classe,
Dix dépôts de seconde classe,
Et un dépôt de remontes avec station à Paris.

2. Le personnel de l'administration des haras sera composé de :

Un inspecteur général chargé de la division de l'agriculture et des haras, et de la vice-présidence du conseil,
Trois inspecteurs généraux,
Un inspecteur général adjoint,
Deux préposés aux remontes.

Un directeur..........	
Un administrateur du do-maine..................	
Un inspecteur particulier	Au haras du Pin.
Un agent spécial chargé de la comptabilité........	
Un vétérinaire..........	
Un directeur..........	
Un inspecteur particulier	Au haras de Pompadour.
Un agent spécial........	
Un vétérinaire..........	
Un directeur..........	Au haras de Ro-
Un agent spécial........	sières et aux dépôts de Tarbes
Un vétérinaire..........	et de Langonnet.
Un directeur..........	Dans les autres
Un agent spécial.......	dépôts d'étalons.
Un directeur..........	Au dépôt des remontes de Paris.

3. Les inspecteurs généraux, l'inspecteur général adjoint, les directeurs et les inspecteurs particuliers seront nommés par nous, sur la proposition de notre ministre de l'agriculture et du commerce.

Les autres officiers et employés des haras et dépôts seront nommés par arrêté de notre ministre de l'agriculture et du commerce.

4. A partir du 1er janvier 1843, nul ne pourra être nommé officier des haras, s'il n'a suivi les cours de l'école des haras pendant le temps prescrit par les règlements, et s'il n'a, à la suite de ces cours, obtenu un diplôme d'aptitude.

A cet effet, une école de haras sera établie au haras du Pin, sous la direction du chef de cet établissement.

Notre ministre de l'agriculture et du commerce fixera, par un arrêté réglementaire, le programme et la durée de l'enseignement, les conditions d'admission et des examens, l'organisation du personnel enseignant, etc.

5. Il y aura, près de notre ministre de l'agriculture et du commerce, et sous sa présidence, ou, à son défaut, sous celle du sous-secrétaire d'État, un conseil des haras, composé de l'inspecteur général, chargé de la division de l'agriculture et des haras, vice-président; des inspecteurs généraux des haras, de l'inspecteur général adjoint et de l'inspecteur général des écoles vétérinaires.

Le directeur du dépôt des remontes et le chef du bureau des haras y seront admis avec voix consultative; ce dernier y remplira les fonctions de secrétaire.

6. Les traitements sont fixés ainsi qu'il suit :

Inspecteur général, chargé de la division de l'agriculture et des haras, et de la vice-présidence du conseil.................. 10,000 f.
Inspecteurs généraux........... 8,800
Inspecteur général adjoint....... 6,000
Préposés aux remontes......... 4,000

	1re classe.	2e classe.
Directeurs de haras.....	6,000 f.	5,000
Administrateur du do-maine..................	3,000	»

Directeurs de dépôts.....	3,000	2,700
Inspecteurs particuliers..	2,700	»
Agents spéciaux dans les haras...................	2,400	2,100
Agents spéciaux dans les dépôts...................	1,800	1,500
Vétérinaires des haras...	2,000	1,800
Vétérinaires des dépôts..	1,000	»

7. Les directeurs des haras du Pin et de Pompadour, et celui du dépôt des remontes auront droit à deux rations de fourrages.

Tous les autres directeurs, ainsi que les inspecteurs particuliers, l'administrateur du domaine du Pin et les vétérinaires du Pin et de Pompadour, auront droit à une seule ration de fourrages.

Ils seront tenus de se monter à leurs frais, et ne toucheront de rations qu'autant que leurs chevaux seront présents.

8. Les étalons des haras et dépôts seront répartis tous les ans, à l'époque de la monte, en un certain nombre de stations suivant les besoins des localités.

Ils seront placés, autant que possible, chez les propriétaires ou cultivateurs les plus habiles dans l'art d'élever les chevaux.

9. Tout propriétaire qui destinera un cheval à la monte pourra le soumettre à l'approbation. Si cet étalon est jugé capable d'améliorer l'espèce, il sera, sur la proposition d'un inspecteur général, approuvé par le ministre.

10. Le propriétaire d'un étalon approuvé, qui aura rempli les conditions prescrites par les règlements, recevra, chaque année, une prime de :

500 à 800 f. pour un étalon de pur sang,
200 à 400   pour un étalon de demi-sang,
100 à 200   pour un étalon de gros trait.

11. Les juments de pur sang, inscrites au Stud-Book français, pourront obtenir annuellement des primes de deux cents à quatre cents francs, si elles réunissent, à une taille d'un mètre quarante-neuf centimètres, mesurée à la potence, les qualités exigées d'une bonne poulinière.

Ces primes ne seront accordées que si la jument est suivie de son poulain de l'année, issu d'un étalon de pur sang, appartenant à l'administration ou approuvé.

Il pourra aussi être accordé des primes de deux cents à trois cents francs aux juments de demi-sang, réunissant aux qualités exigées d'une bonne poulinière, une taille d'un mètre cinquante-deux centimètres, lorsque ces juments seront suivies de leur poulain de l'année, provenant d'un étalon de race pure appartenant à l'administration ou approuvé.

12. Les primes ci-dessus seront accordées, quand il y aura lieu, par notre ministre de l'agriculture et du commerce, sur la proposition des inspecteurs généraux.

13. Notre ministre de l'agriculture et du commerce assignera des fonds pour les courses, et pourra décerner des prix en concours public aux juments de selle et de carrosse.

Il arrêtera et publiera les règlements et instructions sur le régime des haras, les courses de chevaux et les primes d'encouragement.

14. Toutes les dispositions contraires à la présente ordonnance sont rapportées.

Néanmoins les suppressions d'emploi et réductions de traitement à opérer en vertu des art. 2 et 6 n'auront lieu qu'à mesure des extinctions ou remplacements des titulaires actuels.

15. Notre ministre secrétaire d'État au département de l'agriculture et du commerce est chargé de l'exécution de la présente ordonnance.

EXTRAIT *du Règlement du 25 octobre 1840 sur les Haras, Dépôts et Stations d'étalons.*

CHAPITRE II.

SERVICE DE LA MONTE.

69. Les directeurs, après s'en être entendus avec leur inspecteur général, adresseront, chaque année, au ministre, dans les premiers jours de décembre, le projet de répartition des étalons pour la monte prochaine.

Toute proposition qui tendrait à apporter un changement dans la répartition de l'année précédente devra être soigneusement motivée.

Les stations seront de préférence de trois ou quatre étalons.

70. A moins de circonstances urgentes, dont il sera rendu compte, les directeurs ne pourront faire aucun changement à l'état de répartition arrêté par le ministre.

71. Immédiatement après avoir reçu cet état, les directeurs en enverront un extrait à chacun des préfets de leur circonscription, en les invitant à le faire insérer dans le *Mémorial administratif* de leur département.

72. A la même époque, les directeurs de dépôts et les inspecteurs particuliers dans les haras, disposeront leur itinéraire pour la tournée des stations ; ils préviendront en temps utile les maires et les éleveurs des différentes localités, qu'à tel jour fixé les juments qui devront être saillies à telle station devront y être réunies pour l'admission à la monte.

Les directeurs ou inspecteurs particuliers examineront chaque jument poulinière présentée ; et, s'ils la reconnaissent bonne, ils délivreront au propriétaire une carte d'admission, sur laquelle ils inscriront le signalement exact de la jument et le nom de l'étalon qui devra lui être donné.

Ces cartes seront extraites d'un registre à

souche et porteront le même numéro que le certificat de saillie qui sera délivré plus tard par le garde-étalons ou le palefrenier.

La saillie sera refusée à toute jument dont le conducteur ne serait pas muni de la carte d'admission.

73. Toutes les fois qu'un palefrenier, chef de station, pourra produire la preuve de tentatives de séduction, faites près de lui pour obtenir, soit une *saillie gratuite*, soit une mutation ou une falsification de carte, il recevra une gratification de 5 à 10 francs.

74. Les chefs de station devront examiner avec soin les juments présentées pour le saut, et refuser toutes celles qui, depuis la délivrance de la carte, auraient été affectées de maladies contagieuses.

75. Les gardes-étalons ou chefs de stations délivreront, pour chaque jument saillie, en échange de la carte d'admission, un certificat signé d'eux, et constatant cette saillie.

Le certificat de saillie devra porter le même numéro que la carte d'admission, et indiquer, comme elle, le nom de l'étalon, le signalement de la jument et le pays où elle est née, le nom et la demeure du propriétaire, ainsi que la somme qui aura été payée pour le saut, pourboire compris.

Cette somme sera spécifiée en toutes lettres.

Les certificats de saillie seront détachés d'un registre à talon, numéroté et paraphé à l'avance, sur chaque feuillet, par le directeur ; chaque talon représentant le même numéro et les mêmes indications que le certificat (modèle no 23).

Après la monte, ces talons seront envoyés au directeur du haras ou dépôt, et tous les renseignements relatifs à la monte seront portés sommairement, pour chaque étalon, *sur le registre général de la monte et sur le registre-matricule.*

Les registres à talons de chaque année seront conservés avec soin.

76. Tout particulier qui aura fait servir une jument par un étalon royal devra faire connaître, au chef de la station où la jument aura été saillie, le sexe de la production qu'il aura obtenue. Il consignera, en outre, sur la carte de saillie qui lui aura été délivrée, une déclaration constatant cette naissance, avec indication de la robe du poulain ou de la pouliche.

Cette déclaration, signée de lui, et attestée par le maire de la commune, sera remise au chef de la station, et envoyée par celui-ci au directeur, qui adressera en échange, au propriétaire de la jument, un certificat de naissance.

77. Il sera accordé à tout palefrenier chef de station, une gratification de 50 centimes à 1 franc pour chaque produit résultant des pou-

linières qu'il aura fait saillir, et dont l'identité aura été constatée par le directeur.

78. Tous les renseignements recueillis relativement à la monte, seront consignés par le directeur au *registre général de la monte* et au *registre-matricule.*

79. Les chefs d'établissements exigeront que les fournisseurs pourvoient, en temps utile, à la nourriture des étalons dans les stations, afin que ce service soit convenablement assuré pour toute la durée de la monte, avant le départ des animaux.

Les directeurs n'autoriseront aucun payement quelconque, au profit des fournisseurs, qu'après avoir acquis la preuve que cette condition est complètement remplie.

En cas d'urgence, les directeurs devront pourvoir à la nourriture des étalons.

80. Les chevaux envoyés en monte seront placés chez des propriétaires et cultivateurs présentant les garanties ou conditions nécessaires pour être gardes-étalons.

Toutefois, dans les établissements où il existera des palefreniers en état de tenir et diriger une station, les étalons, ainsi que le soin et la direction de la station, devront être confiés aux gagistes ; dans ce cas, les étalons seront placés dans des écuries convenables, lesquelles seront prises à loyer, si le chef de l'établissement n'a pu s'en procurer à titre gratuit.

81. Des instructions seront remises aux palefreniers attachés aux stations, pour leur rappeler leurs devoirs et les peines qu'ils encourraient en s'en écartant.

Il sera de même adressé des instructions aux gardes-étalons pour les diriger dans les fonctions qu'ils ont à remplir.

Des avis devront, en outre, être publiés à temps, dans chaque contrée, pour faire connaître aux propriétaires des juments les ressources en étalons qui leur sont offertes, et les conditions d'après lesquelles ils peuvent en profiter.

Enfin, chaque station sera placée sous la surveillance immédiate du maire de la commune, à qui les instructions qui auront été données, soit au garde-étalons, soit au palefrenier, seront transmises pour qu'il en surveille l'exécution.

82. Les gardes-étalons seront tenus de fournir, pour la station, un local sain, commode et convenablement disposé.

Ils fourniront au palefrenier un lit auprès de ses étalons, et lui donneront une place au feu et à la lumière, seules conditions auxquelles ils sont tenus relativement à ce gagiste.

Ils devront donner aux chevaux qui leur auront été confiés, tous les soins que leur santé peut exiger ; en cas d'accident ou de maladie, ils seront tenus d'en informer sur-le-champ le directeur du haras ou dépôt, de procurer à l'étalon les secours qui pourraient être à leur portée, et de faire constater en même temps l'état de la maladie ou la nature de l'accident, par le maire de la commune.

83. Il pourra être alloué aux gardes-étalons qui auront rempli fidèlement ces conditions une indemnité de 40 centimes par jour et par cheval.

Les directeurs auront la faculté de réduire cette indemnité, et même de la supprimer, selon que les gardes-étalons auront satisfait aux conditions prescrites, et ce sans préjudice des poursuites ou réparation de dommages et intérêts, selon les circonstances.

84. Les gardes-étalons pourront être chargés de la nourriture des chevaux en station, d'après les conventions particulières qui seraient faites avec eux par les chefs d'établissement ou par les fournisseurs.

Les fumiers produits par les étalons en station resteront à la disposition du propriétaire qui aura fourni l'écurie, soit gratuitement, soit à titre onéreux.

85. Il sera payé, pour chaque jument présentée aux étalons du gouvernement, un droit qui sera réglé, tous les ans, par le ministre, en même temps que l'état de répartition des étalons pour la monte. Au moyen du payement de ce droit, tel qu'il aura été déterminé, le propriétaire pourra exiger que le saut soit répété jusqu'à quatre fois, et autant que possible de neuf en neuf jours, si la jument n'a pas retenu la première ou les trois premières fois.

Les gardes-étalons ou palefreniers chefs de station sont responsables du payement du prix de la saillie, lequel est exigible pour chaque jument au premier saut.

Les gardes-étalons auront la faculté de faire saillir gratuitement les juments qui leur appartiendront jusqu'à concurrence de cinq.

86. Les dispositions du présent règlement, en ce qui regarde les obligations et formalités à remplir par les propriétaires des juments saillies et leurs rapports avec le garde-étalons et le palefrenier, seront l'objet d'une consigne qui sera rédigée par le directeur, et affichée, dès l'ouverture de la monte, à la porte de l'écurie de chaque établissement et de chaque station.

CHAPITRE VIII.

PRIMES.

110. Les juments de pur sang tracées au Stud-Book français pourront obtenir des primes de 200 à 400 fr., si elles réunissent à une taille de 1 mètre 49 centimètres, mesurée à la potence, les qualités exigées d'une bonne poulinière, et si elles sont suivies de leur production de l'année, provenant d'un étalon de race pure appartenant à l'administration ou approuvé.

111. Chaque année les inspecteurs généraux, d'après les notes qu'ils auront recueillies dans leurs tournées, dresseront l'état des juments de pur sang qu'ils auront jugées dignes de la prime. Cet état, délibéré et arrêté en conseil de haras, devra être transmis au ministre dans les premiers jours de décembre.

Les mêmes dispositions s'appliqueront aux juments de demi-sang, s'il leur est accordé des primes.

112. Dans les départements où l'administration des haras contribuera aux fonds affectés à la distribution des primes en concours publics, le ministre nommera des jurys composés de trois membres choisis sur une liste de neuf candidats présentés par le préfet.

113. Un inspecteur général, ou, à son défaut, le directeur du haras ou dépôt de la circonscription, sera président du jury, avec voix prépondérante.

S'il arrivait que l'inspecteur général et le directeur fussent tous les deux dans l'impossibilité de remplir ces fonctions, le préfet nommerait un quatrième membre, lequel, avec les trois autres, choisirait ensuite le président.

114. Ces primes ne pourront être obtenues que par des juments de selle ou de carrosse ayant au moins 1 mètre 49 centimètres, mesurés à la potence.

115. Il sera dressé, par les soins du préfet, un procès-verbal détaillé des opérations qui auront été faites. Ce procès-verbal devra particulièrement indiquer le nombre des animaux de chaque classe ou espèce qui auront été présentés au concours, l'origine et le signalement des juments qui auront obtenu des primes, avec le nom et la demeure de leurs propriétaires. Il sera signé par les membres du jury, le commissaire du Roi, et par le préfet, qui en transmettra ensuite immédiatement une expédition au ministre.

116. Tout propriétaire de jument ayant obtenu une prime dans ces concours pourra réclamer un extrait du procès-verbal. Cet extrait, certifié par le préfet, sera délivré sans autres frais que ceux du papier timbré.

117. La connaissance de toutes les difficultés qui pourraient naître au sujet de ces distributions est réservée exclusivement aux préfets pour le provisoire, et au ministre pour la décision définitive.

CHAPITRE IX.

ÉTALONS APPROUVÉS.

118. Aucun cheval entier ne sera admis au nombre des étalons approuvés, s'il n'est

exempt de tares et de maladies transmissibles ; s'il ne réunit les qualités propres à améliorer la race du pays où il doit faire la monte, et s'il n'est spécialement, et non accidentellement, consacré à la reproduction.

Aucun cheval ne pourra être approuvé pour faire la monte, s'il n'a au moins quatre ans.

119. Aucun étalon ne pourra être approuvé au-dessous de la taille de :

1^m,49 pour les chevaux de pur sang ;
1 55 pour les chevaux de demi-sang ;
1 55 pour les chevaux de trait.

120. L'approbation sera accordée pour cinq années consécutives ; elle sera toutefois révocable dans le cours des cinq années, si quelque tare ou maladie héréditaire venait à se manifester dans l'étalon approuvé.

L'approbation pourra être prolongée au delà des cinq années, d'après le rapport de l'inspecteur général.

121. Le titre constatant l'approbation sera délivré par le ministre, qui, sur la proposition de l'inspecteur général, fixera en même temps la quotité de la prime à allouer au propriétaire de l'étalon.

Cette quotité pourra être augmentée ou diminuée les années suivantes, selon le degré d'utilité de l'étalon.

122. Les étalons approuvés ne doivent être employés à la monte que dans l'arrondissement déterminé par le titre même qui constate l'approbation.

123 Indépendamment de l'inspection qui en sera faite pendant la monte, par les chefs d'établissements, les étalons approuvés devront être visités par un inspecteur général ou un officier délégué, qui se fera remettre, pour chaque étalon approuvé, deux états en double, certifiés par le propriétaire de l'étalon, et visés par le maire de la commune où la monte aura eu lieu, et par le préfet ou sous-préfet. Sur l'un de ces états seront enregistrées les juments saillies dans l'année par l'étalon ; sur l'autre, les productions de la monte de l'année précédente.

Si l'approbation doit être maintenue, il en sera fait mention sur le titre ; si elle ne devait pas être continuée, le titre serait retiré et renvoyé au ministre.

124. La totalité de la prime d'approbation ne sera due qu'autant que l'étalon approuvé aura sailli au moins trente juments.

Dans le cas où ce nombre ne serait pas atteint, la prime ne serait payée que dans les proportions suivantes :

Au-dessus de vingt juments, les deux tiers ;
Au-dessus de quinze, la moitié.

Les juments du propriétaire de l'étalon compteront dans le nombre.

125. Si l'étalon approuvé est de ceux qui sont concédés par les départements aux propriétaires, la prime à payer sera mise à la disposition du préfet, pour être employée conformément aux vues que le conseil général du département aura arrêtées à cet égard.

126. Le directeur de chaque établissement tiendra un registre des étalons approuvés, où seront consignés, par ordre de date, les titres d'approbation, à mesure qu'ils auront été délivrés, et les indications portées à ces titres. On y mentionnera aussi sommairement les renseignements qui auront été fournis sur le l'énombre des juments saillies par ces animaux, et sur leurs productions.

CHAPITRE IV.

188. Il sera tenu dans chaque établissement, et pour chacun des départements de la circonscription, un registre destiné à recevoir les observations et les renseignements que le directeur pourra faire ou recueillir concernant l'éducation des chevaux et l'amélioration des races.

Ce registre d'observations sera divisé en quatre parties ou chapitres, ainsi qu'il suit :

Chapitre 1er. Statistique équestre raisonnée (comprenant le nombre des chevaux, la nature des pâturages, le système de culture).

Chapitre II. Reproduction et amélioration.

Chapitre III. Éducation et emploi des chevaux.

Chapitre IV. Commerce des chevaux.

189. Chaque année, le chef de l'établissement remettra à l'inspecteur général, lors de sa revue, deux copies exactes des renseignements portés au registre d'observations. Une *de ces copies* sera transmise au ministre par l'inspecteur général.

CHAPITRE II. — DE LA RACE BOVINE ET DES VACHERIES.

[Page 160.]

Il n'existe sur la race bovine que d'anciens arrêts du conseil qui se trouvent abrogés. Nous n'avons donc aucun texte à fournir sous ce chapitre. Contentons-nous de rappeler que page 164, nous avons donné les tarifs fixés par la loi de douanes du 25 juillet 1822 sur l'importation des bestiaux. La même loi fixe les droits à l'exportation. Ils sont de 3 fr. sur les bœufs maigres, de 1 fr. sur les bœufs gras, de 1 fr. 50 c. sur les génisses maigres, de 50 c. sur les veaux, et de 25 c. sur les moutons. Une seule dérogation aux tarifs de 1822 a été faite par le traité sarde de 1845, qui permet l'entrée des bestiaux au poids, dans les limites que nous indiquons p. 168.

Une innovation plus heureuse est celle de la perception du droit d'octroi au poids, qui a remplacé le droit par tête. L'ancien mode, favorable aux grandes races, était une véritable ruine pour les pays maigres et secs, où le bétail est ordinairement petit. A l'avenir, les petites races pourront concourir avec les grandes pour l'approvisionnement des communes à octroi.

LOI *du 10 mai 1846, sur la perception au poids du droit d'octroi à l'entrée des villes.*

ART. 1er. A partir du 1er janvier 1847, les droits d'octroi sur les bestiaux de toute espèce seront établis à raison du poids des animaux et perçus au kilogramme. — Néanmoins ces mêmes droits pourront continuer à être fixés par tête pour les octrois où la taxe des bœufs n'excédera pas huit francs.

2. La conversion du droit par tête en droit au poids ne devra donner lieu à aucune augmentation du produit annuellement perçu.— Cette disposition sera applicable aux communes qui auront opéré la transformation et augmenté leurs tarifs avant la promulgation de la présente loi.

3. A l'égard des villes ou bourgs dont les octrois sont affermés, la conversion de la taxe par tête en taxe au poids ne pourra avoir lieu avant l'expiration des baux qu'avec le consentement du fermier de l'octroi.

4. A dater de la promulgation de la présente loi, aucune adjudication d'octroi n'aura lieu, sauf l'exception établie par le § 2 de l'art. 1, que sur un tarif par lequel les bestiaux seront imposés au poids.

4. La viande dite à la main ou par quartiers, ne pourra pas être soumise, à l'entrée dans les villes, à un droit supérieur aux droits d'abattoirs et d'octroi sur les bestiaux de toute espèce.

5. Un tableau présentant le produit total des octrois par chapitres de perception et par communes sera annexé annuellement aux comptes généraux du ministre de l'intérieur ; il comprendra : 1o le nombre et les quantités de chaque espèce de bestiaux ayant acquitté le droit d'octroi ; 2o le montant du produit des droits perçus sur chaque espèce de viande ; 3o le prix de vente au consommateur.

CHAPITRE III. — DE LA RACE OVINE ET DES BERGERIES.

[Page 168.]

DÉCRET *du 8 mars 1811, qui prescrit des mesures pour l'amélioration des races de bétes à laine.*

NAPOLÉON, etc., sur le rapport de notre ministre de l'intérieur ; — Notre conseil d'État entendu ; — Nous avons décrété et décrétons ce qui suit :

§ I. — Formation de dépôts de Béliers mérinos.

ART. 1. Dans le cours des années 1811 et 1812, il sera formé soixante dépôts de béliers mérinos.

2. Chacun de ces dépôts sera de cent cinquante béliers au moins, et de deux cent cinquante au plus.

3. Ils seront confiés à des propriétaires ou fermiers, lesquels les entretiendront, nourriront, profiteront de la toison, et recevront, s'il y a lieu, selon les localités et le prix des fourrages, une indemnité annuelle, qui sera réglée à l'avance par notre ministre.

4. Au temps de la monte, les béliers seront distribués gratuitement aux propriétaires de troupeaux indigènes, qui les soigneront et en répondront, sauf les accidents non provenant de leur part.

Ces béliers, après la monte, rentreront au dépôt.

5. Le nombre des dépôts sera augmenté, chaque année, pendant sept ans, et porté jusqu'à cinq cents.

6. Leur placement sera déterminé par notre ministre de l'intérieur, selon les besoins et les lieux.

§ II. — De la manière de former les Dépôts.

7. Pour former les dépôts de béliers, on prendra :

1º Tous les béliers qui existent, au-dessus des besoins, dans nos bergeries impériales ;

2º Tous ceux qui en proviendront à l'avenir ;

3º Tous les béliers qui se trouveront dans les troupeaux qui seront extraits d'Espagne, d'après nos ordres ;

4º Les béliers qui seront achetés de gré à gré dans les troupeaux des particuliers, reconnus, par les inspecteurs dont il sera parlé ci-après, pour être de race pure et sans mélange.

§ III. — Règles de police.

8. En conséquence, il est défendu à tout propriétaire de troupeau de race reconnue pure, comme il est ci-dessus, de faire châtrer aucun bélier sans que l'un desdits inspecteurs ait examiné les animaux anciens, antenois ou de l'année, ne lui en ait donné attestation, n'ait fait le choix des béliers pour les dépôts, et permis la castration de ceux qu'il aura laissés comme défectueux ou trop faibles, lesquels il marquera à cet effet. Le surplus sera acheté de gré à gré pour le compte du gouvernement.

9. Tout propriétaire de troupeau métis qui sera à portée d'un dépôt de béliers mérinos, et à qui ce dépôt pourra fournir des béliers pour sa monte, sera tenu de faire châtrer tous ses mâles.

10. La contravention aux articles précédents sera constatée par les inspecteurs des troupeaux, ou, sur leur réquisition, par les officiers de police, et punie :

1º De la confiscation des animaux châtrés, dans le cas de l'article 8, ou non châtrés, dans le cas de l'article 9 ;

2º D'une amende qui ne pourra être au-dessous de cent francs, ni au-dessus de mille francs, et double en cas de récidive.

§ IV. — Des Inspecteurs généraux et particuliers.

11. Il y aura, pour la surveillance et l'inspection des dépôts de béliers, pour faire les achats et exercer la police ; quatre inspecteurs généraux et un inspecteur particulier par chaque arrondissement, dont notre ministre de l'intérieur réglera l'étendue.

12. Les inspecteurs généraux seront chargés, 1º de visiter, une fois par an, tous les dépôts et tous les troupeaux de race pure ou améliorée, chacun dans la partie de l'Empire qui lui sera assignée ; 2º de faire les achats de béliers au compte du gouvernement ; 3º de correspondre avec les inspecteurs particuliers, et de former des états annuels des bêtes pures et améliorées ; 4º de recueillir et transmettre, sur la branche d'économie rurale dont ils sont chargés, tous les renseignements nécessaires.

13. Les inspecteurs particuliers surveilleront les dépôts de béliers, en feront la répartition au moment de la monte, visiteront les troupeaux où ils seront pendant la monte, prescriront et feront exécuter les mesures sanitaires, visiteront, inspecteront les troupeaux de race pure et améliorée, correspondront avec le ministre de l'intérieur, le préfet et l'inspecteur général sous lequel ils auront été placés.

§ V. — Des Traitements.

14. Les inspecteurs généraux auront un traitement de huit mille francs, et quatre mille francs de frais de tournée.

15. Les inspecteurs particuliers auront deux mille quatre cents francs de traitement, et douze cents francs de frais de tournée.

§ VI. — Des Fonds.

16. Pour pourvoir à l'exécution des dispositions précédentes, il sera mis à la disposition de notre ministre de l'intérieur un fonds de six cent mille francs pour 1811, et successivement ceux nécessaires pour porter au complet et entretenir les dépôts, jusqu'à ce que le système d'amélioration des races de bêtes à laine soit complet.

17. Nos ministres de l'intérieur, des finances et du trésor, sont chargés, chacun en ce qui le concerne de l'exécution du présent décret, qui sera inséré au *Bulletin des lois.*

Ce décret est la seule mesure législative rendue sur la matière. Depuis cette époque sont intervenues diverses lois de douanes qui ont établi des tarifs sur les laines étrangères. Voici les dispositions de la dernière, celle du 2 juillet 1836, encore aujourd'hui en vigueur. « Laines en masse par navires français et par terre, 20 p. 0|0 de la valeur ; — par navires étrangers, 22 p. 0|0 ; — laines peignées, 50 p. 0|0. La préemption sur les laines s'exercera au compte de l'administration ou des employés, conformément à la loi du 4 floréal an IV. Le délai de dix jours, accordé par la loi du 17 mai 1826 pour déclarer la préemption, est réduit à trois jours. » Tels sont les tarifs qui protégent les laines françaises. Ici encore, il y a une grande inégalité entre l'agriculteur et le manufacturier, puisque ce dernier a ses draps protégés par une prohibition et reçoit une prime à la sortie.

CHAPITRE VI. — DE LA GARANTIE IMPOSÉE AUX VENDEURS D'ANIMAUX DOMESTIQUES.

[Page 186.]

CODE CIVIL.— *De la garantie des défauts de la chose vendue.*

ART. 1641. Le *vendeur* est tenu de la garantie à raison des défauts cachés de la chose vendue qui la rendent impropre à l'usage auquel on la destine, ou qui diminuent tellement cet usage, que l'*acheteur* ne l'aurait pas acquise, ou n'en aurait donné qu'un moindre prix s'il les avait connus.

1642. Le *vendeur* n'est pas tenu des vices *apparents*, et dont l'acheteur a pu se convaincre lui-même.

1643. Il est tenu des vices *cachés*, quand même il ne les aurait pas connus, à moins que, dans ce cas, il n'ait stipulé qu'il ne serait tenu à aucune garantie.

1644. Dans le cas des articles 1641 et 1643, l'*acheteur* a le choix de rendre la chose, et de se faire restituer le prix, ou de garder la chose et de se faire rendre une partie du prix, telle qu'elle sera attribuée par experts.

1645. *Si* le *vendeur* connaissait les vices de la chose, il est tenu, outre la *restitution* du prix qu'il a reçu, de tous les *dommages et intérêts* envers l'acheteur.

1646. *Si* le *vendeur* ignorait les vices de la chose, il ne sera tenu qu'à la restitution du prix, et à rembourser à l'acquéreur les frais occasionnés par la vente.

1647. *Si* la chose qui avait des vices a péri par suite de sa mauvaise qualité, la perte est pour le vendeur, qui sera tenu envers l'acheteur à la restitution du prix et aux autres dédommagements expliqués dans les deux articles précédents.

Mais la perte arrivée par cas fortuit, sera pour le compte de l'acheteur.

1648. L'ACTION résultant des *vices rédhibitoires*, doit être intentée par l'*acquéreur* dans un *bref délai*, suivant la nature des *vices rédhibitoires*, et l'usage du lieu où la vente a été faite.

1649. Elle n'a pas lieu dans les ventes faites par autorité de justice.

Loi du 20 mai, 1838 concernant les vices rédhibitoires dans les ventes et échanges d'animaux domestiques.

ART. 1er. Sont réputés vices rédhibitoires, et donneront seuls ouverture à l'action résultant de l'art. 1641 du Code civil, dans les ventes ou échanges des animaux domestiques ci-dessus dénommés, sans distinction des localités où les ventes et échanges auront lieu, les maladies ou défauts ci-après, savoir :

Pour le cheval, l'âne et le mulet.

La fluxion périodique des yeux, — l'épilepsie ou le mal caduc, — la morve, — le farcin, — les maladies anciennes de poitrine ou vieilles courbatures. — l'immobilité, — la pousse, — le cornage chronique, — le tic sans usure des dents, — les hernies inguinales intermittentes, — la boiterie intermittente pour cause de vieux mal.

Pour l'espèce bovine.

La phthisie pulmonaire ou pommelière, — l'épilepsie ou mal caduc, — les suites de la non-délivrance, — le renversement du vagin ou de l'utérus (après le part chez le vendeur).

Pour l'espèce ovine.

La clavelée : cette maladie, reconnue chez un seul animal, entraînera la rédhibition de tout le troupeau.

La rédhibition n'aura lieu que si le troupeau porte la marque du vendeur.

Le sang de rate : cette maladie n'entraînera la rédhibition du troupeau qu'autant que, dans le délai de la garantie, sa perte constatée s'élèvera au quinzième au moins des animaux achetés.

Dans ce dernier cas, la rédhibition n'aura

lieu également que si le troupeau porte la marque du vendeur.

2. L'action en réduction du prix , autorisée par l'art. 1644 du Code civil, ne pourra être exercée dans les ventes et échanges d'animaux énoncés en l'art. 1er ci-dessus.

3. Le délai pour intenter l'action rédhibitoire sera, non compris le jour fixé pour la livraison, de trente jours pour le cas de fluxion périodique des yeux et d'épilepsie ou mal caduc; de neuf jours pour tous les autres cas.

4. Si la livraison de l'animal a été effectuée ou s'il a été conduit, dans les délais ci-dessus, hors du lieu du domicile du vendeur, les délais seront augmentés d'un jour par cinq myriamètres de distance du domicile du vendeur au lieu où l'animal se trouve.

5. Dans tous les cas, l'acheteur, à peine d'être non recevable, sera tenu de provoquer, dans les délais de l'article 3, la nomination d'experts chargés de dresser procès-verbal ; la requête sera présentée au juge de paix du lieu où se trouvera l'animal.

Ce juge nommera immédiatement, suivant l'exigence des cas, un ou trois experts, qui devront opérer dans le plus bref délai.

6. La demande sera dispensée du préliminaire de conciliation, et l'affaire instruite et jugée comme matière sommaire.

7. Si, pendant la durée des délais fixés par l'art. 3, l'animal vient à périr, le vendeur ne sera pas tenu de la garantie, à moins que l'acheteur ne prouve que la perte de l'animal provient de l'une des maladies spécifiées dans l'art. 1er.

8. Le vendeur sera dispensé de la garantie résultant de la morve et du farcin pour le cheval, l'âne et le mulet, et de la clavelée pour l'espèce ovine, s'il prouve que l'animal, depuis la livraison, a été mis en contact avec des animaux atteints de ces maladies.

ARRÊT *du Conseil du 16 juillet 1784 qui défend de détenir ou de vendre des chevaux atteints de morve, ou de maladie contagieuse.*

Nous en avons donné le texte page 215 de l'ouvrage.

ARRÊT *du Parlement de Paris en date du 13 juillet 1699 sur la garantie des bœufs vendus aux bouchers de Paris.*

En voir le texte page 215 de l'ouvrage.

ORDONNANCE *du préfet de police en date du 25 mars 1830. Art. 178 relatif aux délais de la garantie pour les bœufs vendus sur le marché de Poissy.*

En voir le texte page 215.

CHAPITRE VII. — DES VERS A SOIE.

[Page 233.]

Il n'y a sur cette matière que l'art. 4, sect. III, tit. Ier de la loi du 28 septembre 1791. Nous en donnons le texte sous le chap. X de la troisième partie. Voir toutefois page 234 et 235 de l'ouvrage.

CHAPITRE VIII. — DES VOLAILLES.

[Page 245.]

Les volailles sont assujetties à l'homme et comme telles elles engagent sa responsabilité. On peut en dire autant de tous les autres animaux, bœuf, cheval, chien, etc. Les obligations des particuliers à cet égard se trouvent tracées dans l'art. 1385 du Code civil, ainsi conçu :

Le propriétaire d'un animal, ou celui qui s'en sert, pendant qu'il est à son usage, est responsable du dommage que l'animal a causé, soit que l'animal fût sous sa garde, soit qu'il fût égaré ou échappé.

D'un autre côté, la loi protége les animaux domestiques en prononçant des peines contre ceux qui les tuent, les empoisonnent, les blessent, etc. Nous donnerons ces textes sous le chapitre X, troisième partie, relatif à la police rurale. Voir toutefois page 247, pour les délits causés par les volailles, et page 249 pour les délits commis contre les volailles.

Chapitre IX. — Des Lapins.

[Page 251.]

Art. 4 du décret du 4 août 1789, qui abolit le droit exclusif de chasse. — En voir le texte page 252.

Code civil. *Art. 564, sur la propriété des lapins.*

Les pigeons, lapins, poissons, qui passent dans un autre colombier, garenne ou étang, appartiennent au propriétaire de ces objets, pourvu qu'ils n'y aient point été attirés par fraude et artifice.

Chapitre X. — Des Pigeons.

[Page 259.

L'art. 2 du décret du 4 août 1789 abolit le droit des fuies et de colombier. En voir le texte page 259 *in fine*.

Chapitre XI. — Des Abeilles.

[Page 266.]

La loi du 28 septembre 1791 (art. 4, sect. III, tit. Ier) est la seule qui s'occupe des abeilles. Voir ci-après troisième partie, chapitre X, *de la Police rurale*. Voyez aussi, pages 268 et 273, deux articles de la loi du 28 septembre 1791.

Chapitre XII. — Du Gibier et de la Chasse.

[Page 277.]

Loi *du 3 mai 1844 sur la police de la chasse.*

SECTION PREMIÈRE.

De l'exercice du droit de chasse.

Art. 1er. Nul ne pourra chasser, sauf les exceptions ci-après, si la chasse n'est pas ouverte, et s'il ne lui a pas été délivré un permis de chasse par l'autorité compétente.

Nul n'aura la faculté de chasser sur la propriété d'autrui sans le consentement du propriétaire ou de ses ayants droit.

2. Le propriétaire ou possesseur peut chasser ou faire chasser, en tout temps, sans permis de chasse, dans ses possessions attenant à une habitation et entourées d'une clôture continue faisant obstacle à toute communication avec les héritages voisins.

3. Les préfets détermineront par des arrêtés, publiés au moins dix jours à l'avance, l'époque de l'ouverture et celle de la clôture de la chasse, dans chaque département.

4. Dans chaque département il est interdit de mettre en vente, de vendre, d'acheter, de transporter et de colporter du gibier pendant le temps où la chasse n'y est pas permise.

En cas d'infraction à cette disposition, le gibier sera saisi et immédiatement livré à l'établissement de bienfaisance le plus voisin, en vertu soit d'une ordonnance du juge de paix, si la saisie a eu lieu au chef-lieu de canton, soit d'une autorisation du maire, si le juge de paix est absent, ou si la saisie a été faite dans une commune autre que celle du chef-lieu. Cette ordonnance ou cette autorisation sera délivrée sur la requête des agents ou gardes qui auront opéré la saisie, et sur la présentation du procès-verbal régulièrement dressé.

La recherche du gibier ne pourra être faite à domicile que chez les aubergistes, chez les marchands de comestibles et dans les lieux ouverts au public.

Il est interdit de prendre ou de détruire, sur le terrain d'autrui, des œufs et des couvées de faisans, de perdrix et de cailles.

5. Les permis de chasse seront délivrés, sur l'avis du maire et du sous-préfet, par le préfet du département dans lequel celui qui en fera la demande aura sa résidence ou son domicile.

La délivrance des permis de chasse donnera lieu au payement d'un droit de quinze francs (15 fr.) au profit de l'État, et de dix francs (10 fr.) au profit de la commune dont le maire aura donné l'avis énoncé au paragraphe précédent.

Les permis de chasse seront personnels; ils seront valables pour tout le Royaume, et pour un an seulement.

6. Le préfet pourra refuser le permis de chasse,

1o A tout individu majeur qui ne sera point personnellement inscrit, ou dont le père ou la mère ne serait pas inscrit au rôle des contributions;

2o A tout individu qui, par une condamnation judiciaire, a été privé de l'un ou de plusieurs des droits énumérés dans l'art. 42 du Code pénal, autres que le droit de port d'armes;

3o A tout condamné à un emprisonnement de plus de six mois pour rébellion ou violence envers les agents de l'autorité publique;

4o A tout condamné pour délit d'association illicite, de fabrication, débit, distribution de poudre, armes ou autres munitions de guerre; de menaces écrites ou de menaces verbales avec ordre ou sous condition; d'entraves à la circulation des grains; de dévastations d'arbres ou de récoltes sur pied, de plants venus naturellement ou faits de main d'homme;

5o A ceux qui auront été condamnés pour vagabondage, mendicité, vol, escroquerie ou abus de confiance.

La faculté de refuser le permis de chasse aux condamnés dont il est question dans les paragraphes 3, 4 et 5 cessera cinq ans après l'expiration de la peine.

7. Le permis de chasse ne sera pas délivré,

1o Aux mineurs qui n'auront pas seize ans accomplis;

2o Aux mineurs de seize à vingt et un ans, à moins que le permis ne soit demandé pour eux par leur père, mère, tuteur ou curateur, porté au rôle des contributions;

3o Aux interdits;

4o Aux gardes champêtres ou forestiers des communes et établissements publics, ainsi qu'aux gardes forestiers de l'État et aux gardes-pêche.

8. Le permis de chasse ne sera pas accordé,

1o A ceux qui, par suite de condamnations, sont privés du droit de port d'armes;

2o A ceux qui n'auront pas exécuté les condamnations prononcées contre eux pour l'un des délits prévus par la présente loi;

3o A tout condamné placé sous la surveillance de la haute police.

9. Dans le temps où la chasse est ouverte, le permis donne, à celui qui l'a obtenu, le droit de chasser de jour, à tir et à courre, sur ses propres terres, et sur les terres d'autrui avec le consentement de celui à qui le droit de chasse appartient.

Tous autres moyens de chasse, à l'exception des furets et des bourses destinés à prendre le lapin, sont formellement prohibés.

Néanmoins les préfets des départements, sur l'avis des conseils généraux, prendront les arrêtés pour déterminer,

1o L'époque de la chasse des oiseaux de passage, autres que la caille, et les modes et procédés de cette chasse;

2o Le temps pendant lequel il sera permis de chasser le gibier d'eau, dans les marais, sur les étangs, fleuves et rivières;

3o Les espèces d'animaux malfaisants ou nuisibles que le propriétaire, possesseur ou fermier, pourra en tout temps détruire sur ses terres, et les conditions de l'exercice de ce droit, sans préjudice du droit appartenant au propriétaire ou au fermier de repousser ou de détruire, même avec des armes à feu, les bêtes fauves qui porteraient dommage à ses propriétés.

Ils pourront prendre également des arrêtés,

1o Pour prévenir la destruction des oiseaux;

2o Pour autoriser l'emploi des chiens lévriers pour la destruction des animaux malfaisants ou nuisibles;

3o Pour interdire la chasse pendant les temps de neige.

10. Des ordonnances royales détermineront la gratification qui sera accordée aux gardes et gendarmes rédacteurs des procès-verbaux ayant pour objet de constater les délits.

SECTION II.

Des peines.

11. Seront punis d'une amende de seize à cent francs,

1o Ceux qui auront chassé sans permis de chasse;

2o Ceux qui auront chassé sur le terrain d'autrui sans le consentement du propriétaire.

L'amende pourra être portée au double si le délit a été commis sur des terres non dépouillées de leurs fruits, ou s'il a été commis sur un terrain entouré d'une clôture continue faisant obstacle à toute communication avec les héritages voisins, mais non attenant à une habitation.

Pourra ne pas être considéré comme délit de chasse le fait du passage des chiens courants sur l'héritage d'autrui, lorsque ces chiens seront à la suite d'un gibier lancé sur la propriété de leurs maîtres, sauf l'action civile, s'il y a lieu, en cas de dommage ;

3° Ceux qui auront contrevenu aux arrêtés des préfets concernant les oiseaux de passage, le gibier d'eau, la chasse en temps de neige, l'emploi des chiens lévriers, ou aux arrêtés concernant la destruction des oiseaux et celle des animaux nuisibles ou malfaisants ;

4° Ceux qui auront pris ou détruit, sur le terrain d'autrui, des œufs ou couvées de faisans, de perdrix ou de cailles ;

5° Les fermiers de la chasse, soit dans les bois soumis au régime forestier, soit sur les propriétés dont la chasse est louée au profit des communes ou établissements publics, qui auront contrevenu aux clauses et conditions de leurs cahiers de charges relatives à la chasse.

12. Seront punis d'une amende de cinquante à deux cents francs, et pourront en outre l'être d'un emprisonnement de six jours à deux mois ;

1° Ceux qui auront chassé en temps prohibé ;

2° Ceux qui auront chassé pendant la nuit ou à l'aide d'engins et instruments prohibés, ou par d'autres moyens que ceux qui sont autorisés par l'art. 9 ;

3° Ceux qui seront détenteurs ou ceux qui seront trouvés munis ou porteurs, hors de leur domicile, de filets, engins ou autres instruments de chasse prohibés ;

4° Ceux qui, en temps où la chasse est prohibée, auront mis en vente, vendu, acheté, transporté ou colporté du gibier ;

5° Ceux qui auront employé des drogues ou appâts qui sont de nature à enivrer le gibier ou à le détruire ;

6° Ceux qui auront chassé avec appeaux, appelants ou chanterelles.

Les peines déterminées par le présent article pourront être portées au double contre ceux qui auront chassé pendant la nuit sur le terrain d'autrui et par l'un des moyens spécifiés au paragraphe 2, si les chasseurs étaient munis d'une arme apparente ou cachée.

Les peines déterminées par l'art. 11 et par le présent article seront toujours portées au maximum, lorsque les délits auront été commis par les gardes champêtres ou forestiers des communes, ainsi que par les gardes forestiers de l'État et des établissements publics.

13. Celui qui aura chassé sur le terrain d'autrui sans son consentement, si ce terrain est attenant à une maison habitée ou servant à l'habitation, et s'il est entouré d'une clôture continue faisant obstacle à toute communication avec les héritages voisins, sera puni d'une amende de cinquante à trois cents francs, et pourra l'être d'un emprisonnement de six jours à trois mois.

Si le délit a été commis pendant la nuit, le délinquant sera puni d'une amende de cent francs à mille francs, et pourra l'être d'un emprisonnement de trois mois à deux ans, sans préjudice, dans l'un et l'autre cas, s'il y a lieu, de plus fortes peines prononcées par le Code pénal.

14. Les peines déterminées par les trois articles qui précèdent pourront être portées au double si le délinquant était en état de récidive, et s'il était déguisé ou masqué, s'il a pris un faux nom, s'il a usé de violence envers les personnes, ou s'il a fait des menaces, sans préjudice, s'il y a lieu, de plus fortes peines prononcées par la loi.

Lorsqu'il y aura récidive, dans les cas prévus en l'art. 11, la peine de l'emprisonnement de six jours à trois mois pourra être appliquée si le délinquant n'a pas satisfait aux condamnations précédentes.

15. Il y a récidive lorsque, dans les douze mois qui ont précédé l'infraction, le délinquant a été condamné en vertu de la présente loi.

16. Tout jugement de condamnation prononcera la confiscation des filets, engins et autres instruments de chasse. Il ordonnera, en outre, la destruction des instruments de chasse prohibés.

Il prononcera également la confiscation des armes, excepté dans le cas où le délit aura été commis par un individu muni d'un permis de chasse, dans le temps où la chasse est autorisée.

Si les armes, filets, engins ou autres instruments de chasse n'ont pas été saisis, le délinquant sera condamné à les représenter ou à en payer la valeur, suivant la fixation qui en sera faite par le jugement, sans qu'elle puisse être au-dessous de cinquante francs.

Les armes, engins ou autres instruments de chasse, abandonnés par les délinquants restés inconnus, seront saisis et déposés au greffe du tribunal compétent. La confiscation et, s'il y a lieu, la destruction en seront ordonnées sur le vu du procès-verbal.

Dans tous les cas, la quotité des dommages-intérêts est laissée à l'appréciation des tribunaux.

17. En cas de conviction de plusieurs délits prévus par la présente loi, par le Code pénal ordinaire ou par les lois spéciales, la peine la plus forte sera seule prononcée.

Les peines encourues pour des faits postérieurs à la déclaration du procès-verbal de contravention pourront être cumulées, s'il y a lieu, sans préjudice des peines de la récidive.

18. En cas de condamnation pour délits

prévus par la présente loi, les tribunaux pourront priver le délinquant du droit d'obtenir un permis de chasse pour un temps qui n'excédera pas cinq ans.

19. La gratification mentionnée en l'art. 10 sera prélevée sur le produit des amendes.

Le surplus desdites amendes sera attribué aux communes sur le territoire desquelles les infractions auront été commises.

20. L'art. 463 du Code pénal ne sera pas applicable aux délits prévus par la présente loi.

SECTION III.

De la poursuite et du jugement.

21. Les délits prévus par la présente loi seront prouvés, soit par procès-verbaux ou rapports, soit par témoins, à défaut de rapports et procès-verbaux, ou à leur appui.

22. Les procès-verbaux des maires et adjoints, commissaires de police, officier, maréchal des logis ou brigadier de gendarmerie, gendarmes, gardes forestiers, gardes-pêche, gardes champêtres, ou gardes assermentés des particuliers, feront foi jusqu'à preuve contraire.

23. Les procès-verbaux des employés des contributions indirectes et des octrois feront également foi jusqu'à preuve contraire, lorsque, dans la limite de leurs attributions respectives, ces agents rechercheront et constateront les délits prévus par le § 1er de l'art. 4.

24. Dans les vingt-quatre heures du délit, les procès-verbaux des gardes seront, à peine de nullité, affirmés par les rédacteurs devant le juge de paix ou l'un de ses suppléants, ou devant le maire ou l'adjoint, soit de la commune de leur résidence, soit de celle où le délit aura été commis.

25. Les délinquants ne pourront être saisis ni désarmés ; néanmoins, s'ils sont déguisés ou masqués, s'ils refusent de faire connaître leurs noms, ou s'ils n'ont pas de domicile connu, ils seront conduits immédiatement devant le maire ou le juge de paix, lequel s'assurera de leur individualité.

26. Tous les délits prévus par la présente loi seront poursuivis d'office par le ministère public, sans préjudice du droit conféré aux parties lésées par l'art. 182 du Code d'instruction criminelle.

Néanmoins, dans le cas de chasse sur le terrain d'autrui sans le consentement du propriétaire, la poursuite d'office ne pourra être exercée par le ministère public, sans une plainte de la partie intéressée, qu'autant que le délit aura été commis dans un terrain clos, suivant les termes de l'art. 2, et attenant à une habitation, ou sur des terres non encore dépouillées de leurs fruits.

27. Ceux qui auront commis conjointement les délits de chasse seront condamnés solidairement aux amendes, dommages-intérêts et frais.

28. Le père, la mère, le tuteur, les maîtres et commettants, sont civilement responsables des délits de chasse commis par leurs enfants mineurs non mariés, pupilles demeurant avec eux, domestiques ou préposés, sauf tout recours de droit.

Cette responsabilité sera réglée conformément à l'art. 1384 du Code civil, et ne s'appliquera qu'aux dommages-intérêts et frais, sans pouvoir toutefois donner lieu à la contrainte par corps.

29. Toute action relative aux délits prévus par la présente loi sera prescrite par le laps de trois mois, à compter du jour du délit.

SECTION IV.

Dispositions générales.

30. Les dispositions de la présente loi, relatives à l'exercice du droit de chasse, ne sont pas applicables aux propriétés de la Couronne. Ceux qui commettraient des délits de chasse dans ces propriétés seront poursuivis et punis conformément aux sections II et III.

31. Le décret du 4 mai 1812 et la loi du 30 avril 1790 sont abrogés.

Sont et demeurent également abrogés les lois, arrêtés, décrets et ordonnances intervenus sur les matières réglées par la présente loi, en tout ce qui est contraire à ses dispositions.

Chapitre XIII. — Du Poisson et de la Pêche.

[Page 299.]

Loi *du 15 avril 1829, sur la pêche fluviale.*

TITRE PREMIER.

DU DROIT DE PÊCHE.

Art. 1er. Le droit de pêche sera exercé au profit de l'État : 1° Dans tous les fleuves, rivières, canaux et contrefossés navigables ou flottables avec bateaux, trains ou radeaux, et dont l'entretien est à la charge de l'État ou de ses ayants cause ; — 2° Dans les bras, noues, boires et fossés, qui tirent leurs eaux des fleuves et des rivières navigables ou flottables dans lesquels on peut en tous temps passer ou pénétrer librement en bateau de pêcheur, et dont l'entretien est également à la charge de l'État. — Sont toutefois exceptés les canaux et fossés existants, ou qui seraient creusés dans les propriétés particulières, et entretenus aux frais des propriétaires.

2. Dans toutes les rivières et canaux autres que ceux qui sont désignés dans l'article précédent, les propriétaires riverains auront, chacun de son côté, le droit de pêche jusqu'au milieu du cours de l'eau, sans préjudice des droits contraires établis par possessions ou titres.

3. Des ordonnances royales, insérées au *Bulletin des lois*, détermineront, après une enquête *de commodo et incommodo*, quelles sont les parties des fleuves et rivières et quels sont les canaux désignés dans les deux premiers paragraphes de l'art. 1er où le droit de pêche sera exercé au profit de l'État. — De pareilles ordonnances fixeront les limites entre la pêche fluviale et la pêche maritime dans les fleuves et rivières affluant à la mer. Ces limites seront les mêmes que celles de l'inscription maritime ; mais la pêche qui se fera au-dessus du point où les eaux cesseront d'être salées, sera soumise aux règles de police et de conservation établies pour la pêche fluviale. — Dans le cas où des cours d'eau seraient rendus ou déclarés navigables ou flottables, les propriétaires qui seront privés du droit de pêche, auront droit à une indemnité préalable, qui sera réglée selon les formes prescrites par les art. 16, 17 et 18 de la loi du 8 mars 1810 (*L.* 3 mai 1841.), compensation faite des avantages qu'ils pourraient retirer de la disposition prescrite par le Gouvernement.

4. Les contestations entre l'administration et les adjudicataires, relatives à l'interprétation et à l'exécution des conditions des baux et adjudications, et toutes celles qui s'élèveraient entre l'administration ou ses ayants cause et des tiers intéressés à raison de leurs droits ou de leurs propriétés, seront portées devant les tribunaux.

5. Tout individu qui se livrera à la pêche sur les fleuves et rivières navigables ou flottables, canaux, ruisseaux ou cours d'eau quelconques, sans la permission de celui à qui le droit de pêche appartient, sera condamné à une amende de vingt francs au moins, et de cent francs au plus, indépendamment des dommages-intérêts. — Il y aura lieu, en outre, à la restitution du prix du poisson qui aura été pêché en délit, et la confiscation des filets et engins de pêche pourra être prononcée. — Néanmoins il est permis à tout individu de pêcher à la ligne flottante tenue à la main, dans les fleuves, rivières et canaux désignés dans les deux premiers paragraphes de l'art. 1er de la présente loi, le temps du frai excepté.

TITRE II.

6. Nul ne peut exercer l'emploi de garde-pêche, s'il n'est âgé de vingt-cinq ans accomplis (*F.* 3).

7. Les préposés chargés de la surveillance de la pêche ne pourront entrer en fonctions qu'après avoir prêté serment devant le tribunal de première instance de leur résidence, et avoir fait enregistrer leur commission et l'acte de prestation de leur serment au greffe des tribunaux dans le ressort desquels ils devront exercer leurs fonctions. — Dans le cas d'un changement de résidence qui les placerait dans un autre ressort en la même qualité, il n'y aura pas lieu à une nouvelle prestation de serment (*F.* 5.).

8. Les gardes-pêche pourront être déclarés responsables des délits commis dans leurs cantonnements, et passibles des amendes et indemnités encourues par les délinquants, lorsqu'ils n'auront pas dûment constaté les délits. (*F.* 6).

9. L'empreinte des fers dont les gardes-pêche font usage pour la marque des filets, sera déposée au greffe des tribunaux de première instance (*F.* 7).

TITRE III.

10. (*Ainsi modifié : L.* 6 *juin* 1840). La pêche au profit de l'État sera exploitée, soit par voie d'adjudication publique, soit par concession de licence à prix d'argent. — Le mode de concessions par licences ne sera employé que lorsque l'adjudication aura été tentée sans succès. — Toutes les fois que l'adjudication d'un cantonnement de pêche n'aura pu avoir lieu, il sera fait mention, dans le procès-verbal de la séance, des mesures qui auront été prises pour donner toute la publicité possible à la mise en adjudication, et des circonstances qui se seront opposées à la location.

11. L'adjudication publique devra être annoncée au moins quinze jours à l'avance par des affiches apposées dans le chef-lieu du département, dans les communes riveraines du cantonnement et dans les communes environnantes.

12. Toute *location* faite autrement que par adjudication publique sera considérée comme clandestine et déclarée nulle. Les fonctionnaires et agents qui l'auraient ordonnée ou effectuée, seront condamnés solidairement à une amende *égale au double* du fermage annuel du cantonnement de pêche. — Sont exceptées les

concessions par voie de licence (*F*. 18). (Pour le surplus, voir ci-dessus tit. 1er, chap. X du *Code forestier*, de l'art. 19 à l'art. 28, dont les art. 13 à 22 du *Code de la pêche* ne sont qu'une répétition.)

TITRE IV.

CONSERVATION ET POLICE DE LA PÊCHE.

23. Nul ne pourra exercer le droit de pêche dans les fleuves et rivières navigables ou flottables, les canaux, ruisseaux ou cours d'eau quelconques, qu'en se conformant aux dispositions suivantes.

24. Il est interdit de placer dans les rivières navigables ou flottables, canaux et ruisseaux, aucun barrage, appareil, ou établissement quelconque de pêcherie, ayant pour objet d'empêcher entièrement le passage du poisson. — Les délinquants seront condamnés à une amende de *cinquante* francs à *cinq cents* francs, et, en outre, aux dommages-intérêts, et les appareils ou établissements de pêche seront saisis et détruits.

25. Quiconque aura jeté dans les eaux des drogues ou appâts qui sont de nature à enivrer le poisson ou à le détruire, sera puni d'une amende de *trente* francs à *trois cents* francs, et d'un emprisonnement d'un *mois* à *trois mois*.

26. Des ordonnances royales détermineront : — 1° Les temps, saisons et heures pendant lesquels la pêche sera interdite dans les rivières et cours d'eau quelconques ; — 2° Les procédés et modes de pêche qui, étant de nature à nuire au repeuplement des rivières, devront être prohibés ; — 3° Les filets, engins et instruments de pêche qui seront défendus comme étant aussi de nature à nuire au repeuplement des rivières ; — 4° Les dimensions de ceux dont l'usage sera permis dans les divers départements pour la pêche des différentes espèces de poissons ; — 5° Les dimensions au-dessous desquelles les poissons de certaines espèces qui seront désignés, ne pourront être pêchés et devront être rejetés en rivière ; — 6° Les espèces de poissons avec lesquels il sera défendu d'appâter les hameçons, nasses, filets ou autres engins (V. ci-après. *Ord*. 15 novembre 1830).

27. Quiconque se livrera à la pêche pendant les temps, saisons et heures prohibés par les ordonnances, sera puni d'une amende de *trente* à *deux cents* francs.

28. Une amende de *trente* à *cent* francs sera prononcée contre ceux qui feront usage, en quelque temps et en quelque fleuve, rivière, canal ou ruisseau que ce soit, de l'un des procédés ou modes de pêche, ou de l'un des instruments ou engins de pêche prohibés par les ordonnances. — Si le délit a eu lieu pendant le temps du frai, l'amende sera de *soixante* à *deux cents* francs.

29. Les mêmes peines seront prononcées contre ceux qui se serviront, pour une autre pêche, de filets permis seulement pour celle du poisson de petite espèce. — Ceux qui seront trouvés porteurs ou munis, hors de leur domicile, d'engins ou instruments de pêche prohibés, pourront être condamnés à une amende qui n'excédera pas *vingt* francs, et à la confiscation des engins ou instruments de pêche, à moins que ces engins ou instruments ne soient destinés à la pêche dans des étangs ou réservoirs.

30. Quiconque pêchera, colportera ou débitera des poissons qui n'auront point les dimensions déterminées par les ordonnances, sera puni d'une amende de *vingt* à *cinquante* francs, et de la confiscation desdits poissons. — Sont néanmoins exceptées de cette disposition les ventes de poissons provenant des étangs ou réservoirs. — Sont considérés comme des étangs ou réservoirs les fossés et canaux appartenant à des particuliers, dès que leurs eaux cessent naturellement de communiquer avec les rivières.

31. La même peine sera prononcée contre les pêcheurs qui appâteront leurs hameçons, nasses, filets ou autres engins, avec des poissons des espèces prohibées qui seront désignées par les ordonnances.

32. Les fermiers de la pêche et porteurs de licences, leurs associés, compagnons et gens à gages, ne pourront faire usage d'aucun filet ou engin quelconque, qu'après qu'il aura été plombé ou marqué par les agents de l'administration de la police de la pêche. — La même obligation s'étendra à tous autres pêcheurs compris dans les limites de l'inscription maritime, pour les engins et filets, dont ils feront usage dans les cours d'eau désignés par les paragraphes 1er et 2 de l'art. 1er de la présente loi. — Les délinquants seront punis d'une amende de *vingt* francs pour chaque filet ou engin non plombé ou marqué.

33. Les contre-maîtres, les employés du balisage et les mariniers qui fréquentent les fleuves, rivières et canaux navigables ou flottables, ne pourront avoir dans leurs bateaux ou équipages aucun filet ou engin de pêche, même non prohibé, sous peine d'une amende de *cinquante* francs, et de la confiscation des filets. — A cet effet, ils seront tenus de souffrir la visite, sur leurs bateaux et équipages, des agents chargés de la police de la pêche, aux lieux où ils aborderont. — La même amende sera prononcée contre ceux qui s'opposeront à cette visite.

34. Les fermiers de la pêche et les porteurs de licences et tous pêcheurs en général, dans les

rivières et canaux désignés par les deux derniers paragraphes de l'art. 1er de la présente loi, seront tenus d'amener leurs bateaux, et de faire l'ouverture de leurs loges et hangars, hannetons, huches et autres réservoirs ou boutiques à poisson sur leurs cantonnements, à toute réquisition des agents et préposés de l'administration de la pêche, à l'effet de constater les contraventions qui pourraient être par eux commises aux dispositions de la présente loi. — Ceux qui s'opposeront à la visite ou refuseront l'ouverture de leurs boutiques à poisson, seront pour ce seul fait, punis d'une amende de *cinquante* francs.

35. Les fermiers et porteurs de licences ne pourront user sur les fleuves, rivières et canaux navigables, que du chemin de halage ; sur les rivières et cours d'eau flottables, que du marchepied. Ils traiteront de gré à gré avec les propriétaires riverains pour l'usage des terrains dont ils auront besoin pour retirer et asséner leurs filets.

TITRE V.

DES POURSUITES EN RÉPARATION DE DÉLIT.

SECTION PREMIÈRE.

Des Poursuites exercées au nom de l'Administration.

36. Le Gouvernement exerce la surveillance et la police de la pêche dans l'intérêt général. — En conséquence les agents spéciaux, par lui institués à cet effet, ainsi que les gardes champêtres, éclusiers des canaux et autres officiers de police judiciaire sont tenus de constater les délits qui sont spécifiés au titre IV de la présente loi, en quelques lieux qu'ils soient commis ; et lesdits agents spéciaux exerceront, conjointement avec les officiers du ministère public, toutes les poursuites et actions en réparation de ces délits. — Les mêmes agents et gardes de l'administration, les gardes champêtres, les éclusiers, les officiers de police judiciaire, pourront constater également le délit spécifié en l'art. 5, et ils transmettront leurs procès-verbaux au procureur du Roi.

37. Les gardes-pêche nommés par l'administration sont assimilés aux gardes forestiers royaux.

38. Ils recherchent et constatent par procès-verbaux les délits dans l'arrondissement du tribunal près duquel ils sont assermentés.

39. Ils sont autorisés à saisir les *filets et autres instruments de pêche prohibés, ainsi que le poisson pêché en délit* (*F.* 161).

40. Les gardes champêtres ne pourront sous aucun prétexte, s'introduire dans les maisons et enclos y attenants pour la recherche des filets prohibés *P.* 184.

41. Les filets et engins de pêche qui auront été saisis comme prohibés, ne pourront, dans aucun cas, être remis sous caution : ils seront déposés au greffe, et y demeureront jusqu'après le jugement pour être ensuite détruits. — Les filets non prohibés, dont la confiscation aurait été prononcée en exécution de l'art. 5, seront vendus au profit du trésor. — En cas de refus, de la part des délinquants, de remettre immédiatement le filet déclaré prohibé après la sommation du garde-pêche, ils seront condamnés à une amende de *cinquante* francs.

42. Quant au poisson saisi pour cause de délit, il sera vendu sans délai dans la commune la plus voisine du lieu de la saisie, à son de trompe et aux enchères publiques, en vertu d'ordonnance du juge de paix ou de ses suppléants, si la vente a lieu dans un chef-lieu de canton, ou dans le cas contraire, d'après l'autorisation du maire de la commune : ces ordonnances ou autorisations seront délivrées sur la requête des agents ou gardes qui auront opéré la saisie, et sur la présentation du procès-verbal régulièrement dressé et affirmé par eux. — Dans tous les cas, la vente aura lieu en présence du receveur des domaines, et, à défaut, du maire ou adjoint de la commune, ou du commissaire de police.

43. Les gardes-pêche ont le droit de requérir directement la force publique pour la répression des délits *en matière de pêche*, ainsi que pour la saisie des filets prohibés et du poisson *pêché en délit* (Voir pour le reste, le *Code forestier*, art. 165, 166, 167, 170, conformes aux art. 44, 45, 46 et 47 du Code de la pêche).

48. Toutes les poursuites exercées en réparation de délits pour fait de pêche, seront portées devant les tribunaux correctionnels (Voir pour le reste le *Code forestier* de l'art. 172 à l'art. 187, dont les art. 49 à 64 du Code de la pêche ne sont qu'une reproduction).

SECTION II.

Des Poursuites exercées au nom et dans l'intérêt de fermiers de la Pêche et des Particuliers.

65. Les délits qui portent préjudice aux fermiers de la pêche, aux porteurs de licences et aux propriétaires riverains, seront constatés par leurs gardes, lesquels sont assimilés aux gardes-bois des particuliers.

66. Les procès-verbaux dressés par ces gardes feront foi jusqu'à preuve contraire (*F.* 188).

67. Les poursuites et actions seront exercées au nom et à la diligence des parties intéressées.

68. Les dispositions contenues aux art. 38, 39

40, 41, 42, 43, 44, 45, 46, 47, paragraphes 1er, 49, 52, 59, 62 et 64 de la présente loi, sont applicables aux poursuites exercées au nom et dans l'intérêt des particuliers et des fermiers de la pêche, pour les délits commis à leur préjudice.

TITRE VI.

DES PEINES ET CONDAMNATIONS.

69. Dans le cas de récidive, la peine sera toujours doublée. — Il y a récidive lorsque, dans les douze mois précédents, il a été rendu contre le délinquant un premier jugement pour délit en matière de pêche.

70. Les peines seront également doublées, lorsque les délits auront été commis la nuit.

71. (Voir art. 202 du *Code forestier*).

72. Dans tous les cas prévus par la présente loi, si le préjudice causé n'excède pas vingt-cinq francs, et si les circonstances paraissent atténuantes, les tribunaux sont autorisés à réduire l'emprisonnement même au-dessous de six jours, et l'amende même au-dessous de seize francs : ils pourront aussi prononcer séparément l'une ou l'autre de ces peines, sans qu'en aucun cas elle puisse être au-dessous des peines de simple police.

73. (Voir art. 204 du *Code forestier*).

74. Les maris, pères, mères, tuteurs, fermiers et porteurs de licences, ainsi que tous propriétaires, maitres et commettants, seront civilement responsables des délits en matière de pêche commis par leurs femmes, enfants, mineurs, pupilles, bateliers et compagnons et tous autres subordonnés, sauf tous recours de droit. — Cette responsabilité sera réglée conformément à l'art. 1384 du Code civil.

TITRE VII.

DE L'EXÉCUTION DES JUGEMENTS.

SECTION PREMIÈRE.

De l'Exécution des Jugements rendus à la requête de l'Administration ou du ministère public.

75. (Voir art. 209, *Code forestier*).

76. Le recouvrement de toutes les amendes pour délits de pêche est confié aux receveurs de l'enregistrement et des domaines. Ces receveurs sont également chargés du recouvrement des restitutions, frais et dommages-intérêts résultant des jugements rendus en matière de pêche.

77. (Voir art. 211, *Code forestier*).

78. (Voir art. 212, *Code forestier*).

79. (Voir art. 213, *Code forestier*).

80. (Voir art. 214, *Code forestier*).

SECTION II.

De l'Exécution des Jugements rendus dans l'intérêt des Fermiers de la Pêche et des Particuliers.

81. Les jugements contenant des condamnations en faveur des fermiers de la pêche, des porteurs de licences et des particuliers; pour réparation des délits commis *à leur préjudice*, seront à leur diligence, signifiés et exécutés suivant les mêmes formes et voies de contrainte que les jugements rendus à la requête de l'administration chargée de la surveillance de la pêche. — Le recouvrement des amendes prononcées par les mêmes jugements sera opéré par les receveurs de l'enregistrement et des domaines.

82. La mise en liberté des condamnés détenus par voie de contrainte par corps, à la requête et dans l'intérêt des particuliers, ne pourra être accordée, en vertu des art. 78 et 79, qu'autant que la validité des cautions ou la solvabilité des condamnés aura été, en cas de contestations de la part desdits propriétaires, jugée contradictoirement entre eux (*Inst. cr.*, 120).

TITRE VIII.

DISPOSITIONS GÉNÉRALES.

83. Sont et demeurent abrogés toutes lois, ordonnances, édits et déclarations, arrêts du Conseil, arrêtés et décrets, et tous règlements intervenus, à quelque époque que ce soit, sur les matières réglées par la présente loi, en tout ce qui concerne la pêche. — Mais les droits acquis antérieurement à la présente loi seront jugés, en cas de contestation, d'après les lois existant avant sa promulgation.

ORDONNANCE *du 15 novembre 1830, relative à la Pêche fluviale.*

ART. 1er. Sont prohibés, sous les peines portées par l'art. 28 de la loi du 15 avril 1829, — 1° Les filets trainants; — 2° Les filets dont les mailles carrées, sans accrues, et non tendues, ni tirées en losange, auraient moins de trente millimètres de chaque côté, après que le filet aura séjourné dans l'eau; — 3° Les bires, nasses ou autres engins dont les verges en osier seraient écartées entre elles de moins de trente millimètres.

2. Sont néanmoins autorisés pour la pêche des goujons, ablettes, loches, vérons, vandoises et autres poissons de petite espèce, les filets dont les mailles auront quinze millimètres de largeur, et les nasses d'osier ou autres engins dont les baguettes ou verges seront écartées de quinze millimètres. Les pêcheurs auront aussi la faculté de se servir de toute espèce de nas-

ses en jonc à jour, quel que soit l'écartement de leurs verges.

3. Quiconque se servira pour une autre pêche que celle qui est indiquée dans l'article précédent, des filets spécialement affectés à cet usage, sera puni des peines portées par l'article 28 de la loi du 15 avril 1829.

4. Aucune restriction, ni pour le temps de la pêche ni pour l'emploi des filets ou engins, ne sera imposée aux pêcheurs du Rhin.

5. Dans chaque département, le préfet déterminera, sur l'avis du conseil général et après avoir consulté les agents forestiers, les temps, saisons et heures pendant lesquels la pêche sera interdite dans les rivières et cours d'eau.

6. Il fera également un règlement dans lequel il déterminera et divisera les filets et engins qui, d'après les règles ci-dessus, devront être interdits.

7 Sur l'avis du conseil général, et après avoir consulté les agents forestiers, il pourra prohiber les procédés et modes de pêche qui lui sembleront de nature à nuire au repeuplement des rivières.

8. Les règlements des préfets devront être homologués par ordonnances royales.

Des règlements dressés par les préfets et approuvés par le Roi ont en outre été rendus dans chaque département, pour déterminer les temps, saisons et heures pendant lesquels la pêche sera interdite dans les rivières et cours d'eau; les filets et engins dont l'usage devra être interdit; les procédés et modes de pêche qui devront être défendus comme étant de nature à nuire au repeuplement des rivières.

Enfin une ordonnance a fixé les rivières où la pêche sera exercée au profit de l'État. Nous la transcrivons ainsi que le tableau qui lui est annexé.

ORDONNANCE *du 10 juillet 1855, relative à la Pêche fluviale.*

Vu les art. 1er et 5 de la loi du 15 avril 1829 sur la pêche fluviale;

Vu les pièces transmises par les préfets des départements, et contenant les résultats des enquêtes auxquelles il a été procédé en exécution de l'art. 3 de ladite loi;

Vu les tableaux de l'inscription maritime:

Sur le rapport de notre ministre secrétaire d'État des finances,

NOUS AVONS ORDONNÉ et ORDONNONS ce qui suit:

ART. 1er. La pêche sera exercée au profit de l'État dans les fleuves, rivières, canaux et portions de fleuves et de rivières désignés par le tableau joint à la présente ordonnance.

2. Les limites entre la pêche fluviale et la pêche maritime demeurent fixées conformément aux indications portées dans la cinquième colonne du même tableau.

3. Notre ministre secrétaire d'État des finances est chargé de l'exécution de la présente ordonnance, qui sera insérée au *Bulletin des lois.*

(*Voir le tableau page 810.*)

[B. N° 381.] TABLEAU, *par Département, des parties de Fleuves et Rivières, et des Canaux navigables ou flottables en trains, sur lesquels la pêche sera exercée au profit de l'État, conformément aux dispositions des art. 1 et 3 de la Loi du 15 avril 1829, avec l'indication des Limites entre la Pêche fluviale et la Pêche maritime.*

DÉPARTEMENTS	RIVIÈRES ou PARTIES DE RIVIÈRES et canaux.	GENRE DE NAVIGATION.		POINT jusqu'où s'étend l'action de l'inscription maritime.
		FLOTTABLES en trains.	NAVIGABLES par bateaux.	
AIN.	Ain...............	....	Sur tout son cours jusqu'à son embouchure dans le Rhône.	Néant.
	Bienne	Sur tout son cours.	Depuis Dortan jusqu'à son embouchure dans l'Ain.	*idem.*
	Furans	A partir du pont d'Ander jusqu'à son embouchure dans le Rhône.	Point de navigation par bateaux.	*idem.*
	Reyssousse.......	....	De Pont-de-Vaux à son embouchure dans la Saône.	*idem.*
	Rhône...........	....	A partir du hameau du Parc, commune de Sorgieu.	*idem.*
	Saône	....	Sur tout son cours dans le département	*idem.*
	Séran...........	Du confluent de l'Arvière à son embouchure dans le Rhône.	Point de navigation par bateaux.	*idem.*
	Lacs de Nantua et de Silans.	....	Dans toute leur étendue.	*idem.*
AISNE.	Aisne...........	....	Sur tout son cours dans le département.	*idem.*
	Marne (1).......	....	*idem.*	*idem.*
	Oise...........	A partir du pont de Bautor.	Depuis Chauny jusqu'à la limite du département de l'Oise.	*idem.*
	Canal des Ardennes	....	Sur tout son cours jusqu'à Neufchâtel.	*idem.*
	Canal de Minacamp	....	Sur tout son cours.	*idem.*
	Canal latéral à l'Oise	....	*idem.*	*idem.*
	Canal de St-Quentin (2).	....	*idem.*	*idem.*
	Canal de Crozat (3).	....	*idem.*	*idem.*
	Canal de Lafère (3).	....	*idem.*	*idem.*
	Canal de la Somme.	....	De Saint-Simon à la limite du département de la Somme.	*idem.*

OBSERVATIONS.

(1) Sauf les droits résultant, pour un propriétaire particulier, d'un arrêt qui a acquis l'autorité de la chose jugée.

(2) Concédé pour vingt-deux ans par la loi du 29 mai 1827. Le droit de pêche fait partie la concession.

(3) Fait partie du canal de Saint-Quentin.

DÉPARTEMENTS.	RIVIÈRES ou PARTIES DE RIVIÈRES et canaux.	GENRE DE NAVIGATION.		POINT jusqu'où s'étend l'action de l'inscription maritime.
		FLOTTABLES en trains.	NAVIGABLES par bateaux.	
ALLIER.	Allier	....	Sur tout son cours dans le département.	Néant.
	Cher.	Du moulin d'Enchaume, au-dessous de Montluçon, à la limite du département du Cher.	Point de navigation par bateaux.	idem.
	Canal latéral à la Loire (1)	....	Sur tout son cours dans le département.	idem.
	Canal de Berry (1).	....	idem.	idem.
ALPES (BASSES-).	Buech d'Aspres ou Grand-Buech.	Sur tout son cours jusqu'à son embouchure dans la Durance.	Point de navigation par bateaux.	idem.
	Durance	Sur tout son cours jusqu'à la limite du département des Bouches-du-Rhône.	idem.	idem.
ALPES (HAUTES-).	Buech-d'Aspres ou Grand-Buech.	Depuis la commune de Saint-Julien jusqu'à la limite du département des Basses-Alpes.	idem.	idem.
	Petit-Buech	De la Roche à son embouchure dans le Grand-Buech.	idem.	idem.
	Durance	Depuis la commune de Saint-Clement jusqu'à la limite du département des Basses-Alpes.	idem.	idem.
ARDÈCHE.	Ardèche	A partir du pont d'Aubenas.	De Saint-Martin-d'Ardèche à la limite du département du Gard.	idem.
	Rhône	....	Sur tout son cours dans le département.	idem.
ARDENNES.	Aisne	A partir de la commune de Mouron.	De Château-Porcien à la limite du département de l'Aisne.	idem.
	Bar	....	De Pont-Bar à son embouchure dans la Meuse.	idem.
	Chiers	....	Depuis Lafferte jusqu'au confluent de la Meuse.	idem.
	Meuse	....	Sur tout son cours dans le département.	idem.

OBSERVATIONS.

(1) Ce canal n'est pas terminé.

DÉPARTEMENTS	RIVIÈRES ou PARTIES DE RIVIÈRES et canaux.	GENRE DE NAVIGATION.		POINT jusqu'où s'étend l'action de l'inscription maritime.
		FLOTTABLES en trains.	NAVIGABLES par bateaux.	
ARDENNES. Suite.	Semoy...........	Depuis son entrée sur le territoire de France.	De la commune des Hautes-Rivières au confluent de la Meuse.	Néant.
	Canal des Ardennes.	....	Sur tout son cours dans le département.	idem.
	Canal de Sedan....	....	Sur tout son cours.	idem.
ARIÉGE.	Salat	De Taurignan à la limite du département de la Haute-Garonne	Point de navigation par bateaux.	idem.
AUBE.	Aube (1).........	A partir de Brienne-la-Vieille.	Depuis Arcis-sur-Aube jusqu'à la limite du département de la Marne.	idem.
	Seine............	....	Sur tout son cours dans le département à partir du pont de Méry.	Voir au département de la Seine-Inférieure.
	Canal de Courlavent	....	Sur tout son cours.	Néant.
	Canal de Nogent...	....	idem.	idem.
	Canal de Troyes à Marcilly (2).	....	A partir de Troyes jusqu'au confluent de l'Aube.	idem.
AUDE.	Aude.......... ...	A partir du pont de Quillan.	Point de navigation par bateaux.	Jusqu'au canton de Quillan inclusivement.
AVEYRON.	Lot.............	....	Depuis Entraigues jusqu'à la limite du département du Lot.	Néant.
BOUCHES-DU-RHÔNE.	Durance..........	Sur tout son cours jusqu'à la limite du département de Vaucluse.	Point de navigation par bateaux.	idem.
	Rhône...........	....	Sur tout son cours jusqu'à son embouchure dans la mer.	La pointe nord de l'ile de Vallabrègues.
	Petit-Rhône	....	idem.	
	Canal d'Arles à Bouc	....	Sur tout son cours.	Néant.

OBSERVATIONS.

(1) A l'exception des trois parties comprises entre l'embouchure des cours d'eau de la Gironde et le pont situé sur la route royale n° 77, et dites le canal de Cherlieu, de Biez des moulins d'Arcy et la Fosse desdits moulins, dont l'entretien n'est point à la charge de l'Etat.

(2) Ce canal se compose de plusieurs dérivations de la Seine ; il n'est pas terminé.

DÉPARTEMENT.	RIVIÈRES ou PARTIES DE RIVIÈRES et canaux.	GENRE DE NAVIGATION.		POINT jusqu'où s'étend l'action de l'inscription maritime.
		FLOTTABLES en trains.	NAVIGABLES par bateaux.	
CALVADOS.	Aure............		De Trevières à son embouchure dans la Vire.	Néant.
	Dives...........		Du pont de Corbon à son embouchure dans la Manche.	Le bac Danneray, commune de Méri-Corbon.
	Orne...........		Du pont de Vaucelles à Caen, jusqu'à son embouchure dans la Manche.	La chaussée de Montaigu au bout du Grand - Cours - la-Reine, à Caen.
	Toucques.........		Depuis la commune de Breuil jusqu'à son embouchure dans la Manche.	Breuil.
CHARENTE.	Charente..........		De Montignac à la limite du département de la Charente-Inférieure.	Voir au département de la Charente-Inférieure.
CHARENTE-INFÉRIEURE.	Boutonne..........		Du pont de Saint-Jean-d'Angely à son embouchure dans la Charente.	Écluse de Tonnay-Boutonne.
	Charente..........		Sur tout son cours jusqu'à son embouchure dans l'Océan.	Port du Lys inclusivement.
	Mignon...........		Sur tout son cours jusqu'à son embouchure dans la Sèvre niortaise.	Néant.
	Seudre		Depuis la commune de Saujon jusqu'à son embouchure dans l'Océan.	Corme-Écluse inclusivement.
	Sèvre niortaise....		Sur tout son cours jusqu'à son embouchure dans l'Océan.	Pomère.
	Canal de Brouage..		Sur tout son cours.	Néant.
	Canal de Charras..		idem.	idem.
	Canal de Niort à La Rochelle (1).		idem.	idem.
CHER.	Allier..........		Sur tout son cours dans le département.	idem.
	Cher (2)..........	Sur tout son cours dans le département.	Depuis Vierzon jusqu'à la limite du département de Loir-et-Cher.	idem.

OBSERVATIONS.

(1) Canal en construction.
(2) A l'exception de la dérivation qui alimente les moulins de Châteauneuf, depuis la digue d'Aigues-Mortes jusqu'auxdits moulins, dont l'entretien est à la charge des propriétaires riverains.

DÉPARTEMENTS.	RIVIÈRES ou PARTIES DE RIVIÈRES et canaux.	GENRE DE NAVIGATION.		POINT jusqu'où s'étend l'action de l'inscription maritime.
		FLOTTABLES en trains.	NAVIGABLES par bateaux.	
CHER (suite).	Loire.	. . . .	Sur tout son cours dans le département.	Voir au départem. de la Loire-Inférieure.
	Canal de Berry (1).	. . . .	idem.	Néant.
	Canal latéral à la Loire (1).	. . . .	idem.	idem.
CORRÈZE.	Dordogne.	A partir de Pont-d'Arche jusqu'à la limite du département du Lot.	Point de navigation par bateaux.	Voir au département de la Gironde.
CÔTE-D'OR.	Saône.	. . . .	Sur tout son cours dans le département.	Néant.
	Canal du Rhin au Rhône.	. . . .	idem.	idem.
	Canal de Bourgogne	. . . .	idem.	idem.
CÔTES-DU-NORD.	Canal d'Ile-et-Rance	. . . .	Sur tout son cours dans le département.	idem.
	Canal de Nantes à Brest (1).	. . . .	idem.	idem.
CREUSE.	Creuse.	Du confluent de la petite Creuse, à Fresselines, à la limite du département de l'Indre.	Point de navigation par bateaux.	idem
DORDOGNE.	Dordogne.	. . . .	Sur tout son cours dans le département.	Voir au département de la Gironde.
	Isle.	. . . ..	Du vieux pont de Périgueux à la limite du département.	idem.
	Vezère		Depuis Montignac jusqu'à son embouchure dans la Dordogne.	Néant.
DOUBS.	Doubs.	. . . .	A partir de Voujeaucourt jusqu'à la limite du département du Jura.	idem.
	Lac de Saint-Point.	. . . .	Sur toute son étendue.	idem.
	Canal du Rhin au Rhône.	. . . .	Sur tout son cours dans le département.	idem.
DRÔME.	Bez.	A partir de Mensac jusqu'à son embouchure dans la Drôme.	Point de navigation par bateaux.	idem.
	Bourne.	De Pont-en-Royans à son embouchure dans l'Isère.	idem.	idem.
	Drôme.	Du confluent du Bez à son embouchure dans le Rhône.	idem.	idem.

OBSERVATIONS.

(1) Ce canal n'est pas terminé.

DÉPARTEMENTS.	RIVIÈRES ou PARTIES DE RIVIÈRES et canaux.	GENRE DE NAVIGATION.		POINT jusqu'où s'étend l'action de l'inscription maritime.
		FLOTTABLES en trains.	NAVIGABLES par bateaux.	
DRÔME (Suite).	Isère............	....	Sur tout son cours jusqu'à son embouchure dans le Rhône.	Néant.
	Lionne............	De Saint-Jean-en-Royans à son embouchure dans la Bourne.	Point de navigation par bateaux.	idem.
	Rhône............	....	Sur tout son cours dans le département.	Voir au département des Bouches - du - Rhône.
EURE.	Andelle............	....	De la commune de Pitres à son embouchure dans la Seine.	Néant.
	Eure	....	Depuis Saint-Georges jusqu'à son embouchure dans la Seine.	idem.
	Rille............	....	Depuis Montfort jusqu'à son embouchure dans la Seine.	Commune du Rossey.
	Seine............	....	Sur tout son cours dans le département.	Voir au département de la Seine-Inférieure.
FINIS- EURE- TÈRE. ET-LOIR.	Eure (1)............	....	....	....
	Canal de Nantes à Brest.	....	Sur tout son cours dans le département.	Néant.
GARD.	Ardèche	....	Sur tout son cours jusqu'à son embouchure dans le Rhône.	idem.
	Cèze	Depuis la commune de Chusclan jusqu'à son embouchure dans le Rhône.	Point de navigation par bateaux.	idem.
	Gardon d'Alais....	A partir de la chaussée de Rémoulins jusqu'à son embouchure dans le Rhône.	idem.	idem.
	Rhône............	....	Sur tout son cours dans le département.	Voir au département des Bouches - du - Rhône.
	Canal du Grau-du-Roi ou Robine d'Aigues-Mortes.	....	Sur tout son cours.	Jusqu'au pont de bois de la ville d'Aigues-Mortes.
	Canal de Beaucaire (2).	....	idem.	Néant.
	Canal de la Radelle (2).	....	idem.	idem.
	Canal de Bourgidou (2).	....	idem.	idem.
	Canal de Silveréal (2)	....	idem.	idem.

OBSERVATIONS.

(1) Voir le département de l'Eure.

(2) Ce canal a été concédé pour quatre-vingts ans, par arrêté du 17 prairial an IX. La pêche fait partie de la concession.

DÉPARTEMENTS.	RIVIÈRES ou PARTIES DE RIVIÈRES et canaux.	GENRE DE NAVIGATION.		POINT jusqu'où s'étend l'action de l'inscription maritime.
		FLOTTABLES en trains.	NAVIGABLES par bateaux.	
GARONNE (HAUTE).	Ariége............	....	Depuis Cintegabelle jusqu'à son embouchure dans la Garonne.	Néant.
	Garonne..........	A partir de Saint-Béat.	Du confluent du Salat à la limite du département de Tarn-et-Garonne.	Voir au département de la Gironde.
	Salat............	....	Sur tout son cours jusqu'à son embouchure dans la Garonne.	Néant.
	Tarn............	....	Sur tout son cours dans le département.	idem.
GIRONDE.	Ciron............	Depuis Travette, au-dessus d'Uzeste, jusqu'à son embouchure dans la Garonne.	Point de navigation par bateaux.	idem.
	Dordogne..........	....	Sur tout son cours dans le département.	Castillon inclusivement.
	Dronne............	....	Depuis Coutras jusqu'à son embouchure dans l'Isle.	Néant.
	Dropt............	....	Du moulin de la Barthe, au-dessus de Morisès, à son embouchure dans la Garonne.	idem.
	Garonne..........	....	Sur tout son cours jusqu'à son embouchure dans la Gironde.	
	Gironde..........	....	Sur tout son cours jusqu'à son embouchure dans l'Océan.	Mondiet, près et au-dessus de Saint-Macaire.
	Isle............	....	Sur tout son cours jusqu'à son embouchure dans la Dordogne.	Coutras inclusivement.
	Leyre............	Du pont de Beliet à son embouchure dans le bassin d'Arcachon.	Point de navigation par bateaux.	Néant.
HÉRAULT.	Hérault..........	....	Du pont de Bessan à la mer.	Chaussée de Bessan.
	Mosson..........	....	Du Port au vin, commune de Villeneuve-les-Maguelonnes, à son embouchure dans le Lez.	Néant.
	Orb............	....	Depuis Serignan jusqu'à la mer.	Le Roule ou Pas-de-Los-Egos.

DÉPARTEMENTS	RIVIÈRES ou PARTIES DE RIVIÈRES et canaux.	GENRE DE NAVIGATION.		POINT jusqu'où s'étend l'action de l'inscription maritime.
		FLOTTABLES en trains.	NAVIGABLES par bateaux.	
HÉRAULT (Suite).	Canal des Étangs (1)	....	Sur tout son cours.	Néant.
	Canal latéral à l'étang de Mauguio (1)	....	idem.	idem.
	Canal du Gau-du-Lez (1).	....	idem.	idem.
	La Robine - du - Vic (1).	....	idem.	idem.
	Le Grau-de-Perols (1).	....	idem.	idem.
	Le Canalet (1). . . .	....	idem.	idem.
	Canal de Cette (1)..	....	idem.	idem.
	Canal de la Peyrade (1).	....	idem.	idem.
ILLE-ET-VILAINE.	Couesnon.......	....	Depuis le confluent de la rivière de Loysance , au pont de l'Angle, jusqu'à la limite du département de la Manche.	Voir au département de la Manche.
	Meu...........	....	Depuis Mordelles jusqu'à son embouchure dans la Vilaine.	Néant.
	Oust...........	....	Sur tout son cours jusqu'à son embouchure dans la Vilaine.	idem.
	Vilaine	....	De Cesson , près de Rennes, à la limite du département du Morbihan.	Voir au département du Morbihan.
	Canal d'Ile - et - Rance.	....	Sur tout son cours dans ce département.	Néant.
	Canal de Nantes à Brest.	....	idem.	idem.
INDRE.	Creuse.........	De la limite du département de la Creuse à celle du département d'Indre-et-Loire.	Point de navigation par bateaux.	idem.
INDRE-ET-LOIRE.	Brême ou Brenne..	....	A partir du pont de Brême jusqu'au confluent de la Loire.	idem.
	Cher...........	....	Sur tout son cours jusqu'à son embouchure dans la Loire.	idem.
	Vieux-Cher	Depuis Villandry jusqu'au barrage de Rupuanne.	Point de navigation par bateaux.	idem.
	Choiselle.......	....	A partir du barrage existant à 60 mètres en amont du pont de la Motte jusqu'à la Loire.	idem.

OBSERVATIONS.

(1) Ce canal a été concédé pour vingt-neuf ans, par ordonnance du 30 juin 1822. La pêche fait partie de la concession.

DÉPARTEMENTS.	RIVIÈRES ou PARTIES DE RIVIÈRES et canaux.	GENRE DE NAVIGATION.		POINT jusqu'où s'étend l'action de l'inscription maritime.
		FLOTTABLES en trains.	NAVIGABLES par bateaux.	
INDRE-ET-LOIRE (Suite).	Creuse............	Sur tout son cours...	Du pont de Lauvernières à son embouchure dans la Vienne	Néant.
	Loire............	....	Sur tout son cours dans le département.	Voir au département de la Loire-Inférieure.
	Masse............	....	A partir du barrage existant près du quai de la ville d'Amboise jusqu'à son embouchure dans la Loire.	Néant.
	Vienne............	....	Sur tout son cours jusqu'a son embouchure dans la Loire.	*idem.*
	Canal de Berry....	....	*idem.*	*idem.*
ISÈRE.	Drac............	Du pont de Claix à son embouchure dans l'Isère.	Point de navigation par bateaux.	*idem.*
	Isère............	....	Sur tout son cours dans le département, depuis son entrée en France au-dessous de Montmeillan.	*idem.*
	Rhône............	....	Sur tout son cours dans le département.	Voir au département des Bouches-du-Rhône.
JURA.	Ain............	A partir du pont de Navoy.	De la Chartreuse de Vaucluse à la limite du département de l'Ain.	Néant.
	Bienne............	Depuis Saint-Claude jusqu'à la limite du département de l'Ain	Point de navigation par bateaux.	*idem.*
	Doubs............	....	Sur tout son cours dans le département.	*idem.*
	Loue............	Depuis la commune de Cramans jusqu'à son embouchure dans le Doubs.	Point de navigation par bateaux.	*idem.*
	Canal du Rhin au Rhône.	....	Sur tout son cours dans le département.	*idem.*
LANDES.	Adour............	A partir de la commune d'Aire.	Depuis Saint-Sever jusqu'à son embouchure dans l'Océan.	Vinport, au-dessus de Saubusse.
	Douze............	Depuis Roquefort jusqu'à sa jonction avec la Midouze.	Point de navigation par bateaux.	Néant.
	Luy............	....	A partir du moulin d'Oro jusqu'à son embouchure dans l'Adour.	La Bagnère, commune de Sorde.

| DÉPARTEMENTS. | RIVIÈRES ou PARTIES DE RIVIÈRES et canaux. | GENRE DE NAVIGATION. | | POINT jusqu'où s'étend l'action de l'inscription maritime. |
		FLOTTABLES en trains.	NAVIGABLES par bateaux.	
LANDES (Suite).	Midouze....................	....	Depuis Mont-de-Marsan jusqu'à son embouchure dans l'Adour.	Néant.
	Gave d'Oléron....	Sur tout son cours jusqu'à son embouchure dans le Gave de Pau.	Point de navigation par bateaux.	idem.
	Gave de Pau......	Sur tout son cours...	Depuis Peyrehorade jusqu'à son embouchure dans l'Adour.	Demi-myriamètre au-dessus de Peyrehorade.
LOIRE. LOIR-ET-CHER.	Cher....................	....	Sur tout son cours dans le département.	Néant.
	Loire....................	....	idem.	Voir au département de la Loire-Inférieure.
	Canal de Berry (1).	....	idem.	Néant.
LOIRE (HAUTE).	Loire....................	Sur tout son cours...	De la Noirie au-dessus de Saint-Rambert à la limite du département de Saône-et-Loire.	Voir au département de la Loire-Inférieure.
	Allier....................	Depuis Saint-Arcons jusqu'à la limite du département du Puy-de-Dôme.	Point de navigation par bateaux.	Néant.
	Loire....................	Depuis Retournac jusqu'à la limite du département de la Loire.	idem.	Voir au département de la Loire-Inférieure.
LOIRE-INFÉRIEURE.	Erdre....................	....	Depuis Nort jusqu'à son embouchure dans la Loire.	Néant.
	Loire....................	....	Sur tout son cours jusqu'à l'Océan.	Thouaré; (rive droite) au pignon oriental de la dernière maison du susdit bourg; (rive gauche) à la maison de la Praudière.
	Sèvre nantaise.....	....	A partir du pont de Monnières jusqu'à son embouchure dans la Loire.	Jusqu'à quatre lieues au-dessus de son embouchure dans la Loire.
	Canal de Nantes à Brest.	....	Sur tout son cours dans le département.	Néant.

OBSERVATIONS

(1) Ce canal n'est pas terminé.

DÉPARTEMENTS.	RIVIÈRES ou PARTIES DE RIVIÈRES et canaux.	GENRE DE NAVIGATION.		POINT jusqu'où s'étend l'action de l'inscription maritime.
		FLOTTABLES en trains.	NAVIGABLES par bateaux.	
LOIRET.	Loire..............	....	Sur tout son cours dans le département.	Voir au département de la Loire-Infé-rieure.
	Loiret..............	....	De 640 mètres au-des-sus du pont de Saint-Mesmin à son em-bouchure dans la Loire.	Néant.
	Canal latéral à la Loire (1).	....	Sur tout son cours dans le département.	idem.
LOT.	Dordogne.........	Sur tout son cours.	Depuis Meyronnes jusqu'à la limite du département de la Dordogne.	Voir au département de la Gironde.
	Lot..............	....	Sur tout son cours dans le département.	Néant.
LOT-ET-GARONNE.	Bayse..............	....	De la digue de Naza-reth à son embou-chure dans la Ga-ronne.	idem.
	Garonne..............	....	Sur tout son cours dans le département.	Voir au département de la Gironde.
	Gers..............	....	A partir du pont de Leyrac jusqu'au con-fluent de la Garonne.	Néant.
	Lot..............	....	Sur tout son cours jus-qu'à son embouchu-re dans la Garonne.	idem.
MAINE-ET-LOIRE.	Aubion..............	....	Depuis la chaussée de Vivy jusqu'au con-fluent de la Loire.	idem.
	Dive (2)..............	....	Depuis Pas-de-Jeu jusqu'au confluent du Thouet.	idem.
	Layon..............	....	Du pont de Concour-son jusqu'au con-fluent de la Loire.	idem.
	Loir..............	....	Sur tout son cours jusqu'à son embou-chure dans la Sarthe.	idem.
	Loire..............	....	Sur tout son cours dans le département.	Voir au département de la Loire-Infé-rieure.
	Maine..............	....	Sur tout son cours jusqu'à son embou-chure dans la Loire.	Néant.

OBSERVATIONS.

(1) Ce canal n'est pas terminé.
(2) Cette rivière canalisée a été concédée pour 90 ans, par ordonnance du 9 octobre 1825. La pêche fait partie de la concession.

DÉPARTEMENTS.	RIVIÈRES ou PARTIES DE RIVIÈRES et canaux.	GENRE DE NAVIGATION.		POINT jusqu'où s'étend l'action de l'inscription maritime.
		FLOTTABLES en trains.	NAVIGABLES par bateaux.	
MAINE-ET-LOIRE (Suite).	Mayenne............	....	Sur tout son cours jusqu'au confluent de la Maine.	Néant.
	Oudon............	....	Du moulin sous La-tour, en amont du pont de Ségré, à son embouchure dans la Mayenne.	idem.
	Sarthe............	....	Sur tout son cours jusqu'à son embou-chure dans la Maine.	idem.
	Thouet............	....	Du moulin de Couché, en amont de Mon-treuil-Bellay, au con-fluent de la Loire.	idem.
MANCHE.	Couesnon............	....	Sur tout son cours jusqu'à son embou-chure dans les grèves du Mont-Saint-Mi-chel.	Le port près la ri-vière de Sacey (com-mune de Sacey) et les moulins de Lan-gle, près Antrain.
	Douve............	....	De Saint-Sauveur-le-Vicomte au con-fluent de la Taute.	A sa jonction avec le Merdret.
	Madelaine.........	....	De la chaussée de Beaute à son embou-chure dans la Taute.	Chaussée de Beaute.
	Merdret............	....	De la chaussée de la Fière à son embou-chure dans la Douve.	Néant.
	Sée............	....	De Tirpied, au-des-sous d'Avranches, au Groin-du-Sud.	La ferme du Bas-Li-mon (comm. de Tir-pied) près Avranches
	Selune............	....	Du pont de Ducey à son embouchure dans la baie du Mont-Saint-Michel.	Digue des moulins de Ducey.
	Sève............	....	Du pont de Beaute à son embouchure dans la Douve.	Pont de Beaute.
	Sienne............	....	Du pont de la Roque, commune de Mon-chaton, à son em-bouchure dans la Manche.	Moulin d'Hienville, au delà du pont.
	Taute............	....	Du moulin de Ménil, près Marchesieux, à l'ancien passage du Grand-Vey.	Moulins de Bouhon.
	Terrette............	....	Du pont Boucher, commune de Saint-Pierre-d'Arthenay, à son embouchure dans la Taute.	Néant.
	Vire............	....	Du pont de Vire, à Saint-Lo, à son em-bouchure dans la Manche.	La descente de Bour-gais, près du pont Saint-Fremond.

DÉPARTEMENTS.	RIVIÈRES ou PARTIES DE RIVIÈRES et canaux.	GENRE DE NAVIGATION.		POINT jusqu'où s'étend l'action de l'inscription maritime.
		FLOTTABLES en trains.	NAVIGABLES par bateaux.	
MARNE.	Aube...............	....	Sur tout son cours jusqu'à son embouchure dans la Seine.	Néant.
	Chée.............	A partir d'Alliancelles jusqu'à son embouchure dans la Saulx.	Point de navigation par bateaux.	idem.
	Marne (1).........	....	Sur tout son cours dans le département.	idem.
	Ornain...........	Sur tout son cours jusqu'au confluent de la Saulx.	Point de navigation par bateaux.	idem.
	Saulx............	Depuis Estrepy jusqu'à son embouchure dans la Marne	idem.	idem.
	Seine.............	....	Sur tout son cours dans le département.	Voir au département de la Seine-Inférieure.
	Canal de la Planche-Coulon.	A partir de Heiltz-le-Maurupt jusqu'à sa réunion avec l'Ornain.	Point de navigation par bateaux.	Néant.
	Canal de Revigny..	Sur tout son cours jusqu'à sa réunion avec la Chée.	idem.	idem.
MARNE (HAUTE-).	Marne.............	....	A partir de 200 mètres en aval du pont de Saint-Dizier jusqu'à la limite du département de la Marne.	idem.
MAYENNE.	Mayenne..........	....	A partir de la porte du moulin de Bellayer, au-dessous du vieux pont de Laval.	idem.
MEURTHE.	Châtillon.........	Depuis Circy jusqu'à son embouchure dans la Vezouze.	Point de navigation par bateaux.	idem.
	Meurthe..........	Depuis la limite du département des Vosges.	Depuis Nancy jusqu'au confluent de la Moselle.	idem.
	Moselle...........	Sur tout son cours dans le département.	Du pont de Frouard à la limite du département de la Moselle	idem.
	Sarre-Rouge......	Depuis Abreschwiller jusqu'à son embouchure dans la Sarre.	Point de navigation par bateaux.	idem.

OBSERVATIONS.

(1) Sauf les droits résultant, pour un propriétaire particulier, d'un arrêt qui a acquis l'autorité de la chose jugée.

DÉPARTEMENTS.	RIVIÈRES ou PARTIES DE RIVIÈRES et canaux.	GENRE DE NAVIGATION. FLOTTABLES en trains.	GENRE DE NAVIGATION. NAVIGABLES par bateaux.	POINT jusqu'où s'étend l'action de l'inscription maritime.
MEURTHE (Suite).	Sarre-Blanche	A partir de 2,900 mètres au-dessus de la commune d'Hermelange jusqu'à sa réunion avec la Sarre-Rouge.	Point de navigation par bateaux.	Néant.
	Sarre............	Du point de réunion de la Sarre-Rouge et de la Sarre-Blanche à la limite du département du Bas-Rhin.	idem.	idem.
	Val............	Depuis la Scierie-de-Marquis jusqu'à sa réunion à la Vezouze	idem.	idem.
	Vezouze.........	Sur tout son cours dans le département.	idem.	idem.
MEUSE.	Canal des Salines de l'Est (1).	....	....	idem.
	Meuse...........	....	De Verdun à la limite du département des Ardennes.	idem.
	Ornain	Depuis Bar-le-Duc jusqu'à la limite du département de la Marne.	Point de navigation par bateaux.	idem.
	Canal de Revigny.	Sur tout son cours dans le département.	idem.	idem.
MORBIHAN.	Aff.............	....	De Gacilly à la rivière d'Oust.	idem.
	Arz.............	....	A partir du deuxième pont d'Arz.	idem.
	Oust...........	....	Du pont de Malestroit à la limite du département d'Ille-et-Vilaine.	Deux lieues au-dessus d'Aucfer, vers Malestroit.
	Scorf...........	....	Depuis Pont-Scorf jusqu'à la mer.	Moulin du Prince-Gorée.
	Vilaine..........	....	Sur tout son cours jusqu'à la mer.	Brains, à 4 lieues au-dessus de Redon.
	Canal de Blavet...	....	Depuis Pontivy jusqu'à la mer.	Moulin de la Joie.
NIÈVRE. MOSELLE.	Canal de Nantes à Brest (2).	....	Sur tout son cours dans le département.	Néant.
	Moselle..........	....	Sur tout son cours dans le département jusqu'à sa sortie de France.	idem.
	Sarre (3).........	....	idem.	idem.
	Allier............	....	Sur tout son cours jusqu'à son embouchure dans la Loire.	idem.

OBSERVATIONS.

(1) Les travaux commencés pour l'ouverture de ce canal sont suspendus depuis 1814.

(2) Ce canal n'est pas terminé.

(3) Sauf partage avec la Prusse dans la partie qui sépare les deux royaumes.

DÉPARTEMENTS.	RIVIÈRES ou PARTIES DE RIVIÈRES et canaux.	GENRE DE NAVIGATION.		POINT jusqu'où s'étend l'action de l'inscription maritime.
		FLOTTABLES en trains.	NAVIGABLES par bateaux.	
NIÈVRE (Suite).	Arron.	De la commune de Cercy-la-Tour à son embouchure dans la Loire.	Point de navigation par bateaux.	Néant.
	Loire.	. . . .	Sur tout son cours dans le département.	Voir au département de la Loire-Inférieure.
	Yonne.	A partir du Pertuis-d'Armes jusqu'à la limite du département de l'Yonne.	Point de navigation par bateaux.	Néant.
	Canal latéral à la Loire (1).	. . . .	Sur tout son cours dans le département.	idem.
	Canal du Nivernais (1).	. . . .	idem.	idem.
NORD.	Bourre.	. . . .	Depuis l'embouchure du canal de Preaven jusqu'au confluent de la Lys.	idem.
	Deule (Basse-) (2)..	. . . .	A partir de Lille jusqu'au confluent de la Lys.	idem.
	Deule (Haute-) (2).	. . . .	Sur tout son cours dans le département.	idem.
	Escaut	. . . .	Depuis Cambrai jusqu'à sa sortie de France.	idem.
	Lawe..	. . . .	Sur tout son cours jusqu'à son embouchure dans la Lys.	idem.
	Lys (3).	. . . .	Sur tout son cours jusqu'à sa sortie de France.	idem.
	Sambre (4).	. . . .	A partir de Landrecies jusqu'à sa sortie de France.	idem.
	Scarpe..	. . . .	Sur tout son cours jusqu'à son embouchure dans l'Escaut.	idem.
	Canal de Bergues à Dunkerque.	. . . .	Sur tout son cours.	idem.
	Canal de Bergues à Furnes.	. . . .	idem.	idem.
	Canal de Bourbourg	. . . .	idem.	idem.
	Canal de la Colme.	. . . .	idem.	idem.
	Canal de Condé. . .	. . . .	idem.	idem.
	Canal de Dunkerque à Furnes (5). .	. . . .	idem.	idem.

OBSERVATIONS.

(1) Ce canal n'est pas terminé.

(2) Cette rivière canalisée a été concédée par ordonnance du 16 septembre 1825. La pêche ne fait point partie de la concession.

(3) Concédée pour vingt-neuf ans, par ordonnance du 16 septembre 1825. La pêche ne fait point partie de la concession.

(4) Concédée pour cinquante-quatre ans et dix mois, par ordonnance du 8 février 1826. La pêche ne fait point partie de la concession.

(5) Concédé pour soixante-huit ans, par ordonnance du 6 août 1828. La pêche ne fait point partie de la concession.

DÉPARTEMENTS.	RIVIÈRES ou PARTIES DE RIVIÈRES et canaux.	GENRE DE NAVIGATION.		POINT jusqu'où s'étend l'action de l'inscription maritime.
		FLOTTABLES en trains.	NAVIGABLES par bateaux.	
NORD (Suite).	Canal de Haze-brouck.	. . . .	Sur tout son cours.	Néant.
	Canal de Hondscôte	. . . .	*idem.*	*idem.*
	Canal de la Nieppe.	. . . .	*idem.*	*idem.*
	Canal de Préaven.	. . . .	*idem.*	*idem.*
	Canal de Saint-Quentin (1).	. . . .	Sur tout son cours dans le département.	*idem.*
	Canal de la Sensée (2).	. . . .	Sur tout son cours.	*idem.*
OISE.	Aisne.	. . . .	Sur tout son cours jusqu'à son embouchure dans l'Oise.	*idem.*
	Oise.	. . . .	Sur tout son cours dans le département.	*idem.*
	Canal latéral à l'Oise	. . . .	*idem.*	*idem.*
PAS-DE-CALAIS.	Aa.	. . . .	A partir de la vanne du Haut – Pont à Saint-Omer jusqu'à la mer.	L'écluse n. 63, dans les fortifications de la place de Gravelines.
	Canche.	. . . .	De Montreuil à la mer.	Au bas de la ville de Montreuil.
	Deule (Haute-) (3).	. . . .	Sur tout son cours dans le département.	Néant.
	Lawe.	. . . .	De Béthune à la limite du département du Nord.	*idem.*
	Lys..	. . . .	D'Aire à la limite du département du Nord	*idem.*
	Scarpe	. . . .	D'Arras à la limite du département du Nord	*idem.*
	Canal d'Ardres. . .	. . . .	Sur tout son cours.	*idem.*
	Canal de Calais à Saint-Omer.	. . . .	*idem.*	*idem.*
	Canal de Guines . .	. . . .	*idem.*	*idem.*
	Canal de Neuf-Fossé	. . . .	*idem.*	*idem.*
	Canal de Saint-Michel.	. . . .	*idem.*	*idem.*
PUY-DE-DÔME.	Allier.	Sur tout son cours.	A partir du pont de Brassac jusqu'à la limite du département de l'Allier.	*idem.*
	Dore.	De la commune de la Naud, au-dessous de Courpierre, au confluent de l'Allier.	Point de navigation par bateaux.	*idem.*

OBSERVATIONS.

(1) Concédé pour vingt-deux ans, par la loi du 29 mai 1827. La pêche fait partie de la concession.

(2) Concédé pour quatre-vingt-dix neuf ans, par la loi du 15 mai 1818. La pêche fait partie de la concession.

(3) Même observation qu'au département du Nord.

| DÉPARTEMENTS. | RIVIÈRES ou PARTIES DE RIVIÈRES et canaux. | GENRE DE NAVIGATION | | POINT jusqu'où s'étend l'action de l'inscription maritime. |
		FLOTTABLES en trains.	NAVIGABLES par bateaux.	
PYRÉNÉES (BASSES-).	Bidassoa	. . . .	Depuis Bordaruppia, territoire de Biriatou jusqu'à l'Océan.	Oudivar.
	Bidouze.	. . . .	Du pont de Came à l'Adour.	Came.
	Gave-de-Pau. . . .	Du pont de Betaram, commune de Lestelle, à la limite du département des Landes.	Point de navigation par bateaux.	Voir au département des Landes.
	Gave-d'Oléron . . .	Depuis le pont d'Oléron jusqu'à la limite du département des Landes.	*idem.*	Néant.
	Laran.	. . . .	Du pont de Bardos à son embouchure dans l'Adour.	*idem.*
	Ardanabia.	. . . .	De Pontorberry, commune de Briscous, à son embouchure dans l'Adour.	*idem.*
	Nive.	A partir du confluent du torrent de Laurhibarre, à 2,500 mètres au-dessous de Saint-Jean-Pied-de-Port.	De la commune de Cambo à son embouchure dans l'Adour.	Ustaritz (1re nasse).
	Nivelle.	. . . .	Du pont d'Ascain à l'Océan.	Olhagarry.
PYRÉNÉES (HAUTES-).	Saison ou Gave-de-Mauléon.	D'Osserain à son embouchure dans le Gave-d'Oléron.	Point de navigation par bateaux.	Néant.
	Neste.	Depuis la commune de Saint-Lary jusqu'au confluent de la Garonne près de Montrejeau, département de la Haute-Garonne.	*idem.*	*idem.*
RHIN (BAS-).	Ill (1).	. . . .	Sur tout son cours jusqu'à son embouchure dans le Rhin.	*idem.*
	Moder.	. . . .	Depuis la commune de Stattmatten jusqu'au confluent du Rhin.	*idem.*
	Rhin (1).	. . . .	Sur tout son cours jusqu'à sa sortie de France.	*idem.*
	Sarre	Sur tout son cours jusqu'à la limite du département de la Moselle.	Point de navigation par bateaux.	*idem.*

OBSERVATIONS.

(1) Y compris les bras, canaux et dérivations dans lesquels on peut pénétrer en tout temps avec bateau de pêcheur.

DÉPARTEMENS.	RIVIÈRES ou PARTIES DE RIVIÈRES et canaux.	GENRE DE NAVIGATION.		POINT jusqu'où s'étend l'action de l'inscription maritime.
		FLOTTABLES en trains.	NAVIGABLES par bateaux.	
RHIN (BAS-). Suite.	Canal du Rhin au Rhône.	. . . .	Sur tout son cours dans le département.	Néant.
	Canal de la Bruche.	. . . .	Sur tout son cours.	idem.
RHIN (HAUT-).	Ill.	. . . .	A partir de Colmar jusqu'à la limite du département du Bas-Rhin.	idem.
	Rhin (1).	. . . .	Sur tout son cours dans le département.	idem.
	Canal du Rhin au Rhône.	. . . .	idem.	idem.
	Canal de Neuf-Brisach.	Sur tout son cours.	Point de navigation par bateaux.	idem.
RHÔNE.	Rhône..	. . . .	Sur tout son cours dans le département.	Voir au département des Bouches-du-Rhône.
	Saône..	. . . .	Sur tout son cours jusqu'à son embouchure dans le Rhône.	Néant.
SAÔNE (HAUTE-).	Coney.	Du pont de Selles à son embouchure dans la Saône.	Point de navigation par bateaux.	idem.
	Lanterne.	Depuis Mersuay jusqu'à son embouchure dans la Saône.	idem.	idem.
	Saône.	A partir du pont de Jonvelle.	Depuis Gray jusqu'à la limite du département de la Côte-d'Or.	idem.
SAÔNE-ET-LOIRE.	Arroux.	. . . .	Depuis Gueugnon jusqu'à son embouchure dans la Loire.	idem.
	Doubs..	. . . .	Sur tout son cours jusqu'à son embouchure dans la Saône.	idem.
	Loire.	. . . .	Sur tout son cours dans le département.	Voir au département de la Loire-Inférieure.
	Saône..	. . . .	idem.	Néant.
	Seille.	. . . .	A partir de Louhans jusqu'à son embouchure dans la Saône.	idem.
	Canal du Centre.	. . . .	Sur tout son cours.	idem.

OBSERVATIONS.

(1) **Y compris les bras, canaux et dérivations dans lesquels on peut pénétrer en tout temps avec bateau de pêcheur.**

DÉPARTEMENTS.	RIVIÈRES ou PARTIES DE RIVIÈRES et canaux.	GENRE DE NAVIGATION.		POINT jusqu'où s'étend l'action de l'inscription maritime.
		FLOTTABLES en trains.	NAVIGABLES par bateaux.	
SARTHE.	Loir..............	A partir du moulin de la Pointe au-dessous de la commune de la Chartre.	Du pont Gauthier, commune de Sainte-Cécile, à la limite du département de Maine-et-Loire.	Néant.
	Sarthe...........	....	A partir du Mans jusqu'à la limite du département de Maine-et-Loire.	idem.
SEINE.	Marne...........	....	Sur tout son cours jusqu'à son embouchure dans la Seine.	idem.
	Seine............	....	Sur tout son cours dans le département.	Voir au département de la Seine - Inférieure.
	Canal de Saint - Maur.	....	Sur tout son cours.	Néant.
SEINE-INFÉRIEURE.	Lézarde..........	....	Depuis le pont aux chaines de Harfleur jusqu'à la pointe du Hoc.	Harfleur.
	Seine............	....	Sur tout son cours dans le département.	Poses, un peu au-dessus de Pont-de-l'Arche.
SEINE-ET-MARNE.	Grand-Morin (1)...	A partir des écluses de Dammartin.	Depuis Tigeaux jusqu'au confluent de la Marne.	Néant.
	Marne...........	....	Sur tout son cours dans le département.	idem.
	Seine (2).........	....	idem.	Voir au département de la Seine - Inférieure.
	Yonne...........	....	Sur tout son cours jusqu'à son embouchure dans la Seine.	Néant.
	Canal de Cornillon.	....	Sur tout son cours.	idem.
SEINE-ET-OISE.	Marne...........	....	Sur tout son cours dans le département.	idem.
	Oise............	....	Sur tout son cours jusqu'à son embouchure dans la Seine.	idem.
	Seine............	....	Sur tout son cours dans le département.	Voir au département de la Seine - Inférieure.

OBSERVATIONS.

(1) A l'exception du bras qui alimente le moulin d'Ébly.

(2) A l'exception du ruisseau dit *la Vieille-Seine*, vis-à-vis de Marolles, et de l'ancien lit de la Seine, autour de l'île des Pauquets, commune de la Tombe.

| DÉPARTEMENTS. | RIVIÈRES ou PARTIES DE RIVIÈRES et canaux. | GENRE DE NAVIGATION. | | POINT jusqu'où s'étend l'action de l'inscription maritime. |
		FLOTTABLES en trains.	NAVIGABLES par bateaux.	
SÈVRES (DEUX-).	Mignon..........	....	Du moulin neuf sous Mauzé à la limite du département de la Charente.	Néant.
	Sèvre niortaise....	....	A partir de Niort jusqu'à la limite du département de la Vendée.	Voir au département de la Charente-Inférieure.
	Canaux navigables aboutissant à la Sèvre et alimentés par ses eaux.			
	1° Canal dit de la Taillée, partant du port d'Arçay.	....	Sur tout son cours.	Néant.
	2° Canal qui s'étend de la Broue-d'Arçay à la Grève.	....	*idem.*	*idem.*
	3° La vieille Sèvre, partant du marais et allant rejoindre la nouvelle, en face de Coulon.	....	*idem.*	*idem.*
	4° Canaux de Coulon à la Garette et à la Repentie.	....	*idem.*	*idem.*
	5° Les Canaux dits Couche-Bergère et de Maître-Jean.	....	*idem.*	*idem.*
	6° Les ceintures près de la Sotterie, et celles dites de Brelet.	....	*idem.*	*idem.*
	7° La dérivation de la Sèvre dite le bras de Sevrau.	....	*idem.*	*idem.*
SOMME.	Avre..............	....	A partir du pont de Moreuil jusqu'à son embouchure dans la Somme.	*idem.*
	Affluents.			
	Petit-Avre........	....	Sur tout son cours.	*idem.*
	Luce.............	....	Jusqu'à 1,000 mètres en remontant au-dessus de son embouchure.	*idem.*
	Somme...........	....	De la Neuville-lès-Bray à son embouchure dans la mer.	Au pont Rémy.
	Affluents.			
	Hallu ou Querrieu	....	Jusqu'au premier barrage en remontant.	Néant.
	Albert, Ancre ou Miraumont.	....	*idem.*	*idem.*
	Ancien lit de la Somme à Hangest.	....	Sur tout son cours.	Jusqu'au déversoir de Susomme.
	Petite Somme ou rivière de Barabant.	....	*idem.*	*idem.*
	Canal de la Somme.	....	*idem.*	Jusqu'au barrage éclusé de S. Valery.

DÉPARTEMENTS	RIVIÈRES ou PARTIES DE RIVIÈRES et canaux.	GENRE DE NAVIGATION.		POINT jusqu'où s'étend l'action de l'inscription maritime.
		FLOTTABLES en trains.	NAVIGABLES par bateaux.	
TARN.	Tarn............	....	De la digue des Moulins d'Alby, en amont du pont, à la limite du département de la Haute-Garonne.	Néant.
TARN-ET-GARONNE.	Garonne............	....	Sur tout son cours dans le département.	Voir au département de la Gironde.
	Tarn	....	Sur tout son cours jusqu'à son embouchure dans la Garonne.	Néant.
VAUCLUSE.	Durance.........	Sur tout son cours jusqu'à son embouchure dans le Rhône.	Point de navigation par bateaux.	*idem.*
	Rhône...........	....	Sur tout son cours dans le département.	Voir au département des Bouches - du - Rhône.
VENDÉE.	Autise.........	....	Du port de Souille au confluent de la Sèvre	Néant.
	Lay	....	De Beaulieu, près Mareuil, à la mer.	Morteville, commune de la Bretonnière.
	Sèvre niortaise....	....	Sur tout son cours dans le département.	Voir au département de la Charente-Inférieure.
	Vendée	....	Depuis Fontenay jusqu'à son embouchure dans la Sèvre niortaise.	Néant.
	Vie............	....	A partir du lieu dit *Pas - au - Peton*, commune de Saint-Maixent, jusqu'à la mer.	La Mussardière de Saint-Maixent-sur-Vie.
	Canal de Luçon (1).	....	Sur tout son cours.	Néant.
VIENNE.	Vienne............	....	Depuis le pont de Châtré jusqu'à la limite du département d'Indre-et-Loire.	*idem.*
VOSGES.	Fave............	A partir de 1,250 mètres au-dessous de la commune de Lubine, jusqu'à son embouchure dans la Meurthe.	Point de navigation par bateaux.	*idem.*

OBSERVATIONS.

(1) Concédé pour quarante-quatre ans, par ordonnance du 19 mai 1825. Le droit de pêche fait partie de la concession.

| DÉPARTEMENTS. | RIVIÈRES ou PARTIES DE RIVIÈRES et canaux. | GENRE DE NAVIGATION. | | POINT jusqu'où s'étend l'action de l'inscription maritime. |
		FLOTTABLES en trains	NAVIGABLES par bateaux.	
VOSGES (Suite).	Goutte-de-la-Maix.	A partir de la scierie de la Maix, jusqu'à son embouchure dans la Plaine.	Point de navigation par bateaux.	Néant.
	Meurthe..........	A partir du confluent de la Fave jusqu'à la limite du département de la Meurthe.	idem.	idem.
	Moselle..........	Du pont de la Vierge, au-dessus d'Épinal, jusqu'à la limite du département de la Meurthe.	idem. .	idem.
	Plaine...........	A partir de la scierie de Saint-Pierre, au-dessus de la commune de Raon-les-Eaux, jusqu'au confluent de la Meurthe	idem.	idem.
	Rabodeau	A partir de la scierie l'Abbé, commune de Moussey, jusqu'à son embouchure dans la Meurthe.	idem.	idem.
	Ravines.	Depuis la scierie Coichot, au-dessus de Sainte-Praye, commune de Moy-en-Moutier, jusqu'à son embouchure dans la Meurthe.	idem.	idem.
	Taintroué..	A partir de la scierie de Rougiville, commune de Taintrux, jusqu'à son embouchure dans la Meurthe.	idem.	idem.
YONNE.	Armançon	Depuis Brienon jusqu'à son embouchure dans l'Yonne.	idem.	idem.
	Cure	Du pont d'Arcy à son embouchure dans l'Yonne.	idem.	idem.
	Yonne...........	Sur tout son cours.	A partir d'Auxerre, jusqu'à la limite du département de Seine-et-Marne.	idem.
	Canal de Bourgogne.	....	Sur tout son cours dans le département.	idem.
	Canal du Nivernais.	....	idem.	idem.

TITRE III.

DES MINES, MINIÈRES ET CARRIÈRES.

(Nous réunissons les trois chapitres en un seul.)

Loi du 21 avril 1810 concernant les mines. les minières et les carrières.

TITRE PREMIER.

DES MINES, MINIÈRES ET CARRIÈRES.

Art. 1er. Les masses de substances minérales ou fossiles renfermées dans le sein de la terre ou existantes à la surface sont classées, relativement aux régles de l'exploitation de chacune d'elles, sous les trois qualifications de mines, minières et carrières.

2. Seront considérées comme mines celles connues pour contenir en filons, en couches ou en amas, de l'or, de l'argent, du platine, du mercure, du plomb, du fer en filons ou couches, du cuivre, de l'étain, du zinc, de la calamine, du bismuth, du cobalt, de l'arsenic, du manganèse, de l'antimoine, du molybdène, de la plombagine ou autres matières métalliques, du soufre, du charbon de terre ou de pierre, du bois fossile, des bitumes, de l'alun et des sulfates à base métallique.

3. Les minières comprennent les minerais de fer dits d'alluvion, les terres pyriteuses propres à être converties en sulfate de fer, les terres alumineuses et les tourbes.

4. Les carrières renferment les ardoises, les grès, pierres à bâtir et autres, les marbres, granits, pierres à chaux, pierres à plâtre, les pozzolanes, le strass, les basaltes, les laves, les marnes, craies, sables, pierres à fusil, argiles, kaolin, terres à foulon, terres à poteries, les substances terreuses et les cailloux de toute nature, les terres pyriteuses regardées comme engrais ; le tout exploité à ciel ouvert ou avec des galeries souterraines.

TITRE II.

DE LA PROPRIÉTÉ DES MINES.

5. Les mines ne peuvent être exploitées qu'en vertu d'un acte de concession délibéré en conseil d'État.

6. Cet acte règle les droits des propriétaires de la surface sur le produit des mines concédées.

7. Il donne la propriété perpétuelle de la mine, laquelle est dès lors disponible et transmissible comme tous autres biens, et dont on ne peut être exproprié que dans les cas et selon les formes prescrites pour les autres propriétés, conformément au Code Napoléon et au Code de procédure civile. Toutefois une mine ne peut être vendue par lots ou partagée, sans une autorisation préalable du Gouvernement donnée dans les mêmes formes que la concession.

8. Les mines sont immeubles. — Sont aussi immeubles, les bâtiments, machines, puits, galeries et autres travaux établis à demeure, conformément à l'art. 524 du Code Napoléon. — Sont aussi immeubles par destination, les chevaux, agrès, outils et ustensiles servant à l'exploitation. — Ne sont considérés comme chevaux attachés à l'exploitation, que ceux qui sont exclusivement attachés aux travaux intérieurs des mines. — Néanmoins les actions ou intérêts dans une société ou entreprise pour l'exploitation des mines, seront réputés meubles, conformément à l'art. 529 du Code Napoléon.

9. Sont meubles, les matières extraites, les approvisionnements et autres objets mobiliers.

TITRE III.

DES ACTES QUI PRÉCÈDENT LA DEMANDE EN CONCESSION DE MINES.

――――――

SECTION PREMIÈRE.

De la Recherche et de la Découverte des Mines.

10. Nul ne peut faire des recherches pour découvrir des mines, enfoncer des sondes ou tarières sur un terrain qui ne lui appartient pas, que du consentement du propriétaire de la surface, ou avec l'autorisation du Gouvernement, donnée après avoir consulté l'administration des mines, à la charge d'une préalable indemnité envers le propriétaire, et après qu'il aura été entendu.

11. Nulle permission de recherches ni concession de mines ne pourra, sans le consentement formel du propriétaire de la surface, donner le droit de faire des sondes, et d'ouvrir des puits ou galeries, ni celui d'établir des machines ou magasins dans les enclos murés, cours ou jardins, ni dans les terrains attenant aux

habitations ou clôtures murées, dans la distance de cent mètres desdites clôtures ou des habitations.

12. Le propriétaire pourra faire des recherches, sans formalité préalable, dans les lieux réservés par le précédent article, comme dans les autres parties de sa propriété; mais il sera obligé d'obtenir une concession avant d'y établir une exploitation. Dans aucun cas, les recherches ne pourront être autorisées dans un terrain déjà concédé.

SECTION II.

De la préférence à accorder pour les Concessions.

13. Tout Français ou tout étranger naturalisé ou non en France, agissant isolément ou en société, a le droit de demander, et peut obtenir, s'il y a lieu, une concession de mines.

14. L'individu ou la société doit justifier des facultés nécessaires pour entreprendre et conduire les travaux, et des moyens de satisfaire aux redevances, indemnités, qui lui seront imposées par l'acte de concession.

15. Il doit aussi, le cas arrivant de travaux à faire sous des maisons ou lieux d'habitation, sous d'autres exploitations ou dans leur voisinage immédiat, donner caution de payer toute indemnité, en cas d'accident : les demandes ou oppositions des intéressés seront, en ce cas, portées devant nos tribunaux et cours.

16. Le Gouvernement juge des motifs ou considérations d'après lesquels la préférence doit être accordée aux divers demandeurs en concession, qu'ils soient propriétaires de la surface, inventeurs ou autres. — En cas que l'inventeur n'obtienne pas la concession d'une mine, il aura droit à une indemnité de la part du concessionnaire : elle sera réglée par l'acte de concession.

17. L'acte de concession fait après l'accomplissement des formalités prescrites, purge, en faveur du concessionnaire, tous les droits des propriétaires de la surface et des inventeurs, ou de leurs ayants droit, chacun dans leur ordre, après qu'ils auront été entendus ou appelés légalement, ainsi qu'il sera ci-après réglé.

18. La valeur des droits résultant en faveur du propriétaire de la surface, en vertu de l'art. 6 de la présente loi, demeurera réunie à la valeur de ladite surface et sera affectée avec elle aux hypothèques prises par les créanciers du propriétaire.

19. Du moment où une mine sera concédée, même au propriétaire de la surface, cette propriété sera distinguée de celle de la surface, et désormais considérée comme propriété nouvelle, sur laquelle de nouvelles hypothèques pourront être assises, sans préjudice de celles qui auraient été ou seraient prises sur la surface

et la redevance, comme il est dit à l'article précédent. — Si la concession est faite au propriétaire de la surface, ladite redevance sera évaluée pour l'exécution dudit article.

20. Une mine concédée pourra être affectée, par privilége, en faveur de ceux qui, par acte public et sans fraude, justifieraient avoir fourni des fonds pour les recherches de la mine, ainsi que pour les travaux de construction ou confection de machines nécessaires à son exploitation, à la charge de se conformer aux art. 2103 et autres du Code Napoléon, relatifs aux priviléges.

21. Les autres droits de privilége et d'hypothèque pourront être acquis sur la propriété de la mine, aux termes et en conformité du Code Napoléon, comme sur les autres propriétés immobilières.

TITRE IV.

DES CONCESSIONS.

SECTION PREMIÈRE.

De l'Obtention des Concessions.

22. La demande en concession sera faite par voie de simple pétition adressée au préfet, qui sera tenu de la faire enregistrer à sa date sur un registre particulier, et d'ordonner les publications et affiches dans les dix jours.

23. Les affiches auront lieu pendant quatre mois, dans le chef-lieu du département, dans celui de l'arrondissement où la mine est située, dans le lieu du domicile du demandeur, et dans toutes les communes dans le territoire desquelles la concession peut s'étendre : elles seront insérées dans les journaux de département.

24. Les publications des demandes en concession de mines auront lieu devant la porte de la maison commune et des églises paroissiales ou consistoriales, à la diligence des maires, à l'issue de l'office, un jour de dimanche, et au moins une fois par mois pendant la durée des affiches. Les maires seront tenus de certifier ces publications.

25. Le secrétaire général de la préfecture délivrera au requérant un extrait certifié de l'enregistrement de la demande en concession.

26. Les demandes en concurrence et les oppositions qui y seront formées, seront admises devant le préfet jusqu'au dernier jour du quatrième mois, à compter de la date de l'affiche : elles seront notifiées par actes extrajudiciaires à la préfecture du département, où elles seront enregistrées sur le registre indiqué à l'art. 22. Les oppositions seront notifiées aux parties intéressées; et le registre sera ouvert à tous ceux qui en demanderont communication.

27. A l'expiration du délai des affiches et pu-

blications, et sur la preuve de l'accomplissement des formalités portées aux articles précédents, dans le mois qui suivra au plus tard, le préfet du département, sur l'avis de l'ingénieur des mines et après avoir pris des informations sur les droits et les facultés des demandeurs, donnera son avis, et le transmettra au ministre de l'intérieur.

28. Il sera définitivement statué sur la demande en concession, par un décret impérial délibéré en conseil d'État. — Jusqu'à l'émission du décret, toute opposition sera admissible devant le ministre de l'intérieur ou le secrétaire général du conseil d'État : dans ce dernier cas, elle aura lieu par une requête signée et présentée par un avocat au conseil, comme il est pratiqué pour les affaires contentieuses ; et, dans tous les cas, elle sera notifiée aux parties intéressées. — Si l'opposition est motivée sur la propriété de la mine acquise par concession ou autrement, les parties seront renvoyées devant les tribunaux et cours.

29. L'étendue de la concession sera déterminée par l'acte de concession : elle sera limitée par des points fixes, pris à la surface du sol, et passant par des plans verticaux menés de cette surface dans l'intérieur de la terre à une profondeur indéfinie, à moins que les circonstances et les localités ne nécessitent un autre mode de limitation.

30. Un plan régulier de la surface, en triple expédition, et sur une échelle de dix millimètres pour cent mètres, sera annexé à la demande. — Ce plan devra être dressé ou vérifié par l'ingénieur des mines, et certifié par le préfet du département.

31. Plusieurs concessions pourront être réunies entre les mains du même concessionnaire, soit comme individu, soit comme représentant une compagnie, mais à la charge de tenir en activité l'exploitation de chaque concession.

SECTION II.

Des Obligations des Propriétaires de Mines.

32. L'exploitation des mines n'est pas considérée comme un commerce, et n'est pas sujette à patente.

33. Les propriétaires de mines sont tenus de payer à l'État une redevance fixe, et une redevance proportionnée au produit de l'extraction. (V. *Déc*. 6 mai 1811.)

34. La redevance fixe sera annuelle, et réglée d'après l'étendue de celle-ci : elle sera de 10 francs par kilomètre carré. — La redevance proportionnelle sera une contribution annuelle, à laquelle les mines seront assujetties sur leurs produits.

35. La redevance proportionnelle sera réglée chaque année, par le budget de l'État,

comme les autres contributions publiques : toutefois elle ne pourra jamais s'élever au-dessus de cinq pour cent du produit net. Il pourra être fait un abonnement pour ceux des propriétaires de mines qui le demanderont.

36. Il sera imposé en sus un décime pour franc, lequel formera un fonds de non-valeur, à la disposition du ministre de l'intérieur, pour dégrèvement en faveur des propriétaires de mines qui éprouveront des pertes ou accidents.

37. La redevance proportionnelle sera imposée et perçue comme la contribution foncière. — Les réclamations à fin de dégrèvement ou de rappel à l'égalité proportionnelle, seront jugées par les conseils de préfecture. Le dégrèvement sera de droit, quand l'exploitant justifiera que sa redevance excède cinq pour cent du produit net de son exploitation.

38. Le gouvernement accordera, s'il y a lieu, pour les exploitations qu'il en jugera susceptibles, et par un article de l'acte de concession ou par un décret spécial délibéré en conseil d'État, pour les mines déjà concédées, la remise en tout ou partie du payement de la redevance proportionnelle, pour le temps qui sera jugé convenable, et ce, comme encouragement, en raison de la difficulté des travaux : semblable remise pourra aussi être accordée comme dédommagement, en cas d'accidents de force majeure qui surviendraient pendant l'exploitation.

39. Le produit de la redevance fixe et de la redevance proportionnelle formera un fonds spécial, dont il sera tenu un compte particulier au trésor public, et qui sera appliqué aux dépenses de l'administration des mines, et à celles des recherches, ouvertures, et mises en activité des mines nouvelles ou rétablissement des mines anciennes.

40. Les anciennes redevances dues à l'État, soit en vertu des lois, ordonnances ou règlements, soit d'après les conditions énoncées en l'acte de concession, soit d'après des baux et adjudications au profit de la régie du domaine, cesseront d'avoir cours à compter du jour où les redevances nouvelles seront établies.

41. Ne sont point comprises dans l'abrogation des anciennes redevances, celles dues à titre de rentes, droits et prestations quelconques, pour cession de fonds ou autres causes semblables, sans déroger toutefois à l'application des lois qui ont supprimé les droits féodaux.

42. Le droit attribué par l'art. 6 de la présente loi aux propriétaires de la surface sera réglé à une somme déterminée par l'acte de concession.

43. Les propriétaires de mines sont tenus de payer les indemnités dues au propriétaire de la surface sur le terrain duquel ils établiront leurs travaux. — Si les travaux entrepris par les explorateurs ou par les propriétaires de mines ne sont que passagers, et si le sol où ils ont été faits peut être mis en culture au bout d'un an comme il l'était auparavant, l'indemnité sera réglée au double de ce qu'aurait produit net le terrain endommagé.

44. Lorsque l'occupation des terrains pour la recherche ou les travaux des mines, prive les propriétaires du sol de la jouissance du revenu au delà du temps d'une année, ou lorsque après les travaux, les terrains ne sont plus propres à la culture, on peut exiger des propriétaires des mines l'acquisition des terrains à l'usage de l'exploitation. — Si le propriétaire de la surface le requiert, les pièces de terre trop endommagées ou dégradées sur une trop grande partie de leur surface, devront être achetées en totalité par le propriétaire de la mine. — L'évaluation du prix sera faite, quant au mode, suivant les règles établies par la loi du 16 septembre 1807, sur le desséchement des marais, etc. , titre XI ; mais le terrain à acquérir sera toujours estimé au double de la valeur qu'il avait avant l'exploitation de la mine.

45. Lorsque, par l'effet du voisinage ou pour toute autre cause, les travaux de l'exploitation d'une mine occasionnent des dommages à l'exploitation d'une autre mine, à raison des eaux qui pénètrent dans cette dernière en plus grande quantité ; lorsque, d'un autre côté, ces mêmes travaux produisent un effet contraire et tendent à évacuer tout ou partie des eaux d'une autre mine, il y aura lieu à indemnité d'une mine en faveur de l'autre : le règlement s'en fera par experts.

46. Toutes les questions d'indemnités à payer par les propriétaires de mines, à raison des recherches ou travaux antérieurs à l'acte de concession, seront décidées conformément à l'article 4 de la loi du 28 pluviôse an VIII.

TITRE V.

DE L'EXERCICE DE LA SURVEILLANCE SUR LES MINES PAR L'ADMINISTRATION.

47. Les ingénieurs des mines exerceront, sous les ordres du ministre de l'intérieur et des préfets, une surveillance de police pour la conservation des édifices et la sûreté du sol.

48. Ils observeront la manière dont l'exploitation se fera, soit pour éclairer les propriétaires sur ses inconvénients ou son amélioration, soit pour avertir l'administration des vices, abus ou dangers qui s'y trouveraient.

49. Si l'exploitation est restreinte ou suspendue, de manière à inquiéter la sûreté publique ou les besoins des consommateurs, les préfets, après avoir entendu les propriétaires, en rendront compte au ministre de l'intérieur pour y être pourvu ainsi qu'il appartiendra (V. L. 27 avril 1838).

50. Si l'exploitation compromet la sûreté publique, la conservation des puits, la solidité des travaux, la sûreté des ouvriers mineurs ou des habitations de la surface, il y sera pourvu par le préfet, ainsi qu'il est pratiqué en matière de grande voirie et selon les lois.

TITRE VI.

DES CONCESSIONS OU JOUISSANCES DES MINES. ANTÉRIEURES A LA PRÉSENTE LOI.

§ 1er. — Des anciennes Concessions en général.

51. Les concessionnaires antérieurs à la présente loi deviendront, du jour de sa publication, propriétaires incommutables, sans aucune formalité préalable d'affiches, vérifications de terrain ou autres préliminaires, à la charge seulement d'exécuter, s'il y en a, les conventions faites avec les propriétaires de la surface, et sans que ceux-ci puissent se prévaloir des art. 6 et 42.

52. Les anciens concessionnaires seront, en conséquence, soumis au payement des contributions, comme il est dit à la section II du titre IV, art. 33, 34, à compter de l'année 1811 (V. Déc. 6 mai 1811).

§ II. — Des Exploitations pour lesquelles on n'a pas exécuté la Loi de 1791.

53. Quant aux exploitants de mines qui n'ont pas exécuté la loi de 1791, et qui n'ont pas fait fixer, conformément à cette loi, les limites de leurs concessions, ils obtiendront les concessions de leurs exploitations actuelles, conformément à la présente loi ; à l'effet de quoi les limites de leurs concessions seront fixées sur leurs demandes ou à la diligence des préfets, à la charge seulement d'exécuter les conventions faites avec les propriétaires de la surface ; et sans que ceux-ci puissent se prévaloir des art. 6 et 42 de la présente loi.

54. Ils payeront en conséquence les redevances, comme il est dit à l'art. 52 (V. Déc. 6 mai 1811).

55. En cas d'usages locaux ou d'anciennes lois qui donneraient lieu à la décision de cas extraordinaires, les cas qui se présenteront seront décidés par les actes de concession ou par les jugements de nos cours et tribunaux, selon les droits résultant pour les parties des usages établis, des prescriptions légalement acquises ou des conventions réciproques.

56. Les difficultés qui s'élèveraient entre l'administration et les exploitants, relativement à la limitation des mines, seront décidées par l'acte de concession. — A l'égard des contesta-

tions qui auraient lieu entre des exploitants voisins, elles seront jugées par les tribunaux et cours.

TITRE VII.

RÈGLEMENTS SUR LA PROPRIÉTÉ ET L'EXPLOITATION DES MINIÈRES, ET SUR L'ÉTABLISSEMENT DES FORGES, FOURNEAUX ET USINES.

SECTION PREMIÈRE.
Des Minières.

57. L'exploitation des minières est assujettie à des règles spéciales. — Elle ne peut avoir lieu sans permission.

58. La permission détermine les limites de l'exploitation et les règles sous les rapports de sûreté et de salubrité publiques.

SECTION II.
De la Propriété et de l'Exploitation des Minerais de fer et d'alluvion.

59. Le propriétaire du fonds sur lequel il y a du minerai de fer d'alluvion, est tenu d'exploiter en quantité suffisante pour fournir, autant que faire se pourra, aux besoins des usines établies dans le voisinage avec autorisation légale : en ce cas, il ne sera assujetti qu'à en faire la déclaration au préfet du département ; elle contiendra la désignation des lieux : le préfet donnera acte de cette déclaration, ce qui vaudra permission pour le propriétaire, et l'exploitation aura lieu pour lui sans autre formalité.

60. Si le propriétaire n'exploite pas, les maîtres de forges auront la faculté d'exploiter à sa place : à la charge, 1° d'en prévenir le propriétaire, qui, dans un mois, à compter de la notification, pourra déclarer qu'il entend exploiter lui-même ; 2° d'obtenir du préfet la permission, sur l'avis de l'ingénieur des mines, après avoir entendu le propriétaire.

61. Si, après l'expiration du délai d'un mois, le propriétaire ne déclare pas qu'il entend exploiter, il sera censé renoncer à l'exploitation ; le maître de forges pourra, après la permission obtenue, faire les fouilles immédiatement dans les terres incultes et en jachères, et, après la récolte, dans toutes les autres terres.

62. Lorsque le propriétaire n'exploitera pas en quantité suffisante, ou suspendra ses travaux d'extraction pendant plus d'un mois sans cause légitime, les maîtres de forges se pourvoiront auprès du préfet pour obtenir la permission d'exploiter à sa place. — Si le maître de forges laisse écouler un mois sans faire usage de cette permission, elle sera regardée comme non avenue, et le propriétaire de terrain rentrera dans tous ses droits.

63. Quand un maître de forges cessera d'exploiter un terrain, il sera tenu de le rendre propre à la culture, ou d'indemniser le propriétaire.

64. En cas de concurrence entre plusieurs maîtres de forges pour l'exploitation dans un même fonds, le préfet déterminera, sur l'avis de l'ingénieur des mines, les proportions dans lesquelles chacun d'eux pourra exploiter, sauf le recours au conseil d'État. — Le préfet réglera de même les proportions dans lesquelles chaque maître de forges aura droit à l'achat du minerai, s'il est exploité par le propriétaire.

65. Lorsque les propriétaires feront l'extraction du minerai pour le vendre aux maîtres de forges, le prix en sera réglé entre eux de gré à gré, ou par des experts choisis ou nommés d'office, qui auront égard à la situation des lieux, aux frais d'extraction et aux dégâts qu'elle aura occasionnés.

66. Lorsque les maîtres de forges auront fait extraire le minerai, il sera dû au propriétaire du fonds, et avant l'enlèvement du minerai, une indemnité qui sera aussi réglée par experts, lesquels auront égard à la situation des lieux, aux dommages causés, à la valeur du minerai, distraction faite des frais d'exploitation.

67. Si les minerais se trouvent dans les forêts impériales, dans celles des établissements publics, ou des communes, la permission de les exploiter ne pourra être accordée qu'après avoir entendu l'administration forestière. L'acte de permission déterminera l'étendue des terrains dans lesquels les fouilles pourront être faites : ils seront tenus, en outre, de payer les dégâts occasionnés par l'exploitation, et de repiquer en glands ou plants les places qu'elle aurait endommagées, ou une autre étendue proportionnelle déterminée par la permission.

68. Les propriétaires ou maîtres de forges ou d'usines exploitant les minerais de fer d'alluvion, ne pourront, dans cette exploitation, pousser des travaux réguliers par des galeries souterraines, sans avoir obtenu une concession, avec les formalités et sous les conditions exigées par les articles de la section Ire du titre III, et les dispositions du titre IV.

69. Il ne pourra être accordé aucune concession pour minerai d'alluvion ou pour des mines en filons ou couches, que dans les cas suivants : 1° Si l'exploitation à ciel ouvert cesse d'être possible, et si l'établissement de puits, galeries et travaux d'art est nécessaire ; — 2° Si l'exploitation, quoique possible encore, doit durer peu d'années, et rendre ensuite impossible l'exploitation avec puits et galeries.

70. En cas de concession, le concessionnaire sera tenu toujours, 1° de fournir aux usines qui s'approvisionnaient de minerai sur les lieux compris en la concession, la quantité nécessaire à leur exploitation, au prix qui sera porté

au cahier des charges ou qui sera fixé par l'administration ; 2° d'indemniser les propriétaires au profit desquels l'exploitation avait lieu, dans la proportion du revenu qu'ils en tiraient.

SECTION III.

Des Terres pyriteuses et alumineuses.

71. L'exploitation des terres pyriteuses et alumineuses sera assujettie aux formalités prescrites par les art. 57 et 58, soit qu'elle ait lieu par les propriétaires des fonds, soit par d'autres individus qui, à défaut par ceux-ci d'exploiter, en auraient obtenu la permission.

72. Si l'exploitation a lieu par des non-propriétaires, ils seront assujettis, en faveur des propriétaires, à une indemnité qui sera réglée de gré à gré ou par experts.

SECTION IV.

Des Permissions pour l'Établissement des Fourneaux, Forges et Usines.

73. Les fourneaux à fondre les minerais de fer et autres substances métalliques, les forges et martinets pour ouvrer le fer et le cuivre, les usines servant de patouillets et bocards, celles pour le traitement des substances salines et pyriteuses, dans lesquelles on consomme des combustibles, ne pourront être établis que sur une permission accordée par un règlement d'administration publique.

74. La demande en permission sera adressée au préfet, enregistrée le jour de la remise sur un registre spécial à ce destiné, et affichée pendant quatre mois dans le chef-lieu du département, dans celui de l'arrondissement, dans la commune où sera situé l'établissement projeté, et dans le lieu du domicile du demandeur. — Le préfet, dans le délai d'un mois, donnera son avis tant sur la demande que sur les oppositions et les demandes en préférence qui seraient survenues ; l'administration des mines donnera le sien sur la quotité du minerai à traiter ; l'administration des forêts, sur l'établissement des bouches à feu en ce qui concerne les bois ; et l'administration des ponts et chaussées, sur ce qui concerne les cours d'eau navigables ou flottables.

75. Les impétrants des permissions pour les usines, supporteront une taxe une fois payée, laquelle ne pourra être au-dessous de cinquante francs, ni excéder trois cents francs.

SECTION V.

Dispositions générales sur les Permissions.

76. Les permissions seront données à la charge d'en faire usage dans un délai déterminé ;

elles auront une durée indéfinie, à moins qu'elles n'en contiennent la limitation.

77. En cas de contraventions, le procès-verbal dressé par les autorités compétentes sera remis au procureur impérial, lequel poursuivra la révocation de la permission, s'il y a lieu, et l'application des lois pénales qui y sont relatives.

78. Les établissements actuellement existants sont maintenus dans leur jouissance, à la charge par ceux qui n'ont jamais eu de permission, ou qui ne pourraient représenter la permission obtenue précédemment, d'en obtenir une avant le 1er janvier 1815, sous peine de payer un triple droit de permission pour chaque année pendant laquelle ils auront négligé de s'en pourvoir et continué de s'en servir.

79. L'acte de permission d'établir des usines à traiter le fer, autorise les impétrants à faire des fouilles même hors de leurs propriétés, et à exploiter les minerais par eux découverts, ou ceux antérieurement connus, à la charge de se conformer aux dispositions de la section II.

80. Les impétrans sont aussi autorisés à établir des patouillets, lavoirs et chemins de charroi, sur les terrains qui ne leur appartiennent pas, mais sous les restrictions portées en l'article 11 ; le tout à charge d'indemnité envers les propriétaires du sol, et en les prévenant un mois d'avance.

TITRE VIII.

SECTION PREMIÈRE.

Des Carrières.

81. L'exploitation des carrières à ciel ouvert a lieu sans permission, sous la simple surveillance de la police, et avec l'observation des lois ou règlements généraux ou locaux.

82. Quand l'exploitation a lieu par galeries souterraines, elle est soumise à la surveillance de l'administration, comme il est dit au titre V.

SECTION II.

Des Tourbières.

83. Les tourbes ne peuvent être exploitées que par le propriétaire du terrain, ou de son consentement.

84. Tout propriétaire actuellement exploitant, ou qui voudra commencer à exploiter des tourbes dans son terrain, ne pourra continuer ou commencer son exploitation, à peine de cent francs d'amende, sans en avoir préalablement fait la déclaration à la sous-préfecture et obtenu l'autorisation.

85. Un règlement d'administration publique déterminera la direction générale des travaux

d'extraction dans le terrain où sont situées les tourbes, celle des rigoles de desséchement, enfin toutes les mesures propres à faciliter l'écoulement des eaux dans les vallées, et l'atterrissement des entailles tourbées.

86. Les propriétaires exploitants, soit particuliers, soit communautés d'habitants, soit établissements publics, sont tenus de s'y conformer, à peine d'être contraints à cesser leurs travaux.

TITRE IX.

DES EXPERTISES.

87. Dans tous les cas prévus par la présente loi et autres naissant des circonstances, où il y aura lieu à expertise, les dispositions du titre XIV du Code de procédure civile, art. 505 à 525, seront exécutées.

88. Les experts seront pris parmi les ingénieurs des mines, ou parmi les hommes notables et expérimentés dans le fait des mines et de leurs travaux.

89. Le procureur impérial sera toujours entendu, et donnera ses conclusions sur le rapport des experts.

90. Nul plan ne sera admis comme pièce probante dans une contestation, s'il n'a été levé ou vérifié par un ingénieur des mines. La vérification des plans sera toujours gratuite.

91. Les frais et vacations des experts seront réglés et arrêtés, selon les cas, par les tribunaux: il en sera de même des honoraires qui pourront appartenir aux ingénieurs des mines; le tout suivant le tarif qui sera fait par un règlement d'administration publique. — Toutefois il n'y aura pas lieu à honoraires pour les ingénieurs des mines, lorsque leurs opérations auront été faites, soit dans l'intérêt de l'administration, soit à raison de la surveillance et de la police publiques.

92. La consignation des sommes jugées nécessaires pour subvenir aux frais d'expertise, pourra être ordonnée par le tribunal contre celui qui poursuivra l'expertise.

TITRE X.

DE LA POLICE ET DE LA JURIDICTION RELATIVES AUX MINES.

93. Les contraventions des propriétaires de mines, exploitants non encore concessionnaires ou autres personnes, aux lois et règlements, seront dénoncées et constatées, comme les contraventions en matière de voirie et de police.

94. Les procès-verbaux contre les contrevenants seront affirmés dans les formes et délais prescrits par les lois.

95. Ils seront adressés en originaux à nos procureurs impériaux, qui seront tenus de poursuivre d'office des contrevenants devant les tribunaux de police correctionnelle, ainsi qu'il est réglé et usité pour les délits forestiers, et sans préjudice des dommages-intérêts des parties.

96. Les peines seront d'une amende de cinq cents francs au plus et de cent francs au moins, double en cas de récidive, et d'une détention qui ne pourra excéder la durée fixée par le Code de police correctionnelle.

Loi du 27 avril 1838 relative à l'assèchement et à l'exploitation des mines.

Art. 1er. Lorsque plusieurs mines situées dans des concessions différentes seront atteintes ou menacées d'une inondation commune qui sera de nature à compromettre leur existence, la sûreté publique ou les besoins des consommateurs, le Gouvernement pourra obliger les concessionnaires de ces mines à exécuter en commun et à leurs frais les travaux nécessaires, soit pour assécher tout ou partie des mines inondées, soit pour arrêter les progrès de l'inondation. — L'application de cette mesure sera précédée d'une enquête administrative à laquelle tous les intéressés seront appelés, et dont les formes seront déterminées par un règlement d'administration publique.

2. Le ministre décidera, d'après l'enquête, quelles sont les concessions inondées ou menacées d'inondation qui doivent opérer, à frais communs, les travaux d'assèchement. — Cette décision sera notifiée administrativement aux concessionnaires intéressés. Le recours contre cette décision ne sera pas suspensif. — Les concessionnaires ou leurs représentants, désignés ainsi qu'il sera dit à l'art. 7 de la présente loi, seront convoqués en assemblée générale, à l'effet de nommer un syndicat composé de trois ou cinq membres pour la gestion des intérêts communs. — Le nombre des syndics, le mode de convocation et de délibération de l'assemblée générale, seront réglés par un arrêté du préfet. — Dans les délibérations de l'assemblée générale, les concessionnaires ou leurs représentants auront un nombre de voix proportionnel à l'importance de chaque concession. — Cette importance sera déterminée d'après le montant des redevances proportionnelles acquittées par les mines en activité d'exploitation, pendant les trois dernières années d'exploitation, ou par les mines inondées, pendant les trois années qui auront précédé celle où l'inondation aura envahi les mines. La délibération ne sera valide qu'autant que les membres présents surpasseraient en nombre le tiers des concessions, et qu'ils représenteraient entre eux plus de la moitié des voix attribuées à la totalité des concessions comprises dans le

syndicat. — En cas de décès ou de cessation des fonctions des syndics, ils seront remplacés par l'assemblée générale dans les formes qui auront été suivies pour leur nomination.

3. Une ordonnance royale rendue dans la forme des règlements d'administration publique, et après que les syndics auront été appelés à faire connaître leurs propositions, et les intéressés leurs observations, déterminera l'organisation définitive et les attributions du syndicat, les bases de la répartition, soit provisoire, soit définitive, de la dépense entre les concessionnaires intéressés, et la forme dans laquelle il sera rendu compte des recettes et des dépenses. — Un arrêté ministériel déterminera, sur la proposition des syndics, le système et le mode d'exécution et d'entretien des travaux d'épuisement, ainsi que les époques périodiques où les taxes devront être acquittées par les concessionnaires. — Si le ministre juge nécessaire de modifier la proposition du syndicat, le syndicat sera de nouveau entendu. Il lui sera fixé un délai pour produire ses observations.

4. Si l'assemblée générale, dûment convoquée, ne se réunit pas, ou si elle ne nomme point le nombre de syndics fixe par l'arrêté du préfet, le ministre, sur la proposition de ce dernier, instituera d'office une commission composée de trois ou de cinq personnes, qui sera investie de l'autorité et des attributions des syndics. — Si les syndics ne mettent point à exécution les travaux d'asséchement, ou s'ils contreviennent au mode d'exécution et d'entretien réglé par l'arrêté ministériel, le ministre, après que la contravention aura été constatée, les syndics préalablement appelés, et après qu'ils auront été mis en demeure, pourra, sur la proposition du préfet, suspendre les syndics de leurs fonctions, et leur substituer un nombre égal de commissaires. — Les pouvoirs des commissaires cesseront de droit à l'époque fixée pour l'expiration de ceux des syndics. Néanmoins le ministre, sur la proposition du préfet, aura toujours la faculté de les faire cesser plus tôt. — Les commissaires pourront être rétribués : dans ce cas, le ministre, sur la proposition du préfet, fixera le taux des traitements, et leur montant sera acquitté sur le produit des taxes imposées aux concessionnaires.

5. Les rôles de recouvrement des taxes réglées en vertu des articles précédents seront dressés par les syndics, et rendus exécutoires par le préfet. — Les réclamations des concessionnaires, sur la fixation de leur quote-part dans lesdites taxes, seront jugées par le conseil de préfecture sur mémoires des réclamants, communiqués au syndicat, et après avoir pris l'avis de l'ingénieur des mines. —

Les réclamations relatives à l'exécution des travaux seront jugées comme en matière de travaux publics. — Le recours, soit au conseil de préfecture, soit au conseil d'État, ne sera pas suspensif.

6. A défaut de payement dans le délai de deux mois, à dater de la sommation qui aura été faite, la mine sera réputée abandonnée : le ministre pourra prononcer le retrait de la concession, sauf le recours au Roi en son conseil d'État, par la voie contentieuse. — La décision du ministre sera notifiée aux concessionnaires déchus, publiée et affichée à la diligence du préfet. — L'administration pourra faire l'avance du montant des taxes dues par la concession abandonnée, jusqu'à ce qu'il ait été procédé à une concession nouvelle, ainsi qu'il sera dit ci-après. — A l'expiration du délai de recours, ou, en cas de recours, après la notification de l'ordonnance confirmative de la décision du ministre, il sera procédé publiquement, par voie administrative, à l'adjudication de la mine abandonnée. Les concurrents seront tenus de justifier des facultés suffisantes pour satisfaire aux conditions imposées par le cahier des charges. — Celui des concurrents qui aura fait l'offre la plus favorable sera déclaré concessionnaire, et le prix de l'adjudication, déduction faite des sommes avancées par l'État, appartiendra au concessionnaire déchu ou à ses ayants droit. Ce prix, s'il y a lieu, sera distribué judiciairement et par ordre d'hypothèque. — Le concessionnaire déchu pourra, jusqu'au jour de l'adjudication, arrêter les effets de la dépossession, en payant toutes les taxes arriérées et en consignant la somme qui sera jugée nécessaire pour sa quote-part dans les travaux qui resteront encore à exécuter. — S'il ne se présente aucun soumissionnaire, la mine restera à la disposition du domaine, libre et franche de toutes charges provenant du fait du concessionnaire déchu. Celui-ci pourra, en ce cas, retirer les chevaux, machines et agrès qu'il aura attachés à l'exploitation, et qui pourront être séparés sans préjudice pour la mine, à la charge de payer toutes les taxes dues jusqu'à la dépossession, et sauf au domaine à retenir, à dire d'experts, les objets qu'il jugera utiles.

7. Lorsqu'une concession de mine appartiendra à plusieurs personnes ou à une société, les concessionnaires ou la société devront, quand ils en seront requis par le préfet, justifier qu'il est pourvu, par une convention spéciale, à ce que les travaux d'exploitation soient soumis à une direction unique et coordonnés dans un intérêt commun. — Ils seront pareillement tenus de désigner, par une déclaration authentique faite au secrétariat de la préfecture, celui des concessionnaires ou tout autre

individu qu'ils auront pourvu des pouvoirs nécessaires pour assister aux assemblées générales, pour recevoir toutes notifications et significations, et, en général, pour les représenter vis-à-vis de l'administration, tant en demandant qu'en défendant. — Faute par les concessionnaires d'avoir fait, dans le délai qui leur aura été assigné, la justification requise par le paragraphe premier du présent article, ou d'exécuter les clauses de leurs conventions qui auraient pour objet d'assurer l'unité de la concession, la suspension de tout ou de partie des travaux pourra être prononcée par un arrêté du préfet, sauf recours au ministre, et, s'il y a lieu, au conseil d'État, par la voie contentieuse, sans préjudice, d'ailleurs, de l'application des art. 93 et suivants de la loi du 21 avril 1810.

8. Tout puits, toute galerie, ou tout autre travail d'exploitation, ouvert en contravention aux lois ou règlements sur les mines, pourront aussi être interdits dans la forme énoncée en l'article précédent, sans préjudice également de l'application des art. 93 et suivants de la loi du 21 avril 1810.

9. Dans tous les cas où les lois et règlements sur les mines autorisent l'administration à faire exécuter des travaux dans les mines aux frais des concessionnaires, le défaut de payement, de la part de ceux-ci, donnera lieu contre eux à l'application des dispositions de l'art. 6 de la présente loi.

10. Dans tous les cas prévus par l'art. 49 de la loi du 21 avril 1810, le retrait de la concession et l'adjudication de la mine ne pourront avoir lieu que suivant les formes prescrites par le même art. 6 de la présente loi.

DÉCRET *du 5 janvier 1813 contenant des dispositions de police relatives à l'exploitation des mines.*

Sur le rapport de notre ministre de l'intérieur ;

Les événements survenus récemment dans l'exploitation des mines de quelques départements de notre Empire, ayant excité d'une manière particulière notre sollicitude en faveur de nos sujets occupés journellement aux travaux des mines, nous avons reconnu que ces accidents peuvent provenir, 1o de l'inexécution des clauses des cahiers des charges imposées aux concessionnaires pour la solidité de leurs travaux ; 2o du défaut de précaution contre les inondations souterraines et l'inflammation des vapeurs méphitiques et délétères ; 3o du défaut de subordination des ouvriers ; 4o de la négligence des propriétaires des mines à leur procurer les secours nécessaires : et voulant prévenir autant qu'il est en nous, le retour de ces

malheurs, par des mesures de police spécialement applicables à l'exploitation des mines.

Notre conseil d'État entendu,

Nous AVONS DÉCRÉTÉ et DÉCRÉTONS ce qui suit :

TITRE PREMIER.

DISPOSITIONS PRÉLIMINAIRES.

ART. 1er. Les exploitants des mines qui, conformément aux dispositions de la loi du 21 avril 1810, ont le droit d'obtenir les concessions de leurs exploitations actuelles, seront tenus d'en former la demande dans le délai d'un an, à dater de la publication du présent décret.

2. Leurs demandes seront adressées aux préfets, qui leur en feront délivrer certificat, et qui les feront passer au directeur général des mines, avec leur avis et celui de l'ingénieur sur la fixation définitive des limites des concessions demandées.

TITRE II.

DISPOSITIONS TENDANT À PRÉVENIR LES ACCIDENTS.

3. Lorsque la sûreté des exploitations ou celle des ouvriers pourra être compromise par quelque cause que ce soit, les propriétaires seront tenus d'avertir l'autorité locale, de l'état de la mine qui serait menacée ; et l'ingénieur des mines, aussitôt qu'il en aura connaissance, fera son rapport au préfet, et proposera la mesure qu'il croira propre à faire cesser les causes du danger.

4. Le préfet, après avoir entendu l'exploitant ou ses ayant-cause dûment appelés, prescrira les dispositions convenables par un arrêté qui sera envoyé au directeur général des mines, pour être approuvé, s'il y a lieu, par le ministre de l'intérieur.

En cas d'urgence, l'ingénieur en fera mention spéciale dans son rapport, et le préfet pourra ordonner que son arrêté soit provisoirement exécuté.

5. Lorsqu'un ingénieur, en visitant une exploitation, reconnaîtra une cause de danger imminent, il fera, sous sa responsabilité, les réquisitions nécessaires aux autorités locales, pour qu'il y soit pourvu sur-le-champ d'après les dispositions qu'il jugera convenables, ainsi qu'il est pratiqué en matière de voirie lors du péril imminent de la chute d'un édifice.

6. Il sera tenu, sur chaque mine, un registre et un plan constatant l'avancement journalier des travaux, et les circonstances de l'exploitation dont il sera utile de conserver le souvenir. L'ingénieur des mines devra, à chacune de ses tournées, se faire représenter ce registre et ce plan : il y insérera le procès-verbal de visite,

et ses observations sur la conduite des travaux. Il laissera à l'exploitant, dans tous les cas où il le jugera utile, une instruction écrite sur le registre, contenant les mesures à prendre pour la sûreté des hommes et celle des choses.

7. Lorsqu'une partie ou la totalité d'une exploitation sera dans un état de délabrement ou de vétusté tel que la vie des hommes aura été compromise ou pourrait l'être, et que l'ingénieur des mines ne jugera pas possible de la réparer convenablement, l'ingénieur en fera son rapport motivé au préfet, qui prendra l'avis de l'ingénieur en chef et entendra l'exploitant ou ses ayants cause.

Dans le cas où la partie intéressée reconnaîtrait la réalité du danger indiqué par l'ingénieur, le préfet ordonnera la fermeture des travaux.

En cas de contestations, trois experts seront nommés, le premier par le préfet, le second par l'exploitant, et le troisième par le juge de paix du canton.

Les experts se transporteront sur les lieux; ils y feront toutes les vérifications nécessaires, en présence d'un membre du conseil d'arrondissement, délégué à cet effet par le préfet, et avec l'assistance de l'ingénieur en chef. Ils feront au préfet un rapport motivé.

Le préfet en référera au ministre, en donnant son avis.

Le ministre, sur l'avis du préfet et sur le rapport du directeur général des mines, pourra statuer, sauf le recours au conseil d'Etat.

Le tout sans préjudice des dispositions portées, pour les cas d'urgence, dans l'art. 4 du présent décret.

8. Il est défendu à tout propriétaire d'abandonner, en totalité, une exploitation, si auparavant elle n'a été visitée par l'ingénieur des mines.

Les plans intérieurs seront vérifiés par lui, il en dressera procès-verbal, par lequel il fera connaître les causes qui peuvent nécessiter l'abandon.

Le tout sera transmis par lui, ainsi que son avis, au préfet du département.

9. Lorsque l'exploitation sera de nature à être abandonnée par portions ou par étages, et à des époques différentes, il y sera procédé successivement et de la manière ci-dessus-indiquée.

Dans les deux cas, le préfet ordonnera les dispositions de police, de sûreté et de conservation qu'il jugera convenables d'après l'avis de l'ingénieur des mines.

10. Les actes administratifs concernant la police des mines et minières dont il a été fait mention dans les articles précédents, seront notifiés aux exploitants, afin qu'ils s'y conforment dans les délais prescrits; à défaut de quoi, les contraventions seront constatées par procès-verbaux des ingénieurs des mines, conducteurs, maires, autres officiers de police, gardes-mines. On se conformera à cet égard aux art. 95 et suivants de la loi du 21 avril 1810; et en cas d'inexécution, les dispositions qui auront été prescrites, seront exécutées d'office aux frais de l'exploitant, dans les formes établies par l'art. 37 du décret impérial du 18 novembre 1810.

TITRE III.

MESURES À PRENDRE EN CAS D'ACCIDENTS ARRIVÉS DANS LES MINES, MINIÈRES, USINES ET ATELIERS.

11. En cas d'accidents survenus dans une mine, minière, usines et ateliers qui en dépendent, soit par éboulement, par inondation, par le feu, par asphyxie, par rupture des machines, engins, câbles, chaînes, paniers, soit par émanations nuisibles, soit par toute autre cause, et qui auraient occasionné la mort ou des blessures graves, à un ou plusieurs ouvriers, les exploitants, directeurs, maîtres mineurs et autres préposés sont tenus d'en donner connaissance aussitôt au maire de la commune, et à l'ingénieur des mines, et en cas d'absence au conducteur.

12. La même obligation leur est imposée dans le cas où l'accident compromettrait la sûreté des travaux, celle des mines, ou des propriétés de la surface, et l'approvisionnement des consommateurs.

13. Dans tous les cas, l'ingénieur des mines se transportera sur les lieux: il dressera procès-verbal de l'accident, séparément ou concurremment avec les maires et autres officiers de police; il en constatera les causes, et transmettra le tout au préfet du département.

En cas d'absence, les ingénieurs seront remplacés par les élèves conducteurs et gardes-mines assermentés devant les tribunaux. Si les uns et les autres sont absents, les maires ou autres officiers de police nommeront les experts à ce connaissant, pour visiter l'exploitation et mentionner leurs dires dans un procès-verbal.

14. Dès que le maire et autres officiers de police auront été avertis, soit par les exploitants, soit par la voix publique, d'un accident arrivé dans une mine ou usine, ils en préviendront immédiatement les autorités supérieures: ils prendront, conjointement avec l'ingénieur des mines, toutes les mesures convenables pour faire cesser le danger et en prévenir la suite; ils pourront, comme dans le cas de péril imminent, faire des réquisitions d'outils, chevaux, hommes, et donneront les ordres nécessaires.

L'exécution des travaux aura lieu sous la direction de l'ingénieur ou des conducteurs, et, en cas d'absence, sous la direction des experts délégués à cet effet par l'autorité locale.

15. Les exploitants seront tenus d'entretenir sur leurs établissements, dans la proportion du nombre des ouvriers et de l'étendue de l'exploitation, les médicaments et les moyens de secours qui leur seront indiqués par le ministre de l'intérieur, et de se conformer à l'instruction réglementaire qui sera approuvée par lui à cet effet.

16. Le ministre de l'intérieur, sur la proposition des préfets et le rapport du directeur général des mines, indiquera celles des exploitations qui, par leur importance et le nombre des ouvriers qu'elles emploient, devront avoir et entretenir à leurs frais un chirurgien spécialement attaché au service de l'établissement.

Un seul chirurgien pourra être attaché à plusieurs établissements à la fois, si ces établissements se trouvent dans un rapprochement convenable. Son traitement sera à la charge des propriétaires, proportionnellement à leur intérêt.

17. Les exploitants et directeurs des mines voisines de celle où il serait arrivé un accident, fourniront tous les moyens de secours dont ils pourront disposer, soit en hommes, soit de toute autre manière, sauf le recours pour leur indemnité, s'il y a lieu, contre qui de droit.

18. Il est expressément prescrit aux maires et autres officiers de police de se faire représenter les corps des ouvriers qui auraient péri par accident dans une exploitation, et de ne permettre leur inhumation qu'après que le procès-verbal de l'accident aura été dressé conformément à l'art. 81 du Code Napoléon, et sous les peines portées dans les art. 358 et 359 du Code pénal.

19. Lorsqu'il y aura impossibilité de parvenir jusqu'au lieu où se trouvent les corps des ouvriers qui auront péri dans les travaux, les exploitants, directeurs et autres ayants cause seront tenus de faire constater cette circonstance par le maire ou autre officier public, qui en dressera procès-verbal et le transmettra au procureur impérial, à la diligence duquel, et sur l'autorisation du tribunal, cet acte sera annexé au registre de l'état civil.

20. Les dépenses qu'exigeront les secours donnés aux blessés, noyés ou asphyxiés, et la réparation des travaux, seront à la charge des exploitants.

21. De quelque manière que soit arrivé un accident, les ingénieurs des mines, maires et autres officiers de police, transmettront immédiatement leurs procès-verbaux aux sous-préfets et aux procureurs impériaux. Les procès-verbaux devront être signés et déposés dans les délais prescrits.

22. En cas d'accidents qui auraient occasionné la perte ou la mutilation d'un ou plusieurs ouvriers, faute de s'être conformés à ce qui est prescrit par le présent réglement, les exploitants, propriétaires et directeurs pourront être traduits devant les tribunaux, pour l'application, s'il y a lieu, des dispositions des art. 319 et 320 du Code pénal, indépendamment des dommages-intérêts qui pourraient être alloués au profit de qui de droit.

TITRE IV.

DISPOSITIONS CONCERNANT LA POLICE DU PERSONNEL.

SECTION PREMIÈRE.

Des Ingénieurs, Propriétaires de mines, Exploitants et autres Préposés.

23. Indépendamment de leurs tournées annuelles, les ingénieurs des mines visiteront fréquemment les exploitations dans lesquelles il serait arrivé un accident, ou qui exigeraient une surveillance particulière. Les procès-verbaux seront transcrits sur un registre ouvert à cet effet dans les bureaux des ingénieurs ; ils seront en outre transmis aux préfets des départements.

24. Les propriétaires des mines, exploitants et autres préposés, fourniront aux ingénieurs et aux conducteurs tous les moyens de parcourir les travaux, et notamment de pénétrer sur tous les points qui pourraient exiger une surveillance spéciale. Ils exhiberont le plan tant intérieur qu'extérieur, et les registres de l'avancement des travaux, ainsi que du contrôle des ouvriers : ils leur fourniront tous les renseignements sur l'état d'exploitation, la police des mineurs et autres employés ; ils les feront accompagner par les directeurs et maîtres mineurs, afin que ceux-ci puissent satisfaire à toutes les informations qu'il serait utile de prendre sous les rapports de sûreté et de salubrité.

SECTION II.

Des Ouvriers.

25. A l'avenir, ne pourront être employés en qualité de maîtres mineurs ou chefs particuliers de travaux des mines et minières, sous quelque dénomination que ce soit, que des individus qui auront travaillé comme mineurs, charpentiers, boiseurs ou mécaniciens, depuis au moins trois années consécutives.

26. Tout mineur de profession ou autre ouvrier, employé, soit à l'intérieur, soit à l'extérieur, dans l'exploitation des mines et minières, usines et ateliers en dépendant, devra

être pourvu d'un livret, et se conformer aux dispositions de l'arrêté du 9 frimaire an XII.

Les registres d'ordre sur lesquels l'inscription aura lieu dans chaque commune, seront conservés au greffe de la municipalité, pour y recourir au besoin.

Il est défendu à tout exploitant d'employer aucun individu qui ne serait pas porteur d'un livret en règle, portant l'acquit de son précédent maître.

27. Indépendamment des livrets et registres d'inscription à la mairie, il sera tenu sur chaque exploitation un contrôle exact et journalier des ouvriers qui travaillent, soit à l'intérieur, soit à l'extérieur des mines, minières, usines et ateliers en dépendant ; ces contrôles seront inscrits sur un registre qui sera coté par le maire et paraphé par lui tous les mois.

Ce registre sera visé par les ingénieurs lors de leur tournée.

28. Dans toutes leurs visites, les ingénieurs des mines devront faire faire, en leur présence, la vérification des contrôles des ouvriers.

Le maire de la commune pourra faire cette vérification quand il le jugera convenable, surtout dans le moment où il y aura lieu de présumer qu'il peut y avoir quelque danger pour les individus employés aux travaux.

29. Il est défendu de laisser descendre ou travailler dans les mines et minières les enfants au-dessous de dix ans.

Nul ouvrier ne sera admis dans les travaux, s'il est ivre ou en état de maladie : aucun étranger n'y pourra pénétrer sans la permission de l'exploitant ou du directeur, et s'il n'est accompagné d'un maître mineur.

30. Tout ouvrier qui, par insubordination ou désobéissance envers le chef des travaux, contre l'ordre établi, aura compromis la sûreté des personnes ou des choses, sera poursuivi et puni selon la gravité des circonstances, conformément à la disposition de l'art. 22 du présent décret.

TITRE V.

DISPOSITIONS GÉNÉRALES.

31. Les contraventions aux dispositions de police ci-dessus, lors même qu'elles n'auraient pas été suivies d'accidents, seront poursuivies et jugées conformément au titre X de la loi du 21 avril 1810, sur les mines, minières et usines.

32. Notre ministre de l'intérieur est chargé de l'exécution du présent décret, qui sera inséré au *Bulletin des lois*.

ORDONNANCE *du 26 mars 1843 concernant les mesures à prendre lorsque l'exploitation d'une mine compromettra la sûreté publique ou celle des ouvriers, la solidité des travaux, la conservation du sol et des habitations de la surface.*

ART. 1er. Dans les cas prévus par l'art. 50 de la loi du 21 avril 1810, et généralement lorsque par une cause quelconque l'exploitation d'une mine compromettra la sûreté publique ou celle des ouvriers, la solidité des travaux, la conservation du sol et des habitations de la surface, les concessionnaires seront tenus d'en donner immédiatement avis à l'ingénieur des mines et au maire de la commune où l'exploitation sera située.

2. L'ingénieur des mines ou à son défaut le garde-mines, se rendra sur les lieux, dressera procès-verbal et le transmettra au préfet en y joignant l'indication des mesures qu'il jugera propres à faire cesser la cause du danger : le maire adressera aussi au préfet ses observations et ses propositions sur ce qui pourra concerner la sûreté des personnes et celle des propriétés. En cas de péril imminent, l'ingénieur des mines du département fera, sous sa responsabilité, les réquisitions nécessaires pour qu'il y soit pourvu sur-le-champ : le tout conformément aux dispositions de l'art. 5 du décret du 3 janvier 1813.

3. Le préfet, après avoir entendu le concessionnaire, ordonnera telles dispositions qu'il appartiendra.

4. Si le concessionnaire, sur la notification qui lui sera faite de l'arrêté du préfet, n'obtempère pas à cet arrêté, il y sera pourvu d'office à ses frais et par les soins des ingénieurs des mines.

5. Quand les travaux auront été exécutés d'office par l'administration, tous les frais de confection et tous autres frais seront réglés par le préfet : le recouvrement en sera opéré par les préposés de l'administration de l'enregistrement et des domaines comme en matière d'amendes, frais et autres objets se rattachant à la grande voirie. Les réclamations contre le règlement de ces frais seront portées devant le conseil de préfecture, sauf recours au conseil d'État.

6. Il sera procédé, ainsi qu'il est dit aux art. 3, 4 et 5 ci-dessus, à l'égard de tout concessionnaire qui négligerait, soit d'adresser au préfet, dans les délais fixés, les plans de ses travaux souterrains, soit de tenir sur ses exploitations le registre et le plan d'avancement journalier des travaux, soit d'entretenir constamment sur ses établissements les médicaments et autres moyens de secours.

7. Les dispositions ci-dessus seront exécutées sans préjudice de l'application, s'il y a lieu, des art. 93 et suivants de la loi du 21 avril 1810.

Loi du 17 juin 1840 sur le sel.

ART. 1er. Nulle exploitation de mines de sel

de sources ou de puits d'eau salée naturellement ou artificiellement, ne peut avoir lieu qu'en vertu d'une concession consentie par ordonnance royale délibérée en conseil d'État.

2. Les lois et règlements généraux sur les mines sont applicables aux exploitations des mines de sel. — Un règlement d'administration publique déterminera, selon la nature de la concession, les conditions auxquelles l'exploitation sera soumise. — Le même règlement déterminera aussi les formes des enquêtes qui devront précéder les concessions de sources ou de puits d'eau salée. — Seront applicables à ces concessions les dispositions des titres V et X de la loi du 21 avril 1810.

3. Les concessions seront faites de préférence aux propriétaires des établissements légalement existants.

4. Les concessions ne pourront excéder vingt kilomètres carrés s'il s'agit d'une mine de sel, et un kilomètre carré pour l'exploitation d'une source ou d'un puits d'eau salée. — Dans l'un et l'autre cas, les actes de concession régleront les droits du propriétaire de la surface conformément aux art. 6 et 42 de la loi du 21 avril 1810. — Aucune redevance proportionnelle ne sera exigée au profit de l'État.

5. Les concessionnaires de mines de sel, de sources ou de puits d'eau salée, seront tenus, 1° de faire, avant toute exploitation ou fabrication, la déclaration prescrite par l'art. 51 de la loi du 21 avril 1800 ; 2° d'extraire ou de fabriquer au minimum et annuellement une quantité de cinq cent mille kilogrammes de sel, pour être livrés à la consommation intérieure et assujettis à l'impôt. — Toutefois une ordonnance royale pourra, dans des circonstances particulières, autoriser la fabrication au-dessous du minimum. Cette autorisation pourra toujours être retirée. — Des règlements d'administration publique détermineront, dans l'intérêt de l'impôt, les conditions auxquelles l'exploitation et la fabrication seront soumises, ainsi que le mode de surveillance à exercer, de manière à ce que le droit soit perçu sur les quantités de sel réellement fabriquées. — Les dispositions du présent article sont applicables aux exploitations ou fabriques actuellement existantes.

6. Tout concessionnaire ou fabricant qui voudra cesser d'exploiter ou de fabriquer est tenu d'en faire la déclaration au moins un mois d'avance. — Le droit de consommation sur les sels extraits ou fabriqués qui seraient encore en la possession du concessionnaire ou du fabricant un mois après la cessation de l'exploitation ou de la fabrication sera exigible immédiatement. — L'exploitation ou la fabrication ne pourront être reprises qu'après un nouvel accomplissement des obligations mentionnées en l'art. 5.

7 Toute exploitation ou fabrication de sel entreprise avant l'accomplissement des formalités prescrites par l'art. 5, sera frappée d'interdiction par voie administrative ; le tout sans préjudice, s'il y a lieu, des peines portées en l'article 10. — Les arrêtés d'interdiction rendus par les préfets seront exécutoires par provision, nonobstant tout recours de droit.

8. Tout exploitant ou fabricant de sel dont les produits n'auront pas atteint le minimum déterminé par l'art. 5, sera passible d'une amende égale au droit qui aurait été perçu sur les quantités de sel manquant pour atteindre le minimum.

9. L'enlèvement et le transport des eaux salées et des matières salifères sont interdits pour toute destination autre que celle d'une fabrique régulièrement autorisée, sauf l'exception portée en l'art. 12. — Des règlements d'administration publique détermineront les formalités à observer pour l'enlèvement et la circulation.

10. Toute contravention aux dispositions des art. 5, 6, 7 et 9, et des ordonnances qui en régleront l'application, sera punie de la confiscation des eaux salées, matières salifères, sels fabriqués, ustensiles de fabrication, moyens de transport, d'une amende de cinq cents francs à cinq mille francs, et, dans tous les cas du payement du double droit sur le sel pur, mélangé ou dissous dans l'eau, fabriqué, transporté ou soustrait à la surveillance. — En cas de récidive, le maximum de l'amende sera prononcé. L'amende pourra même être portée jusqu'au double.

11. Les dispositions des art. 5, 6, 7, 9 et 10, *sauf l'obligation du minimum de fabrication*, sont applicables aux établissements de produits chimiques dans lesquels il se produit en même temps du sel marin. — Dans les fabriques de salpêtre qui n'opèrent pas exclusivement sur les matériaux de démolition, et dans les fabriques des produits chimiques, la quantité de sel marin résultant des préparations sera constatée par les exercices des employés des contributions indirectes.

12. Des règlements d'administration publique détermineront les conditions auxquelles pourront être autorisés l'enlèvement, le transport et l'emploi en franchise ou avec modération de droits, du sel de toute origine, des eaux salées ou des matières salifères, à destination des exploitations agricoles ou manufacturières, et de la salaison, soit en mer, soit à terre, des poissons de toute sorte.

13. Toute infraction aux conditions sous lesquelles la franchise ou la modération de droits aura été accordée en vertu de l'article précédent sera punie de l'amende prononcée par l'art. 10, et, en outre, du payement du double droit sur toute quantité de sel pur ou contenu dans les eaux salées et les matières salifères qui

aura été détournée en fraude. — La disposition précédente est applicable aux quantités de sel que représenteront, d'après les allocations qui auront été déterminées, les salaisons à l'égard desquelles il aura été contrevenu aux règlements. — Quant aux salaisons qui jouissent du droit d'employer le sel étranger, le double droit à payer pour amende sera calculé à raison de soixante francs pour cent kilogrammes, sans remise. — Les fabriques ou établissements, ainsi que les salaisons en mer ou à terre, jouissant déjà de la franchise, sont également soumis aux dispositions du présent article.

14. Les contraventions prévues par la présente loi seront poursuivies devant les tribunaux de police correctionnelle, à la requête de l'administration des douanes ou de celle des contributions indirectes.

15. Avant le 1er juillet 1841, une ordonnance réglera la remise accordée à titre de déchet, en raison des lieux de production, et après les expériences qui auront constaté la déperdition réelle des sels, sans que, dans aucun cas, cette remise puisse excéder cinq pour cent. — Il n'est rien changé aux autres dispositions des lois et règlements relatifs à l'exploitation des marais salants.

16. Jusqu'au 1er janvier 1851, des ordonnances royales régleront : — 1° L'exploitation des petites salines des côtes de la Manche ; — 2° les allocations et franchises sur le sel dit de troque, dans les départements du Morbihan et de la Loire-Inférieure. — A cette époque, toutes les ordonnances rendues en vertu du présent article cesseront d'être exécutoires, et toutes les salines seront soumises aux prescriptions de la présente loi.

17. Les salines, salains et marais salants seront cotisés à la contribution foncière, conformément au décret du 15 octobre 1810, savoir : les bâtiments qui en dépendent, d'après leur valeur locative, et les terrains et emplacements, sur le pied des meilleures terres labourables. — La somme dont les salines, salains et marais salants auront été dégrevés par suite de cette cotisation, sera reportée sur l'ensemble de chacun des départements où ces propriétés sont situées.

18. Les clauses et conditions du traité consenti entre le ministre des finances et la compagnie des salines et mines de sel de l'Est, pour la résiliation du bail passé le 31 octobre 1825, sont et demeurent approuvées. Ce traité restera annexé à la présente loi. — Le ministre des finances est autorisé à effectuer les payements ou restitutions qui devront être opérés pour l'exécution dudit traité. — Il sera tenu un compte spécial où les dépenses seront successivement portées, ainsi que les recouvrements qui seront opérés jusqu'au terme de l'exploitation. — Il est ouvert au ministre des finances, sur l'exercice 1841, un crédit de cinq millions, montant présumé de l'excédant de dépense qui pourra résulter de cette liquidation, dont le compte sera présenté aux Chambres.

19. Les dispositions de la présente loi qui pourraient porter atteinte aux droits de la concession faite au domaine de l'Etat en exécution de la loi du 6 avril 1825 n'auront effet, dans les départements dénommés en ladite loi, qu'après le 1er octobre 1841. — Jusqu'à cette époque, les lois et règlements existants, continueront à recevoir leur application dans lesdits départements.

ORDONNANCE du 7 mars 1841, portant règlement sur les concessions des mines de sel et de sources et puits d'eau salée, et sur les usines destinées à la fabrication du sel.

TITRE PREMIER.

DES MINES DE SEL.

ART. 1er. Il ne pourra être fait de concession de mines de sel sans que l'existence du dépôt de sel ait été constatée par des puits, des galeries ou des trous de sonde.

2. Les demandes en concession seront instruites conformément aux dispositions de la loi du 21 avril 1810 ; elles contiendront les propositions du demandeur, dans le but de satisfaire aux droits attribués aux propriétaires de la surface par les art. 6 et 42 de la loi du 21 avril 1810.

3. L'exploitation d'une mine de sel, soit à l'état solide par puits ou galeries, soit par dissolution au moyen de trous de sonde ou autrement, ne pourra être commencée qu'après que le projet des travaux aura été approuvé par l'administration. A cet effet, le concessionnaire soumettra au préfet un mémoire indiquant la manière dont il entend procéder à l'exploitation, la disposition générale des travaux qu'il se propose d'exécuter et la situation des puits, galeries et trous de sonde par rapport aux habitations, routes et chemins. Il y joindra les plans et coupes nécessaires à l'intelligence de son projet. Lorsque le projet d'exploitation aura été approuvé, il ne pourra être changé sans une nouvelle autorisation ; l'approbation sera également nécessaire pour l'ouverture de tout nouveau champ d'exploitation. Les projets de travaux énoncés aux paragraphes précédents, devront être ainsi que les plans portés à la connaissance du public. A cet effet, des affiches seront apposées pendant un mois dans les communes comprises dans lesdits projets, et une copie des plans sera déposée dans chaque mairie.

TITRE II.

DES SOURCES ET PUITS D'EAU SALÉE.

4. Les art. 10, 11 et 12 de la loi du 21 avril 1810 sont applicables aux recherches d'eau salée.

5. Tout demandeur en concession d'une source ou d'un puits d'eau salée, devra justifier que la source ou le puits peut fournir des eaux salées en quantité suffisante pour une fabrication annuelle de 500,000 kilogrammes au moins.

6. Il devra justifier des facultés nécessaires pour entreprendre et conduire les travaux, et des moyens de satisfaire aux indemnités et charges qui seront imposées par l'acte de concession.

7. La demande en concession sera adressée au préfet et enregistrée à sa date sur un registre spécial conformément à l'art. 22 de la loi du 21 avril 1810. Le secrétaire général de la préfecture délivrera au requérant un extrait certifié de cet enregistrement. La demande contiendra l'indication exigée par l'art. 2 ci-dessus. Le pétitionnaire y joindra le plan en quadruple expédition, et à l'échelle de 5 millimètres pour 10 mètres, des terrains désignés dans sa demande. Ce plan devra indiquer l'emplacement de la source du puits d'eau salée, et sa situation par rapport aux habitations, routes et chemins ; il ne sera admis qu'après vérification par l'ingénieur des mines, il sera visé par le préfet.

8. Les publications et affiches de la demande auront lieu à la diligence du préfet, et conformément aux art. 23 et 24 de la loi du 21 avril 1810. Leur durée sera de deux mois à compter du jour de l'apposition des affiches dans chaque localité. La demande sera insérée dans l'un des journaux du département. Les frais d'affiches, publications et insertions dans les journaux seront à la charge du demandeur.

9. Les demandes en concurrence ne seront admises que jusqu'au dernier jour de la durée des affiches. Elles seront notifiées par actes extrajudiciaires au demandeur, ainsi qu'au préfet qui les fera transcrire à leur date sur le registre mentionné à l'art. 7 ci-dessus. Il sera donné communication de ce registre à toutes les personnes qui voudront prendre connaissance desdites demandes.

10. Les oppositions à la demande en concession, les réclamations relatives à la quotité des offres faites aux propriétaires de la surface, les demandes en indemnité d'invention seront notifiées au demandeur et au préfet par actes extrajudiciaires.

11. Jusqu'à ce qu'il ait été statué définitivement sur la demande en concession, les oppositions, réclamations et demandes mentionnées à l'art. 10 ci-dessus, seront admissibles devant notre ministre des travaux publics ; elles seront notifiées par leurs auteurs aux parties intéressées.

12. Le gouvernement jugera des motifs ou considérations d'après lesquels la préférence doit être accordée aux divers demandeurs en concession, qu'ils soient propriétaires de la surface, inventeurs ou autres, sans préjudice de la disposition transitoire de l'art. 3 de la loi du 17 juin 1840, relative aux propriétaires des établissements actuellement existants.

13. Il sera définitivement statué par une ordonnance délibérée en conseil d'État. Cette ordonnance purgera en faveur du concessionnaire tous les droits des propriétaires de la surface, et des inventeurs ou de leurs ayants cause.

14. L'étendue de la concession sera déterminée par ladite ordonnance ; elle sera limitée par des points fixes pris à la surface du sol.

15. Lorsque dans l'étendue du périmètre qui lui est concédé, le concessionnaire voudra pratiquer, pour l'exploitation de l'eau salée, une ouverture autre que celle désignée par l'acte de concession, il adressera au préfet avec un plan à l'appui, une demande qui sera affichée pendant un mois dans chacune des communes sur lesquelles s'étend la concession. Une copie du plan sera déposée dans chaque mairie. S'il ne s'élève aucune réclamation contre la demande, l'autorisation sera accordée par le préfet ; dans le cas contraire, il sera statué par notre ministre des travaux publics.

16. Toutes les questions d'indemnités à payer par le concessionnaire d'une source ou d'un puits d'eau salée, à raison de recherches antérieures à l'acte de concession, seront décidées conformément à l'art. 4 de la loi du 28 pluviôse an VIII.

17. Les indemnités à payer par le concessionnaire aux propriétaires de la surface, à raison de l'occupation des terrains nécessaires à l'exploitation de l'eau salée, seront réglées conformément aux art. 43 et 44 de la loi du 21 avril 1810.

18. Aucune concession de source ou de puits d'eau salée, ne peut être vendue par lots, ou partagée, sans une autorisation préalable du gouvernement, donnée dans les mêmes formes que la concession.

TITRE III.

DISPOSITIONS COMMUNES AUX CONCESSIONS DE MINES DE SEL ET AUX CONCESSIONS DE SOURCES ET DE PUITS D'EAU SALÉE.

19. Aucune recherche de mine de sel ou d'eau salée, soit par les propriétaires de la surface,

soit par des tiers autorisés en vertu de l'art. 10 de la loi du 21 avril 1810, ne pourra être commencée qu'un mois après la déclaration faite à la préfecture. Le préfet en donnera avis immédiatement au directeur des contributions indirectes, ou au directeur des douanes suivant les cas.

20. Il ne pourra être fait dans le même périmètre, à deux personnes différentes, une concession de mine de sel et une concession de source ou de puits d'eau salée. Mais tout concessionnaire de source ou de puits d'eau salée qui aura justifié de l'existence d'un dépôt de sel dans le périmètre à lui concédé, pourra obtenir une nouvelle concession conformément au titre Ier de la présente ordonnance. Jusque-là, tout puits, toute galerie, ou tout autre ouvrage d'exploitation de mine est interdit au concessionnaire de la source ou du puits d'eau salée.

21. Dans tous les cas où l'exploitation, soit des mines de sel, soit des sources ou des puits d'eau salée, compromettrait la sûreté publique, la conservation des travaux, la sûreté des ouvriers ou des habitations de la surface, il y sera pourvu ainsi qu'il est dit à l'art. 50 de la loi du 21 avril 1810.

22. Tout puits, toute galerie, tout trou de sonde ou tout autre ouvrage d'exploitation ouvert sans autorisation, seront interdits conformément aux dispositions de l'art. 8 de la loi du 27 avril 1838. Néanmoins les exploitations en activité à l'époque de la promulgation de la loi du 17 juin 1840, sont provisoirement maintenues à charge par les exploitants de former dans un délai de 5 mois à partir de la promulgation de la présente ordonnance, des demandes en concession conformément aux dispositions qu'elle prescrit. Si la concession n'est point accordée, l'exploitation cessera de plein droit, et au besoin elle sera interdite conformément au premier paragraphe du présent article.

23. Les concessions pourront être révoquées dans les cas prévus par l'art. 49 de la loi du 21 avril 1810. Il sera alors procédé conformément aux règles établies par la loi du 27 avril 1838.

24. Le directeur des contributions indirectes ou des douanes selon les cas, sera consulté par le préfet sur toute demande en concession de mine de sel, de source ou de puits d'eau salée. Le préfet consultera ensuite les ingénieurs des mines, et transmettra les pièces à notre ministre des travaux publics avec leurs rapports et son avis. Les pièces relatives à chaque demande seront communiquées par notre ministre des travaux publics à notre ministre des finances.

TITRE IV.

DES PERMISSIONS RELATIVES A L'ÉTABLISSEMENT DES USINES POUR LA FABRICATION DU SEL.

25. Les usines destinées à l'élaboration du sel gemme ou au traitement des eaux salées, ne pourront être établies, soit par les concessionnaires de mines de sel, de sources ou de puits d'eau salée, soit par tous autres, qu'en vertu d'une permission accordée par une ordonnance royale, après l'accomplissement des formalités prescrites par l'art. 74 de la loi du 21 avril 1810. Toutefois le délai des affiches est réduit à un mois. Le demandeur devra justifier que l'usine pourra suffire à la fabrication annuelle d'au moins 800,000 kilogrammes de sel, sauf l'application de la faculté ouverte par le deuxième alinéa de l'art. 5 de la loi du 17 juin 1840. Seront d'ailleurs observées les dispositions des lois et règlements sur les établissements dangereux, incommodes et insalubres.

26. La demande en permission devra être accompagnée d'un plan en quadruple expédition, à l'échelle de 2 millimètres par mètre, indiquant la situation et la consistance de l'usine. Ce plan sera vérifié et certifié par les ingénieurs des mines, et visé par le préfet. Les oppositions auxquelles la demande pourra donner lieu, seront notifiées au demandeur et au préfet par actes extrajudiciaires.

27. Les dispositions de l'art. 24 ci-dessus, relatives aux demandes en concession de mines de sel ou de sources et de puits d'eau salée, seront également observées à l'égard des demandes en permission d'usines.

28. Les permissions seront données à la charge d'en faire usage dans un délai déterminé. Elles auront une durée indéfinitive, à moins que l'ordonnance d'autorisation n'en ait décidé autrement.

29. Elles pourront être révoquées pour cause d'inexécution des conditions auxquelles elles auront été accordées. La révocation sera prononcée par arrêté de notre ministre des travaux publics ; cet arrêté sera exécutoire par provision, nonobstant tout recours de droit.

30. Les fabriques légalement en activité à l'époque de la promulgation de la loi du 17 juin 1840, sont maintenues provisoirement, à charge par les propriétaires de former une demande en permission dans un délai de trois mois à partir de la promulgation de la présente ordonnance. Dans le cas où cette permission ne serait point accordée, les établissements seront interdits dans les formes indiquées au second paragraphe de l'article précédent.

ORDONNANCE *du 26 juin 1841 portant règlement sur l'exploitation et la fabrication*

des sels, et sur l'enlèvement et la circula-
tion des eaux salées et des matières sali-
fères.

TITRE PREMIER.

OBLIGATIONS DES FABRICANTS DE SEL ET DES CONCESSIONNAIRES DE MINES DE SEL, DE SOURCES OU DE PUITS D'EAU SALÉE.

ART. 1er. Un mois au moins avant toute exploitation ou fabrication, les concessionnaires de mines de sel, de sources ou de puits d'eau salée, autorisés en vertu de la loi du 17 juin 1840, devront faire une déclaration au plus prochain bureau des douanes pour les mines, sources et puits situés dans les 15 kilomètres des côtes et dans les 20 kilomètres des frontières de terre ; et au bureau le plus prochain des contributions indirectes, pour les mines, sources ou puits situés dans l'intérieur du Royaume. La déclaration des fabricants ne sera admise qu'autant qu'ils justifieront que la construction de l'usine a été autorisée conformément à l'ordonnance réglementaire du 7 mars 1841, rendue pour l'exécution de l'art. 2 de la loi du 17 juin 1840. Sera faite au même bureau, la déclaration à laquelle sont tenus, aux termes de l'art. 6 de la loi précitée, les concessionnaires qui voudront cesser d'exploiter ou de fabriquer.

2. Tout fabricant exploitant des mines de sel ou des eaux salées, devra entourer les puits, galeries, trous de sonde, et les sources ainsi que les bâtiments de son usine, d'une enceinte en bois ou en maçonnerie de 3 mètres d'élévation, ayant à l'intérieur et à l'extérieur un chemin de ronde de 2 mètres au moins de largeur, avec accès sur la voie publique par une seule porte ou entrée. L'administration pourra exiger que l'enceinte en bois soit remplacée par une clôture en maçonnerie, dans tout établissement, usine ou exploitation où il aura été commis une contravention aux dispositions de la loi du 17 juin 1840, ou à celles des ordonnances royales qui en régleront l'application.

3. Il y aura dans chaque fabrique : 1o un ou plusieurs magasins destinés au dépôt des sels fabriqués ; ces magasins seront sous la double clef de l'exploitant et des agents de la perception ; 2o un local convenable près de l'entrée de l'établissement pour le logement et le bureau de deux employés au moins ; le loyer de ce logement sera supporté par l'administration et fixé de gré à gré, ou à défaut de fixation amiable, réglé par le préfet du département ; 3o des poids et balances pour la pesée des sels, ainsi que des mesures de capacité pour la vérification du volume des eaux salées.

4. Si, à cause de l'éloignement, quelques puits ou galeries servant à l'exploitation du sel en roche ne peuvent pas être compris dans l'enceinte de l'usine, ils seront entourés d'une clôture particulière établie comme il est dit à l'art. 2, et de manière à renfermer les appareils d'extraction et les haldes. Le sel devra être déposé dans un magasin exclusivement destiné à cet usage, et disposé conformément au premier paragraphe de l'article précédent.

5. Devront être entourés d'une semblable clôture, les trous de sonde servant à l'exploitation par dissolution ainsi que les sources ou puits d'eau salée qui ne pourront pas, à cause de leur éloignement, être compris dans l'enceinte d'une usine.

TITRE II.

EXERCICE DES FABRIQUES ET SURVEILLANCE DES USINES, SOURCES OU PUITS.

6. Toute exploitation ou fabrique de sel sera tenue en exercice par les employés des contributions indirectes, ou des douanes, suivant le lieu où elle sera située.

7. Les exploitants et fabricants seront soumis aux visite et vérifications des employés, et tenus de leur ouvrir à toute réquisition, leurs fabriques, ateliers, magasins, logements d'habitation, caves et celliers, et tous autres bâtiments enclavés dans l'enceinte des fabriques, ainsi que de leur représenter les sels, eaux salées, résidus qu'ils auront en leur possession. Ces visites et vérifications pourront avoir lieu même de nuit dans les ateliers et magasins, si le travail se prolonge après le coucher du soleil.

8. Les employés sont autorisés à faire toutes les recherches nécessaires pour s'assurer si les puits, les trous de sonde et les sources d'eau salée, et les galeries situées soit dans l'intérieur, soit à l'extérieur des fabriques, n'ont pas de conduits clandestins.

9. Les sels, après qu'ils seront parvenus à l'état solide ou concret, ne pourront être retirés des poêles et chaudières que pour être déposés immédiatement, soit sur les bancs d'épuration, les égouttoirs ou les séchoirs, soit dans des étuves, soit enfin dans des vases quelconques désignés d'avance aux employés ; ils ne pourront recevoir aucune manipulation subséquente ayant pour objet d'en compléter la fabrication, que sous la surveillance des employés qui sont autorisés à prendre toutes les mesures nécessaires pour qu'il ne puisse en être soustrait.

10. Les eaux mères, schlots, crasses de sel et autres déchets de fabrication, les cendres, cusins et débris de fourneaux des fabriques de sel, seront détruits, à moins que l'enlèvement et le transport n'en aient été préalablement autorisés, conformément à l'art. 12 de la loi du 17 juin 1840.

11. Les sels fabriqués seront pris en charge au fur et à mesure que la fabrication en sera complétement achevée ; ceux qui ne seront pas expédiés immédiatement devront être placés dans les magasins désignés à l'art. 5. Il sera donné décharge des quantités enlevées, soit pour la consommation, soit pour l'exportation aux colonies ou à l'étranger, soit en vertu de l'art. 12 de la loi du 17 juin 1840, soit enfin pour les salaisons en mer. Les sels qui auront été déclarés pour la consommation, ne pourront séjourner dans l'enceinte de la fabrique et devront en sortir immédiatement.

12. Tous les trois mois, il sera fait un inventaire des sels en magasin, et le fabricant sera tenu de payer sur-le-champ le droit sur les quantités manquantes en sus de la déduction accordée pour déchets de magasin. Cette déduction est fixée à 8 p. 100 sur les quantités entrées en magasin après fabrication.

TITRE III.

SURVEILLANCE ET FORMALITÉS À L'ENLÈVEMENT ET À LA CIRCULATION DES SELS, EAUX SALÉES ET MATIÈRES SALIFÈRES.

13. La surveillance des préposés des douanes et des contributions indirectes, s'exercera pour la perception de la taxe sur les sels dans un rayon de 15 kilomètres des mines, des puits et sources salées et des usines qui en exploitent les produits.

14. Les fabricants ne pourront laisser sortir les sels des fabriques ou des enceintes désignées à l'art. 4, sans qu'il en ait été fait aucune déclaration préalable au bureau le plus prochain du lieu d'extraction, et sans qu'il ait été pris soit un acquit-à-caution, un congé ou un passavant, soit un acquit de payement en tenant lieu. Les concessionnaires de puits ou de sources ne pourront non plus enlever d'eau salée sans qu'il ait été pris un acquit-à-caution. Les conducteurs de sels, d'eaux salées ou de matières salifères, seront tenus d'exhiber à toute réquisition à 15 kilomètres des mines, puits et sources salées et des usines qui en exploitent les produits, les expéditions dont ils doivent être porteurs.

15. Les déclarations à faire pour obtenir les expéditions mentionnées en l'article précédent contiendront le nom de l'expéditeur et celui du destinataire, la quantité de sel ou d'eau salée qui devra être enlevée, le degré de densité de l'eau, le nom du voiturier ou maître de l'embarcation qui effectuera le transport, le lieu de destination et la route à suivre.

16. Les sels, eaux salées ou matières salifères ne pourront circuler dans les 15 kilomètres soumis à la surveillance des préposés, sans être accompagnés d'un acquit-à-caution, d'un congé, d'un passavant ou d'un acquit de payement en tenant lieu. Les transports de sel, d'eaux salées, ou de matières salifères ne pourront avoir lieu avant le lever ou après le coucher du soleil, lors même qu'ils seraient accompagnés d'une expédition régulière, qu'autant que cette expédition mentionnera expressément la permission de les faire circuler pendant la nuit.

17. L'eau salée extraite des puits ou sources ne pourra être expédiée à destination d'une fabrique autorisée, que lorsque le transport en aura lieu dans des vases qui pourront être jaugés. L'extraction n'aura lieu que le jour, en présence des employés, qui vérifieront et mentionneront dans l'acquit-à-caution le degré que l'eau salée marque au densimètre. Les fabriques actuellement en exploitation et à destination desquelles l'eau parvient par des conduits ou tuyaux, pourront être autorisées à jouir de cet avantage sous les conditions qui seront déterminées par notre ministre secrétaire d'État des finances.

18. Les sels expédiés à des destinations qui dispensent du payement du droit, au départ, seront renfermés dans des sacs d'un poids uniforme, ayant toutes les coutures à l'intérieur et plombés par les employés, aux frais du fabricant. Le prix du plomb et de la ficelle est fixé à 25 centimes. La ficelle devra passer les plis du col du sac. L'arrivée des sels à destination sera garantie par un acquit-à-caution dont le prix sera payé à l'administration des contributions indirectes ou à l'administration des douanes, conformément à la loi du 28 avril 1816.

19. Tout ce qui concerne les acquits-à-caution délivrés pour le transport des sels, eaux salées et matières salifères, sera régi par les dispositions de la loi du 22 août 1791. Néanmoins la pénalité sera réglée conformément à l'art. 10 de la loi du 17 juin 1840. En cas de déficit, soustraction ou substitution, la confiscation sera établie, et le droit sera calculé sur une quantité de sel égale à celle non représentée. Si la différence porte sur le volume ou sur le degré de l'eau salée, la quantité de sel dissoute dans l'eau sera évaluée pour 1 hectolitre d'eau salée, à raison de 1,650 grammes de sel pour chaque degré de densimètre au-dessus de la densité de l'eau pure.

TITRE IV.

PAYEMENT DU DROIT.

20. La taxe sera perçue sur les sels enlevés pour la consommation intérieure, sous la seule déduction de l'allocation qui sera fixée pour déchet en exécution de l'art. 15 de la loi du 17 juin 1840. Le payement sera effectué soit au comptant, sous l'escompte de 6 p. % pour les sommes de 300 francs et au-dessus, soit en

traites ou obligations dûment cautionnées à trois, six et neuf mois, lorsque le droit s'élèvera à plus de 600 francs.

TITRE V.

DES FABRIQUES DE PRODUITS CHIMIQUES.

21. Les dispositions des art. 6, 7 , 11 , 12, 14, 15, 18, 19 et 20 sont applicables à toutes les fabriques de produits chimiques dans lesquelles il est obtenu du chlorure de sodium (sel marin), soit pur, soit mélangé d'autres sels ; les fabricants de ces produits seront en outre tenus, chaque fois que leurs préparations devront produire ce sel : 1º de déclarer par écrit au bureau le plus voisin, au moins vingt-quatre heures d'avance le jour et l'heure où commencera et finira le travail dans leurs ateliers ; 2º d'avoir dans leur fabrique un magasin destiné au dépôt du sel ; ce magasin sera sous la double clef de l'exploitant et des agents de la perception.

22. Les chlorures de sodium obtenus dans les fabriques de produits chimiques, soit purs, soit mélangés d'autres sels ou d'autres matières, ne pourront être admis dans la consommation, même sous le payement de la taxe, que sur la représentation d'un certificat constatant que ces sels ne contiennent aucune substance nuisible à la santé publique. Notre ministre secrétaire d'État au département de l'agriculture et du commerce déterminera le mode de délivrance des certificats dont il s'agit.

TITRE VI.

DISPOSITIONS GÉNÉRALES.

23. Toute infraction aux dispositions de la présente ordonnance sera punie des peines portées par l'art. 10 de la loi du 17 juin 1840.

ORDONNANCE *du 26 février 1846 sur la dénaturation des sels destinés à l'alimentation du bétail.*

ART. 1er. Le droit sur les sels, fixé à trois décimes par kilogramme par l'art. 25 de la loi du 17 décembre 1814, est réduit à cinq centimes par kilogramme pour les sels destinés à l'alimentation des bestiaux, sous la condition que ces sels seront mélangés, aux frais des intéressés, à leur choix, dans les proportions indiquées ci-après :

Premier mélange.

Pour cinq kilogrammes de sel en poudre, cinq litres d'eau et deux hectolitres ou quarante kilogrammes de son ordinaire ou mêlé de recoupe.

Deuxième mélange.

Pour dix kilogrammes de sel en poudre, dix litres d'eau, quatre kilogrammes de farine de tourteaux de graines oléagineuses, et deux hectolitres ou quarante kilogrammes de son ordinaire ou mêlé de recoupe.

2. La perception du droit de cinq centimes sur les sels ayant la destination spéciale indiquée à l'article précédent, sera faite avant l'enlèvement des marais salants, ou avant la sortie des entrepôts de sel et des fabriques de sel ignigènes, pourvu que lesdits sels aient été préalablement pulvérisés.

3. Les mélanges indiqués à l'art. 1er, auront lieu sous la surveillance des agents des douanes ou des contributions indirectes, dans les magasins de dépôts qui seront établis conformément à l'art. 4 ci- après.

Ces mélanges s'effectueront aux jours et heures qui seront déterminés par le chef de service des douanes ou par le directeur des contributions indirectes de l'arrondissement.

4. Des dépôts spéciaux de sels imposés au droit de cinq centimes pourront être autorisés dans toutes les communes où il existera soit un bureau de douanes, soit des employés des contributions indirectes en résidence.

5. Tout individu qui voudra, en exécution de l'article précédent, établir un de ces dépôts, devra en faire la demande par écrit au directeur des douanes ou à celui des contributions indirectes, et lui faire agréer un local convenable pour servir à l'emmagasinement et au mélange des sels. Il devra, en outre, s'engager, par une soumission dûment cautionnée, et sous les peines portées à l'art. 13 de la loi du 17 juin 1840, à représenter, à toute réquisition des agents des douanes ou des contributions indirectes, les sels en magasin.

6. Les sels ne pourront être expédiés sur lesdits dépôts qu'avec acquits-à-caution et sous l'accomplissement des formalités prescrites par les art. 18 et 19 de l'ordonnance du 26 juin 1841.

7. Les magasins de dépôt seront sous la double clef des dépositaires et des agents des douanes ou des contributions indirectes. Ces agents tiendront un compte d'entrée et de sortie des sels mis en magasin, lesquels y resteront sous plomb jusqu'au moment où il en sera fait livraison après mélange.

8. Les dépositaires seront tenus de fournir les ouvriers et les ustensiles nécessaires pour le pesage et le mesurage des matières destinées au mélange.

9. Dans les lieux où le transport des sels, des eaux salées et des matières salifères, est soumis à des formalités à la circulation, les sels mélangés devront être accompagnés de l'acquit de payement des droits, d'un congé, d'un passavant ou de toute autre expédition régulière des douanes ou des contributions indirectes.

10. Toute infraction aux dispositions de la présente ordonnance entraînera l'application des peines prononcées par l'art. 13 de la loi du 17 juin 1840.

ARRÊT du conseil d'État du Roi, en date du 7 septembre 1775, portant règlement concernant les matériaux à prendre dans tous les endroits non clos, même dans les bois du Roi et des communautés ecclésiastiques et laïques, seigneurs et particuliers, pour l'usage des travaux des ponts et chaussées, et qui exempte ces mêmes matériaux de tous droits de traites, aides, domaines, octrois, péages, et généralement de tous autres droits, lors de l'exportation d'iceux.

Le Roi, étant informé que les entrepreneurs des ponts et chaussées du Royaume sont quelquefois troublés dans l'exécution des ouvrages dont ils sont adjudicataires, par les propriétaires de fonds sur lesquels ils sont obligés de prendre les matériaux qui leur sont nécessaires, ou même par les seigneurs directs ou justiciers desdits fonds : comme aussi que, lorsqu'ils se trouvent obligés de prendre lesdits matériaux dans les bois et forêts appartenant à des ecclésiastiques, communautés laïques et autres gens de mainmorte, il se forme des conflits entre les officiers des maîtrises des eaux et forêts, d'une part, à qui la police des bois et la manutention de tout ce qui concerne leur conservation, est attribuée, et les officiers des bureaux des finances, d'autre, qui ont la connaissance de ce qui concerne les adjudicataires des ouvrages des ponts et chaussées ; et Sa Majesté voulant tout à la fois prévenir les inconvénients ci-dessus, et assurer de plus en plus l'exécution des réglements précédemment rendus concernant l'exemption de tous droits pour lesdits matériaux lors de leur transport par terre ou par eau ; elle aurait jugé à propos d'expliquer ses intentions sur cet objet, et de donner de plus en plus des marques de sa protection à des ouvrages dont l'utilité est reconnue, et qui, en facilitant les communications et le commerce, augmentent les produits des droits mêmes auxquels on voudrait assujettir ceux qui les construisent : sur quoi ouï le rapport du sieur Moreau de Séchelles, conseiller d'État ordinaire, et au Conseil royal, contrôleur général des finances, le Roi étant en son Conseil, a ordonné et ordonne ce qui suit.

ART. 1er. Les arrêts du Conseil des 3 octobre 1667, 3 décembre 1672 et 22 juin 1706, seront exécutés selon leur forme et teneur ; en conséquence, les entrepreneurs de l'entretien du pavé de Paris, ainsi que ceux des autres ouvrages ordonnés pour les ponts, chaussées et chemins du Royaume, turcies et levées des rivières de Loire, Cher et Allier, et autres affluentes, pourront prendre la pierre, le grès, le sable et autres matériaux pour l'exécution des ouvrages dont ils sont adjudicataires, dans tous les lieux qui leur seront indiqués par les devis et adjudications desdits ouvrages, sans néanmoins qu'ils puissent les prendre dans des lieux qui seront fermés de murs, ou clôture équivalente, suivant les usages du pays. Fait Sa Majesté défense aux seigneurs ou propriétaires desdits lieux non clos, de leur apporter aucun trouble ni empêchement, sous quelque prétexte que ce puisse être ; à peine de toute perte, dépens, dommages et intérêts, même d'amende et de telle autre condamnation qu'il appartiendra, selon l'exigence des cas, sauf néanmoins auxdits seigneurs et propriétaires à se pourvoir contre lesdits entrepreneurs pour leur dédommagement, ainsi qu'il sera réglé ci-après : dans le cas où les matériaux indiqués par les devis ne seront pas jugés convenables ou suffisants, les inspecteurs généraux ou ingénieurs pourront en indiquer à prendre dans d'autres lieux ; mais lesdites indications seront données par écrit et signées desdits inspecteurs ou ingénieurs. Veut Sa Majesté que les entrepreneurs ne puissent faire aucun autre usage des matériaux qu'ils auront extraits des terres appartenantes aux particuliers, que de les employer dans des ouvrages dont ils sont adjudicataires, à peine de tous dommages et intérêts envers les propriétaires, et même de punition exemplaire.

2. Lesdits inspecteurs généraux et ingénieurs indiqueront, autant qu'ils le pourront, pour prendre lesdits matériaux, les lieux où leur extraction causera le moins de dommages ; ils s'abstiendront, autant que faire se pourra, d'en faire prendre dans les bois ; et dans les cas où l'on ne pourrait s'en dispenser sans augmenter considérablement le prix des ouvrages, veut Sa Majesté que les entrepreneurs ne puissent mettre des ouvriers dans les bois appartenant à Sa Majesté, ou aux gens de mainmorte, même dans les lisières et aux abords des forêts et distances prohibées par les règlements, sans en avoir pris la permission des grands-maîtres des eaux et forêts, ou des officiers des maîtrises par eux commis, qui constateront les lieux où il sera permis auxdits entrepreneurs de faire travailler, et la manière dont se fera l'extraction desdits matériaux, comme aussi les chemins par lesquels ils les voitureront : voulant Sa Majesté que dans les cas où lesdits officiers auraient quelque représentation à faire pour la conservation desdits bois, ils en adressent sans retardement leur mémoire au sieur contrôleur général des finances, pour y être statué par Sa Majesté ; et ne pourront en aucun cas lesdits officiers exiger desdits entrepreneurs aucuns

frais ni vacations pour raison des visites et permissions ci-dessus ordonnées.

3. Les propriétaires de terrains sur lesquels lesdits matériaux auront été pris, seront pleinement et entièrement dédommagés de tout le préjudice qu'ils auront pu en souffrir, tant par la fouille pour l'extraction desdits matériaux, que par les dégâts auxquels l'enlèvement aura pu donner lieu. Sera payé ledit dédommagement auxdits propriétaires, par les entrepreneurs, suivant l'estimation qui en sera faite par l'ingénieur qui aura fait le devis des ouvrages ; et en cas que lesdits propriétaires ne voulussent pas s'en rapporter à ladite estimation, il sera ordonné un rapport de trois nouveaux experts nommés d'office, dont lesdits propriétaires seront tenus d'avancer les frais. Veut Sa Majesté que les entrepreneurs rejettent en outre à leurs frais et dépens, dans les fouilles et ouvertures qu'ils auront faites, les terres et décombres qui en seront provenus.

4. Les bois, pierres, grès, sable, fer, et autres matériaux que les entrepreneurs des ouvrages du pavé de Paris, des ponts et chaussées, turcies et levées, feront transporter pour l'exécution de leurs ouvrages, même leurs outils et équipages, seront exempts de tous droits de traite, entrée et sortie, même de ceux dépendant des fermes des aides, domaines et barrage, droits d'octrois, péages, pontonnages, et de tous autres généralement quelconques appartenant à Sa Majesté, aliénés, engagés ou concédés, soit aux villes et communautés, soit aux particuliers, à quelque titre que ce soit, conformément à la déclaration du 7 septembre 1692, aux arrêts du conseil des 2 juin et 4 août 1705 et autres subséquents, en rapportant certificat de leur destination par l'ingénieur, visé des sieurs trésoriers de France, commissaires du pavé de Paris, et des sieurs intendants et commissaires départis dans les provinces et autres généralités du Royaume. Enjoint Sa Majesté auxdits sieurs intendants et commissaires départis dans les provinces et généralités du Royaume, aux officiers des bureaux des finances, aux grands-maîtres et autres officiers des maîtrises des eaux et forêts, de tenir la main, chacun en droit soi, à l'exécution du présent arrêt qui sera lu, publié et affiché partout où besoin sera.

Fait au conseil d'État du Roi, Sa Majesté y étant, tenu à Versailles le 7 septembre 1755.

Arrêt *du conseil d'État du Roi, en date du 5 avril 1772, portant règlement pour l'ouverture des carrières et chemins aux abords.*

Le Roi s'étant fait représenter, en son Conseil, le rapport fait par les sieurs commissaires du pavé de Paris et des ponts et chaussées :

Contenant, que les routes royales se trouvent souvent endommagées, surtout aux abords de la ville de Paris, par les voitures de pierres qui sont employées à l'exploitation des carrières ouvertes au long desdites routes : Que ces voitures qui sont très-pesantes, détruisent, en abordant au grand chemin, les berges, les fossés et les accottements : et que souvent elles cassent ou endommagent les arbres plantés aux dépens de Sa Majesté pour la commodité et l'embellissement desdites routes ; et que les dégradations se multiplient et s'étendent de jour en jour par les nouvelles charières qu'ouvrent lesdites voitures à mesure que les anciennes sont ruinées : Qu'il serait juste que les particuliers qui causent les dégradations, fussent tenus de les réparer, et qu'on pourrait même les prévenir, en assujettissant les propriétaires ou entrepreneurs desdites carrières à faire arranger et entretenir à leurs frais, des passages entre les arbres, sur les fossés et sur les accottements des grands chemins pour faciliter l'abord de leurs dites voitures, en pavé ; et à planter en même temps des bornes aux deux côtés de ces passages pour que les plantations ne soient plus endommagées : Que sans ces précautions, l'entretien des grandes routes deviendrait dans la suite plus dispendieux et plus onéreux à Sa Majesté. A quoi voulant pourvoir : Ouï le rapport du sieur Abbé Terray, conseiller ordinaire au Conseil royal, contrôleur général des finances ; le Roi étant en son Conseil a ordonné et ordonne ce qui suit :

Art. 1er. Les règlements précédemment faits, concernant l'ouverture des carrières, seront exécutés selon leur forme et teneur. Aucune carrière de pierre de taille, moellon, grès, et autres fouilles pour tirer de la marne, glaise ou sable, ne pourra être ouverte qu'à trente toises de distance du pied des arbres plantés au long des grandes routes ; et ne pourront les entrepreneurs desdites carrières, pousser aucune fouille ou galerie souterraine du côté desdites routes, à moins de trente toises de distance desdites plantations ou des bords extérieurs desdites routes, conformément aux dispositions de l'arrêt du Conseil du 14 mars 1741, et de l'ordonnance du bureau des finances du 29 mars 1754, concernant la police générale des chemins.

2. Les propriétaires ou entrepreneurs desdites carrières, ne pourront ouvrir aucun passage entre les arbres et sur les fossés desdites routes royales, sans en avoir obtenu une permission expresse et par écrit du sieur commissaire du Conseil, chargé de veiller à l'entretien desdites routes ; et ladite permission ne pourra leur être accordée que sur la soumission qu'ils donneront de se conformer aux articles suivants.

5. Aux endroits qui auront été indiqués par lesdits sieurs commissaires pour former lesdits passages, le fossé sera comblé jusqu'à la hauteur des berges, dans la largeur de douze pieds seulement, et par-dessus il sera fait un bout de pavé partant de la bordure du pavé du grand chemin, et avançant dans la campagne jusqu'à six pieds au delà des arbres; à l'extrémité dudit bout de pavé, il sera planté deux bornes de pierre; et sur le pavé, au milieu du fossé, il sera fait un cassis, ou une pierrée ou aqueduc au-dessous, suivant l'exigence des cas, pour l'écoulement des eaux.

4. Lesdits ouvrages seront construits et entretenus par les entrepreneurs des routes royales, aux dépens des propriétaires et entrepreneurs des carrières voisines; et ce, tant que lesdites carrières continueront d'être exploitées.

5. Lesdits ouvrages seront payés aux entrepreneurs des routes, par les propriétaires ou entrepreneurs desdites carrières, conformément aux devis et états de répartition qui auront été dressés pour lesdites constructions par les ingénieurs de Sa Majesté, et visés par lesdits sieurs commissaires; et lesdits payements seront faits dans le délai d'un mois après que la réception desdits ouvrages aura été donnée par lesdits sieurs commissaires et ingénieurs.

6. Défend Sa Majesté à tous voituriers de pierres, moellons, grès et autres matériaux provenant des carrières, de se frayer d'autres passages pour aborder les grands chemins, que ceux qui auront été ainsi disposés pour leur usage, à peine de cinq cents livres d'amende et de confiscation desdits matériaux, desquelles amendes ils seront tenus solidairement avec les propriétaires et entrepreneurs desdites carrières; comme aussi de toute dégradation arrivée par leur fait aux berges, fossés, plantations et accottements desdites routes. Enjoint Sa Majesté aux bureaux des finances, aux sieurs intendants et commissaires départis dans les généralités du Royaume, et aux sieurs commissaires du pavé de Paris et des ponts et chaussées, chacun en droit soi, de faire publier et afficher le présent arrêt partout où besoin sera; et de tenir la main à l'exécution des règlements y contenus, nonobstant opposition ou appellation quelconques, pour lesquelles il ne sera différé; et si aucunes interviennent, Sa Majesté s'en réserve la connaissance, et icelle interdit à toutes ses cours et autres juges. Fait au conseil d'État du Roi, Sa Majesté y étant, tenu à Versailles, le 5 avril 1772.

CODE CIVIL.

552. La propriété du sol emporte la propriété du dessus et du dessous. — Le propriétaire peut faire au-dessus toutes les plantations et constructions qu'il juge à propos, sauf les exceptions établies au titre *des Servitudes ou Services fonciers.* — Il peut faire au-dessous toutes les constructions et fouilles qu'il jugera à propos, et tirer de ces fouilles tous les produits qu'elles peuvent fournir, sauf les modifications résultant des lois et règlements relatifs aux mines, et des lois et règlements de police.

DEUXIÈME PARTIE.

DES TERRAINS A METTRE EN CULTURE.

CHAPITRE Ier. — DES MARAIS.

[Page 365.]

LOI *du 16 septembre 1807, relative au desséchement des marais.*

TITRE PREMIER.

DESSÉCHEMENT DES MARAIS.

ART. 1er. La propriété des marais est soumise à des règles particulières. — Le Gouvernement ordonnera les desséchements qu'il jugera utiles ou nécessaires.

2. Les desséchements seront exécutés par l'État ou par des concessionnaires.

3. Lorsqu'un marais appartiendra à un seul propriétaire, ou lorsque tous les propriétaires seront réunis, la concession du desséchement leur sera toujours accordée, s'ils se soumettent à l'exécuter dans les délais fixés et conformément aux plans adoptés par le Gouvernement.

4. Lorsqu'un marais appartiendra à un propriétaire, ou à une réunion de propriétaires qui ne se soumettront pas à dessécher dans les délais, et selon les plans adoptés, ou qui n'exécuteront pas les conditions auxquelles ils se seront soumis; lorsque les propriétaires ne seront pas tous réunis; lorsque, parmi lesdits propriétaires, il y aura une ou plusieurs com-

munes, la concession du desséchement aura lieu en faveur des concessionnaires dont la soumission sera jugée la plus avantageuse par le Gouvernement: celles qui seraient faites par des communes propriétaires, ou par un certain nombre de propriétaires réunis, seront préférées à conditions égales.

5. Les concessions seront faites par des décrets rendus en conseil d'État, sur des plans levés ou sur des plans vérifiés et approuvés par les ingénieurs des ponts et chaussées; aux conditions prescrites par la présente loi, aux conditions qui seront établies par les règlements généraux à intervenir, et aux charges qui seront fixées à raison des circonstances locales.

6. Les plans seront levés, vérifiés et approuvés aux frais des entrepreneurs du desséchement: si ceux qui auront fait la première soumission, et fait lever ou vérifier les plans, ne demeurent pas concessionnaires, ils seront remboursés par ceux auxquels la concession sera définitivement accordée. — Le plan général du marais comprendra tous les terrains qui seront présumés devoir profiter du desséchement. Chaque propriété y sera distinguée, et son étendue exactement circonscrite.—Au plan général seront joints tous les profils et nivellements nécessaires; ils seront, le plus possible, exprimés sur le plan par des cotes particulières.

TITRE II.

FIXATION DE L'ÉTENDUE, DE L'ESPÈCE ET DE LA
VALEUR ESTIMATIVE DES MARAIS AVANT
LE DESSÉCHEMENT.

7. Lorsque le Gouvernement fera un desséchement, ou lorsque la concession aura été accordée, il sera formé entre les propriétaires un syndicat, à l'effet de nommer les experts qui devront procéder aux estimations statuées par la présente loi. — Les syndics seront nommés par le préfet; ils seront pris parmi les propriétaires les plus imposés, à raison des marais à dessécher. Les syndics seront au moins au nombre de trois, et au plus au nombre de neuf, ce qui sera déterminé dans l'acte de concession.

8. Les syndics réunis nommeront et présenteront un expert au préfet du département. — Les concessionnaires en présenteront un autre; le préfet nommera un tiers expert. — Si le desséchement est fait par l'État, le préfet nommera le second expert, et le tiers expert sera nommé par le ministre de l'intérieur.

9. Les terrains des marais seront divisés en plusieurs classes, dont le nombre n'excédera pas dix, et ne pourra être au-dessous de cinq : ces classes seront formées d'après les divers degrés d'inondation. Lorsque la valeur des différentes parties du marais éprouvera d'autres variations que celles provenant des divers degrés de submersion, et dans ce cas seulement, les classes seront formées sans égard à ces divers degrés, et toujours de manière à ce que toutes les terres de même valeur présumée soient dans la même classe.

10. Le périmètre des diverses classes sera tracé sur le plan cadastral qui aura servi de base à l'entreprise. — Ce tracé serait fait par les ingénieurs et les experts réunis.

11. Le plan, ainsi préparé, sera soumis à l'approbation du préfet; il restera déposé au secrétariat de la préfecture pendant un mois ; les parties intéressées seront invitées, par affiches, à prendre connaissance du plan, à fournir leurs observations sur son exactitude, sur l'étendue donnée aux limites jusques auxquelles se feront sentir les effets du desséchement, et enfin sur le classement des terres.

12. Le préfet, après avoir reçu ces observations, celles en réponse des entrepreneurs du desséchement, celles des ingénieurs et des experts, pourra ordonner les vérifications qu'il jugera convenables. — Dans le cas où, après vérification, les parties intéressées persisteraient dans leurs plaintes, les questions seront portées devant la commission constituée par le titre X de la présente loi.

13. Lorsque les plans auront été définitivement arrêtés, les deux experts nommés par les propriétaires et les entrepreneurs du desséchement se rendront sur les lieux ; et, après avoir recueilli tous les renseignements nécessaires, ils procéderont à l'appréciation de chacune des classes composant le marais, eu égard à sa valeur réelle au moment de l'estimation considérée dans son état de marais, et sans pouvoir s'occuper d'une estimation détaillée par propriété. — Les experts procéderont en présence du tiers expert, qui les départagera, s'ils ne peuvent s'accorder.

14. Le procès-verbal d'estimation par classe, sera déposé pendant un mois à la préfecture. Les intéressés en seront prévenus par affiches; et s'il survient des réclamations, elles seront jugées par la commission. — Dans tous les cas, l'estimation sera soumise à ladite commission, pour être jugée et homologuée par elle ; elle pourra décider outre et contre l'avis des experts.

15. Dès que l'estimation aura été définitivement arrêtée, les travaux de desséchement seront commencés ; ils seront poursuivis et terminés dans les délais fixés par l'acte de concession, sous les peines portées audit acte.

TITRE III.

DES MARAIS PENDANT LE COURS DES TRAVAUX
DE DESSÉCHEMENT.

16. Lorsque, d'après l'étendue des marais, ou

la difficulté des travaux, le desséchement ne pourra être opéré dans trois ans, l'acte de concession pourra attribuer aux entrepreneurs du desséchement, une portion en deniers, du produit des fonds qui auront les premiers profité des travaux de desséchement. — Les contestations relatives à l'exécution de cette clause de l'acte de concession, seront portées devant la commission.

TITRE IV.

DES MARAIS APRÈS LE DESSÉCHEMENT, ET DE L'ESTIMATION DE LEUR VALEUR.

17. Lorsque les travaux prescrits par l'État ou par l'acte de concession seront terminés, il sera procédé à leur vérification et réception. — En cas de réclamation, elles seront portées devant la commission, qui les jugera.

18. Dès que la reconnaissance des travaux aura été approuvée, les experts respectivement nommés par les propriétaires et par les entrepreneurs du desséchement, et accompagnés du tiers expert, procéderont, de concert avec les ingénieurs, à une classification des fonds desséchés, suivant leur valeur nouvelle, et l'espèce de culture dont ils seront devenus susceptibles. — Cette classification sera vérifiée, arrêtée, suivie d'une estimation, le tout dans les mêmes formes ci-dessus prescrites pour la classification et l'estimation des marais avant le desséchement.

TITRE V.

RÈGLES POUR LE PAYEMENT DES INDEMNITÉS DUES PAR LES PROPRIÉTAIRES, EN CAS DE DÉPOSSESSION.

19. Dès que l'estimation des fonds desséchés aura été arrêtée, les entrepreneurs du desséchement présenteront à la commission un rôle contenant : — 1o Le nom des propriétaires ; — 2o L'étendue de leur propriété ; — 3o Les classes dans lesquelles elle se trouve placée, le tout relevé sur le plan cadastral ; — 4o L'énonciation de la première estimation, calculée à raison de l'étendue et des classes ; — 5o Le montant de la valeur nouvelle de la propriété depuis le desséchement, réglée par la seconde estimation et le second classement ; — 6o Enfin la différence entre les deux estimations. — S'il reste dans le marais des portions qui n'auront pu être desséchées, elles ne donneront lieu à aucune prétention de la part des entrepreneurs du desséchement.

20. Le montant de la plus-value obtenue par le desséchement, sera divisé entre le propriétaire et le concessionnaire, dans les proportions qui auront été fixées par l'acte de concession. — Lorsqu'un desséchement sera fait par l'État,

sa portion dans la plus-value sera fixée de manière à le rembourser de toutes ses dépenses. Le rôle des indemnités sur la plus-value sera arrêté par la commission et rendu exécutoire par le préfet.

21. Les propriétaires auront la faculté de se libérer de l'indemnité par eux due, en délaissant une portion relative de fonds calculée sur le pied de la dernière estimation ; dans ce cas, il n'y aura lieu qu'au droit fixe d'un franc, pour l'enregistrement de l'acte de mutation de propriété.

22. Si les propriétaires ne veulent pas délaisser des fonds en nature, ils constitueront une rente sur le pied de quatre pour cent, sans retenue ; le capital de cette rente sera toujours remboursable, même par portions, qui cependant ne pourront être moindres d'un dixième, et moyennant vingt-cinq capitaux.

23. Les indemnités dues aux concessionnaires ou au Gouvernement, à raison de la plus-value résultant des desséchements, auront privilége sur toute ladite plus-value, à la charge seulement de faire transcrire l'acte de concession, ou le décret qui ordonnera le desséchement au compte de l'État, dans le bureau ou dans les bureaux des hypothèques de l'arrondissement ou des arrondissements de la situation des marais desséchés. — L'hypothèque de tout individu inscrit avant le desséchement sera restreinte, au moyen de la transcription ci-dessus ordonnée, sur une portion de propriété égale en valeur à la première valeur estimative des terrains desséchés.

24. Dans le cas où le desséchement d'un marais ne pourrait être opéré par les moyens ci-dessus organisés, et où, soit par les obstacles de la nature, soit par des oppositions persévérantes des propriétaires, on ne pourrait parvenir au desséchement, le propriétaire ou les propriétaires de la totalité des marais pourront être contraints à délaisser leur propriété sur estimation faite dans les formes déjà prescrites. — Cette estimation sera soumise au jugement et à l'homologation d'une commission formée à cet effet, et la cession sera ordonnée sur le rapport du ministre de l'intérieur, par un réglement d'administration publique.

TITRE VI.

DE LA CONSERVATION DES TRAVAUX DE DESSÉCHEMENT.

25. Durant le cours des travaux de desséchement, les canaux, fossés, rigoles, digues et autres ouvrages, seront entretenus et gardés aux frais des entrepreneurs du desséchement.

26. A compter de la réception des travaux, l'entretien et la garde seront à la charge des propriétaires, tant anciens que nouveaux. Les

syndics déjà nommés, auxquels le préfet pourra en adjoindre deux ou quatre pris parmi les nouveaux propriétaires, proposeront au préfet des réglements d'administration publique, qui fixeront le genre et l'étendue des contributions nécessaires pour subvenir aux dépenses. — La commission donnera son avis sur ces projets de règlement, et, en les adressant au ministre, proposera aussi la création d'une administration composée de propriétaires qui devra faire exécuter les travaux ; il sera statué sur le tout en conseil d'État.

27. La conservation des travaux de dessèchement, celle des digues contre les torrents, rivières et fleuves, et sur les bords des lacs et de la mer, est commise à l'administration publique. Toutes réparations et dommages seront poursuivis par voie administrative comme pour les objets de grande voirie. Les délits seront poursuivis par les voies ordinaires, soit devant les tribunaux de police correctionnelle, soit devant les cours criminelles, en raison des cas.

TITRE VII.

DES TRAVAUX DE NAVIGATION, DES ROUTES, DES PONTS, DES RUES, PLACES ET QUAIS DANS LES VILLES, DES DIGUES, DES TRAVAUX DE SALUBRITÉ DANS LES COMMUNES.

28. Lorsque, par l'ouverture d'un canal de navigation, par le perfectionnement de la navigation d'une rivière, par l'ouverture d'une grande route, par la construction d'un pont, un ou plusieurs départements, un ou plusieurs arrondissements, seront jugés devoir recueillir une amélioration à la valeur de leur territoire, ils seront susceptibles de contribuer aux dépenses des travaux, par voie de centimes additionnels aux contributions ; et ce, dans les proportions qui seront déterminées par des lois spéciales. — Ces contributions ne pourront s'élever au delà de la moitié de la dépense ; le Gouvernement fournira l'excédant.

29. Lorsqu'il y aura lieu à l'établissement ou au perfectionnement d'une petite navigation, un canal de flottage, à l'ouverture ou à l'entretien de grandes routes d'un intérêt local, à la construction ou à l'entretien de ponts sur lesdites routes ou sur des chemins vicinaux, les départements contribueront dans une proportion, les arrondissements les plus intéressés dans une autre, les communes les plus intéressées d'une manière encore différente : le tout selon les degrés d'utilité respective. — Le Gouvernement ne fournira de fonds, dans ce cas, que lorsqu'il le jugera convenable ; les proportions des diverses contributions seront réglées par des lois spéciales.

30. Lorsque par suite des travaux déjà énon-

cés dans la présente loi, lorsque par l'ouverture de nouvelles rues, par la formation de places nouvelles, par la construction de quais, ou par tous autres travaux publics généraux, départementaux ou communaux, ordonnés ou approuvés par le Gouvernement, des propriétés privées auront acquis une notable augmentation de valeur, ces propriétés pourront être chargées de payer une indemnité qui pourra s'élever jusqu'à la valeur de la moitié des avantages qu'elles auront acquis : le tout sera réglé par estimation dans les formes déjà établies par la présente loi, jugé et homologué par la commission qui aura été nommée à cet effet.

31. Les indemnités pour payement de plus-value seront acquittées au choix des débiteurs, en argent ou en rentes constituées à quatre pour cent net, ou en délaissement d'une partie de la propriété si elle est divisible : ils pourront aussi délaisser en entier les fonds, terrains ou bâtiments dont la plus-value donne lieu à l'indemnité ; et ce, sur l'estimation réglée d'après la valeur qu'avait l'objet avant l'exécution des travaux desquels la plus-value aura résulté. — Les art. 21 et 23, relatifs aux droits d'enregistrement et aux hypothèques, sont applicables aux cas spécifiés dans le présent article.

32. Les indemnités ne seront dues par les propriétaires des fonds voisins des travaux effectués, que lorsqu'il aura été décidé, par un règlement d'administration publique rendu sur le rapport du ministre de l'intérieur, et après avoir entendu les parties intéressées, qu'il y a lieu à l'application des deux articles précédents.

33. Lorsqu'il s'agira de construire des digues à la mer, ou contre les fleuves, rivières et torrents navigables ou non navigables, la nécessité en sera constatée par le Gouvernement, et la dépense supportée par les propriétés protégées, dans la proportion de leur intérêt aux travaux ; sauf les cas où le Gouvernement croirait utile et juste d'accorder des secours sur les fonds publics.

34. Les formes précédemment établies et l'intervention d'une commission seront appliquées à l'exécution du précédent article. — Lorsqu'il y aura lieu de pourvoir aux dépenses d'entretien ou de réparation des mêmes travaux, au curage des canaux qui sont en même temps de navigation et de dessèchement, il sera fait des règlements d'administration publique qui fixeront la part contributive du Gouvernement et des propriétaires. Il en sera de même lorsqu'il s'agira de levées, de barrages, de pertuis, d'écluses, auxquels des propriétaires de moulins ou d'usines seraient intéressés.

35. Tous les travaux de salubrité qui intéressent les villes et les communes, seront ordonnes par le Gouvernement, et les dépenses supportées par les communes intéressées.

56. Tout ce qui est relatif aux travaux de salubrité, sera réglé par l'administration publique : elle aura égard, lors de la rédaction du rôle de la contribution spéciale destinée à faire face aux dépenses de ce genre de travaux, aux avantages immédiats qu'acquerraient telles ou telles propriétés privées, pour les faire contribuer à la décharge de la commune dans des proportions variées et justifiées par les circonstances.

57. L'exécution des deux articles précédents restera dans les attributions des préfets et des conseils de préfecture.

TITRE VIII.

DES TRAVAUX DE ROUTE ET DE NAVIGATION RELATIFS A L'EXPLOITATION DES FORÊTS ET MINIÈRES.

58. Lorsqu'il y aura lieu d'ouvrir ou de perfectionner une route ou des moyens de navigation dont l'objet sera d'exploiter avec économie des forêts ou bois, des mines ou minières, ou de leur fournir un débouché, toutes les propriétés de cette espèce, générales, communales ou privées, qui devront en profiter, seront appelées à contribuer pour la totalité de la dépense, dans les proportions variées des avantages qu'elles devront en recueillir. — Le Gouvernement pourra néanmoins accorder sur les fonds publics les secours qu'il croira nécessaires.

59. Les propriétaires se libéreront dans les formes énoncées aux art. 21, 22 et 23 de la présente loi.

40. Les formes d'estimation et l'intervention de la commission organisée par la présente loi seront appliquées à l'exécution des deux précédents articles.

TITRE IX.

DE LA CONCESSION DE DIVERS OBJETS DÉPENDANTS DU DOMAINE.

41. Le Gouvernement concédera, aux conditions qu'il aura réglées, les marais, lais, relais de la mer, le droit d'endiguage, les accrues, atterrissements et alluvions des fleuves, rivières et torrents, quant à ceux de ces objets qui forment propriété publique ou domaniale.

TITRE X.

DE L'ORGANISATION ET DES ATTRIBUTIONS DES COMMISSIONS SPÉCIALES.

42. Lorsqu'il s'agira d'un desséchement de marais ou d'autres ouvrages déjà énoncés en la présente loi, et pour lesquels l'intervention d'une commission spéciale est indiquée, cette commission sera établie ainsi qu'il suit :

43. Elle sera composée de sept commissaires : leur avis ou leurs décisions seront motivés; ils devront, pour les prononcer, être au moins au nombre de cinq.

44. Les commissaires seront pris parmi les personnes qui seront présumées avoir le plus de connaissances relatives soit aux localités, soit aux divers objets sur lesquels ils auront à prononcer. — Ils seront nommés par l'empereur.

45. Les formes de la réunion des membres de la commission, la fixation des époques de ses séances et des lieux où elles seront tenues, les règles pour la présidence, le secrétariat et la garde des papiers, les frais qu'entraîneront ses opérations, et enfin tout ce qui concerne son organisation, seront déterminés, dans chaque cas, par un règlement d'administration publique.

46. Les commissions spéciales connaîtront de tout ce qui est relatif au classement des diverses propriétés avant ou après le desséchement des marais, à leur estimation, à la vérification de l'exactitude des plans cadastraux, à l'exécution des clauses des actes de concession relatifs à la jouissance par les concessionnaires d'une portion des produits, à la vérification et à la réception des travaux de desséchement, à la formation et à la vérification du rôle de plus-value des terres après le desséchement ; elles donneront leur avis sur l'organisation du mode d'entretien des travaux de desséchement ; elles arrêteront les estimations dans le cas prévu par l'art. 24, où le Gouvernement aurait à déposséder tous les propriétaires d'un marais ; elles connaîtront des mêmes objets, lorsqu'il s'agira de fixer la valeur des propriétés, avant l'exécution de travaux d'un autre genre, comme routes, canaux, quais, digues, ponts, rues, etc., et après l'exécution desdits travaux, et lorsqu'il sera question de fixer la plus-value.

47. Elles ne pourront, en aucun cas, juger les questions de propriété, sur lesquelles il sera prononcé par les tribunaux ordinaires, sans que, dans aucun cas, les opérations relatives aux travaux ou l'exécution des décisions de la commission, puissent être retardées ou suspendues.

TITRE XI.

DES INDEMNITÉS AUX PROPRIÉTAIRES POUR OCCUPATIONS DE TERRAINS.

48. Lorsque, pour exécuter un desséchement, l'ouverture d'une nouvelle navigation, un pont, il sera question de supprimer des moulins et autres usines, de les déplacer, modifier, ou de réduire l'élévation de leurs eaux, la nécessité en sera constatée par les ingénieurs des ponts et chaussées. Le prix de l'estimation sera payé

par l'État, lorsqu'il entreprend les travaux ; lorsqu'ils sont entrepris par des concessionnaires, le prix de l'estimation sera payé avant qu'ils puissent faire cesser le travail des moulins et usines — Il sera d'abord examiné si l'établissement des moulins et usines est légal ; ou si le titre d'établissement ne soumet pas les propriétaires à voir démolir leurs établissements sans indemnité, si l'utilité publique le requiert.

49. Les terrains nécessaires pour l'ouverture des canaux et rigoles de desséchement, des canaux de navigation, de routes, de rues, la formation de places et autres travaux reconnus d'une utilité générale, seront payés à leurs propriétaires, et à dire d'experts, d'après leur valeur, avant l'entreprise des travaux, et sans nulle augmentation du prix d'estimation.

50. Lorsqu'un propriétaire fait volontairement démolir sa maison, lorsqu'il est forcé de la démolir pour cause de vétusté, il n'a droit à indemnité que pour la valeur du terrain délaissé, si l'alignement qui lui est donné par les autorités compétentes le force à reculer sa construction.

51. Les maisons et bâtiments dont il serait nécessaire de faire démolir et d'enlever une portion pour cause d'utilité publique légalement reconnue, seront acquis en entier, si le propriétaire l'exige ; sauf à l'administration publique ou aux communes à revendre les portions de bâtiments ainsi acquises, et qui ne seront pas nécessaires pour l'exécution du plan. La cession par le propriétaire à l'administration publique ou à la commune, et la revente, seront effectuées d'après un décret rendu en conseil d'État sur le rapport du ministre de l'intérieur, dans les formes prescrites par la oi.

52. Dans les villes, les alignements pour l'ouverture des nouvelles rues, pour l'élargissement des anciennes qui ne font point partie d'une grande route, ou pour tout autre objet d'utilité publique, seront donnés par les maires, conformément au plan dont les projets auront été adressés aux préfets, transmis avec leur avis au ministre de l'intérieur, et arrêtés en conseil d'État. — En cas de réclamation de tiers intéressés, il sera de même statué en conseil d'État, sur le rapport du ministre de l'intérieur (V. av. C. 7 août 1839).

53. Au cas où, par les alignements arrêtés, un propriétaire pourrait recevoir la faculté de s'avancer sur la voie publique, il sera tenu de payer la valeur du terrain qui lui sera cédé. Dans la fixation de cette valeur, les experts auront égard à ce que le plus ou le moins de profondeur du terrain cédé, la nature de la propriété, le reculement du reste du terrain bâti ou non bâti loin de la nouvelle voie, peut

ajouter ou diminuer de valeur relative pour le propriétaire. — Au cas où le propriétaire ne voudrait point acquérir, l'administration publique est autorisée à le déposséder de l'ensemble de sa propriété, en lui payant la valeur telle qu'elle était avant l'entreprise des travaux. La cession et la revente seront faites comme il a été dit en l'art. 51 ci-dessus.

54. Lorsqu'il y aura lieu en même temps à payer une indemnité à un propriétaire pour terrains occupés, et à recevoir de lui une plus-value pour des avantages acquis à ses propriétés restantes, il y aura compensation jusqu'à concurrence ; et le surplus seulement, selon les résultats, sera payé au propriétaire ou acquitté par lui.

55. Les terrains occupés pour prendre les matériaux nécessaires aux routes ou aux constructions publiques, pourront être payés aux propriétaires comme s'ils eussent été pris pour la route même. — Il n'y aura lieu à faire entrer dans l'estimation la valeur des matériaux à extraire, que dans les cas où l'on s'emparerait d'une carrière déjà en exploitation ; alors lesdits matériaux seront évalués d'après leur prix courant, abstraction faite de l'existence et des besoins de la route pour laquelle ils seraient pris, ou des constructions auxquelles on les destine.

56. Les experts, pour l'évaluation des indemnités relatives à une occupation de terrain, dans les cas prévus au présent titre, seront nommés, pour les objets de travaux de grande voirie, l'un par le propriétaire, l'autre par le préfet et le tiers expert, s'il en est besoin, sera de droit l'ingénieur en chef du département : lorsqu'il y aura des concessionnaires, un expert sera nommé par le propriétaire, un par le concessionnaire, et le tiers expert par le préfet. — Quant aux travaux des villes, un expert sera nommé par le propriétaire, un par le maire de la ville, ou de l'arrondissement pour Paris, et le tiers expert par le préfet.

57. Le contrôleur et le directeur des contributions donneront leur avis sur le procès-verbal d'expertise qui sera soumis, par le préfet, à la délibération du conseil de préfecture ; le préfet pourra, dans tous les cas, faire faire une nouvelle expertise.

TITRE XII.

DISPOSITIONS GÉNÉRALES.

58. Les indemnités pour plus-value, dues à raison des travaux déjà entrepris, et spécialement à raison des travaux de desséchement, seront réglées d'après les dispositions de la présente loi. Des règlements d'administration publique statueront sur la possibilité et le mode d'application à chaque cas ou entreprise

particulière ; et alors l'organisation et l'intervention de la commission spéciale seront toujours nécessaires.

8°. Toutes les lois antérieures cesseront d'avoir leur exécution en ce qui serait contraire à la présente.

CHAPITRE II. — DES ÉTANGS.

[Page 376.]

DÉCRET *du 11 septembre 1792 relatif à la destruction des étangs marécageux.*

L'Assemblée nationale, après avoir entendu le rapport de son Comité d'agriculture, considérant qu'il existe dans plusieurs départements, un grand nombre d'étangs marécageux, dont les émanations occasionnent des maladies épizootiques ; que l'humanité et l'agriculture en commandent la destruction, décrète ce qui suit :

Lorsque les étangs, d'après les avis et procès-verbaux des gens de l'art, pourront occasionner par la stagnation de leurs eaux des maladies épidémiques ou épizootiques, ou que par leur position, ils seront sujets à des inondations qui envahissent et ravagent les propriétés inférieures, les conseils généraux des départements sont autorisés à en ordonner la destruction, sur la demande formelle des conseils généraux des communes, et d'après avis des administrateurs du district.

DÉCRET *du 14 frimaire an II, relatif au desséchement des étangs.*

ART. 1er. Tous les étangs et lacs de la République qu'on est dans l'usage de mettre à sec pour les pêches, ceux dont les eaux sont rassemblées par des digues et chaussées, tous ceux enfin dont la pente des terrains permet le desséchement, seront mis à sec avant le 15 du mois de pluviôse prochain, par l'enlèvement des bondes et coupures des chaussées, et ne pourront plus être remis en étangs ; le tout sous peine de confiscation, au profit des citoyens non propriétaires, des communes où sont situés lesdits étangs.

2. Le sol des étangs desséchés sera ensemencé en graines de maïs, ou planté en légumes propres à la subsistance de l'homme par les propriétaires, fermiers ou métayers : et si les empêchements ou délais proviennent du défaut d'arrangement entre les propriétaires, fermiers ou métayers, à cause des conditions des baux, les propriétaires seuls en seront responsables, sous les peines portées par l'article ci-dessus.

3. Les étangs appartenant à la République seront également desséchés.

4. Exception pour des étangs nécessaires pour alimenter les fossés de défense des villes de guerre, les usines métallurgiques, les canaux de navigation, le flottage, les papeteries, les filatures, les moulins à foulon, à sucre et à poudre, pourvu que toutes ces usines aient été construites avant le décret.

5. Les réservoirs destinés à l'irrigation ou à l'abreuvage des animaux, s'ils ne contiennent pas plus d'un arpent, ne sont pas soumis à la présente loi.

6. Si les propriétaires des étangs desséchés manquent de semences, ils s'adresseront à la municipalité qui en obtiendra de la commission des subsistances.

7. Les étangs alimentant les moulins sont aussi dispensés.

DÉCRET *du 13 messidor an III, qui rapporte la loi du 14 frimaire an II relative au desséchement des étangs.*

La Convention nationale, après avoir entendu son Comité d'agriculture et des arts, décrète ce qui suit :

ART. 1er. La Convention nationale rapporte la loi du 14 frimaire an II, relative au desséchement des marais.

2. Le Comité d'agriculture chargera les administrations de département, de faire reconnaître par des agents, les moyens de faire prospérer l'agriculture, et de rendre l'air plus salubre dans les contrées connues ci-devant sous les noms de Sologne, Bresse, et Brenne, d'y faire cesser, ainsi que dans toutes les autres parties de la République, les abus résultant de l'élévation des eaux pour le service des moulins, de donner aux rivières obstruées et encombrées un libre cours ; d'indiquer les mesures les plus efficaces, pour aider et faire maintenir les lois de police, tant sur le cours des eaux d'étangs, que des marais qui se forment annuellement ; d'ouvrir, notamment dans les trois contrées ci-dessus désignées, des canaux de navigation, pour le tout être présenté plus tard dans le délai des trois mois à la Convention, et être *statué par elle sur les mesures les plus efficaces pour chaque contrée.* »

ORDONNANCE *du 6 septembre 1845, qui prescrit la destruction de l'étang du Pourra.*

En voir le texte page 381 de l'ouvrage.

Chapitre III. — Des Dunes.

[Page 385.]

CIRCULAIRE *du 18 octobre 1808, adressée par le comte de Montalivet, directeur général des ponts et chaussées, au préfet des départements maritimes sur les dunes.*

En voir le texte page 388 de l'ouvrage.

DÉCRET *du 14 décembre 1810, sur la plantation des dunes.*

Voir le texte page 390 de l'ouvrage.

ORDONNANCE *du 21 mai 1821 qui autorise la formation de la* Compagnie des Dunes.

ART. 1er. La maison Balguerie et compagnie de Bordeaux, est autorisée à former une société sous le nom de *Compagnie des Dunes,* —Elle pourra faire dans les archives toutes les recherches *relatives aux titres, papiers, concessions, plans et projets concernant les landes, les canaux, les desséchements de marais, plantations de dunes proposées dans les départements de la Gironde et des Landes.*

2. La compagnie est autorisée à faire toutes les vérifications qui auront pour objet les desséchements de marais, les communications à la mer, etc. Elle fera lever tous les plans nécessaires pour ces diverses entreprises.

3. Elle sera assistée par les ingénieurs du corps royal des ponts et chaussées.

4. Les dépenses que fera la compagnie pour les recherches, les vérifications et les travaux préalables à sa soumission, lui seront remboursées dans le cas où les entreprises qu'elle offrira de faire ne lui seraient pas accordées.

5. Les autorités civiles et militaires prêteront assistance à la compagnie.

ORDONNANCE *du 31 janvier 1839, concernant l'aménagement et l'exploitation des pins maritimes dont les dunes de Gascogne ont été peuplées aux frais de l'État.*

Vu la délibération du conseil d'administration des forêts sur le système d'aménagement et d'exploitation qu'il convient d'appliquer aux pins maritimes dont les dunes de Gascogne ont été peuplées aux frais de l'Etat :

ART. 1er. L'administration forestière est autorisée à mettre en adjudication la résine à extraire des sept mille cent quarante hectares de dunes boisées déjà soumises au régime forestier, et des autres portions des mêmes dunes qui lui seront ultérieurement remises par l'administration des ponts et chaussées.

2. Cette extraction sera effectuée dans tous les cantons où l'âge et la grosseur des pins maritimes le permettront au moyen de baux à ferme dont l'administration fixera la durée et les conditions.

3. Les éclaircies tendant à favoriser l'accroissement du bois et à hâter leur mise en rapport, seront opérées par les soins de l'administration des forêts, aux époques les plus convenables.

4. La coupe des pins maritimes sera faite dès qu'il y aura épuisement de sucs résineux, et l'administration des forêts prendra alors les mesures propres à assurer le repeuplement du terrain par le semis naturel.

Chapitre IV. — Des Torrents et des Rivières (1).

[Page 396.]

CODE CIVIL. — *Dispositions qui les concernent.*

ART. 538. Les chemins, routes et rues à la charge de l'État, les fleuves et rivières navigables ou flottables, les rivages, lais et relais de la mer, les ports, les havres, les rades, et généralement toutes les portions du territoire français qui ne sont pas susceptibles d'une propriété privée, sont considérés comme des dépendances du domaine public.

644. Celui dont la propriété borde une eau courante, autre que celle qui est déclarée dépendante du domaine public par l'art. 538 au titre de la Distinction des biens, *peut s'en servir à son passage* pour l'irrigation de ses propriétés. — Celui dont cette eau traverse l'héritage peut même en user dans l'intervalle qu'elle y parcourt, *mais à la charge de la rendre, à la sortie* de ses fonds, à son cours ordinaire.

556. Les atterrissements et accroissements qui se forment successivement et imperceptiblement aux fonds riverains d'un fleuve ou d'une rivière, s'appellent *alluvion.*

---

(1) Pour la division des cours d'eau en rivières navigables et flottables et en rivières non navigables ni flottables, Voyez ci-dessus, pag. 809 et suivantes, ordonnance du 10 juillet 1833, ainsi que le tableau y annexé.

L'alluvion profite au propriétaire riverain, soit qu'il s'agisse d'un fleuve ou d'une rivière navigable, flottable ou non ; à la charge, dans le premier cas, de laisser le marchepied ou chemin de halage, conformément aux règlements.

557. Il en est de même des relais que forme l'eau courante qui se retire insensiblement de l'une de ses rives en se portant sur l'autre : le propriétaire de la rive découverte profite de l'alluvion, sans que le riverain du côté opposé y puisse venir réclamer le terrain qu'il a perdu.

Ce droit n'a pas lieu à l'égard des relais de la mer.

558. L'alluvion n'a pas lieu à l'égard des lacs et étangs, dont le propriétaire conserve toujours le terrain que l'eau couvre quand elle est à la hauteur de la décharge de l'étang, encore que le volume de l'eau vienne à diminuer.

Réciproquement le propriétaire de l'étang n'acquiert aucun droit sur les terres riveraines que son eau vient à couvrir dans des crues extraordinaires.

559. Si un fleuve ou une rivière, navigable ou non, enlève par une force subite une partie considérable et reconnaissable d'un champ riverain, et la porte vers un champ inférieur ou sur la rive opposée, le propriétaire de la partie enlevée peut réclamer sa propriété ; mais il est tenu de former sa demande dans l'année : après ce délai, il n'y sera plus recevable, à moins que le propriétaire du champ auquel la partie enlevée a été unie, n'eût pas encore pris possession de celle-ci.

560. Les îles, îlots, atterrissements qui se forment dans le lit des fleuves ou des rivières navigables ou flottables, appartiennent à l'État s'il n'y a titre ou prescription contraire.

561. Les îles et atterrissements qui se forment dans les rivières non navigables et non flottables, appartiennent aux propriétaires riverains du côté où l'île s'est formée : si l'île n'est pas formée d'un seul côté, elle appartient aux propriétaires riverains des deux côtés, à partir de la ligne qu'on suppose tracée au milieu de la rivière.

562. Si une rivière ou un fleuve, en se formant un bras nouveau, coupe et embrasse le champ d'un propriétaire riverain, et en fait une île, ce propriétaire conserve la propriété de son champ, encore que l'île se soit formée dans un fleuve ou dans une rivière navigable ou flottable.

563. Si un fleuve ou une rivière navigable, flottable ou non, se forme un nouveau cours en abandonnant son ancien lit, les propriétaires des fonds nouvellement occupés prennent, à titre d'indemnité, l'ancien lit abandonné, chacun dans la proportion du terrain qui lui a été enlevé.

Arrêté *du directoire exécutif, en date du* 19 *ventôse an* **VI**, *contenant des mesures pour assurer le libre cours des rivières et canaux navigables et flottables.*

Le *Directoire exécutif,* vu : 1o les art. 42, 43 et 44 de l'ordonnance des eaux et forêts du mois d'août 1669, portant :

« Nul, soit propriétaire, soit engagiste, ne
« pourra faire moulins, batardeaux, écluses,
« gords, pertuis, murs, plants d'arbres, amas
« de pierres, de terres, de fascines, ni autres
« édifices ou empêchements nuisibles au cours
« de l'eau, dans les fleuves et rivières naviga-
« bles et flottables, ni même y jeter aucunes
« ordures, immondices, ou les amasser sur les
« quais et rivages, à peine d'amendes arbitrai-
« res... Enjoignons à toutes personnes de les
« ôter dans trois mois ; et, si aucuns se trou-
« vent subsister après ce temps, voulons qu'ils
« soient incessamment ôtés et levés aux frais
« et dépens de ceux qui les auront faits ou
« causés, sur peine de cinq cents livres d'a-
« mende, tant contre les particuliers que con-
« tre les *fonctionnaires publics* qui auront
« négligé de le faire...

« Ceux qui ont fait bâtir des moulins, éclu-
« ses, vannes, gords et autres édifices dans
« l'étendue des fleuves et rivières navigables
« et flottables sans en avoir obtenu la permis-
« sion, seront tenus de les démolir ; sinon, le
« seront à leurs frais et dépens ;

« Défendons à toutes personnes de détour-
« ner l'eau des rivières navigables et flottables,
« et d'en affaiblir et altérer le cours par tran-
« chées, fossés ou canaux, à peine, contre les
« contrevenants, d'être punis comme usurpa-
« teurs, et les choses réparées à leurs dépens ; »

2o L'art. 2 de la loi du 22 novembre — 1er décembre 1790, relative aux domaines nationaux, portant que « les fleuves et rivières na-
« vigables, les rivages, lais et relais de mer...,
« ou en général toutes les portions du territoire
« national qui ne sont pas susceptibles d'une
« propriété privée, sont considérées comme
« des dépendances du domaine public ; »

3o Le chapitre VI de la loi en forme d'instruction du 12-20 août 1790, qui charge les administrations de départements « de recher-
« cher et indiquer les moyens de procurer le
« libre cours des eaux, d'empêcher que les
« prairies ne soient submergées par la trop
« grande élévation des écluses, des moulins, et
« par les autres ouvrages d'art établis sur les
« rivières ; de diriger enfin, autant qu'il sera
« possible, toutes les eaux de leur territoire
« vers un but d'utilité générale, d'après les
« principes de l'irrigation ; »

4o L'art. 10 du titre III de la loi du 16-24 août 1790, sur l'organisation judiciaire, qui charge le juge de paix de connaître, en parti-

culier, « sans appel jusqu'à la valeur de cin-
« quante livres, et à charge d'appel à quelque
« valeur que la demande puisse monter,.....
« des entreprises sur les cours d'eau servant
« à l'arrosement des prés, commises pendant
« l'année ; »

5° L'art. 4 de la 1re section du titre Ier de la
loi du 28 septembre — 6 octobre 1791, sur la
police rurale, portant « que nul ne peut se
« prétendre propriétaire exclusif des eaux d'un
« fleuve ou d'une rivière navigable ou flotta-
« ble ; »

6° Les art. 15 et 16 du titre II de la même
loi, portant :

« Personne ne pourra inonder l'héritage de
« son voisin, ni lui transmettre volontairement
« les eaux d'une manière nuisible, sous peine
« de payer le dommage, et une amende qui ne
« pourra excéder la somme du dédommage-
« ment.

« Les propriétaires ou fermiers des moulins
« ou usines construits ou à construire seront
« garants de tous dommages que les eaux
« pourraient causer aux chemins ou aux pro-
« priétés voisines par la trop grande élévation
« du déversoir ou autrement; ils seront forcés
« de tenir les eaux à une hauteur qui ne nuise
« à personne, et qui sera fixée par l'adminis-
« tration du département, d'après l'avis de
« l'administration de district: en cas de con-
« travention, la peine sera une amende qui ne
« pourra excéder la somme du dédommage-
« ment ; »

7° La loi du 21 septembre 1792, portant que,
« jusqu'à ce qu'il en ait été autrement ordonné,
« les lois non abrogées seront provisoirement
« exécutées ; »

Considérant qu'au mépris des lois ci-dessus,
les rivières navigables et flottables, les canaux
d'irrigation et de desséchement, tant publics
que privés, sont, dans la plupart des départements de la République, obstrués par des batardeaux, écluses, gords, pertuis, murs, chaussées, plants d'arbres, fascines, pilotis, filets
dormants et à mailles ferrées, réservoirs, engins permanents, etc. ; que de là résultent non-
seulement l'inondation des terres riveraines et
l'interruption de la navigation, mais l'atterrissement même des rivières et canaux navigables,
dont le fond, ensablé ou envasé, s'élève dans une
proportion effrayante; qu'une plus longue tolérance de cet abus ferait bientôt disparaître
le système entier de la navigation intérieure
de la République, qui, lorsqu'il aura reçu tous
ses développements par des ouvrages d'art,
doit porter l'industrie et l'agriculture de la
France à un point auquel nulle autre nation
ne pourrait atteindre ;

Considérant que, pour assurer à la République les avantages qu'elle tient de la nature et
de sa position entre l'Océan, la Méditerannée
et les grandes chaînes de montagnes d'où par-
tent une foule de fleuves et de rivières se-
condaires, il ne s'agit que de rappeler aux autorités constituées et aux citoyens les lois existantes sur cette matière ;

En vertu de l'art. 144 de la Constitution, ordonne que les lois ci-dessus transcrites seront
exécutées selon leur forme et teneur ; et, en
conséquence,

ARRÊTE ce qui suit :

ART. 1er. Dans le mois de la publication du
présent arrêté, chaque administration départementale nommera un ou plusieurs ingénieurs
et un ou plusieurs propriétaires pour, dans
les deux mois suivants, procéder, dans toute
l'étendue de son arrondissement, à la visite de
toutes les rivières navigables ou flottables, de
tous les canaux d'irrigation et de dessèchements généraux, et en dresser procès-verbal, à
l'effet de constater :

1° Les ponts, chaussées, digues, écluses,
usines, moulins, plantations, utiles à la navigation, à l'industrie, au desséchement ou à
l'irrigation des terres ;

2° Les établissements de ce genre, les batardeaux, les pilotis, gords, pertuis, murs, amas
de pierres, terres, fascines, pêcheries, filets
dormants et à mailles ferrées, réservoirs, engins permanents, et tous autres empêchements
nuisibles au cours de l'eau.

2. Copie de ce procès-verbal sera envoyée au
ministre de l'intérieur.

3. Les administrations départementales en-
joindront à tous propriétaires d'usines, écluses, ponts, batardeaux, etc., de faire connaître
leurs titres de propriété, et, à cet effet, d'en déposer des copies authentiques au secrétariat
des administrations municipales, qui les transmettront aux administrations départementales.

4. Les administrations départementales dresseront un état séparé de toutes les usines, moulins, chaussées, etc., reconnus dangereux ou
nuisibles à la navigation, au libre cours des
eaux, aux desséchements, à l'irrigation des terres, mais dont la propriété sera fondée en titres.

5. Elles ordonneront la destruction, dans le
mois, de tous ceux de ces établissements qui
ne se trouveront pas fondés en titres, ou qui
n'auront d'autres titres que des concessions
féodales abolies.

6. Le délai prescrit par l'article précédent
pourra être prorogé jusques et compris les
deux mois suivants : passé lesquels, hors le
cas d'obstacles reconnus invincibles par les administrations centrales, la destruction n'étant
pas opérée par le propriétaire, sera faite à ses
frais et à la diligence du commissaire du Directoire exécutif près chaque administration centrale.

7. Ne pourront néanmoins les administrations centrales ordonner la destruction des chaussées, gords, moulins, usines, etc., qu'un mois après en avoir averti les administrations centrales des départements inférieurs et supérieurs situés sur le cours des fleuves ou rivières, afin que celles-ci fassent leurs dispositions en conséquence.

8. Les administrations centrales des départements inférieurs et supérieurs qui auront sujet de craindre les résultats de cette destruction en préviendront sur-le-champ le ministre de l'intérieur, qui pourra, s'il y a lieu, suspendre l'exécution de l'arrêté par lequel elle aura été ordonnée.

9. Il est enjoint aux administrations centrales et municipales, et aux commissaires du Directoire exécutif établis près d'elles, de veiller avec la plus sévère exactitude à ce qu'il ne soit établi, par la suite, aucun pont, aucune chaussée permanente ou mobile, aucune écluse ou usine, aucun batardeau, moulin, digue, ou autre obstacle quelconque au libre cours des eaux dans les rivières navigables et flottables, dans les canaux d'irrigation ou de desséchements généraux, sans en avoir préalablement obtenu la permission de l'administration centrale, qui ne pourra l'accorder que de l'autorisation expresse du Directoire exécu'if.

10. Ils veilleront pareillement à ce que nul ne détourne le cours des eaux des rivières et canaux navigables ou flottables, et n'y fasse des prises d'eau ou saignées pour l'irrigation des terres, qu'après y avoir été autorisé par l'administration centrale, et sans pouvoir excéder le niveau qui aura été déterminé.

11. Les propriétaires de canaux de desséchements particuliers ou d'irrigation ayant à cet égard les mêmes droits que la nation, il leur est réservé de se pourvoir en justice réglée, pour obtenir la démolition de toutes usines, écluses, batardeaux, pêcheries, gords, chaussées, plantations d'arbres, filets dormants ou à mailles ferrées, réservoirs, engins, lavoirs, abreuvoirs, prises d'eau, et généralement de toute construction nuisible au libre cours des eaux et non fondée en droits.

12. Il est défendu aux administrations municipales de consentir à aucun établissement de ce genre dans les canaux de desséchement, d'irrigation ou de navigation appartenant aux communes, sans l'autorisation formelle et préalable des administrations centrales.

13. Il n'est rien innové à ce qui s'est pratiqué jusqu'à présent dans les canaux artificiels qui sont ouverts directement à la mer, et dans ceux qui servent à la fabrication des sels.

Arrêt du conseil portant règlement pour la navigation de la rivière de Marne et autres rivières et canaux navigables.

Versailles, 24 juin 1777.

Le Roi étant informé que les difficultés qu'éprouve la navigation de la rivière de Marne, sont très-préjudiciables au commerce des provinces dont cette rivière forme les débouchés, ainsi qu'à l'approvisionnement de Paris, et que la plus grande partie des obstacles qui troublent la navigation sur ladite rivière de Marne, et sur les autres rivières et canaux navigables du Royaume, provenait des entreprises illégitimes formées par les riverains et les navigateurs et de l'inexécution des ordonnances rendues sur cette partie; Sa Majesté aurait reconnu la nécessité de réprimer les abus que la tolérance et l'impunité ne font qu'accroître et multiplier chaque jour, en rappelant les dispositions des ordonnances rendues sur le fait de la navigation, et en expliquant ses intentions sur la protection qu'elle veut accorder au commerce et à l'exploitation des voitures publiques, dont elle a autorisé l'établissement sur les rivières et canaux navigables.

A quoi voulant pourvoir: ouï le rapport, etc.

Les ordonnances rendues sur le fait de la navigation, notamment celles des eaux et forêts de 1669, et du bureau de la ville de Paris de 1672, et tous autres règlements sur cette partie, seront exécutés selon leur forme et teneur: Sa Majesté fait en conséquence, défense à toutes personnes, de quelque qualité et condition qu'elles soient de faire aucuns moulins, pertuis, vannes, écluses, arches, bouchis, gords ou pêcheries, ni autres constructions, ou autres empêchements quelconques, sur ou au long des rivières ou canaux navigables à peine de mille livres d'amende et de démolition desdits ouvrages; et où il se trouverait sur la rivière de Marne et autres rivières, aucuns desdits ouvrages nuisibles à la navigation, ordonne Sa Majesté aux propriétaires de les enlever et de les détruire dans le délai de deux mois, du jour de la signification du présent arrêt, qui leur sera faite à cet effet; sauf auxdits propriétaires qui auraient fait lesdits établissements en vertu de titres ou concessions valables et légitimes, prévus par l'ordonnance de 1669, à remettre dans lesdits deux mois pour tout délai, ès mains du sieur contrôleur général des finances, les titres et renseignements relatifs à leur jouissance, pour sur le vu d'iceux, et le rapport qui en sera fait à Sa Majesté. être par elle statué ce qu'il appartiendra, et pourvu à leur indemnité s'il y échoit.

Enjoint Sa Majesté à tous propriétaires riverains de livrer vingt-quatre pieds de largeur pour le halage des bateaux et traits des chevaux, le long des bords de ladite rivière de

Marne et autres fleuves et rivières navigables, ainsi que sur les îles où il en serait besoin, sans pouvoir planter arbres ni haies, tirer fossés ni clôtures plus près desdits bords que de trente pieds ; et où il se trouverait aucuns bâtiments, arbres, haies, clôtures ou fossés dans ladite largeur prescrite pour les chemins de halage, d'un ou d'autre bord, ordonne Sa Majesté que lesdits bâtiments, arbres, haies et clôtures seront abattus, démolis et enlevés, et les fossés comblés par les propriétaires, dans le terme d'un mois à compter de la publication du présent arrêt, à peine par lesdits riverains de demeurer garants et responsables des événements et retards, de cinq cents livres d'amende, et d'être contraints à leurs dépens auxdites démolitions. Autorise Sa Majesté tous voituriers par eau et mariniers fréquentant lesdites rivières, ledit délai expiré, d'abattre et enlever lesdits obstacles, sur la permission des juges qui en doivent connaître, auxquels lesdits voituriers et mariniers seront tenus de dénoncer les ouvrages nuisibles à la navigation ; et pour dédommager lesdits voituriers et mariniers de leurs peines et leurs dépenses, les objets qu'ils auront démolis ou abattus leur appartiendront, pour en disposer comme bon leur semblera.

Ordonne pareillement Sa Majesté à tous riverains, mariniers ou autres, de faire enlever les pierres, terres, bois, pieux, débris de bateaux et autres empêchements étant de leur fait ou à leur charge dans le lit desdites rivières ou sur leurs bords, à peine de cinq cents livres d'amende, confiscation desdits matériaux et débris, et d'être en outre contraints au payement des ouvriers qui seront employés auxdits enlèvements et nettoiements, lesquels après ledit délai passé, pourront être faits en vertu du présent arrêt, par tous voituriers par eau et mariniers.

Défend Sa Majesté, sous les mêmes peines, à tous riverains et autres de jeter dans le lit desdites rivières et canaux, ni sur leurs bords aucuns immondices, pierres, graviers, bois, paille ou fumiers, ni rien qui puisse en embarrasser et atterrir le lit, ni d'en affaiblir et changer le cours par aucunes tranchées ou autrement, ainsi que d'y planter aucuns pieux, mettre rouir des chanvres, comme aussi d'y tirer aucunes pierres, terres, sables et autres matériaux, plus près des bords que de six toises.

Sa Majesté déclare tous les ponts, chaussées, pertuis, digues, hollandages, pieux balisés et autres ouvrages publics qui sont ou seront par la suite construits pour la sûreté et facilité de la navigation et du halage sur et le long des rivières et canaux navigables ou flottables, faire partie des ouvrages royaux, et les prendre en conséquence sous sa protection et sauvegarde royale : Enjoint Sa Majesté aux maires, syndics et autres officiers municipaux des communautés riveraines, de veiller et empêcher que lesdits ouvrages ne soient dégradés, détruits ni enlevés ; et ordonne que tous ceux qui feraient ou occasionneraient lesdites dégradations ou destructions seront poursuivis extraordinairement, condamnés en une amende arbitraire, et tenus de réparer les choses endommagées.

Loi *du 11 floréal an* XI, *relative au curage des canaux et rivières non navigables et à l'entretien des digues qui y correspondent.*

Art. 1er. Il sera pourvu au curage des canaux et rivières non navigables, et à l'entretien des digues et ouvrages d'art qui y correspondent, de la manière prescrite par les anciens règlements, ou d'après les usages locaux.

2. Lorsque l'application des règlements ou l'exécution du mode consacré par l'usage éprouvera des difficultés, ou lorsque des changements survenus exigeront des dispositions nouvelles, il y sera pourvu par le gouvernement dans un règlement d'administration publique, rendu sur la proposition du préfet du département, de manière que la quotité de la contribution de chaque imposé soit toujours relative au degré d'intérêt qu'il aura aux travaux qui devront s'effectuer.

3. Les rôles de répartition des sommes nécessaires au payement des travaux d'entretien, réparation ou reconstruction, seront dressés sous la surveillance du préfet, rendus exécutoires par lui ; et le recouvrement s'en opérera de la même manière que celui des contributions publiques.

4. Toutes les contestations relatives au recouvrement de ces rôles, aux réclamations des individus imposés et à la confection des travaux, seront portées devant le conseil de préfecture, sauf le recours au gouvernement, qui décidera en conseil d'État.

Exposé *des motifs de la loi relative au curage et à l'entretien des digues et ouvrages d'art.*

Citoyens législateurs,

Une loi qui vous fut présentée l'année dernière, et qui obtint votre sanction, a donné les moyens d'entretien et de conservation des rivières et canaux navigables.

Mais ce n'est pas assez d'avoir préparé les travaux utiles à la navigation et pourvu aux dépenses qu'ils nécessitent, il faut encore s'occuper des rivières non navigables ; il faut conserver avec vigilance le cours de ces nombreux ruisseaux qui alimentent et enrichissent nos grands fleuves.

Il faut empêcher que l'intérêt particulier n'abuse des eaux qui fécondent et embellissent nos campagnes , il faut empêcher que l'insouciance n'en laisse obstruer le passage, changer le cours, rétrécir le lit, dégrader les rives.

Il faut aussi porter une surveillance attentive sur des eaux moins utiles, plus redoutables, sur celles de ces torrents que les montagnes lancent sur les plaines et contre les cités et les villages.

Il faut conserver la profondeur du lit où ils peuvent courir et gronder sans rien détruire; il faut conserver la force des digues protectrices qui fortifient leurs bords et s'opposent à leur dévastation.

Sur les bords de l'Océan, depuis l'embouchure de la Gironde jusqu'aux rives de l'Escaut, des salines de Marennes aux polders voisins de la Batavie, il faut entretenir ces digues qui défendent des attaques de la mer, les conquêtes que l'art et l'industrie ont faites et font encore sur elle.

Près des terres qui furent jadis des marais fangeux couverts de joncs et de rouches, et qui sont devenues des plaines fertiles, couvertes de riches moissons ou d'herbages abondants, il faut entretenir les canaux de desséchement qui les ont rendues à l'agriculture.

Des règlements non contestés, des usages consacrés par le temps, avaient pourvu à tous les besoins.

De ces règlements, les uns sont tombés en désuétude, les autres ne sont plus applicables depuis le changement de législation et la destruction de la féodalité.

De ces usages, les uns ont été oubliés, négligés par les propriétaires qui les observaient, par l'autorité qui les faisait respecter; les autres, appliqués avantageusement à de vastes domaines possédés par un petit nombre de propriétaires, par un seul quelquefois, ne peuvent plus servir de règle pour des propriétés divisées en un grand nombre de mains.

De là la dégradation des ouvrages d'art qui conservent, défendent de l'envahissement des torrents, des mers et des eaux stagnantes, de vastes parties du territoire français.

Les propriétaires en ont joui trop longtemps avec insouciance : le Gouvernement, après leur avoir conseillé la vigilance et des travaux réparateurs au nom de leur intérêt particulier, doit pouvoir commander cette vigilance et ces travaux au nom de l'intérêt général.

Le temps n'est plus où on négligeait le soin des propriétés anciennes que menaçait l'anarchie, ou des propriétés nouvellement acquises, dont la garantie était douteuse.

Des lois tutélaires assurent la durée, le respect de tous les genres de propriété ; et pour prix de cette protection, elles ne demandent à ceux qui jouissent des propriétés, que de les conserver, de les garantir de toutes les causes de dégradation et de destruction.

Lorsque les statuts locaux, lorsque des coutumes équitables auront consacré des formes, des moyens justes et utiles pour effectuer les travaux , lorsque aucune innovation n'aura rendu des changements nécessaires, l'administration procédera suivant les errements anciens.

Des modifications seront proposées au Gouvernement quand les circonstances nouvelles prescriront de nouvelles mesures.

Mais toujours on prendra pour base de la part de chacun dans le travail ou la dépense, une juste évaluation de son intérêt.

Si le propriétaire croit avoir à se plaindre , il pourra réclamer contre la fixation de cette contribution locale, de la même manière, avec les mêmes formes que contre la fixation des contributions générales, c'est-à-dire devant les conseils de préfecture avec le recours au conseil d'État.

Ainsi tous les besoins de l'administration générale seront satisfaits, et tous les droits de la propriété particulière seront conservés ; ainsi s'appliqueront à une partie importante du territoire et de la fortune publique, les principes et les vues de restauration, de conservation, d'amélioration, qui, après les secousses violentes, sont le premier vœu des peuples, le plus saint devoir des gouvernements, et l'objet le plus pressant de la législation.

ORDONNANCE *du mois d'août 1669, sur les eaux et forêts. — Extrait relatif aux chemins de halage.*

42. Les propriétaires *des héritages aboutissants aux rivières navigables,* laisseront le long des bords, *vingt-quatre pieds au moins* de place en largeur, pour chemin royal et trait des chevaux, sans qu'ils puissent planter arbres ni tenir clôture ou haie plus près *que trente pieds du côté que les bateaux se tirent et dix pieds de l'autre bord,* à peine de cinq cents livres d'amende, confiscation des arbres, et d'être les contrevenants, *contraints à réparer et remettre les chemins en état,* à leurs frais (Art. 7, titre XXVIII, de l'ordonnance de 1669).

DÉCRET *du* 22 *janvier* 1808 *sur les chemins de halage.*

ART. 1ᵉʳ. Les dispositions de l'art. 7, titre XXVIII, de l'ordonnance de 1669, sont applicables à toutes les rivières navigables de l'Empire, soit que la navigation y fût établie à cette époque, soit que le Gouvernement se soit déterminé depuis ou se détermine aujourd'hui, et à l'avenir, à les rendre navigables.

2. En conséquence, les propriétaires riverains, en quelque temps que la navigation ait été ou soit établie, sont tenus de laisser le passage pour le chemin de halage.

3. Il sera payé aux riverains des fleuves ou rivières où la navigation n'existait pas, et où elle s'établira, une indemnité proportionnée au dommage qu'ils éprouveront ; et cette indemnité sera évaluée conformément aux dispositions de la loi du 16 septembre 1807.

4. L'administration pourra, lorsque le service n'en souffrira pas, restreindre la largeur des chemins du halage, notamment quand il y aura antérieurement des clôtures en haies vives, murailles ou travaux d'art, ou des maisons à détruire. »

Loi *du 16 septembre 1807 sur les marais, la partie relative aux travaux publics, art. 28 et suiv.*

Voir le texte cité sous le chapitre Ier de cette deuxième partie, pag. 853.

Décret *du 4 thermidor an XIII sur les digues à construire dans les départements des Hautes-Alpes, des Basses-Alpes et de la Drôme.*

Voir le texte, page 408 de l'ouvrage.

Loi *du 29 avril 1845 sur les irrigations.*

Voir le texte, page 431 de l'ouvrage.

Chapitre V. — Des Terres incultes.

Sous ce chapitre, un des plus importants de notre livre, puisque nous y indiquons les moyens de mettre en culture les terrains improductifs, c'est-à-dire de prévenir la disette, nous plaçons quelques textes tombés en désuétude, mais qu'il serait bon de reproduire en les appropriant à notre époque. Les uns ont trait aux défrichements, les autres aux biens communaux qui forment la majeure partie des terres incultes. — Dans la première série, la loi du 5 frimaire an VII est seule restée en vigueur; dans la seconde, la loi du 9 ventôse an XII et celle du 9 brumaire an XIII, conservent leur autorité. Si nous rapportons les autres textes, c'est plutôt comme exemple de ce qu'il faudrait faire que comme documents législatifs.

§ Ier. — *Des défrichements.*

Décret *du 23 novembre 1790 sur la contribution foncière.—Extrait relatif aux terrains improductifs rendus à la culture.*

TITRE III.

Art. 5. A l'avenir la cotisation des marais qui seront desséchés ne pourra être augmentée pendant les vingt-cinq premières années après leur desséchement.

6. La cotisation des terres vaines et vagues depuis 25 ans, et qui seront mises en culture, ne pourra de même être augmentée pendant les quinze premières années après leur défrichement.

7. La cotisation des terres en friche depuis 25 ans qui seront plantées ou semées de bois ne pourra non plus être augmentée pendant les trente premières années de semis ou de plantation.

8. La cotisation des terrains en friche de vingt-cinq ans et qui seront plantés en vignes, mûriers ou autres arbres fruitiers, ne pourra être augmentée pendant les vingt premières années.

9. Les terrains déjà en valeur et qui seront plantés en vignes, mûriers ou autres arbres fruitiers, ne seront, pendant les quinze premières années, évalués qu'au même taux des terres d'égale valeur et non plantées.

10. Les terrains maintenant en valeur et qui seront plantés ou semés en bois ne seront pendant les trente premières années, évalués qu'au même taux des terres d'égale valeur et non plantées.

11. Pour jouir de ces divers avantages le propriétaire sera tenu de faire au secrétariat de la municipalité et à celui du district dans l'étendue desquels les biens sont situés, et avant de commencer les desséchements, défrichements ou autres améliorations, une déclaration détaillée des terrains qu'il voudra ainsi améliorer.

12. Cette déclaration sera inscrite sur les registres de la municipalité, qui sera tenue de faire la visite des terrains desséchés, défrichés et

améliorés, et d'en dresser procès-verbal, dont elle fera passer une expédition au directoire de son district qui en tiendra aussi registre. A la première réquisition du déclarant, le secrétaire du district lui en délivrera, sans frais, une copie visée des membres du directoire.

13. Les terrains précédemment desséchés ou défrichés, et qui, conformément à l'édit de 1664 et autres sur les défrichements et desséchements, jouissaient de l'exemption de l'impôt, ne seront taxés qu'à raison d'un sou par arpent, *mesure d'ordonnance,* jusqu'au temps où l'exemption d'impôt devait cesser.

14. Sur chaque rôle de la contribution foncière, à l'article de chacune des propriétés qui jouissent ou jouiront de ces divers avantages donnés pour l'encouragement de l'agriculture, il sera fait mention de l'année où les biens doivent cesser d'en jouir.

N. B. Ce décret a été remplacé par celui du 3 frimaire an VII actuellement en vigueur.

Loi *du 3 frimaire an VII, relative à la répartition, à l'assiette et au recouvrement de la contribution foncière. — Partie relative aux défrichements, art. 112 à 119.*

En voir ci-après le texte aux Annexes.

Décret *du 16 septembre 1793 qui prescrit les moyens de pourvoir à la culture des terres négligées par les propriétaires ou fermiers requis pour le service des armées ou abandonnées pour quelque cause que ce soit.*

Art. 1er. Dans toutes les communes de la République où il y a des terres qui n'ont pas encore reçu la culture nécessaire pour la semaille, à raison du départ des citoyens pour les armées, en vertu du décret du 23 août dernier, la municipalité du lieu nommera des commissaires pour en faire la visite et en dresser procès-verbal.

2. Aussitôt la visite et le procès-verbal dressés, la municipalité désignera les propriétaires, fermiers et habitants de la commune qui devront cultiver lesdites terres en observant une répartition proportionnée à leurs moyens relatifs : on commencera par celles des citoyens les moins aisés.

3. Si les cultivateurs manquent de bras, la municipalité requerra les journaliers et manouvres de la commune, pour aider les laboureurs jusqu'après les semailles.

4. Les journaliers et manouvriers qui se refuseraient aux réquisitions qui leur seraient faites d'aider les cultivateurs, moyennant leurs salaires ordinaires, y seront contraints sous peine de trois jours de prison et de trois mois en cas de récidive. — La peine sera prononcée par la police municipale.

5. Les journaliers et manouvriers qui se coaliseraient pour refuser leur travail seront punis de deux années de fers.

6. Après que les propriétaires, fermiers et autres cultivateurs auront labouré et ensemencé leurs terres, ils seront tenus de labourer et d'ensemencer celles des particuliers qui n'auront point de chevaux, de mules, de bœufs ni d'instruments aratoires, en commençant par les terres des citoyens les moins fortunés ; ils ne peuvent exiger pour chaque façon que le prix ordinaire et tel qu'il était en mars dernier.

7. Tous propriétaires de chevaux, mules, bœufs et instruments aratoires, qui refuseraient de les fournir avec leurs domestiques, d'après les réquisitions qui leur seraient faites, seront condamnés en cinq cents livres d'amende payables par corps, comme délit national, et applicables au profit de celui dont le fonds aura manqué d'être cultivé.

8. Si les propriétaires, fermiers et cultivateurs avaient abandonné leurs terres, sans avoir laissé de quoi pourvoir aux frais de labour et de semailles, la municipalité en fera dresser le procès-verbal, avec le devis estimatif des sommes nécessaires pour les frais de labour, semences, fermage et imposition.

9. Le directoire du district sera tenu d'ordonner sur-le-champ au receveur du district, de verser aux mains de la municipalité et sous sa responsabilité les sommes suffisantes pour l'exploitation de ces terres abandonnées.

10. Si le propriétaire ou fermier n'était pas rentré dans ses foyers avant la récolte, la municipalité sera tenue de la faire vendre ou recueillir, de faire rentrer dans la caisse de district les sommes avancées, et de verser le surplus aux mains de l'absent, lorsqu'il sera de retour ou à ses héritiers ou ayants cause.

11. Si le produit de l'exploitation ne suffisait point pour remplir les dépenses faites, le déficit constaté par la municipalité, visé par le district, sera supporté par la nation.

§ III. — *Des biens communaux.*

Décret *du 14 août 1792, relatif au partage des biens et usages communaux.*

L'Assemblée nationale, sur la motion d'un de ses membres, après avoir décrété l'urgence, décrète 1° que, dès cette année, immédiatement après les récoltes, tous les terrains et usages communaux, autres que les bois, seront partagés entre les citoyens de chaque commune ; 2° que les citoyens jouiront en toute propriété de leurs portions respectives ; 3° que les biens connus sous le nom de *sursis* et *vacants*, seront également divisés entre les habitants ; 4° que pour fixer le mode du partage, le Comité d'agriculture présentera dans trois jours le projet de décret.

Loi *du 10 juin 1793 sur le mode de partage des biens communaux (extrait).*

SECTION PREMIÈRE.

Art. 1er. Les biens communaux sont ceux sur la propriété, ou le produit desquels tous les habitants d'une ou plusieurs communes, ou d'une portion de commune ont un droit commun.

2. Une commune est une société de citoyens unis par des relations locales, soit qu'elle forme une municipalité particulière, soit qu'elle fasse partie d'une autre municipalité ; de manière que si une municipalité est composée de plusieurs sections différentes, et que chacune d'elles ait des biens communaux séparés, les habitants seuls de la section qui jouissait du bien communal, auront droit au partage.

3. Tous les biens appartenant aux communes, soit communaux, soit patrimoniaux, de quelque nature qu'ils puissent être, pourront être partagés, s'ils sont susceptibles de partage, dans les formes et d'après les régles ci-après prescrites, et sauf les exceptions qui seront prononcées.

4. Sont exceptés du partage les bois communaux, lesquels seront soumis aux régles qui ont été ou qui seront décrétées pour l'administration des forêts nationales.

5. Seront pareillement exceptés du partage, les places, promenades, voies publiques et édifices à l'usage des communes ; et ne sont point compris au nombre des biens communaux, les fossés et remparts des villes, les édifices et terrains destinés au service public, les rivages, lais et relais de la mer, les ports, les havres, les rades, et en général toutes les portions du territoire qui, n'étant pas susceptibles d'une propriété privée, sont considérées comme une dépendance du domaine public.

6. Les communes ou les citoyens qui ont joui jusqu'à présent du droit d'y conduire leurs bestiaux, continueront à en jouir comme par le passé.

7. Lorsque, d'après les visites et procès-verbaux des agents de l'administration forestière auxquels sont joints les officiers municipaux, il demeurera constant que tout ou portion de ce bois n'est pas d'un produit suffisant pour rester en cette nature, l'exception portée en l'article précédent n'aura pas lieu pour cette partie, après que lesdits procès-verbaux auront été autorisés par le directoire du département, sur l'avis de celui du district : mais il sera délibéré et statué sur son partage, ou son repeuplement, par l'assemblée des habitants et dans la forme qui sera ci-après prescrite.

8. Si le sol des communaux est submergé en tout ou en partie, et que le desséchement ne puisse s'opérer que par une entreprise générale, le partage de la partie submergée sera suspendu jusqu'à ce que le desséchement soit exécuté.

La Convention nationale charge on Comité d'agriculture de lui présenter incessamment un projet de loi tendant à accélérer le desséchement des marais décrété par la loi du 5 janvier 1791.

9. Seront tenus en réserve les terrains qui renfermeraient des mines, minières, carrières et autres productions minérales, dont la valeur excéderait celle du sol qui les couvre, ou qui seraient reconnues d'une utilité générale, soit pour la commune, soit pour la République.

10. Les communes seront tenues de justifier qu'elles ont pourvu à l'acquittement de leurs dettes, conformément à la loi du 5 août 1791, avant de pouvoir procéder à aucun acte relatif au partage de leurs biens patrimoniaux.

SECTION II.

Art. 1er. Le partage des biens communaux sera fait par tête d'habitant domicilié, de tout âge et de tout sexe, absent ou présent.

2. Les propriétaires non habitants n'auront aucun droit au partage.

3. Sera réputé habitant, tout citoyen français domicilié dans la commune un an avant le jour de la promulgation de la loi du 14 août 1792, ou qui ne l'aurait pas quittée un an avant cette époque pour aller s'établir dans une autre commune.

4. Les fermiers, métayers, valets de labour, domestiques et généralement tous citoyens auront droit au partage, pourvu qu'ils réunissent les qualités exigées pour être réputés habitants.

5. Tout citoyen est censé domicilié dans le lieu où il a son habitation, et il y aura droit au partage.

6. Ceux qui ont accepté des fonctions publiques et temporaires, seront exceptés des dispositions de l'article précédent, et auront la faculté de prendre leur partage dans la commune qu'ils auront quittée pour l'exercice des mêmes fonctions. Cette exception s'étendra aux domestiques et marchands voyageurs.

7. Les pères et mères jouiront de la portion

qui écherra à leurs enfants jusqu'à ce qu'ils aient atteint l'âge de quatorze ans.

Nul ne peut avoir droit au partage dans deux communes.

8. Les tuteurs ou personnes chargées de l'entretien des orphelins, veilleront avec soin à la conservation de la portion qui leur écherra en partage.

9. Les corps municipaux sont spécialement chargés de veiller en bons pères de famille à l'entretien et à la conservation des portions qui écherront aux citoyens qui se sont voués à la défense de la République. Ils les feront cultiver aux frais de la commune, et recueillir au profit des partageants : cette dernière disposition n'aura lieu qu'en temps de guerre.

10. Le ci-devant seigneur, quoique habitant, n'aura point droit au partage, lorsqu'il aura usé du droit de triage en exécution de l'art. 4 du titre XXV de l'ordonnance de 1669, quand il aurait disposé de sa portion en faveur de particuliers non seigneurs.

11. Le droit de triage établi par ledit art. 4 du titre XXV de l'ordonnance de 1669 des eaux et forêts, est aboli par le décret du 15 mars 1790.

12. Chaque habitant jouira en toute propriété de la portion qui lui écherra dans le partage.

13. Il ne pourra cependant l'aliéner pendant les dix années qui suivront la promulgation de la présente loi ; et la vente qu'il en pourrait faire sera regardée comme nulle et non avenue.

14. Le parcours ne donne aucun droit au partage.

15. Tout acte ou usage qui fixerait une manière de procéder au partage des biens communaux ou patrimoniaux, différente de celle portée par le présent décret, sera regardé comme nul et de nul effet, et il sera procédé au partage dans les formes prescrites par la présente loi.

16. La portion du communal qui écherra à chaque citoyen dans le partage, ne pourra être saisie pour dettes, même antérieures à la promulgation de la présente loi, pendant les dix ans qui suivront ladite promulgation, excepté pour le payement des contributions publiques.

Loi du 21 prairial an IV, qui surseoit à l'exécution de celle du 10 juin 1793 sur le partage des biens communaux.

Le Conseil des Anciens, adoptant les motifs de la déclaration d'urgence qui précède la résolution ci-après, approuve l'acte d'urgence. — Suit la teneur de la déclaration d'urgence et de la résolution du 10 prairial :

Le Conseil des Cinq-cents après avoir entendu le rapport de la commission chargée d'examiner les diverses réclamations à lui adressées contre la loi du 10 juin 1793 sur le partage des biens communaux ; — Considérant que l'exécution de la loi du 10 juin 1793 relative au partage des biens communaux, a donné lieu à de nombreuses réclamations, soit auprès de la Convention nationale, soit auprès du Corps législatif ; — Que l'examen de toutes les difficultés qu'a fait naître cette loi et des mesures qui doivent être prises pour concilier le respect dû aux propriétés privées avec l'intérêt public, celui résultant d'un plus grand nombre de défrichements et de l'amélioration de l'agriculture, exigera une discussion longue et tous les délais des formes constitutionnelles ; qu'il est cependant instant d'arrêter les funestes effets de l'exécution littérale de la loi du 10 juin 1793, dont plusieurs inconvénients majeurs se sont déjà fait sentir, déclare qu'il y a urgence. — Le Conseil, après avoir déclaré l'urgence, prend la résolution suivante :

ART. 1er. Il est sursis provisoirement à toutes actions et poursuites résultant de l'exécution de la loi du 10 juin 1793, sur le partage des biens communaux.

2. Sont provisoirement maintenus dans leur jouissance tous possesseurs actuels desdits terrains.

3. La présente résolution sera imprimée. — Après une seconde lecture, le Conseil des Anciens approuve la résolution ci-dessus.

Loi du 9 ventôse an XIII, relative aux partages des biens communaux effectués en vertu de la loi du 10 juin 1793.

ART. 1er. Les partages des biens communaux effectués en vertu de la loi du 10 juin 1793, et dont il a été dressé acte, seront exécutés.

2. En conséquence, les copartageants ou leurs ayants cause sont définitivement maintenus dans la propriété et jouissance de la portion desdits biens qui leur est échue, et pourront la vendre, aliéner et en disposer comme ils le jugeront convenable.

3. Dans les communes où des partages ont eu lieu sans qu'il en ait été dressé acte, les détenteurs de biens communaux qui ne pourront justifier d'aucun titre écrit, mais qui auront défriché ou planté le terrain dont ils ont joui, ou qui l'auront clos de murs, fossés, haies vives, ou enfin qui y auront fait quelques constructions, sont maintenus en possession provisoire, et peuvent devenir propriétaires incommutables, à la charge par eux de remplir, dans les trois mois de la publication de la présente loi, les conditions suivantes : — 1o de faire devant le sous-préfet de l'arrondissement, la déclaration du terrain qu'ils occupent, de l'état dans lequel ils l'ont trouvé, et de celui dans lequel ils l'ont mis ; — 2o de se soumettre à payer à la commune une redevance annuelle rachetable en tout temps pour vingt fois

la rente, et qui sera fixée, d'après l'estimation, à la moitié du produit annuel du bien, ou du revenu dont il aurait été susceptible au moment de l'occupation. — Cette estimation sera faite par experts, en la forme légale, dans le cours de l'an XII ; et le payement de la redevance courra à compter du 1ᵉʳ vendémiaire an XIII. Un des experts sera choisi par le détenteur du bien communal ; le second, au nom de la commune, par le sous-préfet de l'arrondissement ; et le troisième par le préfet du département.

4. L'aliénation définitive de ces terrains sera faite comme toutes les autres aliénations de biens communaux, en vertu d'une loi qui sera rendue d'après l'exécution des dispositions prescrites par les articles précédents, et qui autorisera les maires des communes à passer le contrat de concession aux frais des concessionnaires. — Néanmoins ces concessionnaires resteront en possession provisoire jusqu'à l'époque où la loi aura été rendue ; à la charge par eux de payer la redevance annuelle ainsi qu'il est dit ci-dessus.

5. Tous les biens communaux possédés à l'époque de la publication de la présente loi, sans acte de partage, et qui ne seront pas dans le cas précisé par l'art. 3, et pour lesquels les déclarations et soumissions de redevance n'auront pas été faites dans le délai et suivant les formes prescrites par le même article, rentreront entre les mains des communautés d'habitants. — En conséquence, les maires et adjoints, les conseils municipaux, les sous-préfets et préfets feront et ordonneront toutes les diligences nécessaires pour faire rentrer les communes en possession.

6. Toutes les contestations relatives à l'occupation desdits biens qui pourront s'élever entre les copartageants, détenteurs ou occupants, depuis la loi du 10 juin 1793, et les communes, soit sur les actes et les preuves de partage de biens communaux, sur l'exécution des conditions prescrites par l'art. 3 de la présente loi, seront jugées par le conseil de préfecture.

7. Quant aux actions que des tiers pourraient avoir à intenter sur les mêmes biens, le sursis prononcé par la loi du 21 prairial an IV, à toutes poursuites et actions résultant de l'exécution de la loi du 10 juin 1793, est levé.

8. En conséquence, toutes personnes prétendant des droits de propriété sur les biens communaux partagés ou occupés par des particuliers comme biens communaux, pourront se pourvoir par-devant les tribunaux ordinaires, pour raison de ces droits ; à la charge cependant de justifier qu'elles ou ceux aux droits de qui elles se trouvent étaient en possession des biens dont elles répètent la propriété, avant le 4 août 1789, ou qu'à cette époque il y avait instance devant les tribunaux pour la réintégration. — La prescription, la péremption d'instance, et le délai du pourvoi en cassation, lorsqu'il n'aura pas été échu avant le 21 prairial an IV, ne courront contre elles qu'à dater du jour de la publication de la présente loi.

9. Il ne sera prononcé de restitution de fruits en jouissance, ni par les tribunaux en faveur des tiers, ni dans le cas des répétitions prévues par l'article précédent, ni par les conseils de préfecture, en faveur des communes, dans celui mentionné en l'art. 5, qu'à compter du jour de la demande pour les particuliers, et à compter du 1ᵉʳ vendémiaire an XIII, pour les communes.

10. Ne pourront également les détenteurs actuels ou occupants, même en vertu d'un partage dont l'acte aurait été dressé, qui se trouveront évincés par suite des actions intentées dans l'un ou l'autre cas, répéter, soit à l'égard des communes, soit à l'égard des copartageants, aucune indemnité pour raison de l'éviction qu'ils auront soufferte, à moins qu'ils n'aient fait des plantations et des constructions ; auquel cas ils seront indemnisés par la partie, conformément à la dernière disposition de l'art. 548 du Code civil.

DÉCRET du 9 brumaire an XIII, relatif au mode de jouissance des biens communaux.

ART. 1ᵉʳ. Les communautés d'habitants qui, n'ayant pas profité du bénéfice de la loi du 10 juin 1793 relative au partage des biens communaux, ont conservé, après la publication de cette loi, le mode de jouissance de leurs biens communaux, continueront de jouir de la même manière desdits biens.

2. Ce mode ne pourra être changé que par un décret impérial, rendu sur la demande des conseils municipaux, après que le sous-préfet de l'arrondissement et le préfet auront donné leur avis.

3. Si la loi du 10 juin 1793 a été exécutée dans ces communes, et qu'en vertu de l'art. 12, section 3 de cette loi, il ait été établi un nouveau mode de jouissance, ce mode sera exécuté provisoirement.

4. Toutefois les communautés d'habitants pourront délibérer, par l'organe des conseils municipaux, un nouveau mode de jouissance.

5. La délibération du conseil sera, avec l'avis du sous-préfet, transmise au préfet, qui l'approuvera, rejettera ou modifiera, en conseil de préfecture ; sauf, de la part du conseil municipal, et même d'un ou plusieurs habitants ou ayants droit à la jouissance, le recours au conseil d'État.

6. Le ministre de l'intérieur est chargé de l'exécution du présent décret.

TROISIÈME PARTIE.

ORGANISATION DE L'AGRICULTURE.

CHAPITRE II. — REPRÉSENTATION DE L'AGRICULTURE.

[Page 483.]

ORDONNANCE *du 29 avril 1831, sur l'établissement, les fonctions, et la composition des conseils de commerce, des manufactures et d'agriculture et du conseil supérieur.*

TITRE PREMIER.
ÉTABLISSEMENT ET FONCTIONS DES CONSEILS.

---

§ I. — Conseils de commerce, des manufactures et d'agriculture.

ART. 1er. Le conseil général du commerce, le conseil général des manufactures, le conseil d'agriculture seront immédiatement réorganisés.

2. Ces conseils tiendront une session annuelle, dont notre ministre du commerce et des travaux publics fixera l'époque et la durée, sans préjudice des convocations extraordinaires que le ministre pourra ordonner.

3. Ils délibéreront et émettront des vœux sur les propositions ou réclamations de leurs membres, faites soit en leur nom, soit au nom des chambres de commerce, chambres consultatives, sociétés d'agriculture, ou autres intéressés qui les en auraient chargés. — Dans chaque proposition le conseil sera consulté pour décider si elle doit être prise en considération. En cas d'affirmative, la discussion aura lieu et sera consignée au procès-verbal avec mention des opinions diverses du vœu émis à la majorité. — Les conseils donneront aussi leur avis sur toutes les questions que le ministre du commerce et des travaux publics jugera à propos de leur envoyer.

4. Des commissions mixtes des membres des trois conseils, ou de deux d'entre eux suivant les matières, pourront être réunies quand le ministre le croira utile ou que la demande lui en sera faite.

§ II. — Conseil supérieur du commerce.

5. Un conseil supérieur du commerce est établi auprès de notre ministre du commerce et des travaux publics. — Il pourra être entendu : — sur les projets de loi et ordonnance, concernant le tarif des douanes et leur régime en ce qui intéresse le commerce, — sur les projets de traités de commerce et de navigation, — sur la législation commerciale des colonies, — sur le système des encouragements pour les grandes pêches maritimes, — sur les vœux des conseils généraux du commerce, des manufactures et du conseil d'agriculture. — Il donne des avis sur toutes les questions que notre ministre du commerce et des travaux publics juge à propos de lui renvoyer. — S'il y a lieu de procéder à la reconnaissance des faits par voie d'enquête orale, le ministre pourra y autoriser le conseil sur la demande et se charger d'y procéder.

TITRE II.
COMPOSITION ET MODE DE PRÉSIDER.

---

§ I. — Conseil supérieur.

6. Le conseil supérieur est composé : — d'un président nommé par nous, — des onze membres nommés par nous, — d'un douzième membre nommé par notre ministre des finances, avec notre autorisation, — des présidents des conseils généraux du commerce, des manufactures et du conseil d'agriculture. — Les fonctions tant du président que des membres du conseil sont gratuites.

7. Au conseil supérieur du commerce, sera attaché un secrétaire général nommé par nous.

§ II. — Conseils du commerce, des manufactures et de l'agriculture.

8. Le conseil général du commerce sera composé des membres nommés par les chambres du commerce pris soit dans leur sein, soit dans leur circonscription. — La chambre de Paris nommera huit membres ; — celles de Lyon, Marseille, Bordeaux, Nantes, Rouen, le Havre, chacune deux membres ; — toutes les autres chambres, chacune un membre.

9. Le conseil général des manufactures sera composé de cinquante membres, savoir : un, nommé comme ci-dessus, par les vingt chambres consultatives des arts et manufactures

désignées dans le tableau ci-annexé, et le surplus choisi par notre ministre du commerce et des travaux publics parmi les manufacturiers aux industries spéciales desquels les communications faites par les chambres consultatives n'auraient pu donner des organes.

10. Le conseil d'agriculture est composé de trente propriétaires, ou membres des sociétés d'agriculture, appelés par le ministre du commerce et des travaux publics.

11. Chacun de ces conseils se nomme un président dans la session annuelle. Ces présidents, conformément à l'art. 6, sont membres du conseil supérieur du commerce jusqu'à la session suivante.

12. Les fonctions des membres des trois conseils sont gratuites : elles dureront trois ans ; il sera pourvu à mesure aux vacances qui surviendraient avant la fin de cette période.

13. Des employés du ministère seront délégués pour remplir les fonctions de secrétaires auprès de ces conseils.

14. Des commissaires désignés par nous, seront établis auprès des conseils généraux du commerce, des manufactures et du conseil d'agriculture ; ils seront chargés d'y exposer les questions qui y auraient été renvoyées, d'y fournir les explications et communications qui seront nécessaires, et ils feront, quand il y aura lieu, rapport au conseil supérieur, des résultats des délibérations qui se seront en suivies.—A cet effet, ils auront entrée au conseil supérieur.

DISPOSITION GÉNÉRALE.

15. Au moyen des dispositions ci-dessus sont abrogées les ordonnances relatives au conseil supérieur et bureau du commerce et des colonies et à la commission établie le 27 janvier dernier pour en tenir lieu, aux conseils généraux du commerce, des manufactures et au conseil d'agriculture. Néanmoins les anciens membres pourvus de brevets de conseillers du Roi aux conseils généraux du commerce et des manufactures, pourront conserver leurs titres.

État des chambres consultatives des arts et manufactures qui fourniront chacune un membre au conseil général des manufactures.

Abbeville, Alençon, Arras, Beauvais, Castres, Châteauroux, Elbeuf, l'Aigle, Lisieux, Lodève, Louviers, Morlaix, Nevers, Quintin, Romorantin, Saint-Étienne, Sedan, Saint-Quentin, Tarare, Valenciennes.

Ordonnance *du 29 octobre 1841 qui porte à cinquante-quatre le nombre des membres du conseil général d'agriculture.*

Art. 1er. L'art. 10 de notre ordonnance du 9 avril 1831 est rapporté.

2. Le conseil général d'agriculture sera composé de cinquante-quatre propriétaires ou membres des sociétés d'agriculture appelés par le ministre de l'agriculture et du commerce.

CHAPITRE III. — DE L'ENSEIGNEMENT AGRICOLE.

[Page 197.]

§ Ier. — *Instruction primaire.*

Loi *du 28 juin 1833, sur l'Instruction primaire.*

TITRE PREMIER.

DE L'INSTRUCTION PRIMAIRE ET DE SON OBJET.

Art. 1er. L'instruction primaire est élémentaire ou supérieure. — L'instruction primaire élémentaire comprend nécessairement l'instruction morale et religieuse, la lecture, l'écriture, les éléments de la langue française et du calcul, le système légal des poids et mesures. — L'instruction primaire supérieure comprend nécessairement, en outre, les éléments de la géométrie et ses applications usuelles, spécialement le dessin linéaire et l'arpentage, des notions des sciences physiques et de l'histoire naturelle applicables aux usages de la vie ; le chant, les éléments de l'histoire et de la géographie, et surtout de l'histoire et de la géographie de la France. — Selon les besoins et les ressources des localités, l'instruction primaire pourra recevoir les développements qui seront jugés convenables.

2. Le vœu des pères de famille sera toujours consulté et suivi en ce qui concerne la participation de leurs enfants à l'instruction religieuse.

3. L'instruction primaire est ou privée ou publique.

TITRE II.

DES ÉCOLES PRIMAIRES PRIVÉES.

4. Tout individu âgé de dix-huit ans accomplis pourra exercer la profession d'instituteur primaire et diriger tout établissement quelconque d'instruction primaire, sans autres conditions que de présenter préalablement au maire de la commune où il voudra tenir école, —

1º Un brevet de capacité obtenu, après examen, selon le degré de l'école qu'il veut établir ; — 2º Un certificat constatant que l'impétrant est digne, par sa moralité, de se livrer à l'enseignement. Ce certificat sera délivré, sur l'attestation de trois conseillers municipaux, par le maire de la commune ou de chacune des communes où il aura résidé depuis trois ans.

5. Sont incapables de tenir école, — 1º Les condamnés à des peines afflictives ou infamantes ; — 2º Les condamnés pour vol, escroquerie, banqueroute, abus de confiance ou attentat aux mœurs, et les individus qui auront été privés par jugement de tout ou partie des droits de famille mentionnés aux paragraphes 5 et 6 de l'art. 42 du Code pénal ; — 3º les individus interdits en exécution de l'art. 7 de la présente loi.

6. Quiconque aura ouvert une école primaire en contravention à l'art. 5, ou sans avoir satisfait aux conditions prescrites par l'art. 4 de la présente loi, sera poursuivi devant le tribunal correctionnel du lieu du délit, et condamné à une amende de cinquante à deux cents francs : l'école sera fermée. — En cas de récidive, le délinquant sera condamné à un emprisonnement de quinze à trente jours et à une amende de cent à quatre cents francs.

7. Tout instituteur privé, sur la demande du comité mentionné dans l'art. 19 de la présente loi ou sur la poursuite d'office du ministère public, pourra être traduit, pour cause d'inconduite ou d'immoralité, devant le tribunal civil de l'arrondissement, et être interdit de l'exercice de sa profession à temps ou à toujours. — Le tribunal entendra les parties et statuera sommairement en chambre du conseil. Il en sera de même sur l'appel, qui devra être interjeté dans le délai de dix jours, à compter du jour de la notification du jugement, et qui, en aucun cas, ne sera suspensif. — Le tout sans préjudice des poursuites qui pourraient avoir lieu pour crimes, délits ou contraventions prévus par les lois.

TITRE III.

DES ÉCOLES PRIMAIRES PUBLIQUES.

8. Les écoles primaires publiques sont celles qu'entretiennent, en tout ou en partie, les communes, les départements ou l'État.

9. Toute commune est tenue, soit par elle-même, soit en se réunissant à une ou plusieurs communes voisines, d'entretenir au moins une école primaire élémentaire. — Dans le cas où les circonstances locales le permettraient, le ministre de l'instruction publique pourra, après avoir entendu le conseil municipal, autoriser, à titre d'écoles communales, des écoles plus particulièrement affectées à l'un des cultes reconnus par l'État.

10. Les communes chefs-lieux de département, et celles dont la population excède six mille âmes, devront avoir en outre une école primaire supérieure.

11. Tout département sera tenu d'entretenir une école normale primaire, soit par lui-même, soit en se réunissant à un ou plusieurs départements voisins. — Les conseils généraux délibéreront sur les moyens d'assurer l'entretien des écoles normales primaires. Ils délibéreront également sur la réunion de plusieurs départements pour l'entretien d'une seule école normale. Cette réunion devra être autorisée par ordonnance royale.

12. Il sera fourni à tout instituteur communal, — 1º Un local convenablement disposé, tant pour lui servir d'habitation, que pour recevoir les élèves ; — 2º Un traitement fixe, qui ne pourra être moindre de deux cents francs pour une école primaire élémentaire, et de quatre cents francs pour une école primaire supérieure.

13. A défaut de fondations, donations ou legs, qui assurent un local et un traitement, conformément à l'article précédent, le conseil municipal délibérera sur les moyens d'y pourvoir. — En cas d'insuffisance des revenus ordinaires pour l'établissement des écoles primaires communales élémentaires et supérieures, il y sera pourvu au moyen d'une imposition spéciale, votée par le conseil municipal, ou, à défaut du vote de ce conseil, établie par ordonnance royale. Cette imposition, qui devra être autorisée chaque année par la loi de finances, ne pourra excéder trois centimes additionnels au principal des contributions foncière, personnelle et mobilière. — Lorsque des communes n'auront pu, soit isolément, soit par la réunion de plusieurs d'entre elles, procurer un local et assurer le traitement au moyen de cette contribution de trois centimes, il sera pourvu aux dépenses reconnues nécessaires à l'instruction primaire, et, en cas d'insuffisance des fonds départementaux, par une imposition spéciale, votée par le conseil général du département, ou, à défaut du vote de ce conseil, établie par ordonnance royale. Cette imposition, qui devra être autorisée chaque année par la loi de finances, ne pourra excéder deux centimes additionnels au principal des contributions foncière, personnelle et mobilière. — Si les centimes ainsi imposés aux communes et aux départements ne suffisent pas aux besoins de l'instruction primaire, le ministre de l'instruction publique y pourvoira au moyen d'une subvention prélevée sur le crédit qui sera porté annuellement pour l'instruction primaire au budget de l'État. — Chaque année, il sera annexé, à la proposition du budget, un rapport

détaillé sur l'emploi des fonds alloués pour l'année précédente.

14. En sus du traitement fixe, l'instituteur communal recevra une rétribution mensuelle dont le taux sera réglé par le conseil municipal, et qui sera perçue dans la même forme et selon les mêmes règles que les contributions publiques directes. Le rôle en sera recouvrable, mois par mois, sur un état des élèves certifié par l'instituteur, visé par le maire, et rendu exécutoire par le sous-préfet. — Le recouvrement de la rétribution ne donnera lieu qu'au remboursement des frais par la commune, sans aucune remise au profit des agents de la perception. — Seront admis gratuitement, dans l'école communale élémentaire, ceux des élèves de la commune, ou des communes réunies, que les conseils municipaux auront désignés comme ne pouvant payer aucune rétribution.— Dans les écoles primaires supérieures, un nombre de places gratuites, déterminé par le conseil municipal, pourra être réservé pour les enfants qui, après concours, auront été désignés par le comité d'instruction primaire, dans les familles qui seront hors d'état de payer la rétribution.

15. Il sera établi, dans chaque département, une caisse d'épargne et de prévoyance en faveur des instituteurs primaires communaux. — Les statuts de ces caisses d'épargne seront déterminés par des ordonnances royales. — Cette caisse sera formée par une retenue annuelle d'un vingtième sur le traitement fixe de chaque instituteur communal. Le montant de la retenue sera placé au compte ouvert au trésor royal pour les caisses d'épargne et de prévoyance ; les intérêts de ces fonds seront capitalisés tous les six mois. Le produit total de la retenue exercée sur chaque instituteur lui sera rendu à l'époque où il se retirera, et, en cas de décès dans l'exercice de ses fonctions, à sa veuve ou à ses héritiers. — Dans aucun cas, il ne pourra être ajouté aucune subvention, sur les fonds de l'État, à cette caisse d'épargne et de prévoyance ; mais elle pourra, dans les formes et selon les règles prescrites pour les établissements d'utilité publique, recevoir des dons et legs dont l'emploi, à défaut de dispositions des donateurs ou des testateurs, sera réglé par le conseil général.

16. Nul ne pourra être nommé instituteur communal, s'il ne remplit les conditions de capacité et de moralité prescrites par l'art. 4 de la présente loi, ou s'il se trouve dans un des cas prévus par l'art. 5.

TITRE IV.

DES AUTORITÉS PRÉPOSÉES A L'INSTRUCTION PRIMAIRE.

17. Il y aura près de chaque école communale un comité local de surveillance composé du maire ou adjoint, président, du curé ou pasteur, et d'un ou plusieurs habitants notables désignés par le comité d'arrondissement. — Dans les communes dont la population est répartie entre différents cultes reconnus par l'État, le curé ou le plus ancien des curés, et un des ministres de chacun des autres cultes désigné par son consistoire, feront partie du comité communal de surveillance. — Plusieurs écoles de la même commune pourront être réunies sous la surveillance du même comité. — Lorsqu'en vertu de l'art. 9, plusieurs communes se seront réunies pour entretenir une école, le comité d'arrondissement désignera, dans chaque commune, un ou plusieurs habitants notables pour faire partie du comité. Le maire de chacune des communes fera en outre partie du comité. — Sur le rapport du comité d'arrondissement, le ministre de l'instruction publique pourra dissoudre un comité local de surveillance et le remplacer par un comité spécial, dans lequel personne ne sera compris de droit.

18. Il sera formé dans chaque arrondissement de sous-préfecture un comité spécialement chargé de surveiller et d'encourager l'instruction primaire. — Le ministre de l'instruction publique pourra, suivant la population et les besoins des localités, établir dans le même arrondissement plusieurs comités dont il déterminera la circonscription par cantons isolés ou agglomérés.

19. Sont membres des comités d'arrondissement : — Le maire du chef-lieu ou le plus ancien des maires du chef-lieu de la circonscription ; — Le juge de paix ou le plus ancien des juges de paix de la circonscription ; — Le curé ou le plus ancien des curés de la circonscription ; — Un ministre de chacun des autres cultes reconnus par la loi, qui exercera dans la circonscription, et qui aura été désigné comme il est dit au second paragraphe de l'art. 17 ;—Un proviseur, principal de collége, professeur, régent, chef d'institution, ou maître de pension, désigné par le ministre de l'instruction publique, lorsqu'il existera des colléges, institutions ou pensions dans la circonscription du comité ; —Un instituteur primaire, résidant dans la circonscription du comité, et désigné par le ministre de l'instruction publique ; — Trois membres du conseil d'arrondissement ou habitants notables désignés par ledit conseil ; — Les membres du conseil général du département qui auront leur domicile réel dans la circonscription du comité. — Le préfet préside, de droit, tous les comités du département, et le sous-préfet tous ceux de l'arrondissement : le procureur du Roi est membre, de droit, de tous les comités de l'arrondissement. — Le co-

mite choisit tous les ans son vice-président et son secrétaire ; il peut prendre celui-ci hors de son sein. Le secrétaire, lorsqu'il est choisi hors du comité, en devient membre par sa nomination.

20. Les comités s'assembleront au moins une fois par mois. Ils pourront être convoqués extraordinairement sur la demande d'un délégué du ministre : ce délégué assistera à la délibération. — Les comités ne pourront délibérer s'il n'y a au moins cinq membres présents pour les comités d'arrondissement, et trois pour les comités communaux ; en cas de partage, le président aura voix prépondérante. — Les fonctions des notables qui font partie des comités dureront trois ans ; ils seront indéfiniment rééligibles.

21. Le comité communal a inspection sur les écoles publiques ou privées de la commune. Il veille à la salubrité des écoles et au maintien de la discipline, sans préjudice des attributions du maire en matière de police municipale. — Il s'assure qu'il a été pourvu à l'enseignement gratuit des enfants pauvres. — Il arrête un état des enfants qui ne reçoivent l'instruction primaire ni à domicile, ni dans les écoles privées ou publiques. — Il fait connaître au comité d'arrondissement, les divers besoins de la commune sous le rapport de l'instruction primaire. — En cas d'urgence, et sur la plainte du comité communal, le maire peut ordonner provisoirement que l'instituteur sera suspendu de ses fonctions, à la charge de rendre compte, dans les vingt-quatre heures, au comité d'arrondissement, de cette suspension, et des motifs qui l'ont déterminée. — Le conseil municipal présente au comité d'arrondissement les candidats pour les écoles publiques, après avoir préalablement pris l'avis du comité communal.

22. Le comité d'arrondissement inspecte, et au besoin fait inspecter, par des délégués pris parmi ses membres ou hors de son sein, toutes les écoles primaires de son ressort. Lorsque les délégués ont été choisis par lui hors de son sein, ils ont droit d'assister à ses séances avec voix délibérative. — Lorsqu'il le juge nécessaire, il réunit plusieurs écoles de la même commune sous la surveillance du même comité, ainsi qu'il a été prescrit à l'art. 17. — Il envoie chaque année au préfet et au ministre de l'instruction publique l'état de situation de toutes les écoles primaires du ressort. — Il donne son avis sur les secours et les encouragements à accorder à l'instruction primaire. — Il provoque les réformes et les améliorations nécessaires. — Il nomme les instituteurs communaux sur la présentation du conseil municipal, procède à leur installation, et reçoit leur serment. — Les instituteurs communaux doivent être institués par le ministre de l'instruction publique.

23. En cas de négligence habituelle, ou de faute grave de l'instituteur communal, le comité d'arrondissement ou d'office, ou sur la plainte adressée par le comité communal, mande l'instituteur inculpé ; après l'avoir entendu ou dûment appelé, il le réprimande ou le suspend pour un mois avec ou sans privation de traitement, ou même le révoque de ses fonctions. — L'instituteur frappé d'une révocation pourra se pourvoir devant le ministre de l'instruction publique, en conseil royal. Ce pourvoi devra être formé dans le délai d'un mois, à partir de la notification de la décision du comité, de laquelle notification il sera dressé procès-verbal par le maire de la commune. Toutefois, la décision du comité est exécutoire par provision. — Pendant la suspension de l'instituteur, son traitement, s'il en est privé, sera laissé à la disposition du conseil municipal, pour être alloué, s'il y a lieu, à un instituteur remplaçant.

24. Les dispositions de l'art. 7 de la présente loi, relatives aux instituteurs privés, sont applicables aux instituteurs communaux.

25. Il y aura dans chaque département une ou plusieurs commissions d'instruction primaire, chargées d'examiner tous les aspirants aux brevets de capacité, soit pour l'instruction primaire élémentaire, soit pour l'instruction primaire supérieure, et qui délivreront lesdits brevets sous l'autorité du ministre. Ces commissions seront également chargées de faire les examens d'entrée et de sortie des élèves de l'école normale primaire. — Les membres de ces commissions seront nommés par le ministre de l'instruction publique. — Les examens auront lieu publiquement et à des époques déterminées par le ministre de l'instruction publique.

§ II. — *De l'Enseignement spécial.*

Ordonnance *du 26 septembre 1839 relative au conservatoire royal des arts et métiers.*

Art. 1er. Il est établi au conservatoire royal des arts et métiers, cinq nouveaux cours publics et gratuits savoir : de mécanique appliquée à l'industrie, — de géométrie descriptive, — de législation industrielle, d'agriculture et un deuxième cours de chimie appliquée à l'industrie.

2. Au moyen du cours d'agriculture établi par l'art. 1er notre ordonnance du 26 août 1836 est rapportée.

3. Sont nommés pour le *cours de mécanique industrielle,* **M. Morin** capitaine d'artil-

leric ; — pour le *cours de géométrie descrip-tive* **M.** Olivier, répétiteur de géométrie descriptive à l'école polytechnique; — pour le cours de législation industrielle, **M. Wolowski** avocat à la cour royale de Paris ; — pour le *cours d'agriculture,* **M.** Oscar Leclerc, actuellement professeur du cours de culture au conservatoire ; — pour le *deuxième cours de chimie industrielle,* **M.** Payen professeur à l'école centrale des arts et manufactures.

4. Les nouveaux professeurs jouiront, à partir du 1er janvier 1840, du traitement annuel de 5,000 francs.

N. B. Depuis 1839, M. Oscar Lecler, est mort, il a été remplacé par M. Boussingault.

Ordonnance *du* 15 *novembre* 1839 *qui établit au conservatoire des arts et métiers un second cours d'agriculture.*

Art. 1er. Il est établi, au conservatoire des arts et métiers un deuxième cours d'agriculture.

2. **M.** Moll, professeur du cours supprimé de mécanique agricole, est nommé professeur du deuxième cours d'agriculture.

N. B. Indépendamment des cours compris dans les deux ordonnances ci-dessus, rappelons qu'il y a au Conservatoire une chaire *d'économie industrielle* professée par M. Blanqui. En 1843, M. Blanqui a fait des cours sur l'*agriculture* et l'*économie rurale,* recueillies depuis en un volume.

§ III. — *De l'Enseignement forestier.*

Ordonnance *du* 31 *octobre* 1838 *concernant l'École royale forestière.*

Vu l'art. 42 de l'ordonnance du 1er août 1827 et notre ordonnance du 16 décembre 1837 ;

Les observations de l'administration des forêts ;

Sur le rapport de notre ministre secrétaire d'état au département des finances,

Nous avons ordonné et ordonnons ce qui suit :

Art. 1er. Les cours de l'école royale forestière sont dirigés par six professeurs, savoir :

Un professeur d'économie forestière ;

Un professeur de législation et de jurisprudence ;

Un professeur de mathématiques et de physique ;

Un professeur d'histoire naturelle et de chimie ;

Un professeur de constructions forestières et de dessin ;

Un professeur de langue allemande.

Deux inspecteurs sont attachés à l'école.

2. Les professeurs et inspecteurs font partie du jury d'examen institué par l'art. 49 de l'ordonnance du 1er août 1827.

3. Les fonctions d'inspecteurs sont d'assurer l'exécution journalière des règlements concernant la police et l'instruction, et de surveiller les travaux et la conduite des élèves, tant dans l'intérieur qu'à l'extérieur de l'établissement.

4. Notre ministre des finances déterminera le traitement des professeurs et inspecteurs, et leur avancement dans l'intérieur de l'école.

Ceux de ces fonctionnaires qui seront pris parmi les agents forestiers conserveront leurs droits à l'avancement dans le service actif.

5. Sont rapportées toutes dispositions des or-donnances ci-dessus visées, en ce qu'elles auraient de contraire à la présente.

6. Notre ministre secrétaire d'état des finances est chargé de l'exécution de la présente ordonnance.

Ordonnance *du* 12 *octobre* 1840, *portant qu'il sera formé, tous les ans, à Paris, un jury chargé de prononcer sur l'admission à l'école forestière des candidats examinés dans tout le royaume.*

Art. 1er. Tous les ans, après les tournées d'examen, il sera formé à Paris un jury chargé de prononcer sur l'admission à l'école forestière des candidats examinés dans tout le royaume. Ce jury se composera du directeur général des forêts président, des sous-directeurs de l'administration, du directeur de l'école, des quatre examinateurs d'admission et du professeur de belles-lettres qui sera chargé annuellement par notre ministre des finances, sur la proposition du directeur général, du travail relatif aux compositions littéraires.

2. Le jury dressera une liste par ordre de mérite, de tous les candidats jugés admissibles, et notre ministre des finances arrêtera les admissions, suivant l'ordre de cette liste, en raison du nombre des plans à remplir.

Ordonnance *du* 21 *décembre* 1840 *relative aux examens pour l'admission à l'école royale forestière, et qui rapporte les articles* 44 *et* 45 *de l'ordonnance du* 1er *août* 1827.

Vu les art. 44 et 45 de l'ordonnance du 1er août 1827 ; vu l'art. 2 de l'ordonnance du 5 mai 1834 ; vu l'art. 1er de l'ordonnance du 12 octobre 1840 ; sur le rapport de notre ministre secrétaire d'État au département des finances, etc.

ART. 1er. Les aspirants qui se présentent pour être admis à l'école royale forestière sont examinés, tant à Paris que dans les départements, par quatre examinateurs désignés annuellement par notre ministre des finances. Les examens ont lieu d'après le même mode, dans le même temps et les mêmes lieux que ceux pour l'admission aux écoles militaires. Les candidats ne seront admis au concours que sur la présentation d'une lettre du directeur général de l'administration des forêts. Les demandes d'admission au concours doivent être adressées à l'administration avant le 30 juin, avec les pièces justificatives : 1o l'acte de naissance, dûment légalisé, constatant que l'aspirant aura, au 1er novembre, dix-neuf ans accomplis et n'aura pas plus de vingt-deux ans; 2o un certificat d'un docteur en médecine, dûment légalisé, attestant que l'aspirant a été vacciné, qu'il n'a aucun vice de conformation qui le rendrait impropre au service forestier ; 3o le diplôme de bachelier ès-lettres ; néanmoins la production de ce diplôme ne sera exigée qu'à partir du concours de 1842, et, pour le concours de 1841, les aspirants produiront seulement un certificat en forme, constatant qu'ils ont terminé le cours de leurs humanités ; 4o la preuve que le candidat possède un revenu annuel de quinze cents francs au moins, ou, à défaut, une obligation par laquelle ses parents s'engagent à lui fournir une pension de pareille somme pendant son séjour à l'école forestière, et une pension de six cents francs comme complément de traitement, depuis le moment où il sortira de l'école jusqu'à l'époque où il sera employé comme garde général en activité.

2. L'examen d'admission à l'école forestière porte sur les objets ci-après, savoir : 1o l'arithmétique complète, y compris l'exposition du nouveau système métrique ; 2o la géométrie élémentaire ; 3o la trigonométrie rectiligne ; 4o les éléments d'algèbre ; 5o les éléments de géométrie descriptive ; 6o les éléments de statique ; 7o les éléments de physique ; 8o les éléments de chimie ; 9o le dessin ; 10o la langue française ; 11o la langue latine ; 12o les premiers éléments de la langue allemande.

3. Un programme arrêté par notre ministre des finances déterminera pour chacun des objets de l'examen, l'étendue des connaissances dont les aspirants doivent justifier.

4. A leur arrivée à l'école, les élèves sont soumis à la visite du médecin de l'établissement, à l'effet de constater qu'ils n'ont aucun vice de conformation ni aucune infirmité qui les mettraient hors d'état d'être admis aux cours de l'école, ou qui les rendraient impropres au service forestier.

5. Les art. 44 et 45 de l'ordonnance du 1er août 1827, et l'art. 2 de l'ordonnance du 5 mai 1834, sont rapportés.

§ IV. — *De l'Enseignement vétérinaire.*

LOI du 29 germinal an III, portant qu'il y aura dans la république deux écoles d'économie rurale vétérinaire.

La convention nationale, après avoir entendu le rapport de ses comités d'agriculture et des finances réunis, décrète ce qui suit :

ART. 1er. Il y aura dans la République deux écoles d'économie rurale vétérinaire ; l'une à Lyon pour le midi, l'autre à Versailles pour le nord.

2. La commission des revenus nationaux mettra sans délai à la disposition de la commission d'agriculture et des arts, la maison des ci-devant gardes à Versailles, un jardin d'un arpent, clos de murs, et une partie de la ferme près la ménagerie, pour servir aux expériences rurales.

3. Tous les districts de la République qui n'ont pas d'élèves aux écoles vétérinaires, sont autorisés à envoyer à celle des deux écoles qui sera le plus à proximité, un citoyen âgé de seize à vingt-cinq ans, dans lequel on reconnaîtra les dispositions nécessaires pour faire des progrès rapides dans cet art.

4. Les districts qui, en ce moment, y en auraient un plus grand nombre, sont autorisés à les y entretenir pendant trois années.

5. L'entretien de ces élèves, fixé provisoirement à 1,200 livres par an, sera payé par la trésorerie nationale, sur les états dressés par la commission d'agriculture et des arts.

6. La commission du mouvement des armées entretiendra dans l'une et l'autre de ces écoles, vingt élèves pour le service de la cavalerie ; ces élèves seront en tout assimilés à ceux des départements : l'administration particulière par laquelle ils ont été régis jusqu'à ce jour, est dès ce moment supprimée.

7. Tous les citoyens qui voudraient s'instruire dans l'économie rurale vétérinaire, et entrer à leurs frais à une de ces écoles, seront admis parmi les élèves des départements, et recevront gratuitement le logement et l'instruction, s'ils remplissent d'ailleurs les conditions qui seront établies dans le règlement des écoles.

8. Il sera attaché à l'une et à l'autre école un directeur et six professeurs, entre lesquels la démonstration de l'économie rurale vétérinaire sera distribuée ainsi qu'il suit :

1° L'anatomie de tous les animaux servant à l'agriculture;

2° L'éducation et les maladies du cheval, du mulet et de l'âne;

3° L'éducation et les maladies des bêtes à cornes;

4° L'éducation et les maladies des bêtes à laine;

5° La pharmacie, la matière médicale et la botanique;

6° La forge, la ferrure et les opérations du pied.

9. Les professeurs enseigneront toujours la même partie de l'art vétérinaire.

10. Le plus ancien des professeurs sera nommé adjoint pour remplacer le directeur, en cas d'absence.

11. Il y aura, dans l'une et l'autre école, six répétiteurs à 800 livres de traitement; ils seront pris parmi les élèves les plus avancés. Le choix des nouveaux répétiteurs aura lieu chaque année par concours, en présence du jury des écoles.

12. Le département de Seine et Oise, et celui de Rhône et Loire nommeront chacun quatre médecins vétérinaires et quatre agriculteurs instruits pour former le jury des écoles.

13. Il sera attaché à chaque école un régisseur comptable, chargé de la recette et de la dépense de l'établissement, soit pour l'entretien des élèves, soit pour l'instruction; il tiendra des registres particuliers pour chacun de ces objets, et sera tenu de les faire viser chaque mois par le directeur.

14. Les professeurs et les régisseurs seront nommés par le comité d'agriculture; les autres employés le seront par la commission.

15. Il sera accordé un logement [dans l'établissement à toutes les personnes qui y seront attachées.

16. La trésorerie tiendra à la disposition de la commission d'agriculture, la somme de 160,000 livres, pour être employée aux dépenses ordinaires des deux écoles.

17. Les chevaux et bestiaux malades appartenant aux cultivateurs reconnus pauvres, seront traités gratuitement à l'école; les autres paieront la nourriture et le traitement.

18. Il sera fait incessamment par la commission d'agriculture et des arts, pour la police intérieure de l'école, un règlement qui ne sera exécutoire qu'après avoir été approuvé par le comité d'agriculture de la Convention nationale.

19. Les écoles vétérinaires qui existent, et toutes celles qui seront établies par la suite, seront sous l'inspection immédiate de la commission d'agriculture, ou de toute autre administration qui la remplacerait.

20. La commission d'agriculture fera prépa-

rer la maison des ci-devant gardes pour recevoir les élèves; elle en rendra compte au comité d'agriculture, ainsi que de l'exécution de toutes les autres dispositions contenues au présent décret.

21. Le comité d'agriculture fera incessamment un rapport relativement au local à donner à l'école de Lyon.

DÉCRET *du 15 janvier 1813, sur l'enseignement et l'exercice de l'art vétérinaire.*

TITRE PREMIER.

FORMATION DES ÉCOLES VÉTÉRINAIRES.

ART. 1. Les écoles impériales vétérinaires sont portées au nombre de cinq, et divisées en deux classes :

L'école d'Alfort seule est l'école de première classe; les écoles de Lyon, de Turin, d'Aix-la-Chapelle et de Zutphen, département de l'Issel-Supérieur, sont écoles de seconde classe. Notre ministre de l'intérieur fera la circonscription des départements appelés à fournir des élèves dans chacune de ces écoles.

2. Les départements formant l'arrondissement des écoles de Lyon, de Turin, d'Aix-la-Chapelle et de Zutphen, jouiront chacun de quatre à cinq places aux frais du gouvernement, dans l'école qui leur est assignée.

Le nombre des places accordées aux départements formant l'arrondissement de l'école d'Alfort, sera déterminé par notre ministre de l'intérieur, de manière à ce que les élèves qui suivront le premier cours nécessaire pour obtenir le brevet de maréchal vétérinaire, ne puissent nuire à l'admission des élèves appelés à suivre le second cours nécessaire pour obtenir le brevet de médecin vétérinaire; cette école étant surtout destinée à perfectionner l'enseignement des élèves qui auront terminé avec succès le premier cours dans l'une de nos écoles impériales vétérinaires.

3. Indépendamment des élèves qui sont entretenus aux frais de notre trésor impérial, ceux de nos sujets, âgés de seize à vingt-cinq ans, qui voudront s'instruire dans l'art vétérinaire, et entrer à leurs frais dans l'une des écoles, y seront admis, et y recevront gratuitement l'instruction et le logement, s'ils réunissent d'ailleurs les conditions exigées pour les élèves boursiers. Ceux qui auront atteint l'âge de vingt ans, justifieront qu'ils ont satisfait à la conscription.

4. Le prix de la pension de chaque élève est fixé à 534 francs, tant pour les élèves boursiers que pour les élèves libres.

5. L'enseignement dans nos écoles impériales vétérinaires a pour objet de former des maréchaux vétérinaires et des médecins vétéri-

naires. Il se divise en deux cours : le premier cours, commun à toutes les écoles, comprend, 1o la grammaire ; 2o l'anatomie et l'extérieur des animaux ; 3o la botanique, pharmacie et matière médicale vétérinaire ; 4o la maréchalerie, forge et jurisprudence vétérinaire ; 5o le traitement des animaux malades. Le second cours, réservé à l'école d'Alfort, comprend, 1o l'économie rurale, les haras, l'éducation des animaux domestiques ; 2o la zoologie ; 3o la physique et la chimie appliquées aux maladies des animaux. Cette division de l'enseignement peut être modifiée par notre ministre de l'intérieur, si de nouvelles méthodes, les progrès de l'art et de l'expérience en font sentir l'utilité, mais sans que le nombre des professeurs puissent être augmenté.

Chacun des sept objets principaux d'enseignement ci-dessus indiqués, sera confié à un professeur spécial ; l'enseignement de la grammaire, à un maître d'études. En conséquence, il y aura sept professeurs et un maître d'études pour la grammaire, dans l'école d'Alfort; et quatre professeurs seulement, et un maître d'études pour la grammaire, dans les écoles de Lyon, de Turin, d'Aix-la-Chapelle et de Zutphen.

6. La première partie d'enseignement désignée dans l'article précédent, formera le cours nécessaire pour obtenir le brevet de maréchal vétérinaire ; ce cours sera de trois ans. La seconde partie d'enseignement désignée dans l'article précédent, formera le cours nécessaire pour obtenir le brevet de médecin vétérinaire ; ce cours sera de deux années.

7. Les élèves aux frais de l'État, qui auront achevé le premier cours, et qui voudraient suivre le second, ne le pourront que sur la présentation qui en sera faite, par le jury de l'école où ils auront été instruits, à notre ministre de l'intérieur : les élèves qui payent pension, pourront aussi suivre le second cours, pourvu qu'ils se présentent avec le brevet de maréchal vétérinaire qu'ils auront dû obtenir à la fin du premier cours. Notre ministre de l'intérieur déterminera, chaque année, le nombre des élèves auxquels il sera permis de suivre le grand cours : il se réglera, non-seulement sur la capacité des sujets qui demanderont à être admis, mais sur le besoin présumé que notre Empire peut avoir de médecins vétérinaires : notre intention étant que l'instruction acquise, en tournant au profit de l'art, n'en fasse pas négliger le principal objet.

8. Les fonctionnaires, agents et employés dans les écoles impériales vétérinaires, sont, pour les cinq écoles, un inspecteur général ; pour chaque école, un directeur, un régisseur, un maître de grammaire, un surveillant, un secrétaire auprès du directeur, un concierge, un

jardinier-botaniste ; pour les écoles de Lyon, de Turin, d'Aix-la-Chapelle et de Zutphen, quatre professeurs ; et pour l'école d'Alfort, sept professeurs.

9. Les traitements sont réglés ainsi qu'il suit :

L'inspecteur général............	8,000 fr.
Un directeur...................	6,000
Les professeurs, chacun.........	4,000
Un maître de grammaire........	2,000
Un régisseur...................	4,000
(Il est tenu de fournir un cautionnement en immeubles, de 30,000 francs.)	
Un surveillant.................	2,000
Un secrétaire auprès du directeur	1,200
Un concierge..................	1,200
Un jardinier-botaniste..........	1,500

10. L'inspecteur général, les directeurs et les régisseurs seront nommés par nous, sur la présentation de notre ministre de l'intérieur. Notre ministre nomme le secrétaire, le surveillant, le concierge et le jardinier-botaniste.

11. Deux répétiteurs, aux appointements de trois cents francs chacun, sont attachés à chaque professeur, et nommés annuellement parmi les élèves, sur la présentation d'un jury d'examen formé par les professeurs et présidé par le directeur de l'école.

12. Les places de professeur seront données au concours : les règles de ce concours seront déterminées par notre ministre de l'intérieur, qui fixera également le nombre des séances annuelles du jury d'examen.

13. A la fin de chaque cours, ce jury délivrera les brevets aux élèves sortants, soit à titre de maréchaux vétérinaires, soit à titre de médecins vétérinaires : ce brevet sera signé par le directeur de l'école, président du jury, et par deux professeurs, les plus anciens de ceux qui auront assisté au jury d'examen. Si l'inspecteur général est présent, il présidera de droit le jury. Notre ministre de l'intérieur nous soumettra la fixation de la rétribution attachée à chaque délivrance de brevet, et il déterminera, au profit desdites écoles, l'emploi à faire des sommes qui proviendront de ces rétributions.

TITRE II.

DE L'EXERCICE DE L'ART VÉTÉRINAIRE EN FRANCE.

14. Les médecins et maréchaux vétérinaires sont exclusivement employés, par les autorités civiles et militaires, pour le traitement des animaux malades. A l'avenir, nul vétérinaire ne pourra être attaché à nos haras impériaux, s'il n'a obtenu le brevet de première classe ; et, pour être employé dans nos dépôts d'étalons, il faudra être breveté maréchal vétérinaire.

15. Il pourra y avoir, dans chaque chef-lieu de préfecture, si le préfet juge que cela soit utile, et d'après l'autorisation de notre ministre de l'intérieur, un médecin vétérinaire, qui sera obligé d'y résider, et qui recevra une indemnité annuelle de douze cents francs, prise sur les fonds du département : ce médecin vétérinaire sera tenu de former un atelier de maréchalerie, de faire des élèves à des conditions fixées à l'aimable entre eux et lui. A la fin de la seconde année d'apprentissage, il délivrera à ses élèves un certificat de maréchal expert ; ce certificat sera visé par le préfet.

16. Les villes chefs-lieu d'arrondissement pourront, d'après l'autorisation du préfet, accorder à un maréchal vétérinaire, qui sera obligé d'y résider, une indemnité annuelle de huit cents francs, prise sur les fonds du département : ce maréchal vétérinaire sera assujetti aux mêmes conditions et jouira des mêmes avantages accordés au médecin vétérinaire par l'article précédent. Les certificats de maréchal expert qu'il délivrera, seront visés par le sous-préfet.

17. Les villes et communes qui ne sont pas chefs-lieux de département ou d'arrondissement, pourront, sur la demande du conseil municipal, approuvée par le préfet, accorder à un maréchal vétérinaire, sur les fonds communaux, une indemnité annuelle, aux mêmes clauses exprimées dans les articles ci-dessus. Les certificats de maréchal expert, délivrés par le maréchal vétérinaire à ses apprentis, seront, dans ce cas, visés par le maire.

TITRE III.

DES CONDITIONS A REMPLIR PAR LES ÉLÈVES.

18. Les élèves désignés par les préfets comme devant jouir de la pension gratuite, seront nommés par nous, sur la présentation de notre ministre de l'intérieur.

19. Ils peuvent être mis momentanément à leurs frais, par forme de punition et d'épreuve et renvoyés de l'école en cas d'incapacité évidente et d'inconduite. Le ministre prononce la première de ces peines, sur le rapport du directeur et de l'inspecteur général ; et la deuxième, sur l'avis du jury d'examen.

20. L'élève aux frais de l'Etat, et présenté par un préfet, est obligé de fournir un cautionnement de six cents francs en immeubles, qui répondra de la dépense faite par lui, s'il est renvoyé avant d'avoir obtenu un brevet.

21. Il contracte l'engagement de résider pendant six ans, après qu'il aura obtenu son brevet, dans le département qui l'a présenté : il ne lui est accordé main-levée de l'inscription hypothécaire prise à raison de son cautionnement, que sur un certificat du préfet, constatant qu'il a satisfait à la condition de la résidence, ou qu'il en a été légitimement dégagé.

22. Il sera reçu, dans chaque école, un nombre indéterminé d'élèves à leurs propres frais.

23. Nul ne peut être admis dans nos écoles impériales vétérinaires, s'il n'est âgé de seize à vingt-cinq ans, s'il ne sait bien lire et écrire, s'il ne possède les éléments de la grammaire française ; s'il n'a les dispositions physiques et morales nécessaires pour faire des progrès dans l'art auquel il se destine ; enfin, s'il ne justifie d'un apprentissage relatif à la ferrure du cheval.

24. Les élèves reçus gratuitement, comme ceux reçus à leurs frais, sont tenus de se procurer le trousseau, les livres élémentaires et les instruments indiqués dans le réglement particulier de l'école.

25. L'époque d'entrée des élèves dans les écoles est fixée au 1er novembre de chaque année.

26. Le jury examinera les élèves qui se présenteront pour être admis, et ceux qui seront dans le cas d'obtenir des brevets ; il désignera au ministère les élèves qui ont mérité des prix et ceux qui sont jugés en état d'être répétiteurs.

TITRE IV.

DES VÉTÉRINAIRES MILITAIRES.

§ Ier. — Des Élèves.

27. Il sera réservé, dans chaque école, vingt places gratuites pour les élèves destinés à être vétérinaires dans nos troupes : ils seront nommés par nous, sur la présentation de notre ministre-directeur.

28. Ces places seront aux frais de l'administration de la guerre, et seront données, 1° aux fils de vétérinaires en activité ou retirés avec pension : 2° aux fils de cavaliers maréchaux-ferrants ; 3° aux enfants de troupes à cheval.

29. Ils contracteront l'engagement de servir dix ans dans nos régiments de troupes à cheval ou bataillons du train.

30. Ils rempliront les conditions de l'art. 23 sur l'admission des élèves : l'art. 19 ne leur est point applicable.

31. Les trousseaux, les livres élémentaires et les instruments leur seront fournis au compte de l'administration de la guerre.

32. Quant à leur instruction, il n'y aura d'exigé que le cours de trois ans fixé pour former les maréchaux vétérinaires. Cependant nous permettons que ceux de nos élèves militaires qui annonceraient des dispositions par-

ticulières, puissent être présentés à notre ministre de l'intérieur, parmi les candidats pour le second cours : s'ils sont admis, ils seront susceptibles de recevoir le brevet de médecin vétérinaire.

33. Les élèves qui n'auront pas satisfait aux examens, ceux qui seraient renvoyés de l'école pour incapacité, mauvaise volonté ou indiscipline, seront incorporés comme cavaliers ou maréchaux-ferrants.

§ II. — Des Inspecteurs.

34. Il y aura, selon le besoin, sous les ordres de notre ministre-directeur de l'administration de la guerre, des vétérinaires inspecteurs pris parmi les médecins vétérinaires, les professeurs de nos écoles vétérinaires, et les vétérinaires aujourd'hui en activité de service dans nos troupes à cheval : à l'avenir, ils seront pris parmi les médecins vétérinaires.

35. Leur traitement sera de deux mille francs. Leur logement, dans les cas prévus par les règlements, sera de quatre cents francs, et l'indemnité de route de trois francs : en temps de guerre, ils auront droit à deux rations de fourrages.

36. Leur uniforme sera celui des professeurs des écoles vétérinaires.

37. À l'avenir, les places qui vaqueront dans la première classe des inspecteurs, seront remplies par des inspecteurs de seconde classe et ceux-ci seront remplacés par des vétérinaires brevetés médecins.

38. En temps de guerre, ils seront chargés en chef du service vétérinaire des grands parcs d'artillerie, du génie et des équipages, des dépôts généraux de chevaux pour les troupes à cheval, et autres grands établissements permanents ou temporaires formés pour le service général de l'armée.

39. En temps de paix, les vétérinaires-inspecteurs pourront être placés près des dépôts qui seraient formés pour la réception des remontes. Ils seront également employés, par notre ministre-directeur, à faire des tournées pour s'assurer de la manière dont nos chevaux de troupes sont soignés et traités par les vétérinaires des corps, reconnaître la salubrité ou l'insalubrité des écuries des différents quartiers de cavalerie, et proposer toutes les mesures sanitaires propres au bon entretien et à la conservation des chevaux.

§ III. — Des Vétérinaires dans les Corps.

40. Il y aura, dans chacun de nos régiments de troupes à cheval et bataillons du train, un maréchal vétérinaire en premier et un maréchal vétérinaire en second. Ceux qui s'y trouvent, prendront ces dénominations ; le plus ancien, celle de maréchal vétérinaire en premier : s'il y en a trois, le troisième sera maréchal vétérinaire surnuméraire.

41. Lorsqu'il vaquera une place de maréchal vétérinaire en premier, notre ministre-directeur, sur la présentation du conseil d'administration, nommera, soit le vétérinaire en second du régiment ou bataillon, soit tout autre vétérinaire en second.

42. Les places de maréchaux vétérinaires en second seront données aux élèves militaires qui auront achevé leurs cours ; elles le seront par numéros d'ordre, en raison du mérite, sur les listes formées par le jury d'examen.

À défaut de vacance, les élèves seront surnuméraires, et attendront leur placement dans le grade et la solde de maréchal-des-logis ; mais ils seront les premiers placés sur toutes les troupes à cheval et bataillons du train.

Les élèves du second cours, dès l'instant où ils le commenceront, compteront comme vétérinaires surnuméraires, et dateront de là pour le rang et la solde progressive.

Avant dix ans de service, les titulaires ou surnuméraires qui ne montreraient pas assez de capacité pour leur emploi, rentreront dans les rangs comme sous-officiers. Ceux qui mériteront de le perdre pour inconduite, rentreront dans les rangs comme soldats, s'ils ont plus de dix ans de service, ils seront renvoyés. Dans l'un et l'autre cas, le ministre-directeur prononcera sur le rapport du colonel.

43. Les maréchaux vétérinaires seront employés en temps de guerre, le premier aux escadrons, le second au dépôt. En paix, si le régiment est séparé, le vétérinaire en premier sera attaché à la portion du corps la plus considérable : si le régiment est réuni, le conseil d'administration leur partagera le service et traitera avec chacun d'eux. Ils seront tenus d'agir de concert pour toutes les opérations où le concours de deux vétérinaires est utile ; et dans ce cas, le vétérinaire en premier les dirigera.

Les maréchaux vétérinaires surnuméraires, en temps de paix, compteront dans les cadres : en temps de guerre, ils seront hors des cadres et en plus.

À défaut de vétérinaires surnuméraires, les régiments sont autorisés à choisir, pour y suppléer, un ou deux maréchaux-des-logis, brigadiers, cavaliers ou maréchaux-ferrants. Ils feront partie des cadres dans les corps sur le pied de paix, et seront en plus dans ceux sur le pied de guerre. Ils recevront, tant qu'il sera utile de les employer comme vétérinaires, la solde du grade immédiatement au-dessus du leur.

44. Le maréchal vétérinaire en premier portera les galons de maréchal-des-logis chef, et aura rang après les adjudants, avec l'habillement décrété le 7 février dernier.

Le maréchal vétérinaire en second aura rang après les maréchaux-des-logis chefs, et portera les galons de maréchal-des-logis ordinaire, avec le même habillement que le vétérinaire en premier.

Les vétérinaires surnuméraires porteront l'habit des maréchaux-des-logis ordinaires, et prendront parmi eux leur rang d'ancienneté à dater de leur arrivée au corps.

45. La solde des maréchaux vétérinaires sera fixée ainsi qu'il suit :

		SOLDE JOURNALIERE de présence.			SOLDE d'absence.		
		avec vivres de campagne.	en station sans vivres de campagne.	en marche avec pain seulement.	en semestre.	à l'hôpital.	à ceux marchant isolément avec indemnité de route.
		f. c.	f. c.	f. c.	f. c.	c.	c.
Maréchaux vétérinaires en premier.	Pendant les dix premières années de service......	1 77	1 92	2 77	0 88 5	10	10
	De 10 ans à 20 ans.......	2 20	2 35	5 20	1 10 0	10	10
	Après 20 ans............	2 75	2 90	3 75	1 37 5	10	10
Maréchaux vétérinaires en second.	Pendant les dix premières années de service......	1 00	1 15	1 40	0 50 0	10	10
	De 10 à 20 ans...........	1 77	1 92	2 77	0 88 5	10	10
	Après 20 ans............	2 20	2 35	3 20	1 10 0	10	10

Le temps que les maréchaux vétérinaires en premier auront passé comme maréchaux vétérinaires en second ou surnuméraires, leur sera compté pour les faire jouir de cette solde graduée. Il en sera de même des maréchaux vétérinaires en second, pour le temps qu'ils auront passé dans le surnumérariat.

Sous le rapport des autres prestations, et dans les différentes positions, des maréchaux vétérinaires en premier seront traités sur le même pied que les adjudants ; et les maréchaux vétérinaires en second, comme les maréchaux-des-logis chefs.

Les surnuméraires seront en tout traités selon leur grade militaire.

La retraite des maréchaux vétérinaires en premier, en second et surnuméraires, sera réglée au prorata de leur solde et de leurs services.

46. Les traitements fixés par l'article précédent courront du 1er juillet 1813.

47. Nos régiments de troupes à cheval cesseront d'envoyer aux écoles vétérinaires les officiers ou sous-officiers que notre arrêté du 21 prairial an XI les autorisait à y détacher, pour y acquérir les connaissances de l'hippia-trique. Ceux qui s'y trouvent, rejoindront leurs corps immédiatement après la publication du présent décret.

48. Les décrets antérieurs contraires au présent sont rapportés.

49. Nos ministres sont chargés de l'exécution du présent décret, qui sera inséré au Bulletin des lois.

ORDONNANCE *du 1er septembre 1825 portant organisation des écoles vétérinaires.*

ART. 1er. L'enseignement dans les trois écoles vétérinaires reposera sur les mêmes bases ; il sera divisé en cinq chaires pour l'école d'Alfort, et en quatre seulement pour les écoles de Lyon et de Toulouse.

2. La division de l'enseignement sera faite par notre ministre de l'intérieur, et pourra être modifiée par lui, lorsqu'il le jugera nécessaire, sans toutefois que le nombre des professeurs puisse être augmenté.

3. Chacune des branches de l'enseignement sera confiée à un professeur, qui ne pourra changer de chaire sans l'autorisation de notre ministre de l'intérieur.

Les professeurs seront aidés dans leurs fonc.

tions par des chefs de service, qui seront au nombre de trois pour l'école d'Alfort, et de deux pour celles de Lyon et de Toulouse.

4. Chaque école sera administrée par un directeur, qui surveillera toutes les parties de l'instruction et qui occupera une des chaires de l'établissement.

5. Un inspecteur général visitera les écoles annuellement et toutes les fois qu'il sera jugé nécessaire.

Il fera sur chacune d'elles un rapport circonstancié, qu'il adressera à notre ministre de l'intérieur.

6. Le nombre et le traitement des fonctionnaires et employés sont fixés conformément au tableau ci-après :

Inspecteur général des écoles.	Traitement.....	5,000 f.
	Frais de tournées.........	2,000

Ecole d'Alfort.

Un directeur-professeur.........	6,000
Quatre professeurs, à 4,000 fr.....	16,000
Un chef d'anatomie, gardien des collections...................	1,500
Un chef de pharmacie et de botanique...................	1,500
Un chef des forges.............	1,500
Un aumônier, maître de grammaire	1,500
Un maître de dessin...........	2,000
Un régisseur.................	4,000
Un maître des études, chargé de la surveillance................	2,000
Un secrétaire du directeur........	1,200
Un économe garde-magasin......	1,200
Un médecin chirurgien..........	1,200

Inspecteur général et école d'Alfort....................	46,600

Ecoles de Lyon et de Toulouse.

Pour chacune,	
Un directeur-professeur..........	5,000 f.
Trois professeurs à 3,000 f........	9,000
Un chef d'anatomie et des forges..	1,500
Un chef de pharmacie et des hôpitaux...................	1,500
Un aumônier, maître de grammaire...................	1,500
Un maître de dessin.............	2,000
Un régisseur.................	5,000
Un maître des études, chargé de la surveillance.............	1,800
Un économe garde-magasin......	1,000
Un secrétaire du directeur.......	1,200
Un médecin-chirurgien..........	1,000
	28,000

Pour les deux écoles.........	56,000
ci,.....................	46,600

TOTAL pour les trois écoles......................	102,600

7. La division de l'enseignement, mentionnée en l'article second, pourra cependant, si notre ministre de l'intérieur le juge convenable, rester telle qu'elle existe aujourd'hui dans les écoles d'Alfort et de Lyon, jusqu'à l'époque où sera organisée l'école de Toulouse.

Les professeurs et employés maintenus en activité conserveront leur traitement actuel.

8. Les emplois qui tiennent spécialement à l'instruction, tels que ceux d'inspecteur général, de directeur, de professeur, et de chef de service, ne pourront être remplis que par des vétérinaires munis de diplômes ou de tout autre titre en tenant lieu, comme certificats ou anciens brevets.

9. L'inspecteur général et les directeurs seront nommés par nous, sur la présentation de notre ministre de l'intérieur.

Les places de professeur et de chef de service ne seront accordées qu'au concours, devant un jury spécial, qui sera formé par notre ministre de l'intérieur et choisi parmi les employés des écoles vétérinaires à notre nomination, et les professeurs en exercice ou en retraite.

Le même ministre déterminera les conditions et le mode de chaque concours, confirmera ou rejettera, s'il y a lieu, les choix faits par le jury, et nommera à tous les autres emplois, autres que ceux ci-dessus nommés.

10. Dans chaque école il sera établi un jury composé de l'inspecteur général, président, du directeur (qui présidera en cas d'absence de l'inspecteur général), des professeurs, et des chefs de service. Ces derniers n'auront que voix consultative. Dans le cas de partage, le plus

âge des chefs de service aura voix délibérative.

11. La convocation du jury sera faite par notre ministre de l'intérieur. Elle aura lieu, 1o à la fin de chaque année scolaire, pour la délivrance des diplômes et la distribution des prix ; 2o au renouvellement de l'année scolaire, pour l'examen des élèves admis à se présenter.

12. Il y aura dans les trois écoles cent vingt bourses ou places gratuites, dont une par département, à la nomination du préfet, sous l'approbation du ministre de l'intérieur, et trente-quatre à la disposition directe du même ministre. Elles pourront être divisées en demi-bourses.

13. Indépendamment des élèves entretenus aux frais de l'État, ceux de nos sujets qui voudront étudier l'art vétérinaire et entrer à leurs frais dans l'une des trois écoles, y seront admis et assimilés en tout aux élèves boursiers.

14. Le prix de la pension annuelle pour chaque élève est fixé à trois cent soixante francs ; un trimestre sera toujours payé d'avance pour les élèves aux frais des parents et pour ceux reçus à demi-bourse.

15. Nul ne peut être admis dans les écoles, s'il est âgé de plus de vingt-cinq ans et de moins de seize, s'il n'est muni d'un certificat de vaccine, s'il ne connaît l'ortographe, s'il ne sait forger un fer pour un pied de cheval ou de bœuf, enfin s'il n'a une constitution convenable pour l'exercice de l'art vétérinaire. Ceux qui auront atteint l'âge de vingt ans accomplis, justifieront qu'ils ont satisfait à la loi du recrutement.

16. Les élèves boursiers et autres seront tenus de se procurer, à leurs frais, les habillements, instruments et livres nécessaires à leur instruction.

17. L'époque de l'entrée des élèves est fixée au 1er octobre de chaque année ; et la durée des études est de quatre ans.

18. Les jeunes gens admis à l'examen préparatoire ne seront reçus élèves que lorsque le jury de l'école aura constaté qu'ils remplissent toutes les conditions exigées par l'art. 15.

19. Les élèves qui justifieront de quatre années d'études, et qui seront reconnus par le jury en état d'exercer la médecine des animaux domestiques, recevront un diplôme de vétérinaire, dont la rétribution est fixée à cent francs.

20. Toutes dispositions antérieures contraires aux présentes sont rapportées.

21. Notre ministre secrétaire d'état au département de l'intérieur est chargé de l'exécution de la présente ordonnance, qui sera insérée au Bulletin des lois.

§ V. — *De l'École des Haras.*

ORDONNANCE du 24 octobre 1840 portant création de l'École des Haras.

Voir le texte ci-dessus, première partie, titre II, chapitre I. p. 792.

§ VI. — *De quelques moyens de propagation.*

RÈGLEMENT du roi concernant la société royale d'agriculture.

Saint-Cloud, 30 mai 1788.

Le roi s'étant fait représenter l'arrêt de son conseil du 1er mars 1761, portant établissement d'une société d'agriculture dans la généralité de Paris, s'est fait rendre compte des nouvelles dispositions qui ont perfectionné depuis quelques années le régime intérieur de cette société, des travaux utiles auxquels elle s'est livrée, de la correspondance qu'elle a établie avec des propriétaires et cultivateurs distingués des différentes provinces du royaume, et avec des savants étrangers, enfin des différents prix qu'elle a proposés et décernés pour l'encouragement de l'agriculture. S. M. a vu avec satisfaction tout le bien que cette réunion intéressante de cultivateurs éclairés, de savants utiles et de riches propriétaires avait déjà opérés et devait produire encore pour améliorer les divers genres de culture, en perfectionner les procédés répandre partout l'instruction et l'exemple, et enfin mettre de plus en plus en honneur l'agriculture, le premier des arts et la source de la félicité et de la prospérité publiques ; en conséquence S. M., pour donner à la société d'agriculture de la généralité de Paris de nouvelles preuves de sa protection et de sa bienveillance, a jugé à propos d'en former le centre commun et le lieu de correspondance des diverses sociétés d'agriculture du royaume, et de procurer à cet établissement le développement, la stabilité, et enfin les moyens nécessaires pour en accroître l'utilité et en assurer les succès. A quoi voulant pourvoir, S. M. a ordonné et ordonne ce qui suit :

ART. 1er. La société d'agriculture, établie par l'arrêt du conseil du 1er mars 1761, sera désormais connue sous le titre de *Société royale d'agriculture* et elle tiendra ses séances dans les salles de l'hôtel-de-ville de Paris à ce destinées.

2. La société sera composée de quarante as-

sociés ordinaires, étant à portée par leur résidence de se rendre régulièrement aux assemblées, et de quarante associés étrangers choisis hors du royaume. Entend néanmoins, S. M., que tous les associés ordinaires actuels conservent leur rang et séance dans les assemblées de ladite société, sauf à ne faire aucun remplacement jusqu'à ce que le nombre desdits associés ordinaires soit réduit à quarante. La société pourra en outre se choisir, indépendamment de ses relations avec les diverses sociétés d'agriculture des provinces, cent vingt correspondants régnicoles et des correspondants étrangers en tel nombre qu'elle jugera convenable.

3. Le prévôt des marchands, le premier et le second échevin, et le procureur du roi de la ville de Paris, le président de l'assemblée provinciale de l'Ile-de-France, deux des membres de la commission intermédiaire de ladite assemblée, et les deux procureurs syndics provinciaux, seront associés ordinaires nés de la société, qui ne pourra au surplus être présidée que par son directeur ou vice-directeur.

4. La société royale d'agriculture aura pour officiers un directeur, un vice-directeur, un agent général et un secrétaire perpétuel qui seront toujours choisis parmi les quarante associés ordinaires désignés par l'art. 2. Le directeur sera en exercice pendant un an; il sera remplacé l'année suivante par le vice-directeur, et pour remplacer ce dernier, il sera procédé tous les ans par la voie du scrutin à une nouvelle élection d'un vice-directeur dans les quinze derniers jours du mois de décembre. La place d'agent sera remplie par le sieur abbé Lefebure procureur général de la congrégation de France, et celle de secrétaire perpétuel par le sieur Broussonet, membre de l'académie des sciences. En cas de vacance par mort, démission ou autrement, la société pourvoira au remplacement de ces officiers par la voie du scrutin, et présentera trois sujets à sa majesté.

5. Les fonctions du directeur seront de proposer les matières à traiter dans chaque séance, de veiller au maintien du bon ordre, de nommer des commissaires pour l'examen des observations, mémoires et ouvrages présentés à la société, de mettre les affaires en délibération, de recueillir les avis, de prononcer à la pluralité des voix dans les délibérations, dans lesquelles pourront néanmoins être énoncés les avis qui n'auront point obtenu la majorité, et même les motifs de ces avis, sur la demande de ceux dont l'opinion n'aura point prévalu. Dans le cas d'absence du directeur, il sera remplacé par le vice directeur, et si tous les deux se trouvaient absents, le plus ancien des membres présidera la séance et recueillera les voix.

6. L'agent général de la Société sera chargé de la manutention et emploi des fonds étant à la disposition de la société royale d'agriculture, et de ceux provenant d'offres et de contributions volontaires. Il aura aussi en sa garde les livres, les machines, et généralement tous les effets appartenant à la société, lesquels seront déposés dans une salle particulière. L'agent général présentera tous les trois mois le bordereau, signé de lui, des fonds qui lui auront été remis et de ceux qu'il aura employés, à un comité particulier, composé des officiers et de deux associés ordinaires, qui seront élus au scrutin au commencement de chaque année.

7. Le secrétaire perpétuel tiendra les registres des séances et y inscrira les délibérations de la compagnie, conservera en dépôt les différentes pièces qui lui seront remises, recueillera les observations et faits intéressants qui seront communiqués verbalement dans les assemblées, signera tous les actes émanés de la société, présentera tous les ans à la séance publique l'histoire des travaux de la compagnie, et entretiendra la correspondance avec les autres sociétés d'agriculture. Dans le cas où il serait forcé de s'absenter, il sera remplacé par l'agent général de la société, ou tel autre membre de l'assemblée, nommé à cet effet par le directeur.

8. La société tiendra des séances le jeudi de chaque semaine, excepté pendant le temps des vacances qui commenceront au 1er septembre et finiront au jeudi après la saint Martin inclusivement, et, en outre, pendant la quinzaine de Pâques, la semaine de la Pentecôte, et depuis Noël jusqu'aux Rois.

9. Les membres de l'assemblée se réuniront, savoir : depuis la saint Martin jusqu'à Pâques, depuis cinq heures du soir jusqu'à sept heures ; et pendant le reste de l'année depuis cinq heures et demi jusqu'à sept heures et demi. Lorsque le jeudi sera un jour de fête, la séance se tiendra le lendemain.

10. Chaque associé ordinaire, en entrant dans la salle d'assemblée écrira son nom sur un registre composé d'autant de feuillets qu'il y a de jours de séance dans l'année ; à cinq heures et démie précises dans l'hiver, à six heures en été, l'agent général présentera le registre au président de l'assemblée qui tirera une barre au-dessous des signatures, et il ne sera distribué de jetons, à la fin de la séance, qu'aux seuls membres dont les noms se trouvent inscrits en dessus de la barre. Les associés étrangers qui, pendant leur séjour à Paris, assisteront aux séances de la société, seront, sous tous les rapports, assimilés aux associés ordinaires.

11. Des correspondants pourront assister aux séances de la société, mais ils n'auront point voix délibérative et ne participeront pas à la distribution des jetons, à moins qu'ils ne soient correspondants étrangers.

12. Les intendants des différentes provinces et les présidents des assemblées provinciales qui se trouveront à Paris, seront invités à assister aux séances de la société, lorsqu'il devra y être discuté quelques objets intéressants de leur province.

13. Chaque séance commencera par la lecture qui sera faite par le secrétaire perpétuel du plumitif de l'assemblée précédente, lequel plumitif sera signé par l'officier président, et contre-signé par ledit secrétaire perpétuel. Il rapportera les lettres qui auront été adressées à la société, et rendra compte des différents envois. Il sera ensuite fait lecture des rapports, mémoires et observations dont la société jugera à propos de s'occuper. Nul membre ne pourra lire un mémoire, un rapport, ou des observations, sans en avoir prévenu avant la séance l'officier présidant l'assemblée, et lui en avoir donné communication.

14. Les seuls écrits des associés ordinaires seront discutés dans les séances ; à l'égard des mémoires, des associés étrangers, des savants et des correspondants étrangers, il sera nommé par le directeur deux commissaires au moins pour en faire l'examen dans un des comités mentionnés en l'art. 15, et ensuite le rapport ou la lecture à l'assemblée. Les ouvrages des associés ordinaires seront, immédiatement après la lecture, et ceux des associés étrangers, correspondants et autres, aussitôt leur présentation, remis au secrétaire pour être par lui paraphés et inscrits sur le plumitif; les auteurs compteront de cette époque à la date de leur découverte.

15. Les objets qui exigeront une attention particulière seront préalablement traités dans ces comités qui se tiendront extraordinairement aux jours et heures qui auront été convenus. Il en sera formé deux chaque année l'un pour examiner et arrêter tout ce qui devra être lu dans les séances publiques, et l'autre pour l'examen des pièces destinées à concourir pour les divers prix proposés, et dont le rapport sera ensuite soumis à toute la société réunie avant que les divers prix soient décernés. Les membres qui devront composer ces deux comités, auxquels les officiers de la société pourront toujours assister, seront proposés par le directeur de la société, dans la première séance de chaque année.

16. Il sera aussi formé dans la société un comité composé de huit membres, pour l'examen des objets d'agriculture ou économie rurale intéressant l'administration, sur lesquels le gouvernement jugera à propos de consulter ce comité. Le choix des membres dont il sera composé sera à la nomination du sieur contrôleur général des finances.

17. La société tiendra chaque année, avant le 1er juin, une séance publique où les prix seront distribués et les programmes annoncés, et dans laquelle le secrétaire perpétuel lira l'exposé des travaux de la société pendant le courant de l'année précédente. Les objets ainsi que les mémoires que quelques membres voudraient y porter, seront lus auparavant dans une séance particulière du comité désigné en l'art. 15.

18. Les associés ordinaires qui seront obligés de s'absenter pendant plus d'un an, en préviendront la société ; et s'ils sont deux ans sans assister aux séances ou entretenir quelque relation avec la société, leurs places seront déclarées vacantes, et leurs noms inscrits sur la liste des associés vétérans.

19. Toutes les élections aux places vacantes des officiers seront faites au scrutin et la pluralité des voix. L'on procédera pour remplir les places d'associés ordinaires étrangers, de la manière suivante : pour chaque place vacante, les officiers présenteront à l'assemblée une liste des sujets éligibles, d'après les dispositions de l'art. 20 ci-après; il sera ensuite nommé deux vérificateurs au scrutin, et il sera procédé à la nomination du membre à élire entre les sujets indiqués à l'assemblée. Les concurrents ne feront pas de visites aux membres pour demander leurs suffrages; mais il sera nécessaire qu'ils aient témoigné leur désir à un des officiers de la société, qui le certifiera à l'assemblée, et que d'ailleurs ils aient composé quelques ouvrages ou mémoires d'agriculture, ou aient, soit de grandes possessions, soit une exploitation considérable, dans lesquels ils justifient avoir fait avec succès des essais et expériences reconnus utiles.

20. Aucune personne ne pourra aspirer à être correspondant de la société, qu'elle ne se soit d'abord fait connaître par deux mémoires au moins relatifs à l'agriculture ou à l'économie rurale. Les sujets pour les places de correspondance seront proposés par les divers membres de la société ; mais il ne sera procédé à aucune nomination qu'un mois au moins après que les propositions auront été admises, et huit jours avant la séance indiquée pour l'élection, le secrétaire lira la liste des personnes proposées entre lesquelles le choix se fera au scrutin.

21. Aucun membre ne pourra prendre en tête des ouvrages qu'il publiera, le titre d'associé ou correspondant de la société, à moins que ses écrits n'aient été auparavant approuvés par elle, d'après le rapport des commissaires nommés pour en faire l'examen.

22. Pour encourager les cultivateurs qui auront rempli les vues de la société, et donner une marque de distinction aux propriétaires qui auront favorisé d'une manière spéciale

l'agriculture, il leur sera décerné une médaille d'or aux séances publiques. Le nom de la personne à qui cette médaille aura été décernée sera inscrit autour de cette médaille.

23. Il sera publié tous les trois mois un volume renfermant l'histoire de la société, les observations et les faits isolés recueillis dans les séances, les mémoires des associés et correspondants, ainsi que ceux des étrangers, en ajoutant après le nom de l'auteur, celui du membre de la société qui l'aura communiqué. L'histoire et les extraits des séances seront mis en ordre par le secrétaire perpétuel.

ORDONNANCE *du 4 juillet 1814 qui autorise la Société d'agriculture de Paris à reprendre le titre de* Société royale d'agriculture. *Et qui confirme le règlement du 30 mai 1788.*

Voulant donner à la Société d'agriculture de Paris un témoignage particulier de notre satisfaction pour les utiles travaux auxquels elle s'est livrée depuis son institution, et un gage de notre protection spéciale, sur le rapport de notre ministre secrétaire d'État à l'intérieur, avons ordonné et ordonnons ce qui suit :

ART. 1er La Société d'agriculture de Paris est autorisée à reprendre le titre de *Société royale d'agriculture,* qui lui avait été confié par le règlement du 30 mai 1788.

2. Conformément aux dispositions dudit règlement, la Société royale continuera à être le centre commun et le lieu de correspondance des différentes sociétés d'agriculture du royaume.

3. Nous autorisons ladite Société à inscrire notre nom en qualité de protecteur, en tête de la liste de ses membres, ainsi qu'elle en avait reçu la permission lors de son organisation en société royale et centrale.

LOI *du 5 brumaire an IV. Sur l'organisation de l'instruction publique. — Extrait relatif aux tournées agronomiques..*

TITRE V.

ENCOURAGEMENTS, RÉCOMPENSES ET HONNEURS PUBLICS.

ART. 1er. L'institut national nommera tous les ans au concours 20 citoyens, qui seront chargés de voyager et de faire des observations relatives à l'agriculture, tant dans les départements de la république, que dans les pays étrangers.

2. Ne pourront être admis au concours mentionné dans l'article précédent, que ceux qui réuniront les conditions suivantes : — 1o Être âgé de 25 ans au moins ; — 2o Être propriétaire ou fils de propriétaire d'un domaine rural formant un corps d'exploitation, ou fermier ou fils de fermier d'un corps de ferme d'une ou de plusieurs charrues par bail de 30 ans au

moins. — 3o Savoir : la théorie et la pratique des principales opérations de l'agriculture, — 4o Avoir des connaissances en arithmétique, en géométrie élémentaire, en économie politique, en histoire naturelle en général, mais particulièrement en botanique et en minéralogie.

3. Les citoyens nommés par l'institut national, voyageront pendant trois ans aux frais de la république, et moyennant un traitement que le corps législatif déterminera. — Ils tiendront un journal de leurs observations, correspondront avec l'institut, et lui enverront tous les trois mois, les résultats de leurs travaux, qui seront rendus publics. Les sujets nommés seront successivement pris dans chacun des départements de la république. No 6. c'est la même loi qui établissait les sept fêtes nationales parmi lesquelles on comptait celle de l'agriculture.

ARRÊTÉ *du Directoire exécutif du 20 prairial an IV, qui détermine la manière dont la fête de l'Agriculture sera célébrée le 10 messidor.*

Le Directoire exécutif, considérant que si l'agriculture est le premier des arts, c'est surtout dans une République assise sur un vaste territoire, qu'elle seule peut assurer la liberté d'un peuple, et le soustraire à la dépendance des peuples voisins ; qu'elle est la source première et inépuisable de la prospérité publique et la richesse nationale ; qu'en substituant les jouissances vraies de la nature aux besoins factices du luxe et de l'oisiveté, elle maintient la simplicité et la pureté des mœurs ; considérant enfin que l'oubli des honneurs publics que mérite l'agriculture, est une marque certaine de l'esclavage et de la corruption d'un peuple,
Arrête :

ART. 1er. La *fête de l'agriculture,* fixée au 10 messidor par la loi du 5 brumaire, sera célébrée dans tous les cantons de la République, avec tout l'éclat que les localités pourront permettre.

2. Les administrations municipales sont chargées des dispositions à faire à cet égard.

3. Les administrateurs, le commissaire du Directoire exécutif, les autorités constituées, la garde nationale sédentaire et en activité, enfin, tous les citoyens et citoyennes convoqués au son du tambour et des fanfares, se rangeront en ordre sur la place publique.

4. A quelque pas devant l'autel de la patrie, on placera une charrue ornée de feuillages et de fleurs, et attelée de bœufs ou chevaux. Dans les communes où l'on pourra se procurer un char, il suivra la charrue, et sera surmonté d'une statue de la Liberté, tenant d'une main une corne d'abondance, et montrant de l'autre

les ustensiles du labourage entassés sur le devant du char.

5. La charrue sera précédée d'un groupe de vingt-quatre laboureurs, choisis parmi les plus anciens du canton, et recommandables par la constance et le succès de leurs travaux ; ils seront précédés de leurs femmes et de leurs enfants. Tous tiendront d'une main un des ustensiles du labourage, et de l'autre, un bouquet d'épis et de fleurs. Les chapeaux seront ornés de feuillages, et de rubans tricolores.

6. L'administration municipale désignera celui des laboureurs dont l'intelligence, la bonne conduite et l'activité, auront mérité d'être proposées pour exemple ; son nom sera proclamé à haute voix, et pendant toute la cérémonie il sera placé à côté du président.

7. Le président prononcera un discours analogue à l'objet de la fête.

8. Au son d'une musique instrumentale, entremêlée d'hymnes, le cortége s'avancera dans la campagne, et se rangera en ordre dans un champ dont la municipalité pourra disposer.

9. Les laboureurs se mêleront parmi les citoyens armés, et, à un signal donné, ils feront l'échange momentané des ustensiles du labourage contre les fusils.

10. Au son des fanfares et des hymnes, le président enfoncera dans la terre le soc de la charrue, et commencera un sillon.

11. Les laboureurs rendront les fusils ornés d'épis et de fleurs, et reprendront les ustensiles, au haut desquels flotteront des rubans tricolores.

12. Le cortége reviendra sur la place publique ; le président, et le laboureur honoré du prix, déposeront sur l'autel de la patrie tous les ustensiles, et les couvriront d'épis, de fleurs et des diverses productions de la terre : cette cérémonie se fera également au son des fanfares et des chants.

13. La fête sera terminée par des danses.

14. Dans les cantons qui renferment plusieurs municipalités, elles se réuniront, et la fête sera dirigée dans tous ses détails et précédée par les administrateurs du canton.

15. Il y aura pour la célébration de cette fête un programme particulier pour les grandes communes où il y aura plusieurs municipalités.

16. Le ministre de l'intérieur est chargé de l'exécution du présent arrêté.

CHAPITRE VII. — DES VOIES DE COMMUNICATION AGRICOLE.

[Page 581.]

Loi du 21 mai 1836, sur les chemins vicinaux.

ART. 1er. Les chemins vicinaux légalement reconnus sont à la charge des communes, sauf les dispositions de l'art. 7 ci-aprés·

2. En cas d'insuffisance des ressources ordinaires des communes, il sera pourvu à l'entretien des chemins vicinaux à l'aide, soit de prestations en nature, dont le maximum est fixé à trois journées de travail, soit de centimes spéciaux en addition au principal des quatre contributions directes, et dont le maximum est fixé à cinq. — Le conseil municipal pourra voter l'une ou l'autre de ces ressources, ou toutes les deux concurremment. — Le concours des plus imposés ne sera pas nécessaire dans les délibérations prises pour l'exécution du présent aritcle.

3. Tout habitant, chef de famille ou d'établissement, à titre de propriétaire, de régisseur, de fermier, ou de colon partiaire, porté au rôle des contributions directes, pourra être appelé à fournir, chaque année, une prestation de trois jours : — 1o. Pour sa personne et pour chaque individu mâle, valide, âgé de dix-huit ans au moins et de soixante ans au plus, membre ou serviteur de la famille et résidant dans la commune. — 2o. Pour chacun des charrettes ou voitures attelées, et, en outre, pour chacune des bêtes de somme, de trait, de selle, au service de la famille ou de l'établissement dans la commune.

4. La prestation sera appréciée en argent, conformément à la valeur qui aura été attribuée annuellement pour la commune à chaque espèce de journée par le conseil général, sur les propositions des conseils d'arrondissement. — La prestation pourra être acquittée en nature ou en argent, au gré du contribuable. Toutes les fois que le contribuable n'aura pas opté dans les délais prescrits, la prestation sera de droit exigible en argent. — La prestation non rachetée en argent pourra être convertie en tâches, d'après les bases et évaluations de travaux préalablement fixées par le conseil municipal.

5. Si le conseil municipal, mis en demeure, n'a pas voté, dans la session désignée à cet effet, les prestations et centimes nécessaires, ou si la commune n'en a pas fait emploi dans les délais prescrits, le préfet pourra, d'office, soit imposer la commune dans les limites du maximum, soit faire exécuter les travaux. — Chaque année, le préfet communiquera au conseil général l'état des impositions établies d'office, en vertu du présent article.

6. Lorsqu'un chemin vicinal intéressera plusieurs communes, le préfet, sur l'avis des conseils municipaux, désignera les communes qui devront concourir à sa construction ou à son entretien, et fixera la proportion dans laquelle chacune d'elles y contribuera.

SECTION II.
Chemins vicinaux de grande communication.

7. Les chemins vicinaux peuvent, selon leur importance, être déclarés chemins vicinaux de grande communication par le conseil général, sur l'avis des conseils municipaux, des conseils d'arrondissement, et sur la proposition du préfet. — Sur les mêmes avis et proposition, le conseil général détermine la direction de chaque chemin vicinal de grande communication, et désigne les communes qui doivent contribuer à sa construction ou à son entretien. — Le préfet fixe la largeur et les limites du chemin, et détermine annuellement la proportion dans laquelle chaque commune doit concourir à l'entretien de la ligne vicinale dont elle dépend ; statue sur les offres faites par les particuliers, associations de particuliers ou de communes.

8. Les chemins vicinaux de grande communication, et, dans des cas extraordinaires, les autres chemins vicinaux, pourront recevoir des subventions sur les fonds départementaux. — Il sera pourvu à ces subventions au moyen des centimes facultatifs ordinaires du département, et de centimes spéciaux votés annuellement par le conseil général. — La distribution des subventions sera faite, en ayant égard aux ressources, aux sacrifices et aux besoins des communes, par le préfet, qui en rendra compte, chaque année, au conseil général. — Les communes acquitteront la portion des dépenses mises à leur charge au moyen de leurs revenus ordinaires, et, en cas d'insuffisance, au moyen de deux journées de prestations sur les trois journées autorisées par l'art. 2, et des deux tiers des centimes votés par le conseil municipal, en vertu du même article.

9. Les chemins vicinaux de grande communication sont placés sous l'autorité du préfet. Les dispositions des art. 4 et 5 de la présente loi leur sont applicables.

DISPOSITIONS GÉNÉRALES.

10. Les chemins vicinaux reconnus et maintenus comme tels sont imprescriptibles.

11. Le préfet pourra nommer des agents voyers. — Leur traitement sera fixé par le conseil général. — Ce traitement sera prélevé sur les fonds affectés aux travaux. — Les agents voyers prêteront serment : ils auront le droit de constater les contraventions et délits, et d'en dresser des procès-verbaux.

12. Le maximum des centimes spéciaux qui pourront être votés par les conseils généraux, en vertu de la présente loi, sera déterminé annuellement par la loi de finances.

13. Les propriétés de l'État, productives de revenus, contribueront aux dépenses des chemins vicinaux, dans les mêmes proportions que les propriétés privées, et d'après un rôle spécial dressé par le préfet. — Les propriétés de la couronne contribueront aux mêmes dépenses, conformément à l'art. 13 de la loi du 2 mars 1832.

14. Toutes les fois qu'un chemin vicinal, entretenu à l'état de viabilité par une commune, sera habituellement ou temporairement dégradé par des exploitations de mines, de carrières, de forêts ou de toute entreprise industrielle appartenant à des particuliers, à des établissements publics, à la couronne ou à l'État, il pourra y avoir lieu à imposer aux entrepreneurs ou propriétaires, suivant que l'exploitation ou les transports auront eu lieu pour les uns ou les autres, des subventions spéciales, dont la quotité sera proportionnée à la dégradation extraordinaire qui devra être attribuée aux exploitations. — Ces subventions pourront, au choix des subventionnaires, être acquittées en argent ou en prestations en nature, et seront exclusivement affectées à ceux des chemins qui y auront donné lieu. — Elles seront réglées annuellement, sur la demande des communes, par les conseils de préfecture, après des expertises contradictoires, et recouvrées comme en matière de contributions directes. — Les experts seront nommés suivant le mode déterminé par l'art. 17 ci-après. — Ces subventions pourront aussi être déterminées par abonnement ; elles seront réglées, dans ce cas, par le préfet en conseil de préfecture.

15. Les arrêtés du préfet portant reconnaissance et fixation de la largeur d'un chemin vicinal attribuent définitivement au chemin le sol compris dans les limites qu'ils déterminent. — Le droit des propriétaires riverains se résout en une indemnité, qui sera réglée à l'amiable ou par le juge de paix du canton, sur le rapport d'experts nommés conformément à l'art. 17.

16. Les travaux d'ouverture et de redressement des chemins vicinaux seront autorisés par arrêté du préfet. — Lorsque, pour l'exécution du présent article, il y aura lieu de recourir à l'expropriation, le jury spécial, chargé de régler les indemnités, ne sera composé que de quatre jurés. Le tribunal d'arrondissement, en prononçant l'expropriation, désignera, pour présider et diriger le jury, l'un de ses membres ou le juge de paix du canton. Ce magistrat aura

voix délibérative en cas de partage. — Le tribunal choisira, sur la liste générale prescrite par l'art. 29 de la loi du 7 juillet 1833, quatre personnes pour former le jury spécial, et trois jurés supplémentaires. L'administration et la partie intéressée auront respectivement le droit d'exercer une récusation péremptoire. — Le juge recevra les acquiescements des parties. — Son procès-verbal emportera translation définitive de propriété. — Le recours en cassation, soit contre le jugement qui prononcera l'expropriation, soit contre la déclaration du jury qui réglera l'indemnité, n'aura lieu que dans les cas prévus et selon les formes déterminées par la loi du 7 juillet 1833.

17. Les extractions de matériaux, les dépôts ou enlèvements de terre, les occupations temporaires de terrains, seront autorisés par arrêté du préfet, lequel désignera les lieux ; cet arrêté sera notifié aux parties intéressées, au moins dix jours avant que son exécution puisse être commencée. — Si l'indemnité ne peut être fixée à l'amiable, elle sera réglée par le conseil de préfecture, sur le rapport d'experts nommés, l'un par le sous-préfet, et l'autre par le propriétaire. — En cas de discord, le tiers expert sera nommé par le conseil de préfecture.

18. L'action en indemnité des propriétaires pour les terrains qui auront servi à la confection des chemins vicinaux, et pour extraction de matériaux, sera prescrite par le laps de deux ans.

19. En cas de changement de direction ou d'abandon d'un chemin vicinal, en tout ou en partie, les propriétaires riverains de la partie de ce chemin qui cessera de servir de voie de communication, pourront faire leur soumission de s'en rendre acquéreurs et d'en payer la valeur, qui sera fixée par des experts nommés dans la forme déterminée par l'art. 17.

20. Les plans, procès-verbaux, certificats, significations, jugements, contrats, marchés, adjudications de travaux, quittances et autres actes ayant pour objet exclusif la construction, l'entretien et la réparation des chemins vicinaux, seront enregistrés moyennant le droit fixe de un franc. — Les actions civiles intentées par les communes ou dirigées contre elles, relativement à leurs chemins, seront jugées comme affaires sommaires et urgentes, conformément à l'art. 405 du Code de procédure civile.

21. Dans l'année qui suivra la promulgation de la présente loi, chaque préfet fera, pour en assurer l'exécution, un réglement qui sera communiqué au conseil général, et transmis, avec ses observations, au ministre de l'intérieur, pour être approuvé, s'il y a lieu. — Ce réglement fixera, dans chaque département, le maximum de la largeur des chemins vicinaux ;

il fixera, en outre, les délais nécessaires à l'exécution de chaque mesure, les époques auxquelles les prestations en nature devront être faites, le mode de leur emploi ou de leur conversion en tâches, et statuera, en même temps, sur tout ce qui est relatif à la confection des rôles, à la comptabilité, aux adjudications et à leur forme, aux alignements, aux autorisations de construire le long des chemins, à l'écoulement des eaux, aux plantations, à l'élagage, aux fossés, à leur curage, et à tous autres détails de surveillance et de conservation. (*Plantations d'arbres au bord des chemins vicinaux.* V. *Av. C.* 9 mai 1838 : Cormenin, *Droit administratif,* 5ᵉ édit., p. 37, t. 2.)

22. Toutes les dispositions de lois antérieures demeurent abrogées en ce qu'elles auraient de contraire à la présente loi.

Loi *du 25 juin 1811, concernant les lacunes des routes départementales.*

ART. 1ᵉʳ. Lorsqu'une route intéressant deux ou plusieurs départements a été classée et est en voie d'exécution sur un ou plusieurs d'entre eux, et qu'un département sur lequel cette route doit s'étendre, refuse de classer ou d'exécuter la portion de route qui doit traverser son territoire, le classement ou l'exécution peut être ordonné par une loi qui sera précédée d'une enquête dont les formes seront déterminées par un règlement d'administration publique.

2. Cette loi détermine la proportion dans laquelle chaque département intéressé contribue aux dépenses de construction et d'entretien de la portion de route dont le classement ou l'exécution aura été refusé. — Les dépenses de construction pourront être mises, pour la totalité, à la charge des départements qui auront réclamé le classement ou l'exécution sur le territoire d'un autre département.

N. B. Il serait à désirer que cette loi fût étendue aux chemins vicinaux.

ORDONNANCE *du 29 mars 1754, du bureau des finances de Paris, concernant la police générale des routes et des chemins.*

ART. 4. Faisons défenses à tous habitants, propriétaires, locataires ou autres ayant maisons ou héritages le long des rues, grandes routes et autres grands chemins, de construire ou reconstruire, soit en entier, soit en partie, aucuns bâtiments sans en avoir pris alignement ; ni de poser échoppes ou choses saillantes, sans en avoir obtenu la permission : lesquels alignements et permissions seront donnés, tant dans les parties de la banlieue de Paris que dans les autres chemins de la généralité, par ceux de nos commissaires du pavé de Paris et des ponts et chaussées, chacun en son département ; ou, en leur absence, par un autre de nous, conformément aux plans levés et arrêtés, et déposés au greffe du bureau, ou qui le seront dans la suite ; et lesdits alignements seront donnés sans frais, ainsi qu'il s'est toujours pratiqué, à peine, contre les particuliers contrevenants, de trois cents livres d'amende, de démolition des ouvrages faits, et de confiscation des matériaux ; et contre les maçons, charpentiers et ouvriers, de pareille amende, et même de plus grande peine en cas de récidive. Défenses expresses sont faites à tous officiers de justice, et aux prétendus voyers, si aucuns y a, de donner aucun desdits alignements, le tout conformément aux règlements précédents, et notamment aux ordonnances et arrêts du conseil confirmatif des 12 et 17 mars 1739 ; et seront toutes les ordonnances qui auront été données par lesdits sieurs commissaires déposées au greffe du bureau.

7. Faisons défenses à tous gravatiers, laboureurs, vignerons, jardiniers, charrons et autres, de décharger aucun gravois, terres, fumiers, immondices, pierres, bois ou autres empêchements au passage public, tant sur les chaussées de pavé, accotements et chemins de terre, que sur les ponts, aux avenues des ports et dans les rues, d'y laisser séjourner aucunes voitures, charrettes, bois de charronnage, meules de foin ou paille, ou autres choses généralement quelconques qui puissent embarrasser la voie publique. Défendons à toutes personnes de faire aucuns trous et fouilles sur et à côté des chaussées ou accotements, ni sur les glacis, sous quelque prétexte que ce soit, même d'y prendre du sable, de la pierre ou autres matériaux. Faisons pareilles défenses à tous bergers, conducteurs de bœufs, vaches, moutons, chèvres ou autres animaux, et à toutes autres personnes, d'arracher ou endommager aucuns arbres le long desdits chemins ; le tout sous peine de cinquante livres d'amende, de confiscation des bestiaux, et de demeurer responsable du tort qui en pourra résulter aux arbres et plantations.

12. S'il se commet dans la suite de nouvelles contraventions aux règlements et à la présente ordonnance, les contrevenants seront assignés sur-le-champ, à requête du procureur du roi, pour être condamnés suivant l'exigence des cas. A cet effet, enjoignons expressément aux maires et échevins des villes, aux syndics des paroisses, et aux entrepreneurs du pavé de Paris et des ponts et chaussées, d'informer exactement l'un desdits sieurs commissaires, chacun dans leur département, ou le procureur du Roi, des contraventions, et des noms, domiciles et qualités des contrevenants, à peine de demeurer garants et responsables, en leur propre et privé nom, desdites contraventions et des amendes dues pour icelles, le tout ainsi qu'il est prescrit par le règlement du 17 juin 1721. Autorisons en outre tous propriétaires ou tenanciers des maisons et héritages aboutissant sur les chaussées ou chemins, à faire assigner par-devant nous les contrevenants à l'art. 7 ci-dessus, pour être condamnés aux peines prononcées, ainsi qu'il est porté par l'ordonnance du 28 mai 1743. (Voir, pour les amendes, la loi du 25 mars 1842.)

Loi du 29 floréal an X, relative aux contraventions en matière de grande voirie. (V. la loi du 25 mars 1842 sur les amendes de grande voirie, ci-après.)

ART. 1er. Les contraventions en matière de grande voirie, telles qu'anticipations, dépôts de fumiers ou d'autres objets, et toutes espèces de détériorations commises sur les grandes routes, sur les arbres qui les bordent, sur les fossés, ouvrages d'art et matériaux destinés à leur entretien, sur les canaux, fleuves et rivières navigables, leurs chemins de halage, francs-bords, fossés et ouvrages d'art, seront constatées, réprimées et poursuivies par voie administrative.

2. Les contraventions seront constatées concurremment par les maires ou adjoints, les ingénieurs des ponts et chaussées, leurs conducteurs, les agents de la navigation, les commissaires de police, et par la gendarmerie : à cet effet, ceux des fonctionnaires publics ci-dessus désignés qui n'ont pas prêté serment en justice le prêteront devant le préfet.

3. Les procès-verbaux sur les contraventions seront adressés au sous-préfet, qui ordonnera par provision, et sauf le recours au préfet, ce que de droit, pour faire cesser les dommages (1).

4. Il sera statué définitivement en conseil de préfecture : les arrêtés seront exécutés sans visa ni mandement de tribunaux, nonobstant et sauf tout recours ; et les individus condamnés seront contraints par l'envoi de garnisaires et saisie de meubles, en vertu desdits arrêtés, qui seront exécutoires et emporteront hypothèque (2).

(1 et 2) Ces procès-verbaux seront adressés au sous-préfet, qui ordonnera sur-le-champ, aux termes des articles 3 et 4 de la loi du 29 floréal an X, la réparation des délits par les délinquants ou à leur charge, s'il s'agit de dégradations, dépôts de fumiers, immondices ou autres substances, et en rendra compte au préfet en lui adressant les procès-verbaux.

Il sera statué, sans délais, par les conseils de préfecture, tant sur les oppositions qui auraient été for-

Loi *du 25 mars 1842, sur les amendes de grande voirie.*

Art. 1er. A dater de la promulgation de la présente loi, les amendes fixes établies par les règlements de grande voirie antérieurs à la loi des 19 et 22 juillet 1791, pourront être modérées, eu égard au degré d'importance ou aux circonstances atténuantes des délits, jusqu'au vingtième desdites amendes, sans toutefois que ce minimum puisse descendre au-dessous de 16 fr.

A dater de la même époque, les amendes dont le taux, d'après ces règlements, était laissé à l'arbitraire du juge, pourront varier entre un minimum de 16 fr. et un maximum de 300 fr.

2. Les piqueurs des ponts et chaussées et les cantonniers chefs, commissionnés et assermentés à cet effet, constateront tous les délits de grande voirie, concurremment avec les fonctionnaires et agents dénommés dans les lois et décrets antérieurs sur la matière.

Décret *impérial du 16 décembre 1811 sur les constructions, la réparation et l'entretien des routes. — Extrait relatif aux plantations en long des routes.*

Art. 88. Toutes les routes impériales non plantées et qui sont susceptibles de l'être sans inconvénient, seront plantées par les particuliers ou communes propriétaires riverains de ces routes, dans la traversée de leurs propriétés respectives.

89. Ces propriétaires ou ces communes demeureront propriétaires des arbres qu'ils auront plantés.

90. Les plantations seront faites à la distance d'au moins un mètre du bord extérieur des fossés et suivant l'essence des arbres.

91. Dans chaque département, l'ingénieur en chef remettra au préfet, avant le 1er juillet 1812, un rapport tendant à fixer celles des routes impériales du département non plantées et susceptibles de l'être sans inconvénient, l'alignement des plantations à faire route par route et commune par commune, et le délai nécessaire pour l'effectuer ; il y joindra son avis sur l'essence des arbres qu'il conviendrait de choisir pour chaque localité, pour, le tout, devenir l'objet d'un arrêté du préfet qui sera soumis à l'approbation de notre ministre de l'intérieur par l'intermédiaire de notre directeur général.

92. Les arbres seront reçus par les ingénieurs des ponts et chaussées qui surveilleront toutes les opérations, et s'assureront que les proprié-taires se sont conformés en tout aux dispositions de l'arrêté du préfet.

93. Tous les arbres morts ou manquants seront remplacés dans les 3 derniers mois de chaque année par le planteur, sur la simple réquisition de l'ingénieur en chef.

94. Lorsque les plantations s'effectueront au compte et par les soins des communes propriétaires, les maires surveilleront, de concert avec les ingénieurs, toutes les opérations. — L'entreprise en sera donnée au rabais et à la chaleur des enchères, par voie d'adjudication publique, à moins d'une autorisation formelle du préfet, de déroger à cette disposition. — L'adjudication garantira pendant 3 ans la plantation et restera chargée, tant de son entretien que du remplacement des arbres morts ou manquants pendant ce temps : la garantie de 3 années sera prolongée d'autant pour les arbres remplacés.

95. A l'expiration du délai fixé en exécution de l'art. 91 pour l'achèvement de la plantation dans chaque département, les préfets feront constater par des ingénieurs, si des particuliers ou communes propriétaires n'ont pas effectué les plantations auxquelles le présent décret les oblige, ou ne se sont pas conformés aux dispositions prescrites par les alignements et pour l'essence, l'âge, la qualité des arbres à fournir. — Le préfet ordonnera, au vu dudit rapport de l'ingénieur en chef, l'adjudication des plantations non effectuées ou mal exécutées par les particuliers ou les communes propriétaires. Le prix de l'adjudication sera avancé sur les fonds des travaux des routes.

96. Les dispositions de l'article précédent sont applicables à tous particuliers ou communes propriétaires qui n'auraient pas remplacé leurs arbres morts ou manquants, aux termes de l'art. 93 du présent décret.

97. Tous particuliers ou communes au lieu et place desquels il aura été effectué des plantations en vertu des deux articles précédents, seront condamnés à l'amende de 1 franc par pied d'arbre que l'administration aura planté à leur défaut, et ce indépendamment de tous les frais de plantation.

98. Le produit desdits frais et amendes sera versé comme fonds spécial à notre trésor impérial et affecté au service des ponts et chaussées.

SECTION III.

Dispositions générales.

99. Les arbres plantés sur le terrain de la route et appartenant à l'État, ceux plantés sur

les terres riveraines soit par les communes, soit par les particuliers, en exécution du présent décret ou antérieurement, ne pourront être coupés ou arrachés qu'avec l'autorisation du directeur général des ponts-et-chaussées accordée sur la demande du préfet, laquelle sera formée seulement lorsque le dépérissement des arbres aura été constaté par les ingénieurs, et toujours à la charge du remplacement immédiat.

101. Tout propriétaire qui sera reconnu avoir coupé sans autorisation, arraché ou fait périr les arbres plantés sur son terrain, sera condamné à une amende égale à la triple valeur de l'arbre détruit.

102. L'élagage de tous les arbres plantés sur les routes conformément aux dispositions du présent titre, sera exécuté toutes les fois qu'il en sera besoin sous la direction des ingénieurs des ponts et chaussées, en vertu d'un arrêté du préfet qui sera pris sur le rapport des ingénieurs en chef et qui contiendra les instructions nécessaires sur la manière dont l'élagage devra être fait. — Les ingénieurs et conducteurs des ponts et chaussées sont chargés de surveiller et d'assurer l'exécution desdites instructions.

105. Les particuliers ne pourront procéder à l'élagage des arbres qui leur appartiendraient sur les grandes routes, qu'aux époques et suivant les indications contenues dans l'arrêté du préfet, et toujours sous la surveillance des agents des ponts et chaussées, sous peine de poursuites comme coupables des dommages causés aux plantations des routes.

106. La conservation des plantations des routes est confiée à la surveillance et à la garde spéciale des cantonniers, gardes champêtres, gendarmes, agents et commissaires de police, et des maires chargés par les lois de veiller à l'exécution des règlements de la grande voirie.

107. Un tiers des amendes qui seront prononcées pour peine des dégâts et dommages causés aux plantations des grandes routes, appartiendra aux agents qui auront constaté le dommage; un deuxième tiers appartiendra à la commune du lieu des plantations, et l'autre tiers sera versé comme fonds spécial à notre trésor impérial et affecté au service des ponts et chaussées.

108. Toutes condamnations, aux termes des art. 97, 101 et 105 du présent décret, seront poursuivies et prononcées, et les amendes recouvrées comme en matière de grande voirie.

Loi du 12 mai 1825, sur la propriété des arbres plantés sur le sol des routes royales et départementales, le curage et l'entretien des fossés qui bordent les routes.

ART. 1er. Seront reconnus appartenir aux particuliers les arbres actuellement existant sur le sol des routes royales et départementales, et que ces particuliers justifieraient avoir légitimement acquis, à titre onéreux, ou avoir plantés à leurs frais, en exécution des anciens règlements.

Toutefois ces arbres ne pourront être abattus que lorsqu'ils donneront des signes de dépérissement, et sur une permission de l'administration.

La permission de l'administration sera également nécessaire pour opérer l'élagage.

Les contestations qui pourront s'élever entre l'administration et les particuliers, relativement à la propriété des arbres plantés sur le sol des routes, seront portées devant les tribunaux ordinaires.

Les droits de l'État y seront défendus à la diligence de l'administration des domaines.

2. A dater du 1er janvier 1827, le curage et l'entretien des fossés qui font partie de la propriété des routes royales et départementales seront opérés par les soins de l'administration publique, et sur les fonds affectés au maintien de la viabilité desdites routes.

Sur les chemins privés et les sentiers d'exploitation, on peut voir le titre des Servitudes, Code civil, art. 682 et suiv.

CHAPITRE VIII. — DES TRIBUNAUX AGRICOLES.

[Page 598.]

Loi du 25 mai 1838 sur les justices de paix.

ART. 1er. Les juges de paix connaissent de toutes actions purement personnelles ou mobilières, en dernier ressort, jusqu'à la valeur de cent francs, et, à charge d'appel, jusqu'à la valeur de deux cents francs.

2. Les juges de paix prononcent, sans appel, jusqu'à la valeur de cent francs, et, à charge d'appel, jusqu'au taux de la compétence en dernier ressort des tribunaux de première instance :

Sur les contestations entre les hôteliers, aubergistes ou logeurs, et les voyageurs ou locataires en garni, pour dépense d'hôtellerie et perte ou avarie d'effets déposés dans l'auberge ou dans l'hôtel;

Entre les voyageurs et les voituriers ou bateliers, pour retards, frais de route et perte ou avarie d'effets accompagnant les voyageurs;

Entre les voyageurs et les carrossiers ou autres ouvriers, pour fournitures, salaires et réparations faites aux voitures de voyage.

3. Les juges de paix connaissent, sans appel, jusqu'à la valeur de cent francs, et, à charge d'appel, à quelque valeur que la demande puisse s'élever.

Des actions en payement de loyers ou fermages, des congés, des demandes en résiliation de baux, fondées sur le seul défaut de payement de loyers ou fermages; des expulsions de lieux et des demandes en validité de saisie-gagerie; le tout lorsque les locations verbales ou par écrit n'excèdent pas annuellement, à Paris, quatre cents francs, et deux cents francs partout ailleurs.

Si le prix principal du bail consiste en denrées ou prestations en nature, appréciables d'après les mercuriales, l'évaluation sera faite sur celles du jour de l'échéance, lorsqu'il s'agira du payement des fermages; dans tous les autres cas, elle aura lieu suivant les mercuriales du mois qui aura précédé la demande. Si le prix principal du bail consiste en prestations non appréciables d'après les mercuriales, ou s'il s'agit de baux à colons partiaires, le juge de paix déterminera la compétence, en prenant pour base du revenu de la propriété le principal de la contribution foncière de l'année courante, multiplié par cinq.

4. Les juges de paix connaissent, sans appel, jusqu'à la valeur de cent francs, et, à charge d'appel, jusqu'au taux de la compétence en dernier ressort des tribunaux de première instance :

1o Des indemnités réclamées par le locataire ou fermier pour non-jouissance provenant du fait du propriétaire, lorsque le droit à une indemnité n'est pas contesté;

2o Des dégradations et pertes, dans les cas prévus par les articles 1732 et 1735 du Code civil.

Néanmoins, le juge de paix ne connaît des pertes causées par incendie ou inondation que dans les limites posées par l'article 1er de la présente loi.

5. Les juges de paix connaissent également, sans appel, jusqu'à la valeur de cent francs, et, à charge d'appel, à quelque valeur que la demande puisse s'élever :

1o Des actions pour dommages faits aux champs, fruits et récoltes, soit par l'homme, soit par les animaux, et de celles relatives à l'élagage des arbres ou haies, et au curage, soit des fossés, soit des canaux servant à l'irrigation des propriétés ou au mouvement des usines, lorsque les droits de propriété ou de servitude ne sont pas contestés;

2o Des réparations locatives des maisons ou fermes, mises par la loi à la charge du locataire;

3o Des contestations relatives aux engagements respectifs des gens de travail au jour, au mois et à l'année, et de ceux qui les emploient; des maîtres et des domestiques ou gens de service à gages; des maîtres et de leurs ouvriers ou apprentis, sans néanmoins qu'il soit dérogé aux lois et réglements relatifs à la juridiction des prud'hommes;

4o Des contestations relatives au payement des nourrices, sauf ce qui est prescrit par les lois et réglements d'administration publique à l'égard des bureaux de nourrices de la ville de Paris et de toutes les autres villes;

5o Des actions civiles pour diffamation verbale et pour injures publiques ou non publiques, verbales ou par écrit, autrement que par la voie de la presse; des mêmes actions pour rixes ou voies de fait; le tout lorsque les parties ne se sont pas pourvues par la voie criminelle.

6. Les juges de paix connaissent, en outre, à charge d'appel :

1o Des entreprises commises, dans l'année, sur les cours d'eau servant à l'irrigation des propriétés et au mouvement des usines et moulins, sans préjudice des attributions de l'autorité administrative dans les cas déterminés par les lois et par les réglements; des dénonciations de nouvel œuvre, complaintes, actions en réintégrande et autres actions possessoires fondées sur des faits également commis dans l'année;

2o Des actions en bornage et de celles relatives à la distance prescrite par la loi, les réglements particuliers et l'usage des lieux, pour les plantations d'arbres ou de haies, lorsque la propriété ou les titres qui l'établissent ne sont pas contestés;

3o Des actions relatives aux constructions et travaux énoncés dans l'art. 674 du Code civil, lorsque la propriété ou la mitoyenneté du mur ne sont pas contestées;

4o Des demandes en pension alimentaire n'excédant pas cent cinquante francs par an, et seulement lorsqu'elles seront formées en vertu des art. 205, 206 et 207 du Code civil.

7. Les juges de paix connaissent de toutes les demandes reconventionnelles ou en compensation qui, par leur nature ou leur valeur, sont dans les limites de leur compétence, alors même que, dans les cas prévus par l'article premier, ces demandes, réunies à la demande principale, s'élèveraient au-dessus de deux cents francs. Ils connaissent, en outre, à quelques sommes qu'elles puissent monter, des demandes reconventionnelles en dommages-intérêts fondées exclusivement sur la demande principale elle-même.

8. Lorsque chacune des demandes principales, reconventionnelles ou en compensation, sera dans les limites de la compétence du juge de paix en dernier ressort, il prononcera sans qu'il y ait lieu à appel.

Si l'une de ces demandes n'est susceptible d'être jugée qu'à charge d'appel, le juge de paix ne prononcera sur toutes qu'en premier ressort.

Si la demande reconventionnelle ou en compensation excède les limites de sa compétence, il pourra, soit retenir le jugement de la demande principale, soit renvoyer, sur le tout, les parties à se pourvoir devant le tribunal de première instance, sans préliminaire de conciliation.

9. Lorsque plusieurs demandes formées par la même partie seront réunies dans une même instance, le juge de paix ne prononcera qu'en premier ressort, si leur valeur totale s'élève au-dessus de cent francs, lors même que quelqu'une de ces demandes serait inférieure à cette somme. Il sera incompétent sur le tout, si ces demandes excèdent, par leur réunion, les limites de sa juridiction.

10. Dans le cas où la saisie-gagerie ne peut avoir lieu qu'en vertu de permission de justice, cette permission sera accordée par le juge de paix du lieu où la saisie devra être faite, toutes les fois que les causes rentreront dans sa compétence.

S'il y a opposition de la part des tiers, pour des causes et pour des sommes qui, réunies, excéderaient cette compétence, le jugement en sera déféré aux tribunaux de première instance.

11. L'exécution provisoire des jugements sera ordonnée dans tous les cas où il y a titre authentique, promesse reconnue, ou condamnation précédente dont il n'y a point eu appel.

Dans tous les autres cas, le juge pourra ordonner l'exécution provisoire, nonobstant appel, sans caution, lorsqu'il s'agira de pension alimentaire, ou lorsque la somme n'excédera pas trois cents francs, et avec caution, au-dessus de cette somme.

La caution sera reçue par le juge de paix.

12. S'il y a péril en la demeure, l'exécution provisoire pourra être ordonnée sur la minute du jugement avec ou sans caution, conformément aux dispositions de l'article précédent.

13. L'appel des jugements des juges de paix ne sera recevable ni avant les trois jours qui suivront celui de la prononciation des jugements, à moins qu'il n'y ait lieu à exécution provisoire, ni après les trente jours qui suivront la signification à l'égard des personnes domiciliées dans le canton.

Les personnes domiciliées hors du canton auront, pour interjeter appel, outre le délai de trente jours, le délai réglé par les articles 73 et 1033 du Code de procédure civile.

14. Ne sera pas recevable l'appel des jugements mal à propos qualifiés en premier ressort, ou qui, étant en dernier ressort, n'auraient point été qualifiés.

Seront sujets à l'appel les jugements qualifiés en dernier ressort, s'ils ont statué, soit sur des questions de compétence, soit sur des matières dont le juge de paix ne pouvait connaître qu'en premier ressort.

Néanmoins, si le juge de paix s'est déclaré compétent, l'appel ne pourra être interjeté qu'après le jugement définitif.

15. Les jugements rendus par les juges de paix ne pourront être attaqués par la voie du recours en cassation que pour excès de pouvoir.

16. Tous les huissiers d'un même canton auront le droit de donner toutes les citations et de faire tous les actes devant la justice de paix. Dans les villes où il y a plusieurs justices de paix, les huissiers exploitent concurremment dans le ressort de la juridiction assignée à leur résidence. Tous les huissiers du même canton seront tenus de faire le service des audiences, et d'assister le juge de paix toutes les fois qu'ils en seront requis; les juges de paix choisiront leurs huissiers audienciers.

17. Dans toutes les causes, excepté celles où il y aurait péril en la demeure et celles dans lesquelles le défendeur serait domicilié hors du canton ou des cantons de la même ville, le juge de paix pourra interdire aux huissiers de sa résidence de donner aucune citation en justice, sans qu'au préalable il n'ait appelé, sans frais, les parties devant lui.

18. Dans les causes portées devant la justice de paix, aucun huissier ne pourra ni assister comme conseil ni représenter les parties en qualité de procureur fondé, à peine d'une amende de vingt-cinq à cinquante francs, qui sera prononcée sans appel par le juge de paix.

Ces dispositions ne seront pas applicables aux huissiers qui se trouveront dans l'un des cas prévus par l'art. 86 du Code de procédure civile.

19. En cas d'infraction aux dispositions des articles 16, 17 et 18, le juge de paix pourra défendre aux huissiers du canton de citer devant lui, pendant un délai de quinze jours à trois mois, sans appel et sans préjudice de l'action disciplinaire des tribunaux et des dommages-intérêts des parties, s'il y a lieu.

20. Les actions concernant les brevets d'invention seront portées, s'il s'agit de nullité ou de déchéance des brevets, devant les tribunaux civils de première instance; s'il s'agit de contrefaçon, devant les tribunaux correctionnels.

21. Toutes les dispositions des lois antérieu-

res contraires à la présente loi sont abrogées.

22. Les dispositions de la présente loi ne s'appliqueront pas aux demandes introduites avant sa promulgation.

CODE D'INSTRUCTION CRIMINELLE. — *Des tribunaux de simple police.*

137. Sont considérés comme contraventions de police simple, les faits qui, d'après les dispositions du quatrième livre du Code pénal, peuvent donner lieu, soit à quinze francs d'amende ou au-dessous, soit à cinq jours d'emprisonnement ou au-dessous, qu'il y ait ou non confiscation des choses saisies, et quelle qu'en soit la valeur.

138. La connaissance des contraventions de police est attribuée au juge de paix et au maire, suivant les règles et les distinctions qui seront ci-après établies.

§ I. — Du tribunal du Juge de paix comme Juge de police.

139. Les juges de paix connaîtront exclusivement,

1o Des contraventions commises dans l'étendue de la commune chef-lieu du canton ;

2o Des contraventions dans les autres communes de leur arrondissement, lorsque, hors le cas où les coupables auront été pris en flagrant délit, les contraventions auront été commises par des personnes non domiciliées ou non présentes dans la commune, ou lorsque les témoins qui doivent déposer n'y sont pas résidents ou présents ;

3o Des contraventions à raison desquelles la partie qui réclame conclut, pour ses dommages-intérêts, à une somme indéterminée ou à une somme excédant quinze francs ;

4o Des contraventions forestières poursuivies à la requête des particuliers ;

5o Des injures verbales ;

6o Des affiches, annonces, ventes, distributions ou débits d'ouvrages, écrits ou gravures contraires aux mœurs ;

7o De l'action contre les gens qui font le métier de deviner et pronostiquer, ou d'expliquer les songes.

140. Les juges de paix connaîtront aussi, mais concurremment avec les maires, de toutes autres contraventions commises dans leur arrondissement.

141. Dans les communes dans lesquelles il n'y a qu'un juge de paix, il connaîtra seul des affaires attribuées à son tribunal : les greffiers et les huissiers de la justice de paix feront le service pour les affaires de police.

142. Dans les communes divisées en deux justices de paix ou plus, le service au tribunal de police sera fait successivement par chaque juge de paix, en commençant par le plus ancien : il y aura dans ce cas un greffier particulier pour le tribunal de police.

143. Il pourra aussi, dans le cas de l'article précédent, y avoir deux sections pour la police : chaque section sera tenue par un juge de paix ; et le greffier aura un commis assermenté pour le suppléer.

144. Les fonctions du ministère public, pour les faits de police, seront remplies par le commissaire du lieu où siégera le tribunal : en cas d'empêchement du commissaire de police, ou s'il n'y en a point, elles seront remplies par le maire, qui pourra se faire remplacer par son adjoint.

S'il y a plusieurs commissaires de police, le procureur général près la cour royale nommera celui ou ceux d'entre eux qui feront le service.

145. Les citations pour contravention de police seront faites à la requête du ministère public, ou de la partie qui réclame.

Elles seront notifiées par un huissier ; il en sera laissé copie au prévenu, ou à la personne civilement responsable.

146. La citation ne pourra être donnée à un délai moindre que vingt-quatre heures, outre un jour par trois myriamètres, à peine de nullité tant de la citation que du jugement qui serait rendu par défaut. Néanmoins cette nullité ne pourra être proposée qu'à la première audience, avant toute exception et défense.

Dans les cas urgents, les délais pourront être abrégés et les parties citées à comparaître même dans le jour, et à heure indiquée, en vertu d'une cédule délivrée par le juge de paix.

147. Les parties pourront comparaître volontairement et sur un simple avertissement, sans qu'il soit besoin de citation.

148. Avant le jour de l'audience, le juge de paix pourra, sur la réquisition du ministère public ou de la partie civile, estimer ou faire estimer les dommages, dresser ou faire dresser des procès-verbaux, faire ou ordonner tous actes requérant célérité.

149. Si la personne citée ne comparaît pas au jour et à l'heure fixés par la citation, elle sera jugée par défaut.

150. La personne condamnée par défaut ne sera plus recevable à s'opposer à l'exécution du jugement, si elle ne se présente à l'audience indiquée par l'article suivant ; sauf ce qui sera ci-après réglé sur l'appel et le recours en cassation.

151. L'opposition au jugement par défaut pourra être faite par déclaration en réponse au bas de l'acte de signification, ou par acte notifié dans les trois jours de la signification, outre un jour par trois myriamètres.

L'opposition emportera de droit citation à la

première audience après l'expiration des délais, et sera réputée non avenue si l'opposant ne comparaît pas.

152. La personne citée comparaîtra par elle-même, ou par un fondé de procuration spéciale.

153. L'instruction de chaque affaire sera publique, à peine de nullité.

Elle se fera dans l'ordre suivant :

Les procès-verbaux, s'il y en a, seront lus par le greffier ;

Les témoins, s'il en a été appelé par le ministère public ou la partie civile, seront entendus s'il y a lieu ; la partie civile prendra ses conclusions ;

La personne citée proposera sa défense, et fera entendre ses témoins, si elle en a amené ou fait citer, et si, au terme de l'article suivant, elle est recevable à les produire ;

Le ministère public résumera l'affaire et donnera ses conclusions : la partie citée pourra proposer ses observations ;

Le tribunal de police prononcera le jugement dans l'audience où l'instruction aura été terminée, et, au plus tard, dans l'audience suivante.

154. Les contraventions seront prouvées, soit par procès-verbaux ou rapports, soit par témoins, à défaut de rapports et procès-verbaux, ou à leur appui.

Nul ne sera admis, à peine de nullité, à faire preuve par témoins outre ou contre le contenu aux procès-verbaux ou rapports, des officiers de police ayant reçu de la loi le pouvoir de constater les délits ou les contraventions jusqu'à inscription de faux. Quant aux procès-verbaux et rapports faits par des agents, préposés ou officiers auxquels la loi n'a pas accordé le droit d'en être crus jusqu'à inscription de faux, ils pourront être débattus par des preuves contraires, soit écrites, soit testimoniales, si le tribunal juge à propos de les admettre.

155. Les témoins feront à l'audience, sous peine de nullité, le serment de dire toute la vérité, rien que la vérité ; et le greffier en tiendra note, ainsi que de leurs noms, prénoms, âge, profession et demeure, et de leurs principales déclarations.

156. Les ascendants ou descendants de la personne prévenue, ses frères et sœurs ou alliés en pareil degré, la femme ou son mari, même après le *divorce* prononcé, ne seront ni appelés ni reçus en témoignage ; sans néanmoins que l'audition des personnes ci-dessus désignées puisse opérer une nullité, lorsque, soit le ministère public, soit la partie civile, soit le prévenu, ne se sont pas opposés à ce qu'elles soient entendues.

157. Les témoins qui ne satisferont pas à la citation pourront y être contraints par le tribunal, qui, à cet effet et sur la réquisiton du ministère public, prononcera dans la même audience, sur le premier défaut, l'amende, et en cas d'un second défaut, la contrainte par corps.

158. Le témoin ainsi condamné à l'amende sur le premier défaut, et qui, sur la seconde citation, produira devant le tribunal des excuses légitimes, pourra, sur les conclusions du ministère public, être déchargé de l'amende.

Si le témoin n'est pas cité de nouveau, il pourra volontairement comparaître, par lui, ou par un fondé de procuration spéciale, à l'audience suivante, pour présenter ses excuses, et obtenir, s'il y a lieu, décharge de l'amende.

159. Si le fait ne présente ni délit ni contravention de police, le tribunal annullera la citation et tout ce qui aura suivi, et statuera par le même jugement sur les demandes en dommages-intérêts.

160. Si le fait est un délit qui emporte une peine correctionnelle ou plus grave, le tribunal renverra les parties devant le procureur du Roi.

161. Si le prévenu est convaincu de contravention de police, le tribunal prononcera la peine, et statuera par le même jugement sur les demandes en restitution et en dommages-intérêts.

162. La partie qui succombera sera condamnée aux frais, même envers la partie publique.

Les dépens seront liquidés par le jugement.

163. Tout jugement définitif de condamnation sera motivé, et les termes de la loi appliquée y seront insérés, à peine de nullité.

Il y sera fait mention s'il est rendu en dernier ressort ou en première instance.

164. La minute du jugement sera signée par le juge qui aura tenu l'audience, dans les vingt-quatre heures au plus tard, à peine de vingt-cinq francs d'amende contre le greffier, et de prise à partie, s'il y a lieu, tant contre le greffier que contre le président.

165. Le ministère public et la partie civile poursuivront l'exécution du jugement, chacun en ce qui le concerne.

§ II. — De la Juridiction des Maires comme Juges de police.

166. Les maires des communes non chefs-lieux de canton connaîtront, concurremment avec les juges de paix, des contraventions commises dans l'étendue de leur commune par les personnes prises en flagrant délit, ou par des personnes qui résident dans la commune ou qui y sont présentes, lorsque les témoins y seront aussi résidants ou présents, et lorsque la partie réclamante conclura pour ses dommages-intérêts à une somme déterminée qui n'excédera pas celle de quinze francs.

Ils ne pourront jamais connaître des contraventions attribuées exclusivement aux juges de paix par l'article 139, ni d'aucune des matières dont la connaissance est attribuée aux juges de paix considérés comme juges civils.

167. Le ministère public sera exercé auprès du maire, dans les matières de police, par l'adjoint : en l'absence de l'adjoint, ou lorsque l'adjoint remplacera le maire comme juge de police, le ministère public sera exercé par un membre du conseil municipal, qui sera désigné à cet effet par le procureur du Roi pour une année entière.

168. Les fonctions de greffier des maires dans les affaires de police, seront exercées par un citoyen que le maire proposera, et qui prêtera serment en cette qualité au tribunal de police correctionnelle. Il recevra pour ses expéditions les émoluments attribués au greffier du juge de paix.

169. Le ministère des huissiers ne sera pas nécessaire pour les citations aux parties ; elles pourront être faites par un avertissement du maire, qui annoncera au défendeur le fait dont il est inculpé, le jour et l'heure où il doit se présenter.

170. Il en sera de même des citations aux témoins ; elles pourront être faites par un avertissement qui indiquera le moment où leur déposition sera reçue.

171. Le maire donnera son audience dans la maison commune ; il entendra publiquement les parties et les témoins.

Seront, au surplus, observées les dispositions des articles 149, 150, 151, 153, 154, 155, 156, 157, 158, 159 et 160, concernant l'instruction et les jugements au tribunal du juge de paix.

§ III. — De l'Appel des Jugements de police.

172. Les jugements rendus en matière de police pourront être attaqués par la voie de l'appel, lorsqu'ils prononceront un emprisonnement, ou lorsque les amendes, restitutions et autres réparations civiles excéderont la somme de cinq francs, outre les dépens.

173. L'appel sera suspensif.

174. L'appel des jugements rendus par le tribunal de police sera porté au tribunal correctionnel ; cet appel sera interjeté dans les dix jours de la signification de la sentence à personne ou domicile ; il sera suivi et jugé dans la même forme que les appels des sentences des justices de paix.

175. Lorsque, sur l'appel, le procureur du Roi ou l'une des parties le requerra, les témoins pourront être entendus de nouveau, et il pourra même en être entendu d'autres.

176. Les dispositions des articles précédents sur la solennité de l'instruction, la nature des preuves, la forme, l'authenticité et la signature du jugement définitif, la condamnation aux frais, ainsi que les peines que ces articles prononcent, seront communes aux jugements rendus, sur l'appel, par les tribunaux correctionnels.

177. Le ministère public et les parties pourront, s'il y a lieu, se pourvoir en cassation contre les jugements rendus en dernier ressort par le tribunal de police, ou contre les jugements rendus par le tribunal correctionnel, sur l'appel des jugements de police.[1]

Le recours aura lieu dans la forme et dans les délais qui seront prescrits.

178. Au commencement de chaque trimestre, les juges de paix et les maires transmettront au procureur du Roi l'extrait des jugements de police qui auront été rendus dans le trimestre précédent, et qui auront prononcé la peine d'emprisonnement. Cet extrait sera délivré sans frais par le greffier.

Le procureur du Roi le déposera au greffe du tribunal correctionnel.

Il en rendra un compte sommaire au procureur général près la cour royale.

Loi du 21 juin 1845, *portant suppression des Droits et Vacations accordés aux Juges de paix, et fixation du Traitement de ces Magistrats et de leurs Greffiers.*

Art. 1er. Les droits et vacations accordés aux juges de paix sont supprimés.

Il ne leur sera alloué d'indemnité de transport que quand ils se rendront à plus de cinq kilomètres du chef-lieu du canton.

2. Dans les villes où siègent les tribunaux de première instance, le traitement des juges de paix sera le même que celui des juges de ces tribunaux.

A Paris, les juges de paix recevront, en outre, une somme de quinze cents francs par an, à titre d'indemnité pour un secrétaire.

Dans les cantons composant les arrondissements de Saint-Denis et de Sceaux, le traitement des juges de paix sera de trois mille francs.

Dans les villes de vingt mille âmes et au-dessus, et à Mézières, chef-lieu de département, le traitement des juges de paix sera de dix-huit cents francs.

Dans les chefs-lieux d'arrondissement, où ne siège pas de tribunal de première instance, et dans les villes ou communes de trois mille âmes et au-dessus de population agglomérée, le traitement des juges de paix sera de quinze cents francs.

Il sera de douze cents francs dans les autres communes du Royaume.

3. Le traitement actuel des greffiers des juges de paix est porté à cinq cents francs dans les cantons où il est inférieur à cette somme ; il est maintenu dans les autres cantons.

4. La présente loi sera exécutée à partir du 1er janvier 1846.

Avant cette époque, une ordonnance royale, portant règlement d'administration publique, déterminera le montant de l'indemnité de transport établie par l'art. 1er.

CHAPITRE IX. — DE L'EXPLOITATION DU SOL.

[Page 615.]

Nous avons donné, dans ce chapitre, un commentaire du titre VIII, liv. III du Code civil *sur le Louage ;* comme ces textes sont fort connus, nous nous dispensons de les reproduire.

CHAPITRE X. — DE LA POLICE RURALE.

[Page 653.]

La loi du 28 septembre 1791, dont nous reproduisons ici le texte, est encore appelée le *Code rural.* Nous l'avons citée bien des fois dans notre livre. Si nous la plaçons sous ce chapitre, c'est parce qu'elle est à proprement parler le Code de la police rurale. Quelques articles de la loi du 28 septembre se trouvent abrogés ou modifiés. Nous les avons cependant transcrits afin de donner ce monument législatif en entier. Nous marquons d'un astérisque les articles abrogés.

Afin de mettre un peu d'ordre dans ce chapitre qui renferme un grand nombre de matières diverses, nous donnons d'abord les lois générales, puis les lois spéciales, enfin nous terminerons par un résumé alphabétique des infractions et des peines en matière rurale.

DÉCRET *du 28 septembre 1791, concernant les biens et usages ruraux, et la police rurale.*

TITRE PREMIER.

DES BIENS ET DES USAGES RURAUX.

———

SECTION PREMIÈRE.

Des principes généraux sur la propriété territoriale.

ART. 1er. Le territoire de la France, dans toute son étendue, est libre comme les personnes qui l'habitent : ainsi toute propriété territoriale ne peut être sujette envers les particuliers, qu'aux redevances et aux charges dont la convention n'est pas défendue par la loi ; et envers la nation, qu'aux contributions publiques établies par le Corps législatif, et aux sacrifices que peut exiger le bien général, sous la condition d'une juste et préalable indemnité.

2. Les propriétaires sont libres de varier à leur gré la culture et l'exploitation de leurs terres, de conserver à leur gré leurs récoltes, et de disposer de toutes les productions de leur propriété dans l'intérieur du royaume et au dehors, sans préjudicier au droit d'autrui, et en se conformant aux lois.

3. Tout propriétaire peut obliger ses voisins au bornage de leurs propriétés contiguës, à moitié frais.

* 4. Nul ne peut se prétendre propriétaire exclusif des eaux d'un fleuve ou d'une rivière navigable ou flottable ; en conséquence, tout propriétaire riverain peut, en vertu du droit commun, y faire des prises d'eau, sans néanmoins en détourner ni embarrasser le cours d'une manière nuisible au bien général et à la navigation établie.

SECTION II.

Des Baux des biens de campagne.

* ART. 1er. La durée et les clauses des baux

des biens de campagne, seront purement conventionnelles.

2. Dans un bail de six années ou au-dessous, fait après la publication du présent décret, quand il n'y aura pas de clause sur le droit du nouvel acquéreur à titre singulier, la résiliation du bail, en cas de vente du fonds, n'aura lieu que de gré à gré.

3. Quand il n'y aura pas de clause sur ce droit dans les baux de plus de six années, en cas de vente du fonds, le nouvel acquéreur à titre singulier pourra exiger la résiliation, sous la condition de cultiver lui-même sa propriété; mais en signifiant le congé au fermier, au moins un an à l'avance, pour qu'il sorte à pareil mois et jour que ceux auxquels le bail aurait fini, et en dédommageant au préalable ce fermier, à dire d'experts, des avantages qu'il aurait retirés de son exploitation ou culture continuée jusqu'à la fin de son bail, d'après le prix de la ferme, et d'après les avances et les améliorations qu'il aura faites à l'époque de la résiliation.

4. La tacite reconduction n'aura plus lieu à l'avenir en bail à ferme ou à loyer des biens ruraux.

5. A l'avenir il ne sera payé aucun droit de quint, treizième, lods et ventes, et autres précédemment connus sous le titre de droits de vente, à raison des baux à ferme ou à loyer faits pour un temps certain et limité, encore qu'ils excèdent le terme de neuf années, soit que le bail soit fait moyennant une redevance annuelle, soit pour une somme une fois payée, nonobstant toutes lois, coutumes, statuts ou jurisprudence à ce contraires, sans préjudice de l'exécution des lois, coutumes ou statuts qui assujettissent les baux à vie et les aliénations d'usufruits, à des droits de vente ou autres droits seigneuriaux.

SECTION III.

Des diverses propriétés rurales.

ART. 1er. Nul agent de l'agriculture, employé avec des bestiaux au labourage, ou à quelque travail que ce soit, ou occupé à la garde des troupeaux, ne pourra être arrêté, sinon pour crime, avant qu'il n'ait été pourvu à la sûreté desdits animaux; et en cas de poursuite criminelle, il y sera également pourvu immédiatement après l'arrestation, et sous la responsabilité de ceux qui l'auront exercée.

2. Aucun engrais ni ustensile, ni autre meuble utile à l'exploitation des terres, et aucuns bestiaux servant au labourage, ne pourront être saisis ni vendus pour contributions publiques; et ils ne pourront l'être pour aucune cause de dettes, si ce n'est au profit de la personne qui aura fourni lesdits effets ou bestiaux.

ou pour l'acquittement de la créance du propriétaire envers son fermier; et ce seront toujours les derniers objets saisis, en cas d'insuffisance d'autres objets mobiliers.

3. La même règle aura lieu pour les ruches; et pour aucune raison, il ne sera permis de troubler les abeilles dans leurs courses et leurs travaux; en conséquence, même en cas de saisie légitime, une ruche ne pourra être déplacée que dans les mois de décembre, janvier et février.

4. Les vers à soie sont de même insaisissables pendant leur travail, ainsi que la feuille du mûrier qui leur est nécessaire pendant leur éducation.

5. Le propriétaire d'un essaim a le droit de le réclamer et de s'en ressaisir, tant qu'il n'a point cessé de le suivre; autrement l'essaim appartient au propriétaire du terrain sur lequel il s'est fixe.

SECTION VI.

Des Troupeaux, des Clôtures, du Parcours, et de la vaine pâture.

ART. 1er. Tout propriétaire est libre d'avoir chez lui telle quantité et telle espèce de troupeaux qu'il croit utiles à la culture et à l'exploitation de ses terres, et de les y faire pâturer exclusivement; sauf ce qui sera réglé ci-après relativement au parcours et à la vaine pâture.

2. La servitude réciproque de paroisse à paroisse, connue sous le nom de *parcours,* et qui entraîne avec elle le droit de vaine pâture, continuera provisoirement d'avoir lieu avec les restrictions déterminées à la présente section, lorsque cette servitude sera fondée sur un titre ou sur une possession autorisée par les lois et es coutumes. A tous autres égards, elle est abolie.

3. Le droit de vaine pâture dans une paroisse, accompagné ou non de la servitude du parcours, ne pourra exister que dans les lieux où il est fondé sur un titre particulier, ou autorisé par la loi ou par un usage local immémorial, et à la charge que la vaine pâture n'y sera exercée que conformément aux règles et usages locaux qui ne contrarieront point les réserves portées dans les articles suivants de la présente section.

4. Le droit de clore et de déclore ses héritages résulte essentiellement de celui de propriété, et ne peut être contesté à aucun propriétaire. L'Assemblée nationale abroge toutes lois et coutumes qui peuvent contrarier ce droit.

5. Le droit de parcours et le droit simple de vaine pâture, ne pourront, en aucun cas, empêcher les propriétaires de clore leurs héritages; et tout le temps qu'un héritage sera clos

de la manière qui sera déterminée par l'article suivant, il ne pourra être assujetti ni à l'un ni à l'autre droit ci-dessus.

6. L'héritage sera réputé clos, lorsqu'il sera entouré d'un mur de quatre pieds de hauteur avec barrière ou porte, ou lorsqu'il sera exactement fermé et entouré de palissades ou de treillages, ou d'une haie vive, ou d'une haie sèche faite avec des pieux ou cordelée avec des branches, ou de toute autre manière de faire les haies en usage dans chaque localité; ou enfin d'un fossé de quatre pieds de large au moins à l'ouverture, et de deux pieds de profondeur.

7. La clôture affranchira de même du droit de vaine pâture réciproque ou non réciproque entre particuliers, si ce droit n'est pas fondé sur un titre. Toutes lois et tous usages contraires sont abolis.

8. Entre particuliers, tout droit de vaine pâture fondé sur un titre, même dans les bois, sera rachetable à dire d'experts, suivant l'avantage que pourrait en retirer celui qui avait ce droit, s'il n'était pas réciproque, ou eu égard au désavantage qu'un des propriétaires aurait à perdre la réciprocité, si elle existait : le tout sans préjudice au droit de cantonnement, tant pour les particuliers que pour les communautés, confirmé par l'article VIII du décret des 16 et 17 septembre 1790.

9. Dans aucun cas et dans aucun temps, le droit de parcours, ni celui de vaine pâture, ne pourront s'exercer sur les prairies artificielles, et ne pourront avoir lieu sur aucune terre ensemencée ou couverte de quelque production que ce soit, qu'après la récolte.

10. Partout où les prairies naturelles sont sujettes au parcours ou à la vaine pâture, ils n'auront lieu provisoirement que dans le temps autorisé par les lois et coutumes, et jamais tant que la première herbe ne sera pas récoltée.

11. Le droit dont jouit tout propriétaire de clore ses héritages, a lieu, même par rapport aux prairies, dans les paroisses où, sans titre de propriété, et seulement par l'usage, elles deviennent communes à tous les habitants, soit immédiatement après la récolte de la première herbe, soit dans tout autre temps déterminé.

12. Dans les pays de parcours ou de vaine pâture soumis à l'usage du troupeau en commun, tout propriétaire ou fermier pourra renoncer à cette communauté, et faire garder par troupeau séparé, un nombre de têtes de bétail proportionné à l'étendue des terres qu'il exploitera dans la paroisse.

13. La quantité de bétail, proportionnellement à l'étendue du terrain, sera fixée dans chaque paroisse, à tant de bêtes par arpent, d'après les règlements et usages locaux; et à défaut de documents positifs à cet égard, il y

sera pourvu par le conseil général de la commune.

14. Néanmoins tout chef de famille domicilié, qui ne sera ni propriétaire ni fermier d'aucun des terrains sujets au parcours ou à la vaine pâture, et le propriétaire ou fermier à qui la modicité de son exploitation n'assurerait pas l'avantage qui va être déterminé, pourront mettre sur lesdits terrains, soit par troupeau séparé, soit en troupeau en commun, jusqu'au nombre de six bêtes à laine et d'une vache avec son veau, sans préjudicier aux droits desdites personnes sur les terres communales s'il y en a dans la paroisse, et sans entendre rien innover aux lois, coutumes ou usages locaux et de temps immémorial qui leur accorderaient un plus grand avantage.

15. Les propriétaires ou fermiers exploitant des terres sur les paroisses sujettes au parcours ou à la vaine pâture, et dans lesquelles ils ne seraient pas domiciliés, auront le même droit de mettre dans le troupeau commun, ou de faire garder par troupeau séparé, une quantité de têtes de bétail proportionnée à l'étendue de leur exploitation, et suivant les dispositions de l'article 13 de la présente section; mais dans aucun cas, ces propriétaires ou fermiers ne pourront céder leurs droits à d'autres.

16. Quand un propriétaire d'un pays de parcours ou de vaine pâture aura clos une partie de sa propriété, le nombre de têtes de bétail qu'il pourra continuer d'envoyer dans le troupeau commun, ou par troupeau séparé, sur les terres particulières des habitants de la communauté, sera restreint proportionnellement, et suivant les dispositions de l'article 13 de la présente section.

17. La communauté dont le droit de parcours sur une paroisse voisine sera restreint par des clôtures faites de la manière déterminée à l'article 6 de cette section, ne pourra prétendre à cet égard à aucune espèce d'indemnité, même dans le cas où son droit serait fondé sur un titre; mais cette communauté aura le droit de renoncer à la faculté réciproque qui résultait de celui de parcours entre elle et la paroisse voisine : ce qui aura également lieu, si le droit de parcours s'exerçait sur la propriété d'un particulier.

18. Par la nouvelle division du royaume, si quelques sections de paroisse se trouvent réunies à des paroisses soumises à des usages différents des leurs, soit relativement au parcours ou à la vaine pâture, soit relativement au troupeau en commun, la plus petite partie dans la réunion suivra la loi de la plus grande, et les corps administratifs décideront des contestations qui naîtraient à ce sujet. Cependant, si une propriété n'était point enclavée dans les autres, et qu'elle ne gênât point le droit provi-

soire de parcours ou de vaine pâture auquel elle n'était point soumise , elle serait exceptée de cette règle.

19. Aussitôt qu'un propriétaire aura un troupeau malade, il sera tenu d'en faire la déclaration à la municipalité; elle assignera sur le terrain du parcours ou de la vaine pâture, si l'un ou l'autre existe dans la paroisse, un espace où le troupeau malade pourra pâturer exclusivement, et le chemin qu'il devra suivre pour se rendre au pâturage. Si ce n'est point un pays de parcours ou de vaine pâture, le propriétaire sera tenu de ne point faire sortir de ses héritages son troupeau malade.

20. Les corps administratifs emploieront constamment les moyens de protection et d'encouragement qui sont en leur pouvoir pour la multiplication des chevaux, des troupeaux, et de tous bestiaux de race étrangère qui seront utiles à l'amélioration de nos espèces, et pour le soutien de tous les établissements de ce genre.

Ils encourageront les habitants des campagnes par des récompenses, et suivant les localités, à la destruction des animaux malfaisants qui peuvent ravager les troupeaux , ainsi qu'à la destruction des animaux et des insectes qui peuvent nuire aux récoltes.

Ils emploieront particulièrement tous les moyens de prévenir et d'arrêter les épizooties et la contagion de la morve des chevaux.

SECTION V.
Des Récoltes.

Art. 1er. La municipalité pourvoira à faire serrer la récolte d'un cultivateur absent, infirme, ou accidentellement hors d'état de la faire lui-même, et qui réclamera ce secours ; elle aura soin que cet acte de fraternité et de protection de la loi soit exécuté aux moindres frais. Les ouvriers seront payés sur la récolte de ce cultivateur.

2. Chaque propriétaire sera libre de faire sa récolte de quelque nature qu'elle soit, avec tout instrument et au moment qui lui conviendra, pourvu qu'il ne cause aucun dommage aux propriétaires voisins.

Cependant, dans les pays où le ban de vendanges est en usage, il pourra être fait à cet égard un règlement chaque année par le conseil général de la commune , mais seulement pour les vignes non closes : les réclamations qui pourraient être faites contre le règlement, seront portées au directoire du département, qui y statuera sur l'avis du directoire de district.

Nulle autorité ne pourra suspendre ou intervertir les travaux de la campagne, dans les opérations de la semence et des récoltes. (V. art. 413, Cod. pén. ci-après.)

SECTION VI.
Des Chemins.

Art. 1er. Les agents de l'administration ne pourront fouiller dans un champ pour y chercher des pierres , de la terre ou du sable, nécessaires à l'entretien des grandes routes ou autres ouvrages publics, qu'au préalable ils n'aient averti le propriétaire, et qu'il ne soit justement indemnisé à l'amiable ou à dire d'experts, conformément à l'article premier du présent décret.

2. Les chemins reconnus par le directoire de district, pour être nécessaires à la communication des paroisses, seront rendus praticables, et entretenus aux dépens des communautés sur le territoire desquelles ils sont établis ; il pourra y avoir à cet effet une imposition au marc la livre de la contribution foncière.

3. Sur la réclamation d'une des communautés, ou sur celle des particuliers, le directoire de département, après avoir pris l'avis de celui du district, ordonnera l'amélioration d'un mauvais chemin, afin que la communication ne soit interrompue dans aucune saison, et il en déterminera la largeur.

SECTION VII.
Des Gardes champêtres.

Art. 1er. Pour assurer les propriétés et conserver les récoltes, il pourra être établi des gardes champêtres dans les municipalités, sous la juridiction des juges de paix et sous la surveillance des officiers municipaux. Ils seront nommés par le conseil général de la commune, et ne pourront être changés ou destitués que dans la même forme.

2. Plusieurs municipalités pourront choisir et payer le même garde champêtre, et une municipalité pourra en avoir plusieurs. Dans les municipalités où il y a des gardes établis pour la conservation des bois, ils pourront remplir les deux fonctions.

3. Les gardes champêtres seront payés par la communauté ou les communautés , suivant le prix déterminé par le conseil général ; leurs gages seront prélevés sur les amendes qui appartiendront en entier à la communauté. Dans le cas où elles ne suffiraient pas au salaire des gardes, la somme qui manquerait serait répartie au marc la livre de la contribution foncière, mais serait à la charge de l'exploitant : toutefois les gages des gardes des bois communaux seront prélevés sur le produit de ces bois, et séparés des gages de ceux qui conservent les autres propriétés rurales.

4. Dans l'exercice de leurs fonctions, les gardes champêtres pourront porter toutes sortes d'armes qui seront jugées leur être nécessaires

par le directoire du département. Ils auront sur le bras une plaque de métal ou d'étoffe, où seront inscrits ces mots : LA LOI; le nom de la municipalité, celui du garde.

5. Les gardes champêtres seront âgés au moins de vingt-cinq ans; ils seront reconnus pour gens de bonnes mœurs, et ils seront reçus par le juge de paix; il leur fera prêter le serment de veiller à la conservation de toutes les propriétés qui sont sous la foi publique, et de toutes celles dont la garde leur aura été confiée par l'acte de leur nomination.

6. Ils feront, affirmeront et déposeront leurs rapports devant le juge de paix de leur canton ou l'un de ses assesseurs, ou feront devant l'un ou l'autre leurs déclarations. Leurs rapports, ainsi que leurs déclarations, lorsqu'ils ne donneront lieu qu'à des réclamations pécuniaires, feront foi en justice pour tous les délits mentionnés dans la police rurale, sauf la preuve contraire.

7. Ils seront responsables des dommages, dans le cas où ils négligeront de faire dans les vingt-quatre heures, le rapport des délits.

8. La poursuite des délits ruraux sera faite au plus tard dans le délai d'un mois, soit par les parties lésées, soit par le procureur de la commune ou ses substituts s'il y en a, soit par des hommes de loi, commis à cet effet par la municipalité; faute de quoi, il n'y aura plus lieu à poursuite.

TITRE II.

DE LA POLICE RURALE.

ART. 1er. La police des campagnes est spécialement sous la juridiction des juges de paix et des officiers municipaux, et sous la surveillance des gardes champêtres et de la gendarmerie nationale.

2. Tous les délits ci-après mentionnés sont, suivant leur nature, de la compétence du juge de paix ou de la municipalité du lieu où ils auront été commis.

3. Tout délit rural ci-après mentionné sera punissable d'une amende ou d'une détention, soit municipale, soit correctionnelle, ou de détention et d'amende réunies, suivant les circonstances et la gravité du délit, sans préjudice de l'indemnité qui pourra être due à celui qui aura souffert le dommage. Dans tous les cas, cette indemnité sera payable par préférence à l'amende. L'indemnité et l'amende sont dues solidairement par les délinquants.

4. Les moindres amendes seront de la valeur d'une journée de travail au taux du pays, déterminée par le directoire de département. Toutes les amendes ordinaires qui n'excéderont pas la somme de trois journées de travail, seront doubles en cas de récidive dans l'espace d'une année, ou si le délit a été commis avant le lever ou après le coucher du soleil : elles seront triples quand les deux circonstances précédentes se trouveront réunies : elles seront versées dans la caisse de la municipalité du lieu.

5. Le défaut de payement des amendes et des dédommagements ou indemnités, n'entraînera la contrainte par corps, que vingt-quatre heures après le commandement. La détention remplacera l'amende à l'égard des insolvables, mais sa durée en commutation de peine ne pourra excéder un mois. Dans les délits pour lesquels cette peine n'est point prononcée, et dans les cas graves où la détention est jointe à l'amende, elle pourra être prolongée du quart du temps prescrit par la loi.

6. Les délits mentionnés au présent décret, qui entraîneraient une détention de plus de trois jours dans les campagnes, et de plus de huit jours dans les villes, seront jugés par voie de police correctionnelle; les autres le seront par voie de police municipale. (Modifié par les articles 137 et 179, Inst. crim., et 464, Cod. pén.)

7. Les maris, pères, mères, tuteurs, maîtres, entrepreneurs de toute espèce, seront civilement responsables des délits commis par leurs femmes et enfants, pupilles, mineurs n'ayant pas plus de vingt ans et non mariés, domestiques, ouvriers, voituriers et autres subordonnés. L'estimation du dommage sera toujours faite par le juge de paix ou ses assesseurs, ou par des experts par eux nommés.

8. Les domestiques, ouvriers, voituriers ou autres subordonnés, seront à leur tour responsables de leurs délits envers ceux qui les emploient.

9. Les officiers municipaux veilleront généralement à la tranquillité, à la salubrité et à la sûreté des campagnes; ils seront tenus particulièrement de faire, au moins une fois par an, la visite des fours et cheminées de toutes maisons et de tous bâtiments éloignés de moins de cent toises d'autres habitations : ces visites seront préalablement annoncées huit jours d'avance.

Après la visite, ils ordonneront la réparation ou la démolition des fours et des cheminées qui se trouveront dans un état de délabrement qui pourrait occasionner un incendie ou d'autres accidents; il pourra y avoir lieu à une amende au moins de 6 liv., et à plus de 24 liv.

10. Toute personne qui aura allumé du feu dans les champs, plus près que cinquante toises des maisons, bois, bruyères, vergers, haies, meules de grains, de paille ou de foin, sera condamnée à une amende égale à la valeur de douze journées de travail, et payera en outre le dommage que le feu aurait occasionné. Le délinquant pourra de plus, suivant les circons-

lances, être condamné à la détention de police municipale.

11. Celui qui achétera des bestiaux hors des foires et marchés, sera tenu de les restituer gratuitement au propriétaire, en l'état où ils se trouveront, dans le cas où ils auraient été volés.

12. Les dégâts que les bestiaux de toute espèce, laissés à l'abandon, feront sur les propriétés d'autrui, soit dans l'enceinte des habitations, soit dans un enclos rural, soit dans les champs ouverts, seront payés par les personnes qui ont la jouissance des bestiaux : si elles sont insolvables, ces dégâts seront payés par celles qui en ont la propriété. Le propriétaire qui éprouvera les dommages, aura le droit de saisir les bestiaux, sous l'obligation de les faire conduire, dans les vingt-quatre heures, au lieu du dépôt qui sera désigné à cet effet par la municipalité.

Il sera satisfait aux dégâts par la vente des bestiaux, s'ils ne sont pas réclamés, ou si le dommage n'a point été payé dans la huitaine du jour du délit.

Si ce sont des volailles, de quelque espèce que ce soit, qui causent le dommage, le propriétaire, le détenteur ou le fermier qui l'éprouvera, pourra les tuer, mais seulement sur le lieu, au moment du dégât.

13. Les bestiaux morts seront enfouis dans la journée, à quatre pieds de profondeur par le propriétaire, et dans son terrain, ou voiturés à l'endroit désigné par la municipalité, pour y être également enfouis, sous peine par le délinquant, de payer une amende de la valeur d'une journée de travail, et les frais de transport et d'enfouissement.

14. Ceux qui détruiront les greffes des arbres fruitiers ou autres, et ceux qui écorcheront ou couperont en tout ou en partie des arbres sur pied, qui ne leur appartiendront pas, seront condamnés à une amende double du dommagement dû au propriétaire, et à une détention de police correctionnelle qui ne pourra excéder six mois. (V. Cod. pén. art. 446, 447, 448 et 450.)

15. Personne ne pourra inonder l'héritage de son voisin, ni lui transmettre volontairement les eaux d'une manière nuisible, sous peine de payer le dommage, et une amende qui ne pourra excéder la somme du dédommagement.

16. Les propriétaires ou fermiers des moulins et usines construits ou à construire, seront garants de tous dommages que les eaux pourraient causer aux chemins ou aux propriétés voisines, par la trop grande élévation du déversoir ou autrement. Ils seront forcés de tenir les eaux à une hauteur qui ne nuise à personne, et qui sera fixée par le directoire du département, d'après l'avis du directoire du district. En cas de contravention, la peine sera une amende qui ne pourra excéder la somme du dédommagement.

17. Il est défendu à toute personne de recombler les fossés, de dégrader les clôtures, de couper des branches de haies vives, d'enlever des bois secs des haies, sous peine d'une amende de la valeur de trois journées de travail. Le dédommagement sera payé au propriétaire ; et suivant la gravité des circonstances, la détention pourra avoir lieu, mais au plus pour un mois.

18. Dans les lieux qui ne sont sujets ni au parcours, ni à la vaine pâture, pour toute chèvre qui sera trouvée sur l'héritage d'autrui, contre le gré du propriétaire de l'héritage, il sera payé une amende de la valeur d'une journée de travail par le propriétaire de la chèvre.

Dans les pays de parcours ou de vaine pâture, où les chèvres ne sont pas rassemblées et conduites en troupeau commun, celui qui aura des animaux de cette espèce, ne pourra les mener aux champs qu'attachés, sous peine d'une amende de la valeur d'une journée de travail par tête d'animal.

En quelque circonstance que ce soit, lorsqu'elles auront fait du dommage aux arbres fruitiers ou autres, haies, vignes, jardins, l'amende sera double, sans préjudice du dédommagement dû au propriétaire.

19. Les propriétaires ou les fermiers d'un même canton ne pourront se coaliser pour faire baisser ou fixer à vil prix la journée des ouvriers ou les gages des domestiques, sous peine d'une amende du quart de la contribution mobilière des délinquants, et même de la détention de police municipale, s'il y a lieu. (V. art. 414 et 415, Cod. pén.)

20. Les moissonneurs, les domestiques et ouvriers de la campagne ne pourront se liguer entre eux pour faire hausser et déterminer le prix des gages ou les salaires, sous peine d'une amende qui ne pourra excéder la valeur de douze journées de travail, et en outre de la détention de police municipale. (V. art. 414 et 415, Cod. pén.)

21. Les glaneurs, les râteleurs et les grapilleurs, dans les lieux où les usages de glaner, de râteler ou de grapiller sont reçus, n'entreront dans les champs, prés et vignes récoltés et ouverts, qu'après l'enlèvement entier des fruits. En cas de contravention, les produits du glanage, du râtelage et grapillage seront confisqués, et suivant les circonstances, il pourra y avoir lieu à la détention de police municipale. Le glanage, le râtelage et le grapillage sont interdits dans tout enclos rural, tel qu'il est défini à l'article 6 de la quatrième section du premier titre du présent décret.

22. Dans les lieux de parcours ou de vaine pâture, comme dans ceux où ces usages ne sont point établis, les pâtres et les bergers ne pourront mener les troupeaux d'aucune espèce dans les champs moissonnés et ouverts, que deux jours après la récolte entière, sous peine d'une amende de la valeur d'une journée de travail : l'amende sera double, si les bestiaux d'autrui ont pénétré dans un enclos rural.

23. Un troupeau atteint de maladie contagieuse, qui sera rencontré au pâturage sur les terres du parcours ou de la vaine pâture, autres que celles qui auront été désignées pour lui seul, pourra être saisi par les gardes champêtres, et même par toute personne; il sera ensuite mené au lieu de dépôt qui sera indiqué à cet effet par la municipalité.

Le maître de ce troupeau sera condamné à une amende de la valeur d'une journée de travail par tête de bêtes à laine, et à une amende triple par tête d'autre bétail.

Il pourra en outre, suivant la gravité des circonstances, être responsable du dommage que son troupeau aurait occasionné, sans que cette responsabilité puisse s'étendre au delà des limites de la municipalité.

A plus forte raison cette amende et cette responsabilité auront lieu, si ce troupeau a été saisi sur les terres qui ne sont point sujettes au parcours ou à la vaine pâture.

24. Il est défendu de mener sur le terrain d'autrui des bestiaux d'aucune espèce, et en aucun temps dans les prairies artificielles, dans les vignes, oseraies, dans les plants de capriers, dans ceux d'oliviers, de mûriers, de grenadiers, d'orangers et arbres du même genre, dans tous les plants ou pépinières d'arbres fruitiers ou autres, faits de main d'homme.

L'amende encourue pour le délit sera une somme de la valeur du dédommagement dû au propriétaire : l'amende sera double, si le dommage a été fait dans un enclos rural ; et suivant les circonstances, il pourra y avoir lieu à la détention de police municipale. (Modifié art. 479, n° 10, Cod. pén.)

25. Les conducteurs de bestiaux revenant des foires, ou les menant d'un lieu à un autre, même dans les pays de parcours ou de vaine pâture, ne pourront les laisser pacager sur les terres des particuliers, ni sur les communaux, sous peine d'une amende de la valeur de deux journées de travail, en outre du dédommagement. L'amende sera égale à la somme du dédommagement, si le dommage est fait sur terrain ensemencé, ou qui n'a pas été dépouillé de sa récolte, ou dans un enclos rural.

A défaut de payement, les bestiaux pourront être saisis et vendus jusqu'à concurrence de ce qui sera dû pour l'indemnité, l'amende et autres frais relatifs ; il pourra même y avoir

lieu envers les conducteurs, à la détention de police municipale, suivant les circonstances.

26. Quiconque sera trouvé gardant à vue ses bestiaux dans les récoltes d'autrui, sera condamné, en outre du payement du dommage, à une amende égale à la somme du dédommagement, et pourra l'être, suivant les circonstances, à une détention qui n'excédera pas une année.

27. Celui qui entrera à cheval dans les champs ensemencés, si ce n'est le propriétaire ou ses agents, payera le dommage et une amende de la valeur d'une journée de travail : l'amende sera double, si le délinquant y est entré en voiture. Si les blés sont en tuyau, et que quelqu'un y entre même à pied, ainsi que dans toute autre récolte pendante, l'amende sera au moins de la valeur de trois journées de travail, et pourra être d'une somme égale à celle due pour dédommagement au propriétaire.

28. Si quelqu'un, avant leur maturité, coupe ou détruit de petites parties de blé en vert, ou d'autres productions de la terre, sans intention manifeste de les voler, il payera en dédommagement au propriétaire, une somme égale à la valeur que l'objet aurait eue dans sa maturité; il sera condamné à une amende égale à la somme du dédommagement, et il pourra l'être à la détention de police municipale. (Voir Cod. pén., art. 450, ci-après).

29. Quiconque sera convaincu d'avoir dévasté des récoltes sur pied, ou abattu des plants venus naturellement, ou faits de main d'homme, sera puni d'une amende double du dédommagement dû au propriétaire, et d'une détention qui ne pourra excéder deux années. (Modifié art. 444, Code pénal.)

30. Toute personne convaincue d'avoir, de dessein prémédité, méchamment, sur le territoire d'autrui, blessé ou tué des bestiaux ou chiens de garde, sera condamnée à une amende double de la somme du dédommagement. Le délinquant pourra être détenu un mois, si l'animal n'a été que blessé ; et six mois, si l'animal est mort de sa blessure, ou en est resté estropié : la détention pourra être du double, si le délit a été commis la nuit, ou dans une étable ou dans un enclos rural. (Modifié par les art. 452, 455 et 454, Code pén.)

31. Toute rupture ou destruction d'instrument de l'exploitation des terres, qui aura été commise dans les champs ouverts, sera punie d'une amende égale à la somme du dédommagement dû au cultivateur, et d'une détention qui ne sera jamais de moins d'un mois, et qui pourra être prolongée jusqu'à six, suivant la gravité des circonstances. (Modifié art. 451, Code pén.)

32. Quiconque aura déplacé ou supprimé

des bornes, ou pieds-corniers, ou autres arbres plantés ou reconnus pour établir les limites entre différents héritages, pourra, en outre du payement du dommage et des frais de remplacement des bornes, être condamné à une amende de la valeur de douze journées de travail ; et sera puni par une détention dont la durée, proportionnée à la gravité des circonstances, n'excédera pas une année. La détention cependant pourra être de deux années, s'il y a transposition de bornes à fin d'usurpation. (Modifié art. 456, Code pén.)

33. Celui qui, sans la permission du propriétaire ou fermier, enlèvera des fumiers, de la marne, ou tous autres engrais portés sur les terres, sera condamné à une amende qui n'excédera pas la valeur de six journées de travail, en outre du dédommagement; et pourra l'être à la détention de police municipale. L'amende sera de douze journées, et la détention pourra être de trois mois, si le délinquant a fait tourner à son profit lesdits engrais.

34. Quiconque maraudera, dérobera des productions de la terre qui peuvent servir à la nourriture des hommes, ou d'autres productions utiles, sera condamné à une amende égale au dédommagement dû au propriétaire ou fermier; il pourra aussi, suivant les circonstances du délit, être condamné à la détention de police municipale.

35. Pour tout vol de récolte fait avec des paniers ou des sacs, ou à l'aide des animaux de charge, l'amende sera du double du dédommagement; et la détention, qui aura toujours lieu, pourra être de trois mois, suivant la gravité des circonstances.

36. Le maraudage ou enlèvement de bois, fait à dos d'hommes dans les bois taillis ou futaies, ou autres plantations d'arbres des particuliers ou communautés, sera puni d'une amende double du dédommagement dû au propriétaire. La peine de la détention pourra être la même que celle portée en l'article précédent.

37. Le vol dans les bois taillis, futaies et autres plantations d'arbres des particuliers ou communautés, exécuté à charge de bête de somme ou de charrette, sera puni par une détention qui ne pourra être de moins de trois jours, ni excéder six mois. Le coupable payera en outre une amende triple de la valeur du dédommagement dû au propriétaire. (Modifié Code forest., art. 192.)

38. Les dégâts faits dans les bois taillis des particuliers ou des communautés, par des bestiaux ou troupeaux, seront punis de la manière suivante.

Il sera payé d'amende pour une bête à laine, une livre; pour un cochon, une livre ; pour une chèvre, deux livres; pour un cheval ou autre bête de somme, deux livres; pour un bœuf, une vache ou un veau, trois livres.

Si les bois taillis sont dans les six premières années de leur croissance, l'amende sera double.

Si les dégâts sont commis en présence du pâtre, et dans les bois taillis de moins de six années, l'amende sera triple.

S'il y a récidive dans l'année, l'amende sera double ; et s'il y a réunion des deux circonstances précédentes, ou récidive avec une des deux circonstances, l'amende sera quadruple.

Le dédommagement dû au propriétaire, sera estimé de gré à gré ou à dire d'experts. (Modifié, art. 199 et s. du Code forest.)

39. Conformément au décret sur les fonctions de la gendarmerie nationale, tout dévastateur des bois, des récoltes, ou chasseur masqué, pris sur le fait, pourra être saisi par tout gendarme national, sans aucune réquisition d'officier civil.

40. Les cultivateurs ou tous autres qui auront dégradé ou détérioré de quelque manière que ce soit, des chemins publics, ou usurpé sur leur largeur, seront condamnés à la réparation ou à la restitution, et à une amende qui ne pourra être moindre de trois livres, ni excéder vingt-quatre livres.

41. Tout voyageur qui déclora un champ pour se faire un passage dans sa route, payera le dommage fait au propriétaire, et de plus, une amende de la valeur de trois journées de travail, à moins que le juge de paix du canton ne décide que le chemin public était impraticable ; et alors les dommages et les frais de clôture seront à la charge de la communauté.

42. Le voyageur qui, par la rapidité de sa voiture ou de sa monture, tuera ou blessera des bestiaux sur les chemins, sera condamné à une amende égale à la somme du dédommagement dû au propriétaire des bestiaux.

43. Quiconque aura coupé ou détérioré des arbres plantés sur les routes, sera condamné à une amende du triple de la valeur des arbres, et à une détention qui ne pourra excéder six mois.

44. Les gazons, les terres ou les pierres des chemins publics ne pourront être enlevés en aucun cas, sans l'autorisation du directoire du département. Les terres ou matériaux appartenant aux communautés, ne pourront également être enlevés, si ce n'est par suite d'un usage général établi dans la commune pour les besoins de l'agriculture, et non aboli par une délibération du conseil général.

Celui qui commettra l'un de ces délits sera, en outre de la réparation du dommage, condamné, suivant la gravité des circonstances, à une amende qui ne pourra excéder vingt-quatre livres, ni être moindre de trois livres : il pourra de plus être condamné à la détention de police municipale.

48. Les peines et les amendes déterminées par le présent décret, ne seront encourues que du jour de sa publication.

§ I. — *De la destruction des animaux nuisibles et des battues.*

Arrêté du Directoire exécutif, du 19 pluviôse an V, concernant la chasse des animaux nuisibles.

Art. 1er. *L'arrêté du 28 vendémiaire dernier,* relatif à la prohibition de chasser dans les forêts nationales, continuera d'être exécuté.

2. *Néanmoins, il sera fait dans les forêts nationales* et dans les campagnes, tous les trois mois, et plus souvent s'il est nécessaire, des chasses et battues générales ou particulières, aux loups, renards, blaireaux et autres animaux nuisibles.

3. Les chasses et battues seront ordonnées *par les administrations centrales des départements,* de concert avec les agents forestiers de leur arrondissement, sur la demande de ces derniers et sur celle des *administrations municipales* de canton.

4. Les battues ordonnées seront exécutées sous la direction et la surveillance des agents forestiers qui régleront, de concert avec les administrations municipales de canton, le jour où elles se feront, *et le nombre d'hommes qui y seront appelés.*

5. Les corps administratifs sont autorisés à permettre aux particuliers de leur arrondissement qui ont des équipages et autres moyens pour les chasses, de s'y livrer sous l'inspection et la surveillance des agents forestiers.

6. Il sera dressé procès-verbal de chaque battue, du nombre et de l'espèce des animaux qui auront été détruits : un extrait en sera envoyé au ministre des finances.

7. Il lui sera également envoyé un état des animaux détruits par les chasses particulières mentionnées en l'article 5, et même par les pièges tendus dans les campagnes par les habitants, à l'effet d'être pourvu s'il y a lieu, sur son rapport, au payement des récompenses promises *par l'article 20, section 4 du Code rural, et le décret du 11 ventôse an III.*

Loi du 10 messidor an V, relative à la destruction des loups.

Art. 1er. Les fonds accordés *provisoirement aux administrations départementales,* pour la destruction des loups, par ordre du ministre de l'intérieur, seront alloués à ce ministre, sauf par lui de justifier de l'emploi.

2. *La loi du 11 ventôse an III est abrogée,* et à l'avenir, par forme d'indemnité et d'encouragement, il sera accordé à tout citoyen une prime de *cinquante livres* par chaque

tête de louve pleine, quarante livres par chaque tête de loup, et vingt livres par chaque tête de louveteau.

3. Lorsqu'il sera constaté qu'un loup enragé ou non s'est jeté sur des hommes ou enfants, celui qui le tuera aura une prime de 150 livres.

4. Celui qui aura tué un de ces animaux et voudra toucher l'une des primes énoncées dans les deux articles précédents, sera tenu de se présenter à l'agent municipal de la commune la plus voisine de son domicile, et d'y faire constater la mort de l'animal, son âge et son sexe ; si c'est une louve, il sera dit si elle est pleine ou non.

5. La tête de l'animal, et le procès-verbal dressé par l'agent municipal, seront envoyés à l'administration départementale, qui délivrera un mandat sur le receveur du département, sur les fonds qui seront, à cet effet, mis entre ses mains, par ordre du ministre de l'intérieur.

N. B. L'art. 2 de cette loi a été modifié par un arrêté ministériel qui fixe ainsi les primes pour les loups détruits : 18 fr. pour une louve pleine ; 15 fr. pour une louve non pleine ; 12 fr. pour un loup ; 6 fr. pour un louveteau. Ce tarif peut être augmenté suivant les circonstances.

Règlement du 20 août 1814, relatif aux chasses dans les forêts et bois de l'État.

Dispositions générales.

Art. 1er. Tout ce qui a rapport à la police des chasses est dans les attributions *du grand veneur,* conformément à l'ordonnance du Roi, en date du 15 août 1814.

— *Du grand veneur.* La charge de grand veneur a été supprimée par une ordonnance en date du 14 septembre 1830, portant : « Art. 1er. Provisoirement et jusqu'à ce que des mesures définitives aient pu être adoptées, la surveillance et la police de la chasse dans les forêts de l'État sont confiées à l'administration des forêts, laquelle remplira à cet égard les fonctions de grand veneur. — 2. Les dispositions du règlement du 20 août 1814, relatif aux chasses dans les forêts et bois du domaine de l'État, continueront à être exécutées, en ce qui n'est pas contraire à la présente ordonnance. »

2. Le grand veneur donne ses ordres aux conservateurs forestiers, pour tous les objets relatifs aux chasses ; il en prévient en même temps l'administration générale des forêts.

3. Il est défendu à qui que ce soit de prendre ou de tuer dans les forêts et bois royaux, les cerfs et les biches.

4. Les conservateurs, inspecteurs, sous-inspecteurs et gardes forestiers, sont spécialement chargés de la conservation des chasses, sous les ordres du grand veneur, sans que ce service puisse les détourner de leurs fonctions de conservateurs des forêts et bois de l'État. Tout ce qui a rapport à l'administration de ces bois et forêts reste sous la surveillance directe de l'administration forestière, et dans les attributions du ministre des finances.

5. Les permissions de chasse ne seront accordées que par le grand veneur ; elles seront signées de lui, enregistrées au secrétariat général de la vénerie, et visées par le conservateur dans l'arrondissement duquel ces permissions auront été accordées. Le conservateur enverra au préfet et au commandant de la gendarmerie le nom de l'individu dont il aura visé la permission. Les demandes de permission seront adressées, soit au grand veneur, soit aux conservateurs qui les lui font parvenir. Ces permissions ne seront accordées que pour la saison des chasses, et seront renouvelées chaque année s'il y a lieu.

6. Il sera accordé deux espèces de permissions de chasse : celle de chasse à tir et celle de chasse à courre.

7. Tous les individus qui auront obtenu des permissions de chasse sont invités à employer ces permissions à la destruction des animaux nuisibles, comme loups, renards, blaireaux, etc. Ils feront connaître au conservateur des forêts le nombre de ces animaux qu'ils auront détruits, en lui en envoyant la patte droite : par là ils acquerront des droits à de nouvelles permissions, l'intention du grand veneur étant de faire contribuer le plaisir de la chasse à la prospérité de l'agriculture et à l'avantage général.

8. Les conservateurs et inspecteurs forestiers veilleront à ce que les lois et les règlements sur la police des chasses, et notamment le décret du 30 avril 1790, soient ponctuellement exécutés. Ceux qui chasseront sans permission seront poursuivis conformément aux dispositions de ce décret.

TITRE PREMIER.

CHASSE A TIR.

Art. 1er. Les permissions de chasse à tir commenceront pour les forêts de l'État, le 15 septembre, et seront fermées le 1er mars.

2. Ces permissions ne pourront s'étendre à d'autre gibier qu'à celui dont elles contiendront la désignation.

3. L'individu qui aura obtenu une permission de chasse ne doit se servir que de chiens couchants et de fusil.

4. Les battues ou traques, les chiens courants, les lévriers, les furets, les lacets, les panneaux, les piéges de toutes espèces, et enfin tout ce qui tendrait à détruire le gibier par d'autres moyens que celui du fusil, est défendu.

5. Les gardes forestiers redoubleront de soins et de vigilance dans le temps des pontes et dans celui où les bêtes fauves mettent bas leurs faons.

TITRE II.

CHASSE A COURRE.

Art. 1er. Les permissions de chasse à courre seront accordées de la manière mentionnée à l'article 5 des dispositions générales.

2. Elles seront données de préférence aux individus que leur goût et leur fortune peuvent mettre à même d'avoir des équipages et de contribuer à la destruction des loups, des renards et blaireaux, en remplissant l'objet de leur plaisir.

3. Les chasses à courre dans les forêts et dans les bois de l'État seront ouvertes le 15 septembre, et seront fermées le 15 mars.

4. Les individus auxquels il aurait été accordé des permissions pour la chasse à courre, obtiendront des droits au renouvellement de ces permissions, en prouvant qu'ils ont travaillé à la destruction des renards, loups, blaireaux et autres animaux nuisibles ; ce qu'ils feront constater par les conservateurs forestiers.

§ II. — *Des épizooties.*

ARRÊTÉ *du Directoire exécutif, en date du 27 messidor an V, qui ordonne l'exécution des mesures destinées à prévenir la contagion des maladies épizootiques.*

Paris, le 23 messidor an V de la république française une et indivisible.

Le Ministre de l'intérieur,

Aux Administrations centrales et municipales de la République.

Il règne sur les bêtes à cornes des départements du nord et de l'est, une épizootie meurtrière qui s'est annoncée d'abord par des symptômes peu alarmants. Je n'en ai pas plutôt été instruit, que j'ai envoyé de Paris des artistes vétérinaires éclairés pour en prendre connaissance. Des instructions rédigées par eux sur les lieux et à leur retour, ont été publiées et répandues dans tous les pays qu'ils avaient parcourus. La maladie a paru se ralentir pendant quelque temps ; mais elle reprend avec plus de force : la rapidité de ses progrès, et le nombre effrayant des animaux qu'elle tue, ne permettent plus de douter qu'elle ne soit contagieuse au plus haut degré. Cet objet étant de la plus grande importance, et les moyens de police étant les seuls capables d'empêcher la communication, j'ai cru qu'il étoit de mon devoir de rappeler l'esprit des lois et règlements rendus en pareilles circonstances, et qui n'ont point été abrogés ; je n'ai eu qu'à concilier les dispositions de ces lois avec l'ordre constitutionnel : j'y ajouterai une courte instruction sur la manière reconnue comme la plus propre à prévenir cette maladie, et à la guérir dans les animaux affectés. »

Mesures de police pour arrêter la communication.

« Tout propriétaire ou détenteur de bêtes à cornes, à quelque titre que ce soit, qui aura une ou plusieurs bêtes malades ou suspectes, sera obligé, sous peine de cinq cents francs d'amende, d'en avertir sur-le-champ l'agent de sa commune, qui les fera visiter par l'expert le plus prochain ou par celui qui aura été désigné par le département ou le canton. » (*Arrêt du Parlement, du 24 mars 1745 ; Arrêt du Conseil, du 19 juillet 1746, art. III ; autre du 16 juillet 1784, art. I.*)

« Lorsque, d'après le rapport de l'expert, il sera constaté qu'une ou plusieurs bêtes seront malades, l'agent veillera à ce que ces animaux soient séparés des autres et ne communiquent avec aucun animal de la commune. Les propriétaires, sous quelque prétexte que ce soit, ne pourront les faire conduire dans les pâturages ni aux abreuvoirs communs, et ils seront tenus de les nourrir dans des lieux renfermés, sous peine de cent francs d'amende. » (*Arrêt du Conseil, du 19 juillet 1746, art. II.*)

« L'agent en informera, dans le jour, le commissaire du Directoire exécutif du canton, auquel il indiquera le nom du propriétaire et le nombre des bêtes malades. Le commissaire du Directoire exécutif fera part du tout à l'administration centrale du département. » (*Arrêt du Conseil, du 19 juillet 1746.*)

« Aussitôt qu'il sera prouvé à l'agent, que l'épizootie existe dans une commune, il en instruira tous les propriétaires de bestiaux de ladite commune, par une affiche posée aux lieux où se placent les actes de l'autorité publique ; laquelle affiche enjoindra auxdits propriétaires de déclarer à l'agent le nombre de bêtes à cornes qu'ils possèdent, avec désignation d'âge, de taille, de poil, etc. Copie de ces déclarations sera envoyée au commissaire du Directoire exécutif près l'administration municipale du canton, et par celui-ci à l'administration centrale du département. » (*Arrêt du Conseil, du 19 juillet 1746, art. IV.*)

« En même temps, l'agent municipal fera marquer sous ses yeux toutes les bêtes à cornes de sa commune avec un fer chaud, représentant la lettre M. Quand l'administration centrale du département sera assurée que l'épizootie n'a plus lieu dans son ressort, elle ordonnera une contre-marque telle qu'elle jugera à propos, afin que les bêtes puissent aller et être vendues partout sans qu'on ait rien à en craindre. » (*Arrêt du Conseil, du 19 juillet 1746 ; et arrêt du Conseil, du 16 juillet 1784.*)

« Afin d'éviter toute communication des bestiaux de pays infestés avec ceux de pays qui ne le sont pas, il sera fait de temps en temps des visites chez les propriétaires de bestiaux, dans les communes infestées, pour s'assurer qu'aucun animal n'en a été distrait. » (*Arrêt du 24 mars 1745, art. I.*)

« Si, au mépris des dispositions précédentes, quelqu'un se permet de vendre ou d'acheter aucune bête marquée, dans un pays infesté, pour la conduire dans un marché ou une foire, ou même chez un particulier de pays non infesté, il sera puni de cinq cents francs d'amende. Les propriétaires de bêtes qui les feront conduire par leurs domestiques ou autres personnes dans les marchés ou foires, ou chez des particuliers de pays non infesté, seront responsables du fait de ces conducteurs. » (*Art. V et VI de l'arrêt du Conseil du 19 juillet 1746.*)

« Il est enjoint à tout fonctionnaire public qui trouvera sur les chemins, ou dans les foires ou marchés, des bêtes à cornes marquées de la lettre M, de les conduire devant le juge de paix, lequel les fera tuer sur-le-champ en sa présence. » (*Art. VII de l'arrêt du Conseil, du 19 juillet 1746.*)

« Pourront néanmoins les propriétaires de bêtes saines en pays infesté, en faire tuer chez eux ou en vendre aux bouchers de leurs communes, mais aux conditions suivantes :

1o Il faudra que l'expert ait constaté que ces bêtes ne sont point malades.

2o Le boucher n'entrera point dans l'étable.

3o Le boucher tuera les bêtes dans les vingt-quatre heures.

4o Le propriétaire ne pourra s'en dessaisir, et le boucher les tuer, qu'ils n'en aient la permission par écrit de l'agent, qui en fera mention sur son état. Toute contravention à cet égard sera punie de deux cents francs d'amende, le propriétaire et le boucher demeurant solidaires. » (*Art. VIII de l'arrêt du Conseil, du 19 juillet 1746.*)

« Il est ordonné de tenir dans les lieux infestés, tous les chiens à l'attache, et de tuer tous ceux qu'on trouverait divaguants. » (*Loi du 19 juillet 1791.*)

« Tout fonctionnaire public qui donnera des certificats et attestations contraires à la vérité, sera condamné en mille francs d'amende, même poursuivi extraordinairement. » (*Art. XII de l'arrêt du 24 mars 1745.*)

« Dans tous les cas où les amendes pour des objets relatifs à l'épizootie seront appliquées, aucun juge ne pourra les remettre ni les modérer ; les jugements qui interviendront en conséquence, seront exécutés par provision, et les délinquants, au surplus, soumis aux lois de la police correctionnelle. » (*Art. VII et VIII de l'arrêt du Parlement de 1745; art. VI de celui du Conseil de 1746; et art. VII de celui de 1784.*)

« Aussitôt qu'une bête sera morte, au lieu de la traîner, on la transportera à l'endroit où elle doit être enterrée, qui sera, autant que possible, au moins à cinquante toises des habitations : on la jettera seule dans une fosse de huit pieds de profondeur, avec toute sa peau tailladée en plusieurs parties, et on la recouvrira de toute la terre sortie de la fosse. Dans le cas où le propriétaire n'aurait pas la facilité d'en faire le transport, l'agent municipal en requerra un autre, et même les manouvriers nécessaires, à peine de cinquante francs contre les refusants. Dans les lieux où il y a des chevaux, on préférera de faire traîner par eux les voitures chargées de bêtes mortes; lesquelles voitures seront lavées à l'eau chaude après le transport. Il est défendu de les jeter dans les bois, dans les rivières ou à la voirie, et de les enterrer dans les étables, cours et jardins, sous peine de trois cents francs d'amende et de tous dommages et intérêts. » (*Art. V de l'arrêt du Parlement, de 1745; et art. VI de celui du Conseil, de 1784.*)

« Enfin, les corps administratifs, conformément au décret du 28 septembre 1791, emploieront tous les moyens de prévenir et d'arrêter l'épizootie ; et en conséquence, le gouvernement compte sur leur zèle pour faire faire des patrouilles, mettre la plus grande célérité dans l'exécution des lois, et ne rien épargner soit pour préserver leur pays de la contagion, soit pour en arrêter les progrès. Lorsque l'épizootie sera déclarée dans leur ressort, ils sont chargés d'en informer les administrations des départements voisins, et je leur recommande très-expressément de m'en faire part sur-le-champ, ainsi que des progrès que pourra faire la maladie. »

« Ce n'est qu'en suivant avec une rigueur très-scrupuleuse les mesures que j'ai indiquées, qu'il sera possible de prévenir dans la plupart des départements, et d'arrêter dans ceux qui sont infestés, les effets d'une contagion ruineuse pour l'agriculture en général et pour les propriétaires. »

Caractère de la maladie.

« Dans tous les lieux où règne l'épizootie, les hommes de l'art qui l'ont observée, s'accordent à la regarder comme une inflammation générale, qui se termine toujours par celle du poumon ou du foie, le plus souvent par la première.

Causes de la maladie.

« L'altération des fourrages par l'effet des pluies qui régnèrent l'année dernière, et occasionnèrent le débordement des ruisseaux et des rivières à l'époque de la récolte des foins, doit sans doute être considérée comme une des causes principales de l'épizootie. C'est sur les bords de la Meuse, de la Moselle, du Rhin, de la Nah, et de quelques autres rivières dont les prairies ont été submergées, qu'elle s'est d'abord déclarée. Averti des effets funestes que devait produire une submersion aussi générale, je fis répandre, sur les moyens de les prévenir, une instruction dont je ne puis trop recommander la lecture aux cultivateurs qui se trouvent cette année dans le même cas. »

Traitement de la maladie.

« Dès qu'une bête à cornes parait affectée de la maladie régnante, on ne doit point hésiter à soumettre au traitement toutes celles de l'étable, quel qu'en puisse être le nombre. »

« L'expérience ayant constamment prouvé que les animaux qui guérissaient sans autres secours que ceux de la nature, devaient leur guérison à une éruption dont leur corps se couvrait, toutes les vues de l'art doivent se diriger vers les moyens d'amener cette éruption ou de la suppléer. »

« Ce serait en vain qu'on attendrait ces effets des cordiaux qu'on emploie presque exclusivement dans ces sortes de maladies. Le vin, l'eau-de-vie, le cidre, la bière, le poivre, la cannelle, le girofle, la noix muscade, le gingembre, l'orviétan, le mithridate, la thériaque, le quinquina, et un grand nombre d'autres médicaments échauffants, ne produisent sur les bêtes à cornes aucun effet à petites doses; à grandes doses, ils augmentent considérablement l'inflammation, et précipitent la perte des animaux. »

« Ce n'est que par les applications extérieures qu'on peut se flatter d'obtenir ces dépôts si conformes aux vœux de la nature. »

« Le séton chargé d'un caustique, remplit parfaitement le double objet d'attirer au dehors l'humeur qui tend à se porter sur le poumon ou le foie, et d'en favoriser l'évacuation. »

« Le fanon, que dans quelques lieux on nomme la *lampe,* la *nappe,* est la partie qu'on doit préférer pour y placer le séton. »

« Il doit être placé de manière que les deux ouvertures se répondent de haut en bas, afin que l'humeur puisse s'écouler aisément. »

« Pour établir un point d'irritation capable

d'attirer brusquement cette humeur au-dehors, on attache sur le milieu du séton un morceau d'ellébore noir ; ou l'on y fixe, avec un peu de linge, du sublimé ou de l'arsenic en poudre. »

« Lorsque l'engorgement a acquis le volume d'une tête humaine, on retourne le séton pour en retirer l'ellébore ou autre caustique dont on l'a chargé. »

« Dans le cas où le séton, ainsi préparé, ne produirait pas, dans l'espace de quinze à vingt heures, un engorgement aussi considérable, on appliquera sur les deux côtés de la poitrine, après avoir rasé le poil, un large cataplasme vésicatoire, composé avec une once de mouches cantharides et une once d'euphorbe, étendues dans une suffisante quantité de levain, qu'on maintiendra avec un bandage, et qu'on entretiendra jusqu'à parfaite guérison. »

« On placera tous les jours, une heure le matin, et autant le soir, dans la gueule de l'animal, un billot autour duquel on aura disposé et maintenu avec un linge, de l'ail, du poivre, de l'assa fœtida, des racines de poivre d'eau, d'arum ou pied de veau, des feuilles ou des racines de grand raifort, des feuilles de tabac ; le tout haché et pilé : une seule de ces substances peut suppléer toutes les autres. »

« On donnera, autant qu'il sera possible, des aliments de la meilleure qualité ; il sera bon de les asperger d'eau, sur un seau de laquelle on aura fait dissoudre une poignée de sel. »

« Lorsqu'il sera possible de faire boire les animaux à l'étable, on blanchira leur eau avec un peu de son, et on y mettra un verre de vinaigre sur dix pintes ou environ. »

« Le bouchonnement très-souvent répété, l'évaporation d'eau chaude sous le ventre, les bains de rivière même, lorsque l'eau sera échauffée, favorisent puissamment la transpiration ; les lavements avec l'eau légèrement vinaigrée, produisent aussi de très-bons effets. »

« La propreté des étables, le soin de les tenir très-aérées, sont des conditions également essentielles. Lorsqu'il y aura eu des animaux malades, on se gardera bien d'en remettre de sains avant de les avoir purifiées. »

Désinfection des étables.

« Les fumigations aromatiques ou autres tant vantées, ainsi que le simple blanchissage avec la chaux, sont des moyens insuffisants pour purifier des étables infectées ; c'est de l'eau et du feu, et surtout de leur combinaison, qu'on peut attendre cet effet ; les murs, les mangeoires, les râteliers seront lavés très-exactement avec de l'eau bouillante, et on les ratissera avec des balais de bruyère, de genêt, et mieux encore avec de fortes brosses quand on pourra s'en procurer. On ne blanchira jamais à la chaux qu'après avoir ainsi lavé et ra-

tissé. Si l'étable est pavée, il faudra laver avec l'eau bouillante, et ratisser également les pavés. Si le sol est en terre, on en enlèvera une couche de deux ou trois pouces, qu'on brûlera ou qu'on enfouira dans une fosse dont la terre qu'on en aura retirée remplacera celle enlevée de l'étable. On aura soin de battre le sol pour l'unir, l'affermir et s'opposer à l'évaporation qui pourrait s'élever des couches inférieures. On tiendra pendant quelque temps les écuries ouvertes jour et nuit, et l'on n'y remettra des animaux que lorsqu'elles seront parfaitement sèches. »

Le ministre de l'intérieur. Signé BENEZECH.

Vu la lettre ci-dessus, écrite par le ministre de l'intérieur aux administrations centrales et municipales, sur les mesures à prendre pour prévenir la contagion des maladies épizootiques, ainsi que l'instruction qui est ensuite, sur le caractère, les causes de l'épizootie et le traitement de la maladie :

LE DIRECTOIRE EXÉCUTIF arrête que lesdites lettre et instruction seront imprimées au *Bulletin des lois* ; charge les administrations de veiller à l'exécution des mesures et des dispositions contenues dans lesdites lettre et instruction.

ORDONNANCE *et instruction du préfet de police de Paris, du 5 fructidor an XI, relative aux bestiaux malades, et particulièrement à ceux qui sont attaqués du charbon.*

ART. 1er. Les propriétaires ou dépositaires de moutons, de bêtes à cornes et chevaux atteints de maladie, sont tenus d'en faire sur-le-champ la déclaration aux maires de leurs communes respectives, et d'en indiquer exactement le nombre, à peine de cent francs d'amende.

2. Pour s'assurer si les propriétaires ou dépositaires de bestiaux se sont conformés à l'article précédent, les animaux malades seront visités, en présence du maire, par des experts nommés à cet effet.

3. Les animaux malades seront séparés dans les bergeries, étables ou écuries particulières, suivant les circonstances.

4. Il est expressément défendu de laisser vaguer les animaux malades dans les parcours et sur les routes, et de les laisser communiquer avec les animaux qui sont sains.

5. Les animaux malades qui seront rencontrés au pâturage, sur les terres de parcours et de vaine pâture, seront saisis par les gardes champêtres, et même par toutes autres personnes, et conduits dans l'endroit qui sera indiqué par le maire.

6. Il est défendu d'amener sur les marchés

de Sceaux et de Poissy des animaux atteints de maladie, à peine de trois cents francs d'amende.

7. Les animaux amenés sur ces marchés seront visités par des experts, avant leur exposition en vente sur lesdits marchés.

8. Si, en contravention aux deux articles précédents, des animaux atteints de maladie sont amenés sur les marchés, ils seront traités dans des endroits particuliers, aux frais des propriétaires.

9. Les bergeries, bouveries et écuries dans lesquelles auront séjourné des animaux malades, ne pourront servir qu'après avoir été désinfectées, sous la surveillance des maires, d'après les procédés indiqués à la suite de la présente ordonnance.

10. Les animaux morts seront enfouis, dans le jour, avec leurs peau et laine, à un mètre trente-quatre centimètres de profondeur (quatre pieds), hors de l'enceinte des communes; le tout aux frais des propriétaires.

11. Il sera pris, envers les contrevenants aux dispositions ci-dessus, telles mesures de police administrative qu'il appartiendra, sans préjudice des poursuites à exercer contre eux par-devant les tribunaux, conformément à la loi du 6 octobre 1791, et aux arrêts des 19 juillet 1746, 23 décembre 1778, et 16 juillet 1784.

INSTRUCTION.

Le charbon suit constamment les grandes chaleurs et les grandes sécheresses. — Il est le résultat d'une nourriture trop échauffante ou mal conditionnée, d'une mauvaise boisson, de travaux forcés, et de la malpropreté des logements des animaux. — Il les attaque tous indistinctement, mais plus particulièrement les moutons, les bœufs et les chevaux. — Les animaux qui en sont atteints meurent quelquefois sur-le-champ, et avant qu'on ait pu s'apercevoir qu'ils étaient malades. — Il est très-dangereux de saigner, de fouiller ou dépouiller les animaux malades ou morts. — Plusieurs personnes sont mortes ou ont été grièvement malades pour s'être livrées à ces opérations. — Dans les circonstances où les ravages de cette maladie sont à craindre, il est important de les prévenir ; les moyens en sont simples, peu dispendieux et à la portée de tous les habitants de la campagne :—1o Il est urgent, de la part des propriétaires, de se conformer à l'article premier de l'ordonnance ci-dessus, et de faire appeler sur-le-champ le vétérinaire pour constater la maladie et ordonner le traitement convenable, si l'animal en est susceptible. — 2o S'il n'est pas possible de donner de la nourriture verte aux animaux, il faudra avoir soin d'asperger leurs fourrages avec de l'eau dans laquelle on aurait fait fondre une poignée de

sel de cuisine par seau, et où l'on ajoutera un verre de vinaigre. — 3o Dans les saisons et les lieux où l'eau est mauvaise, il faut la corriger avant de la faire boire, en y mêlant du son de froment ou de la farine d'orge, avec une bonne pincée de sel, et un demi-verre de vinaigre par seau. — 4o Les animaux qui vont aux champs n'y seront conduits que le matin et le soir ; on les rentrera dans le milieu du jour. — 5o Il faudra éviter, le plus possible, les bords des grandes routes, où ils respirent constamment une poussière épaisse et étouffante. — 6o Ceux qui travaillent seront ménagés : souvent les travaux de la moisson ont été interrompus, parce que les propriétaires avaient forcé leurs animaux, trop peu nombreux, pour se hâter de rentrer leur récolte. — 7o Les habitations des animaux seront nettoyées, lavées, s'il en est besoin, bien aérées, et on y répandra du vinaigre, une ou deux fois par jour, surtout lorsqu'ils y rentreront pendant la chaleur. — 8o Enfin celles où il y aura eu des animaux malades ou morts seront désinfectées de la manière suivante :

Désinfection des bergeries, bouveries, écuries, etc.

La propreté, la libre circulation de l'air, le lavage à grande eau, et les fumigations minérales sont les bases de toute désinfection. — On balayera l'aire, les murs et les planchers des bergeries, bouveries et écuries ; on n'y laissera ni fumier, ni fourrages, ni toiles d'araignées, ni aucune matière combustible. — On ouvrira les portes et les fenêtres pour faciliter la libre circulation de l'air ; on pratiquera même des ouvertures, si celles qui existent ne suffisent pas. — Les murs à la hauteur d'un mètre (trois pieds) seront lavés à grande eau, avec des balais, jusqu'à ce qu'ils soient parfaitement nettoyés. — La terre de l'aire des bergeries, bouveries et écuries, sera enlevée de six centimètres (deux pouces) d'épaisseur, renouvelée et rebattue. — On y fera ensuite la fumigation suivante : — On portera dans les bergeries, bouveries et écuries, un réchaud rempli de charbons allumés, sur lequel on mettra une terrine à moitié pleine de cendre.—On posera sur cette cendre une autre terrine ou un vase large quelconque, dans lequel on mettra douze grammes (quatre onces environ) de sel commun un peu humide ; on versera neuf grammes (trois onces environ) d'huile de vitriol ; on fermera les portes et les fenêtres, et on se retirera aussitôt, pour ne pas respirer la vapeur très-abondante qui se dégage, et qui bientôt remplira tout le local. On n'ouvrira que lorsque la vapeur sera entièrement dissipée ; on pourra alors y faire entrer les animaux. — Cette fumigation peut être faite pendant que les animaux seront aux champs : il suffira d'ouvrir les portes et les fenêtres un moment avant que les animaux rentrent dans les bergeries, bouveries et écuries. — Toutes autres fumigations de plantes aromatiques sont inutiles : elles ne servent qu'à déplacer une odeur par une autre.

ORDONNANCE *du 27 janvier 1815, contenant des mesures pour prévenir la contagion des maladies épizootiques.*

LOUIS, par la grâce de Dieu, Roi de France et de Navarre, à tous ceux qui ces présentes verront, salut.

Sur le rapport qui nous a été fait par notre ministre secrétaire d'État de l'intérieur, de l'épizootie désastreuse qui enlève journellement un grand nombre de bœufs et de vaches, et qui paraît avoir été apportée dans plusieurs parties du Royaume par les animaux amenés à la suite des armées étrangères ;

Touché des pertes qui en résultent pour nos sujets, nous nous sommes fait rendre compte des efforts de l'administration dans cette circonstance, et nous avons eu la satisfaction de reconnaître que rien n'avait été négligé pour arrêter les progrès de ce fléau ;

Voulant compléter les mesures prises précédemment, et donner à nos sujets propriétaires et cultivateurs, des preuves de notre vive sollicitude, en prévenant, autant qu'il est en nous, les suites funestes de l'épizootie, et en procurant des indemnités à ceux qui auraient éprouvé des dommages par l'exécution des dispositions rigoureuses que commande l'intérêt général de l'État ;

Nous avons ordonné et ordonnons ce qui suit :

ART. 1er. Dans tous les lieux où a pénétré l'épizootie, et dans ceux où elle pénétrera par la suite, les préfets continueront de faire exécuter strictement les dispositions des arrêts des 10 avril 1714, 24 mars 1745, 19 juillet 1746, 18 décembre 1774, 30 janvier 1775 et 16 juillet 1784, et de l'arrêté du Directoire exécutif du 27 messidor an V, concernant les épizooties.

2 Sur la demande des autorités administratives, les gardes nationales, la gendarmerie, les gardes champêtres, et, au besoin, les troupes de ligne, seront employés pour assurer l'exécution des dispositions rappelées et indiquées dans le précédent article, et notamment pour former des cordons et empêcher la communication des animaux suspects avec les animaux sains.

3. Dans les départements où la maladie n'a pas encore pénétré, les préfets ordonneront la visite des étables aussi souvent qu'ils le jugeront utile ; ils exerceront une surveillance active, et feront les dispositions nécessaires pour que l'on puisse exécuter sur-le-champ, et par-

tout où besoin sera, toutes les mesures propres à arrêter les progrès de l'épizootie, si elle venait à se manifester.

4. A la première apparition de symptômes de contagion dans une commune, il y sera envoyé des vétérinaires chargés de visiter les bestiaux, et de reconnaître ceux qui doivent être abattus, aux termes des règlements cités en l'article 1er. L'abattage aura lieu sans délai, sur l'ordre des maires ou des commissaires délégués par les préfets.

5. Il sera dressé des procès-verbaux à l'effet de constater le nombre, l'espèce et la valeur des animaux qui ont été ou qui seront abattus pour arrêter les progrès de la contagion ; les extraits de ces procès-verbaux seront transmis par les préfets à notre directeur général de l'agriculture et du commerce, qui fera établir l'état des indemnités auxquelles les propriétaires de ces animaux auront droit, d'après les bases déterminées par les arrêts du Conseil des 18 décembre 1774 et 30 janvier 1775.

6. Nos ministres secrétaires d'État de l'intérieur et des finances se concerteront pour nous soumettre un projet de loi sur les moyens de pourvoir à ces indemnités ; ce projet sera présenté aux Chambres, à leur prochaine session.

7. Ils nous proposeront ultérieurement les mesures propres à assurer en tout temps des ressources suffisantes pour indemniser les propriétaires de bestiaux des pertes qu'ils éprouveront, soit par l'effet direct des épizooties contagieuses, soit par l'exécution des dispositions prescrites pour en arrêter les progrès.

8. Nos ministres secrétaires d'État de l'intérieur, des finances et de la guerre, sont chargés, chacun en ce qui le concerne, de l'exécution de la présente ordonnance.

Pour les maladies contagieuses autres que les épizooties, voy. ci-après la table alphabétique, des Contraventions et des peines, au mot *Maladies contagieuses*, p. 920.

LOI *du 15 avril 1832, portant allocation d'un crédit extraordinaire de deux millions pour faire face aux dépenses résultant des mesures à prendre et des secours à distribuer pour combattre la propagation des épidémies.*

ARTICLE UNIQUE. — Il est accordé au ministre du commerce et des travaux publics, par supplément au budget de ce ministère, exercice 1832, un crédit extraordinaire de deux millions, pour faire face aux dépenses résultant des mesures à prendre et des secours à distribuer pour combattre la propagation des épidémies.

N. B. Nous rapportons ici le texte de cette loi

toute de circonstance par forme d'exemple. Si l'administration le voulait, elle pourrait en faire de semblables pour les diverses améliorations agricoles.

§ III. — *De la destruction des insectes nuisibles à l'agriculture.*

Loi du 26 ventôse an IV, qui ordonne l'échenillage des arbres.

Le Conseil des Anciens, adoptant les motifs de la déclaration d'urgence qui précède la résolution ci-après, approuve l'acte d'urgence.

Suit la teneur de la déclaration d'urgence et de la résolution du 21 ventôse :

Le Conseil des Cinq-cents, après avoir entendu le rapport de sa commission,

Considérant qu'il est urgent de prendre des mesures pour la destruction des chenilles, qui ont fait de grands ravages les années dernières et semblent en faire craindre de plus grands encore pour cette année,

Déclare qu'il y a urgence,

Le Conseil, après avoir déclaré l'urgence, prend la résolution suivante :

Art. 1er. Dans la décade de la publication de la présente loi, tous propriétaires, fermiers, locataires ou autres faisant valoir leurs propres héritages ou ceux d'autrui, seront tenus, chacun en droit soi, d'écheniller ou faire écheniller les arbres étant sur lesdits héritages, à peine d'amende qui ne pourra être moindre de trois journées de travail, et plus forte de dix.

2. Ils sont tenus, sous les mêmes peines, de brûler sur-le-champ les bourses et toiles qui sont tirées des arbres, haies ou buissons, et ce dans un lieu où il n'y aura aucun danger de communication de feu, soit pour les bois, arbres et bruyères, soit pour les maisons et bâtiments.

3. Les administrateurs de département feront écheniller, dans le même délai, les arbres étant sur les domaines nationaux non affermés.

4. Les agents et adjoints des communes sont tenus de surveiller l'exécution de la présente loi dans leurs arrondissements respectifs ; ils sont responsables des négligences qui y sont découvertes.

5. Les commissaires du Directoire exécutif près les municipalités, sont tenus, dans la deuxième décade de la publication, de visiter tous les terrains garnis d'arbres, d'arbustes, haies ou buissons, pour s'assurer que l'échenillage aura été fait exactement, et d'en rendre compte au ministre chargé de cette partie.

6. Dans les années suivantes, l'échenillage sera fait, sous les peines portées par les articles ci-dessus, avant le 1er ventôse.

7. Dans le cas où quelques propriétaires ou fermiers auraient négligé de le faire pour cette époque, les agents et adjoints le feront faire aux dépens de ceux qui l'auront négligé, par des ouvriers qu'ils choisiront ; l'exécutoire des dépenses leur sera délivré par le juge de paix, sur les quittances des ouvriers, contre lesdits propriétaires et locataires, et sans que ce payement puisse les dispenser de l'amende.

8. La présente loi sera publiée le 1er pluviôse de chaque année, à la diligence des agents des communes, sur le réquisitoire du commissaire du Directoire exécutif.

Les règlements municipaux sur l'échenillage sont sanctionnés par le Code pénal. Voy. ci-après la table alphabétique, des Contraventions et des peines, au mot *Échenillage*, p. 919.

§ IV. — *Des officiers de police rurale.*

Dispositions du Code d'instruction criminelle qui concernent les officiers de police rurale.

8. La police judiciaire recherche les crimes, les délits et les contraventions, en rassemble les preuves et en livre les auteurs aux tribunaux chargés de les punir.

9. La police judiciaire sera exercée sous l'autorité des cours royales, et suivant les distinctions qui vont être établies,

Par les gardes champêtres et les gardes forestiers,

Par les commissaires de police,

Par les maires et les adjoints de maire,

Par les procureurs du roi et leurs substituts,

Par les juges de paix,

Par les officiers de gendarmerie,

Par les commissaires généraux de police,

Et par les juges d'instruction.

10. Les préfets des départements, et le préfet de police à Paris, pourront faire personnellement, ou requérir les officiers de police judiciaire, chacun en ce qui le concerne, de faire tous actes nécessaires à l'effet de constater les crimes, délits et contraventions, et d'en livrer les auteurs aux tribunaux chargés de les punir, conformément à l'article 8 ci-dessus.

Des maires, des adjoints de maire, et des commissaires de police.

11. Les commissaires de police, et, dans les communes où il n'y en a point, les maires, au défaut de ceux-ci les adjoints de maire, re-

chercheront les contraventions de police, même celles qui sont sous la surveillance spéciale des gardes forestiers et champêtres, à l'égard desquels ils auront concurrence et même prévention.

Ils recevront les rapports, dénonciations et plaintes qui seront relatifs aux contraventions de police.

Ils consigneront, dans les procès-verbaux qu'ils rédigeront à cet effet, la nature et les circonstances des contraventions, le temps et le lieu où elles auront été commises, les preuves ou indices à la charge de ceux qui en seront présumés coupables.

12. Dans les communes divisées en plusieurs arrondissements, les commissaires de police exerceront ces fonctions dans toute l'étendue de la commune où ils sont établis, sans pouvoir alléguer que les contraventions ont été commises hors de l'arrondissement particulier auquel ils sont préposés.

Ces arrondissements ne limitent ni ne circonscrivent leurs pouvoirs respectifs, mais indiquent seulement les termes dans lesquels chacun d'eux est plus spécialement astreint à un exercice constant et régulier de ses fonctions.

13. Lorsque l'un des commissaires de police d'une même commune se trouvera légitimement empêché, celui de l'arrondissement voisin est tenu de le suppléer, sans qu'il puisse retarder le service pour lequel il sera requis, sous prétexte qu'il n'est pas le plus voisin du commissaire empêché, ou que l'empêchement n'est pas légitime ou n'est pas prouvé.

14. Dans les communes où il n'y a qu'un commissaire de police, s'il se trouve légitimement empêché, le maire, ou, au défaut de celui-ci, l'adjoint de maire, le remplacera, tant que durera l'empêchement.

15. Les maires ou adjoints de maire remettront à l'officier par qui sera rempli le ministère public près le tribunal de police, toutes les pièces et renseignements, dans les trois jours au plus tard, y compris celui où ils ont reconnu le fait sur lequel ils ont procédé.

Des gardes champêtres et forestiers.

16. Les gardes champêtres et les gardes forestiers, considérés comme officiers de police judiciaire, sont chargés de rechercher, chacun dans le territoire pour lequel ils auront été assermentés, les délits et les contraventions de police qui auront porté atteinte aux propriétés rurales et forestières.

Ils dresseront des procès-verbaux à l'effet de constater la nature, les circonstances, le temps, le lieu des délits et des contraventions, ainsi que les preuves et les indices qu'ils auront pu en recueillir.

Ils suivront les choses enlevées dans les lieux où elles auront été transportées, et les mettront en séquestre : ils ne pourront néanmoins s'introduire dans les maisons, ateliers, bâtiments, cours adjacentes et enclos, si ce n'est en présence, soit du juge de paix, soit de son suppléant, soit du commissaire de police, soit du maire du lieu, soit de son adjoint; et le procès-verbal qui devra en être dressé sera signé par celui en présence duquel il aura été fait.

Ils arrêteront et conduiront devant le juge de paix ou devant le maire tout individu qu'ils auront surpris en flagrant délit ou qui sera dénoncé par la clameur publique, lorsque ce délit emportera la peine d'emprisonnement ou une peine plus grave.

Ils se feront donner, pour cet effet, main-forte par le maire ou par l'adjoint de maire du lieu, qui ne pourra s'y refuser.

17. Les gardes champêtres et forestiers sont, comme officiers de police judiciaire, sous la surveillance du procureur du Roi, sans préjudice de leur subordination à l'égard de leurs supérieurs dans l'administration.

18. Les gardes forestiers, de l'administration, des communes et des établissements publics, remettront leurs procès-verbaux au conservateur, inspecteur ou sous-inspecteur forestier, dans le délai fixé par l'article 15.

L'officier qui aura reçu l'affirmation sera tenu, dans la huitaine, d'en donner avis au procureur du Roi.

19. Le conservateur, inspecteur ou sous-inspecteur, fera citer les prévenus ou les personnes civilement responsables, devant le tribunal correctionnel.

20. Les procès-verbaux des gardes champêtres des communes, et ceux des gardes champêtres et forestiers des particuliers, seront, lorsqu'il s'agira de simples contraventions, remis par eux, dans le délai fixé par l'article 15, au commissaire de police de la commune chef-lieu de la justice de paix, ou au maire dans les communes où il n'y a point de commissaire de police ; et lorsqu'il s'agira d'un délit de nature à mériter une peine correctionnelle, la remise sera faite au procureur du Roi.

21. Si le procès-verbal a pour objet une contravention de police, il sera procédé par le commissaire de police de la commune chef-lieu de la justice de paix, par le maire, ou, à son défaut, par l'adjoint de maire, dans les communes où il n'y a point de commissaire de police, ainsi qu'il sera réglé au chapitre Ier, titre Ier du livre II du présent Code.

DÉCRET *du 20 messidor an III, qui ordonne l'établissement des gardes champêtres dans toutes les communes rurales.*

ART. 1er. Il sera établi immédiatement après la promulgation du présent décret, des gardes champêtres dans toutes les communes rurales de la république ; les gardes déjà commis dans celles où il y en a pourront être réélus d'après le mode suivant.

2. Les gardes champêtres ne pourront être choisis que parmi les citoyens dont la probité, le zèle et le patriotisme seront généralement reconnus ; ils seront nommés par l'administration du district, sur la présentation des conseils généraux des communes ; leur traitement sera aussi fixé par le district d'après l'avis du conseil général, et réparti au marc la livre de l'imposition foncière.

3. Il y aura au moins un garde par commune, et la municipalité jugera de la nécessité d'y en établir davantage.

4. Tout propriétaire aura le droit d'avoir pour ses domaines un garde champêtre ; il sera tenu de le faire agréer par le conseil général de la commune et confirmer par le district : ce droit ne pourra l'exempter néanmoins de contribuer au traitement du garde de la commune.

5. La police rurale sera exercée provisoirement par le juge de paix.

6. Les gardes champêtres seront tenus de citer devant lui les individus pris en flagrant délit ; si le délinquant n'est pas domicilié et refuse de se rendre à la citation, le garde pourra requérir de la municipalité main-forte, et les citoyens requis ne pourront se refuser d'obéir aux ordres qui leur seront donnés.

7. Sur les indications administrées par les gardes champêtres, le juge de paix pourra autoriser des recherches chez les personnes soupçonnées de vol, en présence de deux officiers municipaux.

8. Le juge de paix prononcera sans délai contre les prévenus et jugera d'après les dispositions de la loi du 28 septembre-6 octobre 1791. La peine sera pécuniaire et ne pourra être moindre de la valeur de 5 journées de travail outre la restitution de la valeur du dégât ou du vol qui aura été fait ; sans préjudice des peines portées par le Code pénal lorsque la nature du fait y donnera lieu, et en ce cas le juge de paix renverra au directeur du jury.

9. Les jugements prononcés seront exécutés dans la huitaine à peine d'un mois de détention jusqu'au payement, sans que la détention puisse excéder un mois, nonobstant l'appel.

10. A l'égard des délits commis dans les forêts nationales et particulières, le prix de la restitution et de l'amende, sera provisoirement déterminé par les tribunaux d'après la valeur actuelle des bois.

11. La conservation des récoltes est mise sous la surveillance et la garde de tous les bons citoyens.

12 Il sera placé à la sortie principale de chaque commune, l'inscription suivante : *Citoyen, respecte les propriétés et les productions d'autrui, elles sont le fruit de son travail et de son industrie.*

13. *La Convention nationale* décrète que le titre II de la loi du 28 septembre-6 octobre 1791 sur la police rurale, sera imprimé de nouveau et placardé dans toutes les communes à la suite du présent décret.

14. Les juges de paix, les municipalités, les corps administratifs, les procureurs des communes, sont responsables de l'exécution de la présente loi.

DÉCRET *du 23 fructidor an* XIII *sur les salaires des gardes champêtres.*

ARTICLE UNIQUE. Dans toutes les communes où le salaire des gardes champêtres ne pourrait être acquitté *sur les revenus communaux,* en y comprenant le produit des amendes, **et** lorsque les habitants ne consentiront point à former le traitement ou complément du traitement de ces gardes par une souscription volontaire, la somme qui en manquera sera, **en** conformité de l'article 3, section VII, de la loi du 28 septembre-6 octobre 1791, *répartie sur les propriétaires ou exploitants non enclos,* au centime le franc de la contribution foncière de chacun d'eux.

Loi *du 20 avril 1832 sur les finances.* — *Extrait relatif aux centimes additionnels, pour le traitement des gardes champêtres.*

ART. 19. *Il ne sera plus fait de rôles spéciaux* pour les impositions relatives au traitement des gardes champêtres. Les impositions votées dans les formes prescrites *par les articles 39 et 40 de la loi du 15 mai 1818,* seront comprises, à titre de centimes additionnels, dans le rôle de la contribution foncière, et porteront, comme ces centimes, *sur toutes les natures de propriétés.*

ORDONNANCE *du 29 novembre 1820, qui détermine un mode pour la nomination et la révocation des gardes champêtres.*

ART. 1er. Le choix *des gardes champêtres* sera fait *par les maires,* et sera approuvé par les conseils municipaux ; le sous-préfet de l'arrondissement *leur délivrera* une commission.

2. Le changement ou la destitution des gardes champêtres ne pourra être prononcé *que par le sous-préfet,* sur l'avis du maire et du conseil municipal du lieu. Le sous-préfet soumettra son arrêté à l'approbation du préfet.

ORDONNANCE *du 29 octobre 1820 portant règlement sur le service de la gendarmerie. — Extrait relatif aux rapports des gardes champêtres avec la gendarmerie.*

ART. 310. Les gardes champêtres des communes sont placés sous la surveillance des commandants des brigades de gendarmerie, qui tiennent un registre particulier sur lequel ils inscrivent les noms, l'âge, et le domicile de ces gardes champêtres.

511. Les officiers et sous-officiers de gendarmerie s'assurent, dans leurs tournées, si les gardes champêtres remplissent bien les fonctions dont ils sont chargés ; ils donnent connaissance aux sous-préfets de ce qu'ils ont appris sur la conduite et le zèle de chacun d'eux.

512. Dans des cas urgents, ou pour des objets importants, les sous-officiers de gendarmerie peuvent mettre en réquisition les gardes champêtres d'un canton ; et les officiers, ceux d'un arrondissement, soit pour les seconder dans l'exécution des ordres qu'ils ont reçus, soit pour le maintien de la police et de la tranquillité publique : mais ils sont tenus de donner avis de cette réquisition aux maires et aux sous-préfets, et de leur en faire connaître les motifs généraux.

513. Les officiers et sous-officiers de gendarmerie adressent, au besoin, aux maires, pour être remis aux gardes champêtres, le signalement des individus qu'ils ont l'ordre d'arrêter.

514. Les gardes champêtres sont tenus d'informer les maires, et ceux-ci les officiers et sous-officiers de gendarmerie, de tout ce qu'ils découvrent de contraire au maintien de l'ordre et de la tranquillité publique ; ils leur donnent avis de tous les délits qui ont été commis dans leurs territoires respectifs.

§ V. — *Des infractions et des peines en matière rurale, rangées par ordre alphabétique.*

Animaux empoisonnés. — Quiconque *aura empoisonné* des chevaux ou autres bêtes de voitures, *de monture ou de charge*, des bestiaux à cornes, *des moutons, chèvres ou porcs*, ou des poissons *dans des étangs, viviers ou réservoirs*, sera puni d'un emprisonnement d'un an à cinq ans, et d'une amende de seize francs *à trois cents francs*. Les coupables pourront être mis, par l'arrêt ou le jugement, sous la surveillance de la haute police pendant deux ans au moins et cinq ans au plus (Art. 452, Code pénal.)

Animaux blessés ou tués. —Ceux qui, *sans nécessité, auront tué l'un des animaux mentionnés au précédent article*, seront punis ainsi qu'il suit : — Si le délit a été commis dans les bâtiments, enclos et dépendances, *ou sur les terres dont le maître de l'animal tué était propriétaire*, locataire, colon ou fermier, la peine sera un emprisonnement de deux mois à six mois. — S'il a été commis dans les lieux dont le coupable était propriétaire, locataire, colon ou fermier, l'emprisonnement sera *de six jours à un mois*. — S'il a été commis dans tout autre lieu, l'emprisonnement sera de quinze jours à six semaines. — *Le maximum de la peine sera toujours prononcé en cas de violation de clôture.* (Article 453, Code pénal.)

Quiconque aura, sans nécessité, tué un animal domestique dans un lieu dont celui à qui cet animal appartient est propriétaire, locataire, colon ou fermier, sera puni d'un emprisonnement *de six jours au moins et de six mois au plus.* — S'il y a eu violation de clôture, le maximum de la peine sera prononcé. (Art. 454, Code pénal.)

Dans les cas prévus *par les articles 444 et suivants, jusqu'au précédent article inclusivement*, il sera prononcé une amende *qui ne pourra excéder le quart des restitutions et dommages-intérêts*, ni être au-dessous de seize francs. (Art. 455, Code pénal.)

Seront punis d'une amende de onze à quinze francs inclusivement : — Ceux qui auront *occasionné la mort ou la blessure des animaux ou bestiaux appartenant à autrui, par l'effet de la divagation des fous ou furieux*, ou d'animaux malfaisants ou féroces, ou par la rapidité ou la mauvaise direction *ou le chargement excessif* des voitures, chevaux, bêtes de trait, de charge ou monture ; — Ceux qui auront occasionné les mêmes dommages par l'emploi ou l'usage d'armes sans précaution ou avec maladresse, ou par jet de pierres ou d'autres corps durs ; — Ceux qui auront causé les mêmes accidents par la vétusté, la dégradation, le défaut de réparation ou d'entretien des maisons ou édifices, ou par l'encombrement ou l'excavation, ou telles autres œuvres, dans ou près les rues, chemins, places ou voies publiques, *sans les précautions ou signaux ordonnés ou d'usage.* (Art. 479, n°s 2, 3, 4, Code pénal.)

Arbres coupés. *Quiconque aura abattu un ou plusieurs arbres qu'il savait appartenir à autrui*, sera puni d'un emprisonnement qui ne sera pas *au-dessous de six jours, ni au-dessus de six mois*, à raison de chaque arbre, sans que la totalité puisse excéder cinq ans. (Art. 445, Code pénal.)

Les peines seront les mêmes à raison de chaque arbre mutilé, coupé ou écorcé *de manière à le faire périr.* (Art. 446, Code pénal.)

S'il y a eu destruction d'une ou de plusieurs greffes, l'emprisonnement sera de six jours à deux mois, *à raison de chaque greffe*, sans que la totalité puisse excéder deux ans. (Article 447, Code pénal.)

Le minimum de la peine sera de vingt jours dans les cas prévus *par les articles 445 et 446*, et de dix jours dans le cas prévu *par l'article 447*, si les arbres étaient *plantés sur les places*, routes, chemins, rues ou voies publiques ou vicinales ou de traverse. (Art. 448, Code pénal.)

Pour le surplus voyez le Code forestier, art. 192 et suivants.

BANS DE VENDANGES.—Seront punis d'amende depuis six francs jusqu'à dix inclusivement, ceux qui auront contrevenu aux bans de vendanges, ou autres bancs autorisés par les réglements. (Art. 415, C. p.)

Seront punis d'amende, depuis six francs jusqu'à dix inclusivement, ceux qui auront contrevenu *aux bans de vendanges* ou autres bans autorisés par les règlements. (Art. 475, Code pénal.)

BRIS DE CLOTURE.—Quiconque aura, en tout ou en partie, comblé des fossés, détruit des clôtures, de quelques matériaux qu'elles soient faites, coupé ou arraché des haies vives ou sèches ; quiconque aura déplacé ou supprimé des bornes ou pieds-corniers, ou autres arbres plantés ou reconnus pour établir les limites entre différents héritages, sera puni d'un emprisonnement qui ne pourra être au-dessous d'un mois ni excéder une année, et d'une amende égale au quart des restitutions et des dommages-intérêts, qui, dans aucun cas, ne pourra être au-dessous de cinquante francs. (Art. 456, Code pénal.)

BRIS D'INSTRUMENTS ARATOIRES. — Toute rupture, toute destruction d'instruments d'agriculture, de parcs de bestiaux, de cabanes de gardiens, sera punie d'un emprisonnement d'un mois au moins, d'un an au plus. (Art. 451, Code pénal.)

CALAMITÉS PUBLIQUES.—V. Refus de services.

CHARRETIERS ET CONDUCTEURS D'ANIMAUX. — Seront punis d'amende, depuis six francs jusqu'à dix francs inclusivement, les rouliers, charretiers, conducteurs de voitures quelconques ou de bêtes de charge, qui auraient contrevenu aux règlements par lesquels ils sont obligés de se tenir constamment à portée de leurs chevaux, bêtes de trait ou de charge et de leurs voitures, et en état de les guider et conduire ; d'occuper un seul côté des rues, chemins ou voies publiques ; de se détourner ou ranger devant toutes autres voitures, et, à leur approche, de leur laisser libre au moins la moitié des rues, chaussées, routes et chemins ; — ceux qui auront fait ou laissé courir les chevaux, bêtes de trait, de charge ou de monture, dans l'intérieur d'un lieu habité, *ou violé les règlements contre le*

chargement, la rapidité ou la mauvaise direction des voitures. (Art. 475, n°s 3 et 4, Code pénal.)

CHEMINÉES.—Seront punis d'amende, depuis un franc jusqu'à cinq francs inclusivement,—ceux qui auront négligé d'entretenir, réparer ou nettoyer les fours, cheminées ou usines où l'on fait usage du feu. (Art. 471, n° 1.—V. Incendie.)

CHIENS.—V. Divagation d'animaux.

CIRCONSTANCES ATTÉNUANTES. — Les peines prononcées par la loi contre celui ou ceux des accusés reconnus coupables, en faveur de qui le jury aura déclaré les circonstances atténuantes, seront modifiées ainsi qu'il suit :

Si la peine prononcée par la loi est la mort, la cour appliquera la peine des travaux forcés à perpétuité ou celle des travaux forcés à temps. Néanmoins, s'il s'agit de crimes contre la sûreté extérieure ou intérieure de l'État, la cour appliquera la peine de la déportation ou celle de la détention ; mais dans les cas prévus par les articles 86, 96 et 97, elle appliquera la peine des travaux forcés à perpétuité ou celle des travaux forcés à temps.

Si la peine est celle des travaux forcés à perpétuité, la cour appliquera la peine des travaux forcés à temps ou celle de la réclusion.

Si la peine est celle de la déportation, la cour appliquera la peine de la détention ou celle du bannissement.

Si la peine est celle des travaux forcés à temps, la cour appliquera la peine de la réclusion ou les dispositions de l'article 401, sans toutefois pouvoir réduire la durée de l'emprisonnement au-dessous de deux ans.

Si la peine est celle de la réclusion, de la détention, du bannissement ou de la dégradation civique, la cour appliquera les dispositions de l'article 401, sans toutefois pouvoir réduire la durée de l'emprisonnement au-dessous d'un an.

Dans les cas où le Code prononce le *maximum* d'une peine afflictive, s'il existe des circonstances atténuantes, la cour appliquera le *minimum* de la peine, ou même la peine inférieure.

Dans tous les cas où la peine de l'emprisonnement et celle de l'amende sont prononcées par le Code pénal, si les circonstances paraissent atténuantes, les tribunaux correctionnels sont autorisés, même en cas de récidive, à réduire l'emprisonnement même au-dessous de six jours, et l'amende même au-dessous de seize francs ; ils pourront aussi prononcer séparément l'une ou l'autre de ces peines, et même substituer l'amende à l'emprisonnement sans qu'en aucun cas elle puisse être au-dessous des peines de simple police. (Art. 463, Code pénal.)

Coutre de charrue dans les champs. — V. Embarras de la voie publique.

Dégradation de chemins. — Seront punis d'une amende de onze a quinze francs inclusivement, ceux qui auront dégradé ou détérioré, de quelque manière que ce soit, les chemins publics, ou usurpé sur leur largeur.

Seront punis d'une amende de onze à quinze francs inclusivement, ceux qui, sans y être dûment autorisés, auront enlevé des chemins publics les gazons, terres ou pierres, ou qui, dans les lieux appartenant aux communes, auraient enlevé les terres ou matériaux, à moins qu'il n'existe un usage général qui l'autorise. (Art. 479, nos 11 et 12, Code pénal.)

Dévastation de récoltes. — Quiconque aura dévasté des récoltes sur pied, ou des plants venus naturellement ou faits de main d'homme, sera puni d'un emprisonnement de deux ans au moins, de cinq au plus. — Les coupables pourront de plus être mis, par l'arrêt ou le jugement, sous la surveillance de la haute police, pendant cinq ans au moins et dix ans au plus. (Art. 444, Code pénal.)

Divagation d'animaux. — Seront punis d'amende, depuis six francs jusqu'à dix francs inclusivement, ceux qui auraient laissé divaguer des fous ou des furieux étant sous leur garde, ou des animaux malfaisants ou féroces; ceux qui auront excité ou n'auront pas retenu leurs chiens lorsqu'ils attaquent ou poursuivent les passants, quand même il n'en serait résulté aucun mal ni dommage. (Art. 475, no 7, Code pénal. V. Charretiers et conducteurs d'animaux.)

Dommages aux propriétés mobilières. — Seront punis d'une amende de onze à quinze francs inclusivement, 1o ceux qui, hors les cas prévus depuis l'article 434 jusques et compris l'article 462, auront volontairement causé du dommage aux propriétés mobilières d'autrui. (Art. 479, Code pénal.)

Echenillage. — Seront punis d'amende, depuis un franc jusqu'à cinq francs inclusivement, ceux qui auront négligé d'écheniller dans les campagnes ou jardins, où ce soin est prescrit par la loi ou les règlements. (Art. 471, no 8, Code pénal.)

Embarras de la voie publique. — Seront punis d'amende, depuis un franc jusqu'à cinq francs inclusivement, les aubergistes et autres qui, obligés à l'éclairage, l'auront négligé; ceux qui auront négligé de nettoyer les rues ou passages, dans les communes où ce soin est laissé à la charge des habitants.

Seront punis d'amende, depuis un franc jusqu'à six francs inclusivement, ceux qui auront embarrassé la voie publique, en y déposant ou y laissant sans nécessité des matériaux ou des choses quelconques qui empêchent ou diminuent la liberté ou la sûreté du passage ; ceux qui, en contravention aux lois et règlements, auront négligé d'éclairer les matériaux par eux entreposés ou les excavations par eux faites dans les rues et places. (Art. 471, no 4, Code pénal.)

Seront punis d'amende, depuis un franc jusqu'à cinq francs inclusivement, ceux qui auront laissé dans les rues, chemins, places, lieux publics, ou dans les champs, des coutres de charrue, pinces, barres, barreaux ou autres machines, ou instruments ou armes dont puissent abuser les voleurs ou autres malfaiteurs. (Article 471, no 7, Code pénal.)

Enclos. — Est réputé *parc* ou *enclos*, tout terrain environné de fossés, de pieux, de claies, de planches, de haies vives ou sèches, ou de murs de quelque espèce de matériaux que ce soit, quelles que soient la hauteur, la profondeur, la vétusté, la dégradation de ces diverses clôtures, quand il n'y aurait pas de portes fermant à clef ou autrement, ou quand la porte serait à claire-voie et ouverte habituellement. (Art. 391, Code pénal.)

Les parcs mobiles destinés à contenir du bétail dans la campagne, de quelque matière qu'ils soient faits, sont aussi réputés enclos; et lorsqu'ils tiennent aux cabanes mobiles ou autres abris destinés aux gardiens, ils sont réputés dépendants de maison habitée. (Article 392, Code pénal.)

Epizooties. — Voir ci-dessus (p. 908). L'arrêté du 27 messidor an V, et ci-après, Vo *Maladies contagieuses.*

Feu dans la campagne. — V. Incendie.

Four. — V. Cheminées.

Fourrages. — V. Grains.

Glanage. — Seront punis d'amende, depuis un franc jusqu'à cinq francs inclusivement, ceux qui, sans autre circonstance, auront glané, râtelé ou grapillé dans les champs non encore entièrement dépouillés et vidés de leurs récoltes, ou avant le moment du lever ou après celui du coucher du soleil. (Art. 471, no 10, Code pénal.)

La peine d'emprisonnement pendant trois jours au plus, pourra de plus être prononcée, selon les circonstances, contre ceux qui auront tiré des pièces d'artifice, contre ceux qui auront glané, râtelé ou grapillé en contravention au no 10 de l'article 471. (Art. 475, Code pénal.)

Grains. — Quiconque aura coupé des grains ou des fourrages qu'il savait appartenir à autrui, sera puni d'un emprisonnement qui ne sera pas au-dessous de six jours ni au-dessus de deux mois. (Art. 449, Code pénal.)

L'emprisonnement sera de vingt jours au moins et de quatre mois au plus, s'il a été coupé du grain en vert.

Dans les cas prévus par le présent article et les six précédents, si le fait a été commis en haine d'un fonctionnaire public et à raison de ses fonctions, le coupable sera puni du *maximum* de la peine établie par l'article auquel le cas se référera.

Il en sera de même, quoique cette circonstance n'existe point, si le fait a été commis pendant la nuit. (Art. 480, Code pénal.)

Seront punis d'amende, depuis six francs jusqu'à dix francs inclusivement, ceux qui, n'étant propriétaires, usufruitiers, ni jouissant d'un terrain ou d'un droit de passage, y sont entrés et y ont passé dans le temps où ce terrain était chargé de grains en tuyau, de raisins ou autres fruits mûrs, ou voisins de la maturité. (Art. 475, no 9, Code pénal.—V. Passage sur terrain ensemencé.)

Grappillage.—V. Glanage.

Incendie.—Quiconque aura volontairement mis le feu à des édifices, bateaux, navires, magasins, chantiers, quand ils sont habités ou servent à l'habitation, et généralement aux lieux habités ou servant à l'habitation, qu'ils appartiennent ou n'appartiennent pas à l'auteur du crime, sera puni de mort. — Sera puni de la même peine quiconque aura volontairement mis le feu à tout édifice servant à des réunions de citoyens. — Quiconque aura volontairement mis le feu à des édifices, navires, bateaux, magasins, chantiers, lorsqu'ils ne sont ni habités, ni servant à habitation, ou à des forêts, bois taillis ou récoltes sur pied, lorsque ces objets ne lui appartiennent pas, sera puni de la peine des travaux forcés à perpétuité.—Celui qui, en mettant le feu à l'un des objets énumérés dans le paragraphe précédent, et à lui-même appartenant, aura volontairement causé un préjudice quelconque à autrui, sera puni des travaux forcés à temps. — Quiconque aura volontairement mis le feu à des bois ou récoltes abattus, soit que les bois soient en tas ou en cordes, et les récoltes en tas ou en meules, si ces objets ne lui appartiennent pas, sera puni des travaux forcés à temps.—Celui qui, en mettant le feu à l'un des objets énumérés dans le paragraphe précédent et à lui-même appartenant, aura volontairement causé un préjudice quelconque à autrui, sera puni de la réclusion.—Celui qui aura communiqué l'incendie à l'un des objets énumérés dans les précédents paragraphes, en mettant volontairement le feu à des objets quelconques, appartenant soit à lui, soit à autrui, et placés de manière à communiquer ledit incendie, sera puni de la même peine que s'il avait directement mis le feu à l'un desdits objets. — Dans tous les cas, si l'incendie a occasionné la mort d'une ou de plusieurs personnes se trouvant dans les lieux incendiés au moment où il a éclaté, la peine sera la mort. (Art. 434, Code pénal.)

L'incendie des propriétés mobilières ou immobilières d'autrui, qui aura été causé par la vétusté ou le défaut, soit de réparation, soit de nettoyage des fours, cheminées, forges, maisons ou usines prochaines, ou par des feux allumés dans les champs, à moins de cent mètres des maisons, édifices, forêts, bruyères, bois, vergers, plantations, haies, meules, tas de grains, pailles, foins, fourrages, ou de tout autre dépôt de matières combustibles, ou par des feux ou lumières portés ou laissés sans précaution suffisante, ou par des pièces d'artifice allumées ou tirées par négligence ou imprudence, sera puni d'une amende de cinquante francs au moins et de cinq cents francs au plus. (Art. 458 du Code pénal.—V. Loi du 28 septembre 1791, titre II, art. 10.)

La menace d'incendier une habitation ou toute autre propriété, sera punie de la peine portée contre la menace d'assassinat, et d'après les distinctions établies par les articles 305, 306 et 307. (Art. 436, Code pénal.—V. Refus de services.)

Seront punis d'une amende qui ne pourra excéder le quart des restitutions et des dommages-intérêts, ni être au-dessous de cinquante francs, les propriétaires ou fermiers, ou toute personne jouissant de moulins, usines ou étangs, qui, par l'élévation du déversoir de leurs eaux au-dessus de la hauteur déterminée par l'autorité compétente, auront inondé les chemins ou les propriétés d'autrui.—S'il est résulté du fait quelques dégradations, la peine sera, outre l'amende, un emprisonnement de six jours à un mois. (Art. 457, Code pénal.)

Inondations.—V. Refus de services.

Jet de corps durs ou d'immondices. — Seront punis d'amende, depuis un franc jusqu'à cinq francs inclusivement, ceux qui auront jeté ou exposé au-devant de leurs édifices, des choses de nature à nuire par leur chute ou par des exhalaisons insalubres. (Art. 471, no 6, Code pénal.)

Seront punis d'amende, depuis un franc jusqu'à cinq francs inclusivement, ceux qui imprudemment auront jeté des immondices sur quelque personne. (Art. 471, no 12, Code pénal.)

Seront punis d'amende, depuis six francs jusqu'à dix francs inclusivement, ceux qui auraient jeté des pierres ou d'autres corps durs ou des immondices contre les maisons, édifices, et clôtures d'autrui, ou dans les jardins ou enclos, et ceux aussi qui auraient volontairement jeté des corps durs ou des immondices sur quelqu'un. (Art. 475, no 8.)

Maladies contagieuses. — Tout détenteur ou gardien d'animaux ou de bestiaux soupçonnés d'être infectés de maladie contagieuse, qui n'aura pas averti sur-le-champ le maire de la commune où ils se trouvent, et qui même

Chaque contribuable pourra prendre communication de cette note au secrétariat.

55. L'expédition des rôles de la contribution foncière et leur mise en recouvrement continueront d'avoir lieu dans les formes et les délais prescrits par la loi et l'instruction du 22 brumaire an vi, portant création d'une agence des contributions directes.

TITRE VI.

DU MODE D'ÉVALUATION DU REVENU IMPOSABLE DES PROPRIÉTÉS FONCIÈRES.

56. Lorsqu'il s'agira d'évaluer le revenu imposable de terres labourables, soit actuellement cultivées, soit incultes, mais susceptibles de ce genre de culture, les répartiteurs s'assureront d'abord de la nature des produits qu'elles peuvent donner, en s'en tenant aux cultures généralement usitées dans la commune, telles que froment, seigle, orge et autres grains de toute espèce, lin, chanvre, tabac, plantes oléagineuses, à teinture, etc. Ils supputeront ensuite quelle est la valeur du produit brut ou total qu'elles peuvent rendre année commune, en les supposant cultivées sans travaux ni dépenses extraordinaires, mais selon la coutume du pays, avec les alternats et assolements d'usage, et en formant l'année commune sur quinze années antérieures, moins les deux plus fortes et les deux plus faibles.

Les années de la circulation du papier-monnaie, à partir du 1er janvier 1791 (*vieux style*), ne compteront point.

57. L'année commune du produit brut de chaque article de terre labourable étant déterminée, les répartiteurs feront déduction sur ce produit des frais de culture, semence, récolte et entretien ; ce qui en restera formera le revenu net imposable, et sera porté comme tel sur les états de sections.

58. Les jardins potagers seront évalués d'après le produit de leur location possible, année commune, en prenant cette année commune sur quinze, comme pour l'évaluation du revenu des terres labourables.

Ils ne pourront, dans aucun cas, être évalués au-dessous du taux des meilleures terres labourables de la commune.

59. L'évaluation du revenu imposable des terrains enlevés à la culture pour le pur agrément; tels que parterres, pièces d'eau, avenues, etc., sera portée au taux de celui des meilleures terres labourables de la commune.

60. Lorsqu'il s'agira d'évaluer le revenu net imposable des vignes, les répartiteurs supposeront d'abord quelle est la valeur du produit brut ou total qu'elles peuvent rendre année commune, en les supposant cultivées sans travaux ni dépenses extraordinaires, mais selon la coutume du pays, en formant l'année commune sur quinze, comme pour les terres labourables.

61. L'année commune du produit brut des vignes étant déterminée, les répartiteurs feront déduction, sur ce produit brut, des frais de culture, de récolte, d'entretien, d'engrais et de pressoir.

Ils déduiront en outre un quinzième de ce produit, en considération des frais de dépérissement annuel, de replantation partielle, et des travaux à faire pendant les années où chaque nouvelle plantation est sans rapport.

Ce qui restera du produit brut, après ces déductions, formera le revenu net imposable, et sera porté comme tel aux états de sections.

62. Le revenu imposable des prairies naturelles, soit qu'on les tienne en coupes régulières ou qu'on en fasse consommer les herbes sur pied, sera calculé d'après la valeur de leur produit année commune, prise sur quinze, comme pour les terres labourables, déduction faite sur ce produit des frais d'entretien et de récolte.

63. Les prairies artificielles ne seront évaluées que comme les terres labourables d'égale qualité.

64. L'évaluation du revenu imposable des terrains connus sous les noms de *pâtis, palus, marais, bas prés*, et autres dénominations quelconques, qui, par la qualité inférieure de leur sol ou par d'autres circonstances naturelles, ne peuvent servir que de simples pâturages, sera faite d'après le produit que le propriétaire serait présumé pouvoir en obtenir année commune, selon les localités, soit en faisant consommer la pâture, soit en les louant sans fraude à un fermier auquel il ne fournirait ni bestiaux ni bâtiments, et déduction faite des frais d'entretien.

65. Les terres vaines et vagues, les landes et bruyères, et les terrains habituellement inondés ou dévastés par les eaux, seront assujettis à la contribution foncière d'après leur produit net moyen, quelque modique qu'il puisse être : mais, dans aucun cas, leur cotisation ne pourra être moindre d'un décime par hectare.

66. Les particuliers ne pourront s'affranchir de la contribution à laquelle les fonds désignés en l'article précédent devraient être soumis, qu'en renonçant à ces propriétés au profit de la commune dans laquelle elles sont situées.

La déclaration détaillée de cet abandon perpétuel sera faite par écrit au secrétariat de l'administration municipale par le propriétaire ou par un fondé de pouvoir spécial.

Les cotisations des objets ainsi abandonnés, dans les rôles faits antérieurement à l'abandon, resteront à la charge de l'ancien propriétaire.

67. L'évaluation des bois en coupes réglées sera faite d'après le prix moyen de leurs cou-

pes annuelles, déduction faite des frais d'entretien, de garde et de repeuplement.

68. L'évaluation des bois taillis qui ne sont pas en coupes réglées sera faite d'après leur comparaison avec les autres bois de la commune ou du canton.

69. Tous les bois au-dessous de l'âge de trente ans seront réputés taillis, et seront évalués conformément aux dispositions des deux articles précédents.

70. Les bois âgés de trente ans ou plus, et non aménagés en coupes réglées, seront estimés à leur valeur au temps de l'estimation, et cotisés jusqu'à leur exploitation, comme s'ils produisaient un revenu égal à deux et demi pour cent de cette valeur.

71. L'évaluation du revenu des forêts en futaie, aménagées ou non en coupes réglées, lorsqu'elles s'étendront sur le territoire de plusieurs communes d'un canton, sera faite par l'administration municipale du canton, et le montant de l'évaluation sera porté aux états de sections et matrices des rôles de chaque commune, en proportion de l'étendue qui sera sur son territoire.

72. L'évaluation du revenu des forêts en futaie, aménagées ou non en coupes réglées, lorsqu'elles s'étendront sur le territoire de plusieurs cantons d'un même département, sera faite par l'administration centrale du département, et le montant de cette évaluation porté aux états de sections et matrices de rôles de chaque commune, en proportion de l'étendue qui sera sur son territoire.

73. Le revenu des forêts qui s'étendront sur plusieurs départements sera évalué séparément dans chaque département.

74. Les répartiteurs n'auront égard, dans l'évaluation du revenu imposable des terrains sur lesquels se trouvent des arbres forestiers épars ou en simple bordure, ni à l'avantage que le propriétaire peut tirer de ces arbres, ni à la diminution qu'ils apportent dans la fertilité du sol qu'ils ombragent.

75. Lorsqu'un terrain sera exploité en tourbière, on évaluera, pendant les dix années qui suivront le commencement du tourbage, son revenu au double de la somme à laquelle il était évalué l'année précédente.

76. Il sera fait note sur chaque rôle et matrice de rôle de l'année où doit finir ce doublement d'évaluation. Après ces dix années, ces terrains seront cotisés comme les autres propriétés.

77. Les terrains enclos seront évalués d'après les mêmes règles et dans les mêmes proportions que les terrains non enclos d'égale qualité et donnant le même genre de productions. On n'aura égard, dans la fixation de leur revenu imposable, ni à l'augmentation de produit qui ne serait évidemment que l'effet des clôtures, ni aux dépenses d'établissement et d'entretien de ces clôtures, quelles qu'elles puissent être.

78. Si un enclos contient différentes natures de biens, telles que bois, prés, terres labourables, jardins, vignes, étangs, etc., chaque nature de bien sera évaluée séparément, de la même manière que si le terrain n'était point enclos.

79. Le revenu imposable des étangs permanents sera évalué d'après le produit de la pêche, année commune, formée sur quinze, moins les deux plus fortes et les deux plus faibles, sous la déduction des frais d'entretien, de pêche et de repeuplement.

80. L'évaluation du revenu imposable des terrains alternativement en étang et en culture sera combinée d'après ce double rapport.

81. Les mines ne seront évaluées qu'à raison de la superficie du terrain occupé pour leur exploitation, et sur le pied des terrains environnants.

Il en sera de même pour les carrières.

82. Le revenu net imposable des maisons d'habitation, en quelque lieu qu'elles soient situées, soit que le propriétaire les occupe ou qu'il les fasse occuper par d'autres, à titre gratuit ou onéreux, sera déterminé d'après leur valeur locative, calculée sur dix années, sous la déduction d'un quart de cette valeur locative, en considération du dépérissement et des frais d'entretien et de réparations.

83. Aucune maison d'habitation, occupée comme il est dit en l'article précédent, ne pourra être cotisée, quelle que soit l'évaluation de son revenu, au-dessous de ce qu'elle le serait à raison du terrain qu'elle enlève à la culture, évalué sur le pied du double des meilleures terres labourables de la commune si la maison n'a qu'un rez-de-chaussée, du triple si elle a un étage au-dessus du rez-de-chaussée, et du quadruple si elle en a plusieurs.

Le comble ou toiture, de quelque manière qu'il soit disposé, ne sera point compté pour un étage.

84. Les maisons qui auront été inhabitées pendant toute l'année, à partir du premier vendémiaire, seront cotisées seulement à raison du terrain qu'elles enlèvent à la culture, évalué sur le pied des meilleures terres labourables de la commune.

85. Les bâtiments servant aux exploitations rurales, tels que granges, écuries, greniers, caves, celliers, pressoirs, et autres, destinés soit à loger des bestiaux, les fermes et métairies, ou à serrer les récoltes, ainsi que les cours desdites fermes ou métairies, ne seront soumis à la contribution foncière qu'à raison du terrain qu'ils enlèvent à la culture, évalué sur le

pied des meilleures terres labourables de la commune.

86. Lorsqu'il n'y aura point de terres labourables dans une commune, l'évaluation dont il s'agit aux trois articles précédents sera faite sur le pied des meilleures terres labourables de la commune voisine.

87. Le revenu net imposable des fabriques, manufactures, forges, moulins et autres usines, sera déterminé d'après leur valeur locative, calculée sur dix années, sous la déduction d'un tiers de cette valeur, en considération du dépérissement et des frais d'entretien et de réparations.

88. Les maisons, les fabriques et manufactures, forges, moulins et autres usines nouvellement construits, ne seront soumis à la contribution foncière que la troisième année après leur construction. Le terrain qu'ils enlèvent à l'agriculture, continuera d'être cotisé jusqu'alors comme il l'était avant.

Il en sera de même pour tous autres édifices nouvellement construits ou reconstruits ; le terrain seul sera cotisé pendant les deux premières années.

89. Lorsqu'il s'agira d'évaluer le revenu imposable d'un canal de navigation, le propriétaire fera, au secrétariat de l'administration municipale ou centrale qui devra faire l'évaluation, une déclaration détaillée des revenus et charges dudit canal.

90. L'administration s'assurera tant d'après cette déclaration que d'après les autres renseignements qu'elle aura pu se procurer, du produit brut ou total dudit canal : elle s'assurera pareillement de la réalité des charges, et fera déduction du montant de celles-ci sur le produit brut : ce qui restera de ce produit formera le revenu imposable.

91. Le revenu imposable des canaux qui traversent une ou plusieurs communes du même canton, sera évalué par l'administration municipale du canton. Il sera divisé, pour chaque commune, si le canal en traverse plusieurs, en proportion de la longueur du canal sur le territoire de chacune.

L'administration municipale en fixera la contribution au taux moyen de celle qui sera supportée par les autres propriétés du canton.

Cette fixation sera faite en même temps que le répartement de la contribution foncière entre les diverses communes.

92. Les administrations municipales des communes de cinq mille habitants et au delà feront pareillement l'évaluation du revenu imposable des canaux de navigation qui ne traverseront que le territoire de la commune.

Elles en fixeront la contribution au taux moyen de celle qui sera supportée par les autres propriétés de la commune.

93. Le revenu imposable des canaux qui traversent plusieurs cantons d'un même département sera évalué par l'administration centrale du département. Il sera divisé, pour chaque canton et pour chaque commune ayant pour elle seule une administration municipale, en proportion de la longueur du canal sur le territoire de chacun, et subdivisé ensuite par chaque administration municipale de canton, pour la portion la concernant, entre les diverses communes de son arrondissement.

94. Quant aux canaux qui traversent plusieurs départements, chaque administration centrale de département évaluera les revenus et les charges du canal sur son territoire : elles se communiqueront le résultat de leurs évaluations ; et le total du revenu imposable sera réparti en proportion de la longueur du canal sur le territoire de chaque département, et subdivisé ensuite par chaque administration centrale entre les cantons et les communes ayant pour elles seules une administration municipale, et par les administrations de canton entre les diverses communes de leur arrondissement.

95. Seront compris dans l'évaluation des charges des canaux de navigation, l'indemnité pour le dépérissement des diverses constructions et ouvrages d'art, et les frais d'entretien et de réparation tant du canal que des réserves d'eau, chemins de halage, berges et francs-bords qui ne produisent aucun revenu.

96. Les moulins, fabriques et autres usines construits sur les canaux, les plantations et autres natures de biens qui avoisinent les canaux et appartiennent aux mêmes propriétaires, ne seront point compris dans l'évaluation générale du revenu du canal, mais resteront soumis à toutes les règles fixées pour les autres biensfonds.

97. L'évaluation du revenu imposable, et la cotisation des propriétés foncières de toute nature, seront faites sans avoir égard aux rentes constituées ou foncières, et autres prestations dont elles se trouveraient grevées ; sauf aux propriétaires à s'indemniser par des retenues, comme il est dit ci-après, et dans les cas y déterminés.

98. Les propriétaires, débiteurs d'intérêts et de rentes ou autres prestations perpétuelles constituées à prix d'argent ou foncières, créées avant la publication du décret des 20, 22 et 23 novembre 1790 (*vieux style*), concernant la contribution foncière, et qui étaient autorisés à faire la retenue des impositions alors existantes, feront la retenue à leurs créanciers, dans la proportion de la contribution foncière.

99. Ils feront aussi la retenue, dans la même proportion, sur les rentes et autres prestations foncières non supprimées, dont leurs fonds, édifices et usines se trouvent encore grevés, et

dont la création est antérieure à la publication du décret précité des 20 , 22 et 23 novembre 1790, quoique non autorisés à la faire par les anciennes lois ou usages ; sans préjudice néanmoins de l'exécution des baux à rentes, faits sous la condition expresse de la non-retenue des impositions publiques, ou avec toute autre clause de laquelle résulte la volonté conventionnelle des parties, que les contributions publiques soient à la charge du preneur, en sus de la rente ou prestation.

100. Les débiteurs de rentes viagères constituées avant la même époque, et qui étaient autorisés à faire la retenue des impositions publiques, ne feront la retenue que dans la proportion de l'intérêt que le capital eût porté en rentes perpétuelles , lorsque ce capital sera connu ; et quand le capital ne sera pas connu, la retenue sera de la moitié de la proportion de la contribution foncière.

101. A l'avenir, les stipulations entre les contractants sur la retenue de la contribution foncière seront entièrement libres ; mais elle aura toujours lieu, à moins que le contrat ne porte la condition expresse de non-retenue.

Il n'est rien innové relativement aux contrats passés depuis la publication du décret des 20, 22 et 23 novembre 1790. Les différends qui pourraient survenir à leur égard seront réglés d'après ce décret.

102. L'évaluation du revenu imposable des maisons et usines sera revisée et renouvelée tous les dix ans.

TITRE VII.

DES EXCEPTIONS.

103. Les rues, les places publiques servant aux foires et marchés , les grandes routes, les chemins publics vicinaux et les rivières, ne sont point cotisables.

104. Les canaux destinés à conduire les eaux à des moulins, forges ou autres usines, ou à les détourner pour l'irrigation, seront cotisés, mais à raison de l'espace seulement qu'ils occupent, et sur le pied des terres qui les bordent.

105. Les domaines nationaux non productifs exceptés de l'aliénation ordonnée par les lois, et réservés pour un service national, tels que les deux palais du Corps législatif, celui du Directoire exécutif, le Panthéon, les bâtiments destinés au logement des ministres et de leurs bureaux, les arsenaux, magasins, casernes, fortifications et autres établissements dont la destination a pour objet l'utilité générale, ne seront portés aux états de sections et matrices de rôles que pour *mémoire;* ils ne seront point cotisés.

106. Les domaines nationaux non productifs déclarés aliénables par les lois, tels que ci-devant églises non louées, tours, châteaux abandonnés ou en ruine, et autres semblables, seront compris, désignés et évalués aux états de sections et matrices de rôles, en la même forme et sur le même pied que les propriétés particulières de même nature ; mais ils ne seront point cotisés tant qu'ils n'auront point été vendus ou loués.

107. La cote de contribution des domaines nationaux productifs exceptés de l'aliénation, tels que les forêts, les salines, canaux, etc., ne pourra surpasser, en principal, le cinquième de leur produit net effectif résultant des adjudications ou locations légalement faites, ou autres quotités de ce même produit, selon la proportion générale de la contribution foncière avec les revenus territoriaux.

En cas de plus forte cotisation, la régie en poursuivra le remboursement contre les communes de la situation des biens.

108. Les domaines nationaux productifs déclarés aliénables seront évalués et cotisés comme les propriétés particulières de même nature et d'égal revenu.

En cas de surtaxe, la régie poursuivra le dégrèvement, soit d'office, soit sur la dénonciation du fermier, en la forme ordinaire.

109. La contribution foncière due par les propriétés appartenant aux communes, et par les marais et terres vaines et vagues situés dans l'étendue de leur territoire, qui n'ont aucun propriétaire particulier, ou qui auront été légalement abandonnés, sera supportée par les communes et acquittée par elles.

Il en sera de même des terrains connus sous le nom de *biens communaux*, tant qu'ils n'auront point été partagés.

La contribution due par des terrains qui ne seraient communs qu'à certaine portion des habitants d'une commune sera acquittée par ces habitants.

110. Les hospices et autres établissements publics acquitteront la contribution assise sur leurs propriétés foncières de toute nature, en principal et centimes additionnels.

111. La cotisation des marais qui seront desséchés ne pourra être augmentée pendant les vingt-cinq premières années après le dessèchement.

112. La cotisation des terres vaines et vagues depuis quinze ans, qui seront mises en culture, autre que celle désignée en l'art. 111 ci-après, ne pourra être augmentée pendant les dix premières années après le défrichement.

113. La cotisation des terres en friche depuis dix ans , qui seront plantées ou semées en bois, ne pourra être augmentée pendant les trente premières années du semis ou de la plantation.

114. La cotisation des terres vaines et vagues ou en friche depuis quinze ans, qui seront plantées en vignes, mûriers ou autres arbres fruitiers, ne pourra être augmentée pendant les vingt premières années de la plantation.

115. Le revenu imposable des terrains déjà en valeur, qui seront plantés en vignes, mûriers ou autres arbres fruitiers, ne pourra être évalué, pendant les quinze premières années de la plantation, qu'au taux de celui des terres d'égale valeur non plantées.

116. Le revenu imposable des terrains maintenant en valeur, qui seront plantés ou semés en bois, ne sera évalué, pendant les trente premières années de la plantation ou du semis, qu'au quart de celui des terres d'égale valeur non plantées.

117. Pour jouir de ces divers avantages, et à peine d'en être privé, le propriétaire sera tenu de faire au secrétariat de l'administration municipale dans le territoire de laquelle les biens sont situés, avant de commencer les dessèchements, défrichements et autres améliorations, une déclaration détaillée des terrains qu'il voudra ainsi améliorer.

118. Cette déclaration sera reçue par le secrétaire de l'administration municipale, sur un registre ouvert à cet effet, coté, paraphé, daté et signé comme celui des mutations : elle sera signée tant par le secrétaire que par le déclarant ou son fondé de pouvoir.

Copie de cette déclaration sera délivrée au déclarant, moyennant la somme de 25 centimes, non compris le papier timbré et autres droits légalement établis.

119. Dans la décade qui suivra la déclaration, l'administration municipale chargera l'agent municipal de la commune ou son adjoint, ou un officier municipal dans les communes de cinq mille habitants et au delà, d'appeler deux des répartiteurs, de faire avec eux la visite des terrains déclarés, de dresser procès-verbal de leur état présent, et de le communiquer, ainsi que la déclaration, aux autres répartiteurs. Ce procès-verbal sera affiché pendant deux décades, tant dans la commune de la situation des biens qu'au chef-lieu du canton : il sera rédigé sans frais et sur papier non timbré.

120. Il sera libre aux répartiteurs et à tous autres contribuables de la commune de contester la déclaration, et même de faire à l'administration municipale des observations sur le procès-verbal de l'état présent des terrains ; et si la déclaration ne se trouve pas sincère, l'administration prononcera que le déclarant n'a pas droit aux avantages précités. Si, au contraire, la sincérité de la déclaration est reconnue, l'administration municipale arrêtera que le propriétaire a droit de jouir de ces avantages.

On pourra, dans tous les cas, recourir à l'administration centrale du département, qui réformera, s'il y a lieu, l'arrêté de l'administration municipale.

121. Les terrains précédemment desséchés ou défrichés, ou plantés en vignes ou en bois, ou autrement améliorés, qui jouissent de quelque exemption ou modération de contribution, en vertu des lois antérieures à la présente, continueront d'en jouir jusqu'au temps où cette exemption ou modération devait cesser.

122. Les canaux de navigation ne seront cotisés, pendant les trente années qui suivront celle où la navigation aura commencé, qu'à raison du sol occupé par le canal, par les réserves d'eau, chemins de halage et francsbords, et sur le pied des terres qui les bordent.

Les canaux existants, qui jouissent de quelque exemption ou modération de contribution en vertu des lois antérieures à la présente, continueront d'en jouir jusqu'au temps où cette exemption ou modération devait cesser.

123. Sur chaque matrice de rôle de la contribution foncière, à l'article de chacune des propriétés qui jouissent ou jouiront de quelques exemptions ou modérations temporaires données pour l'encouragement de l'agriculture, il sera fait mention de l'année où ces propriétés doivent cesser d'en jouir.

TITRE VIII.

DE LA PERCEPTION ET DU RECOUVREMENT.

124. La perception de la contribution foncière, et celle de la contribution personnelle, mobiliaire et somptuaire, seront faites dans chaque commune par le même percepteur.

125. Chaque année, aussitôt que les administrations municipales des communes de cinq mille habitants et au-dessus auront reçu le mandement qui fixera leur contingent dans la contribution foncière, elles procéderont, sans délai, à l'adjudication de la perception ou à la nomination d'un percepteur.

126. Les administrations municipales de canton délibéreront chaque année, aussitôt qu'elles auront réparti leur contingent de contribution foncière entre les communes de leur arrondissement, s'il est ou non avantageux au canton d'adjuger la perception à un seul ou à plusieurs percepteurs, pour toutes les communes.

127. A la suite de cette délibération, et dans la même séance, les administrations municipales de canton fixeront un jour pour procéder à l'adjudication de la perception à un ou à plusieurs citoyens pour tout le canton, s'il a été ainsi arrêté ; et dans le cas d'arrêté contraire, à l'adjudication de la perception ou à la nomination d'un percepteur pour chaque commune.

128. Le jour de l'adjudication de la perception sera indiqué, au moins à dix jours à l'avance, par des affiches posées à cet effet dans les communes du canton, aux endroits accoutumés.

129. Les citoyens qui désireront se rendre adjudicataires, se présenteront à l'administration municipale, pour y faire connaître leur solvabilité et les cautions qu'ils pourront donner.

130. Il ne sera fait d'adjudication qu'à la charge de donner caution solvable; mais il ne pourra être exigé de cautionnement plus fort que le quart du montant des rôles de la contribution foncière. Ce cautionnement sera en immeubles situés dans le département.

131. Au jour indiqué, l'administration municipale proposera la perception au rabais. Tous les citoyens dont la solvabilité sera reconnue et les cautions jugées valables, seront admis à sous-enchérir, et l'adjudication sera faite à celui dont les offres seront les plus avantageuses.

132. Dans le cas où il ne se présenterait qu'un seul citoyen aux sous-enchères, l'adjudication lui sera faite, s'il consent à rester adjudicataire à trois centimes par franc des contributions foncière, mobilière, personnelle et somptuaire. S'il n'y consent point, l'adjudication sera remise à cinq ou à dix jours, au choix de l'administration municipale. Il sera posé de nouvelles affiches.

133. Dans le cas où il ne se présenterait aucun citoyen pour demander l'adjudication, l'administration municipale en dressera procès-verbal, et ajournera, comme il est dit en l'article précédent. Il sera posé de nouvelles affiches.

134. Au jour indiqué par les nouvelles affiches, l'adjudication de la perception sera faite au citoyen qui offrira de s'en charger pour une moindre remise.

135. Elle aura également lieu quand il ne se présenterait qu'un seul citoyen; mais dans aucun cas elle ne pourra être faite à un taux supérieur à cinq centimes par franc des contributions foncière, mobilaire, personnelle et somptuaire.

136. Si aucun citoyen ne se rend adjudicataire, même au taux porté par l'article précédent, il en sera dressé procès-verbal; et l'administration municipale nommera d'office, parmi les habitants de la commune, un percepteur dont elle sera responsable, et qui ne pourra être pris parmi ses membres.

Ce percepteur fera la perception des contributions foncière, personnelle, mobiliaire et somptuaire, moyennant la remise portée par l'article 135 ci-dessus.

137. Aucun citoyen ne pourra être nommé d'office percepteur des contributions de plus d'une commune.

138. Aucun citoyen ne pourra être nommé percepteur des contributions de sa commune, plus d'une fois dans l'espace de vingt ans, s'il n'y consent.

139. Aucun citoyen ne sera pareillement chargé de la perception, s'il est âgé de plus de soixante ans accomplis, à moins qu'il n'y consente; auquel cas, la perception une fois commencée, il ne pourra se dispenser de l'achever.

140. Les percepteurs donneront quittance aux contribuables des sommes qu'ils en recevront; elle sera sur papier non timbré.

141. Les percepteurs émargeront en outre, et en toutes lettres, sur leurs rôles, à côté des articles respectifs, les différents paiements qui leur seront faits, à l'instant même qu'ils les recevront.

142. Toute contravention à l'article précédent pourra être dénoncée par le contribuable intéressé, par l'agent municipal de la commune ou son adjoint, et par le commissaire du Directoire exécutif près l'administration municipale : elle sera punie correctionnellement d'une amende de 10 francs au moins, et de 25 francs au plus.

143. Les percepteurs des communes tiendront, indépendamment des rôles des contributions, un relevé ou bordereau, sur lequel ils rapporteront, jour par jour, les noms des contribuables qui auront effectué des paiements, et le montant des sommes remises : ils le feront clore et arrêter par l'agent de la commune ou son adjoint, ou par le commissaire du Directoire exécutif près l'administration municipale, tous les dix jours au moins.

La quittance du receveur ou préposé sera rapportée à la suite de l'arrêté du bordereau.

144. L'agent municipal ou son adjoint pourront se faire représenter, par le percepteur, à son bureau, quand ils le jugeront convenable, les rôles des contributions publiques, prendre des relevés de l'état du recouvrement, constater les infractions à la loi, et en faire rapport à l'administration municipale.

145. Les percepteurs des communes et des cantons verseront, chaque décade, au préposé ou receveur de leur arrondissement, les sommes qu'ils auront reçues dans la décade précédente.

Ceux qui se trouveraient en retard de verser, ou qui n'auraient pas prévenu le préposé ou receveur de leur arrondissement qu'ils n'ont rien reçu dans la décade précédente, pourront être contraints.

146. La cotisation de chaque contribuable est divisée en douze portions égales, et payables de mois en mois, tant qu'il n'en est point autrement ordonné par une loi particulière.

Nul ne peut être contraint que pour les portions échues.

147. Tous fermiers ou locataires seront tenus de payer, à l'acquit des propriétaires ou usufruitiers, la contribution foncière pour les biens qu'ils auront pris à ferme ou à loyer ; et les propriétaires ou usufruitiers, de recevoir le montant des quittances de cette contribution pour comptant sur le prix des fermages ou loyers, à moins que le fermier ou locataire n'en soit chargé par son bail.

148. Les percepteurs de commune ou de canton sont responsables de la non-rentrée des sommes qu'ils ont été chargés de percevoir ; ils pourront être contraints, par la vente de leurs biens, à remplacer les sommes pour la perception desquelles ils ne justifieront point avoir fait les diligences de droit dans les vingt jours de l'échéance, sauf leur recours contre les redevables.

149. Les percepteurs de commune ou de canton qui n'auraient fait aucune poursuite contre un ou plusieurs contribuables en retard, pendant trois années consécutives, à compter du jour où le rôle leur aura été remis, perdront leur recours, et seront déchus de tous droits et de toute action contre eux.

150. Ils perdront aussi leur recours et seront pareillement déchus de tous droits et de toute action pour sommes restant dues et non payées par les contribuables, après trois ans de cessation de poursuites contre lesdits contribuables.

151. Dans le cas de décès d'un percepteur de commune ou de canton, il sera pourvu à son remplacement par l'administration municipale, dans les formes prescrites par la présente loi : à moins que les héritiers, ou la veuve à leur défaut, ne déclarent, dans les dix jours du décès du percepteur, qu'ils entendent continuer la perception. Cette déclaration sera reçue par le secrétaire sur le registre de l'administration municipale, en présence du président ou d'un administrateur ; elle sera signée tant par le président ou administrateur et par le secrétaire, que par les déclarants ; et en cas que ceux-ci ne sachent ou ne puissent signer, il en sera fait mention.

La veuve et héritiers qui déclareront vouloir continuer la perception seront tenus de donner caution solvable, et de la présenter le jour même de leur déclaration.

152. Les dispositions de la loi du 22 brumaire an VI, portant création d'une agence des contributions directes, et de l'instruction y annexée, en tout ce qui concerne le recouvrement des contributions foncière et mobilaire, les versements à faire par les percepteurs et par les receveurs et leurs préposés, chacun à leur égard, la surveillance et les attributions respectives des commissaires du Directoire exécutif, des préposés ou receveurs et des inspecteurs de ladite agence, continueront d'être exécutées en tout ce qui n'est point contraire à la présente résolution.

153. Les contraintes et poursuites contre les contribuables en retard d'acquitter leurs cotes, et contre les percepteurs, préposés et receveurs en retard de faire les versements de fonds dont ils sont respectivement tenus, continueront d'avoir lieu selon les lois actuelles non contraires à la présente, tant qu'il n'en aura point été autrement ordonné.

154. Le décret des 20, 22 et 23 novembre 1790 (vieux style), concernant la contribution foncière, et l'instruction y annexée ; le décret des 12 et 13 juillet 1791 (vieux style), relativement à l'évaluation des bois et forêts et des tourbières, et celui du 21 février même année, qui assujettit à la contribution foncière les droits de péage et autres non supprimés, les revenus des canaux, etc., sont abrogés.

Sont pareillement abrogées toutes autres dispositions de lois contraires à la présente.

155. La présente résolution sera imprimée.

Loi du 31 juillet 1821, relative à la fixation du budget de 1821.

§ II. — Contributions directes.

ART. 14. Le montant de la contribution foncière mise par des rôles particuliers, en 1820, sur les bois et autres propriétés devenus, à quelque titre que ce soit, imposables, sera pour 1821 ajouté au contingent de chaque département, de chaque arrondissement, de chaque commune.

15. Les bois et autres propriétés qui n'auraient pas été compris dans les rôles particuliers de 1820, et qui cesseraient ultérieurement de faire partie du domaine de l'État ou deviendraient imposables par toute autre cause, seront, d'après une matière particulière, rédigés dans la forme accoutumée. cotisés comme les autres bois et propriétés de même nature, et accroîtront le contingent de chaque département, de chaque arrondissement, de chaque commune.

16. A l'égard des propriétés de toute nature qui, ayant appartenu à des particuliers, passent dans le domaine de l'État, ou sont entrées dans la dotation de la commune et des propriétés non bâties, qui par toute autre cause cessent d'être imposables, et deviennent à ce titre libres de la contribution foncière, les communes, arrondissements et départements où elles sont situées, seront dégrevées de la contribution foncière jusqu'à concurrence de la part qu'elles prenaient dans leur matière imposable.

17. Il est attribué sur la contribution foncière un dégrèvement de 19,617,229 fr. 80 cent., dont 13,520,123 fr. 80 cent. sur le principal, et

6,088.106 fr. sur les centimes additionnels. — Ce dégrèvement sera reparti entre les 52 départements désignés dans le tableau *C* ci-annexé, conformément aux proportions indiquées par le tableau. — Il est en outre accordé sur les mêmes centimes additionnels de la contribution foncière, une réduction de cinq centimes montant à 7,755,906 fr. 58 cent., laquelle dernière réduction est applicable à tous les départements.

18. Toutefois les dégrèvements et réductions ci-dessus n'auront lieu qu'à compter du 1er juillet 1821, et la moitié seule de ces dégrèvements sera comprise dans les rôles de la même année 1821.

19. Les bases prescrites par l'art. 58 de la loi du 15 mai 1818, pour parvenir à l'évaluation des revenus imposables des départements, seront appliquées aux arrondissements et aux communes, par une commission spéciale qui sera formée dans chaque département. Ce travail servira de renseignement aux conseils généraux de départements et aux conseils d'arrondissement, pour fixer les contingents en principal des arrondissements et des communes.

20. A partir du 1er janvier 1822, les opérations cadastrales, destinées à rectifier la répartition individuelle, seront circonscrites dans chaque département. — En conséquence, les conseils généraux pourront voter annuellement pour cet objet des impositions dont le montant ne pourra excéder trois centimes du principal de la contribution foncière.

21. Indépendamment des centimes votés par les conseils généraux, il sera fait annuellement un fonds commun, destiné à être distribué aux départements en proportion des fonds que les conseils généraux auront votés et à venir au secours de ceux qui ne trouveraient pas dans leurs ressources particulières les moyens de subvenir à toutes les dépenses que ces travaux exigent.

22. Le compte des recettes et dépenses relatives aux opérations du cadastre sera, chaque année, soumis au conseil général par le préfet.

23. La contribution personnelle, celle des portes et fenêtres et les patentes seront perçues en 1821 en principal et centimes additionnels, sur le même pied qu'en 1820.

24. Le tableau d'une nouvelle fixation entre les départements, de la contribution personnelle et mobiliaire, sera présenté aux Chambres après que les résultats du travail exécuté en vertu de la loi du 25 juillet 1820 auront été complétés et soumis à une vérification qui en garantisse l'entière exactitude.

25. La cotisation des officiers sans troupe à la contribution personnelle et mobiliaire, continuera d'être établie conformément à l'art. 30 de la loi du 25 juillet 1820 et d'être recouvrée au moyen de la retenue que le payeur est autorisé à en faire sur leur traitement.

26. Par suite des dégrèvements et réductions accordés par l'art. 17, la contribution foncière, la contribution personnelle et mobiliaire, la contribution des portes et fenêtres et les patentes seront perçues en 1821, tant en principal qu'en centimes additionnels, conformément à l'état D, ci-annexé. — Le contingent de chaque département, dans les contributions personnelle et mobiliaire et des portes et fenêtres, est fixé pour le même exercice aux sommes portées dans l'état E de répartition générale annexé à la présente loi.

27. Jusqu'à ce que les rôles de l'exercice 1821 aient dû être terminés, la perception continuera d'avoir lieu sur ceux de 1820, ainsi qu'il a déjà été prescrit pour les six premiers mois, par la loi du 15 janvier 1825.

FIN DE L'APPENDICE AU MANUEL DE DROIT RURAL.

pour examiner la matrice du rôle, y faire les changements convenables d'après les mutations survenues parmi les propriétaires, la renouveler même s'il y a lieu.

Les commissaires du Directoire exécutif près les administrations municipales, seront appelés à cette assemblée de répartiteurs ; ils en requerront même la convocation, en cas de négligence de la part des agents et adjoints ou officiers municipaux.

33. Les changements annuels dont il s'agit aux deux articles précédents, consisteront en la formation d'un simple état ou relevé des mutations de propriétés survenues parmi les contribuables, et dont il aura été tenu note par le secrétaire de l'administration municipale, sur un registre particulier ouvert à cet effet, sous le nom de *livre des mutations*.

34. L'état ou relevé des mutations sera arrêté et signé par les répartiteurs, visé tant par l'administration municipale que par le commissaire du Directoire exécutif près cette administration, et restera joint à la matrice du rôle.

Le commissaire du Directoire exécutif en prendra copie, qu'il certifiera conforme, et qu'il enverra sur-le-champ au commissaire près l'administration centrale, après l'avoir fait viser par l'administration municipale.

35 Le livre des mutations sera coté et paraphé à chaque feuillet par le président de l'administration municipale ; il portera en tête l'énonciation du nombre des feuillets dont il se trouvera composé, et de la date de son ouverture : cette énonciation sera signée par le président de l'administration municipale.

36. La note de chaque mutation de propriété sera inscrite au livre des mutations, à la diligence des parties intéressées ; elle contiendra la désignation précise de la propriété ou des propriétés qui en seront l'objet, et il y sera dit à quel titre la mutation s'en est opérée.

Tant que cette note n'aura point été inscrite, l'ancien propriétaire continuera d'être imposé au rôle ; et lui, ou ses héritiers naturels, pourront être contraints au payement de l'imposition foncière, sauf leur recours contre le nouveau propriétaire.

TITRE V.

DU RENOUVELLEMENT ET DE LA FORMATION DES MATRICES DES RÔLES.

37. Aucune matrice de rôle ne pourra être renouvelée que sur la demande de l'administration municipale et l'autorisation de l'administration centrale du département.

38. Lorsqu'il s'agira de renouveler une matrice de rôle, ou d'en former une dans des communes où il n'en existerait point, les répartiteurs feront un tableau indicatif du nom et des limites des différentes divisions du territoire de la commune, s'il y en a de connues qu'ils estiment devoir conserver, ou de celles qu'ils croiront devoir déterminer eux-mêmes.

Ces divisions s'appelleront *sections* : chacune d'elles sera désignée par une lettre alphabétique ; et le tableau destiné à les faire connaître sera proclamé et affiché dans la commune.

39. Les répartiteurs formeront ensuite un tableau indicatif des différentes propriétés renfermées dans chaque section, et ils y procéderont en la forme ci-après.

Ce dernier tableau s'appellera *état de section*.

40. Les répartiteurs feront, dans leur première assemblée, une liste des propriétaires et des fermiers ou métayers domiciliés dans la commune, qu'ils jugeront connaître le mieux les différentes parties de chaque section, et être le plus en état de donner à cet égard des renseignements précis.

Les noms de ces indicateurs seront portés à la suite du tableau destiné à faire connaître les différentes sections de la commune, proclamés et affichés avec lui.

41. Les répartiteurs se distribueront ensuite les sections : un ou plusieurs d'entre eux se transporteront sur chacune de celles qu'ils auront à parcourir. Le jour de leur transport sera annoncé à l'avance ; ils appelleront au moins deux des indicateurs désignés, et ils composeront avec eux les états de sections.

Les contribuables de la section, ou leurs fermiers et métayers, pourront être présents, si bon leur semble, et faire des observations à ce relatives, donner même des renseignements aux répartiteurs.

42. Les indicateurs qui, étant appelés par les répartiteurs, ne se rendraient point auprès d'eux pour leur donner les renseignements requis, seront remplacés par d'autres indicateurs, ou même par d'autres propriétaires, fermiers ou métayers, que les répartiteurs pourront appeler sur-le-champ et sans aucune formalité.

43. Chaque article de propriété sera distingué dans l'état de section et numéroté ; il sera intitulé du nom du propriétaire, avec mention des prénom, profession et demeure de celui-ci, s'ils sont connus : il sera désigné, 1o par la nature de maison à simple rez-de-chaussée, ou à un, deux ou plusieurs étages ; de moulin, forge ou autre usine ; de jardin, terre labourable, vigne, pré, futaie ou taillis, etc. ; 2o par l'étendue de sa superficie, calculée d'après les nouvelles mesures.

Les répartiteurs pourront s'aider, dans cette opération, des cadastres et parcellaires, plans,

59

arpentements ou péréguements qu'ils se seront procurés.

44. Les états de sections seront signés tant par les indicateurs que par les répartiteurs qui les auront formés ; et si quelque indicateur ne sait ou ne peut signer, mention en sera faite.

45. Les propriétés nationales de toute nature seront portées dans les états de sections au compte de la République, et désignées de la même manière que celles des particuliers. Le commissaire du Directoire exécutif près l'administration municipale surveillera spécialement l'exécution du présent article.

46. Les propriétés appartenant à des communes, portions de commune, à des hospices ou autres établissements publics, seront aussi désignées de la même manière, et portées dans les états de sections au compte desdites communes, portions de commune, hospices ou autres établissements.

47. Il sera laissé dans chaque état de section une colonne en blanc, suffisante pour recevoir l'évaluation du revenu imposable des différentes propriétés.

48. Aussitôt que ces tableaux indicatifs des propriétés renfermées dans chaque section seront achevés, les répartiteurs s'assembleront, appelleront le commissaire du Directoire exécutif près l'administration municipale, et les examineront avec lui; ils rectifieront, ou feront rectifier par ceux qui les auront formés, ceux desdits tableaux qui seront reconnus inexacts; ils arrêteront et signeront sur-le-champ les autres, et ceux-là ensuite, après qu'ils auront été rectifiés.

49. Dans les dix jours suivants, au plus tard, les répartiteurs se transporteront ensemble sur les différentes sections; ils y feront l'évaluation du revenu imposable de chaque propriété dans l'ordre qu'elle se trouvera portée au tableau indicatif, arrêteront cette évaluation à la majorité des suffrages, et l'écriront ou feront écrire en leur présence et en toutes lettres, sur la colonne réservée à cet effet, à côté de l'article descriptif de la propriété.

Ils signeront au bas de la colonne ; et si quelqu'un d'eux ne peut ou ne veut signer, il en sera fait mention.

50. Les états de sections ainsi complétés et arrêtés, seront remis au commissaire du Directoire exécutif près l'administration municipale, pour servir à la rédaction de la matrice du rôle de la commune ; il en donnera un reçu à l'agent ou officier municipal qui aura présidé à l'évaluation.

51. La matrice du rôle se composera du simple dépouillement des états de sections. Elle sera divisée en autant d'articles qu'il y aura de contribuables fonciers; et toutes les propriétés qu'un même contribuable aura dans la com-

mune, seront reportées sous un seul et même article, l'une à la suite de l'autre, avec indication de la section dans laquelle chacune d'elles se trouvera située, de son numéro dans l'état de cette section, et de l'évaluation de son revenu imposable.

Elle sera à colonnes, dont la première présentera les noms, prénoms, professions et demeures des contribuables; la seconde, la lettre alphabétique de l'état de section ; la troisième, les numéros des différentes propriétés à l'état de section; la quatrième, l'évaluation détaillée de leur revenu imposable ; la cinquième, le total d'évaluation du revenu imposable de toutes les propriétés portées sous un même article; et la sixième restera réservée pour servir ainsi qu'il sera dit ci-après.

52. Aussitôt que le commissaire près l'administration municipale aura rédigé la matrice du rôle, il la présentera aux répartiteurs, qui, après l'avoir comparée aux états de sections, et s'être assurés de son exactitude, l'arrêteront et la signeront avec lui, ou déclareront la cause pour laquelle quelqu'un d'entre eux ne l'aurait point signée.

Le commissaire près l'administration municipale en prendra copie, qu'il certifiera et enverra sur-le-champ au commissaire près l'administration centrale; et il remettra l'original à l'agent ou officier municipal qui aura présidé aux évaluations, ou autre qui le remplacera : il lui remettra en même temps les états de sections, et il retirera de ses mains le reçu qu'il lui en avait donné.

L'agent ou officier municipal déposera le tout, dans la décade, au secrétariat de l'administration municipale, et fera faire, en sa présence, mention du dépôt sur le registre d'ordre: cette mention sera signée tant par lui que par le secrétaire.

Les états de sections et les matrices des rôles seront soigneusement conservés : les secrétaires et gardes des archives des administrations en répondront personnellement.

53. Lorsqu'un inspecteur de l'agence des contributions directes sera chargé des opérations relatives à la formation de quelque matrice de rôle dans le cas prévu par la loi du 22 brumaire de l'an VI, portant création de ladite agence, il agira en tous points de la même manière et d'après les mêmes règles que les commissaires du Directoire exécutif près des administrations municipales.

54. Chaque année, aussitôt après la répartition de la contribution foncière entre les communes, le président de l'administration municipale notera sur la sixième colonne de chaque matrice de rôle le montant, en principal, du contingent de la commune, et sa proportion, à tant par franc, avec le total du revenu imposable.

9 782329 3573